三國時期疆域圖
（魏元帝景元三年，西元262年）
西域長史府
西域長史府
大月氏
天竺
鮮
呼
匈
奴
昆
堅
鄯善
且末
精絕
于闐
崑崙山
蔥嶺
疏勒
龜茲
焉耆
高昌
戊己校尉
車師
天山
羌
敦煌郡
酒泉郡
張掖郡
西海
涼
永昌郡
弗樓沙
圖例
京師 都城
保定府 省級駐所
徐州府 府級駐所
其他居民點
國界
省界
地區界
京師 今首都
鄭州 今直轄市、省、自治區政府駐地
今市政府駐地
今其他居民點

孫權傳

張作耀 著

導讀　傍徨於各種正統的孫權

王安泰

在《曹操傳》、《劉備傳》之後，張作耀先生這部《孫權傳》再度細密考察孫權這位三國英雄，上溯孫家父兄發跡，孫權繼而臨危受命，對內討伐山越、開發經濟，對外抗衡魏蜀、開疆拓土，在江東開國稱帝，建立霸業。此外也直言孫權在位末年在政治上多有失當，引發繼承問題，又好巫信鬼，猜疑聽信讒言，不免讓人有晚節難全之嘆。三國史事在前兩部《曹操傳》、《劉備傳》已多有討論，但三國鼎立，缺一不可。孫權的文治武功不乏可觀之處，更可供後世借鏡。

孫權與曹操、劉備兩人最大的不同在於孫權並非創業君主，而孫吳政權和曹魏、蜀漢相較，為建制稱帝最遲者。曹操死後，曹丕於同一年代漢稱帝；劉備死於稱帝後隔年，由劉禪繼位。孫權則是在父兄（孫堅、孫策）打下的基礎之上，進一步強化對江東的統治，並以吳國皇帝的身分主政長達近三十年。由於天生背景的差異，孫權相比同時代白手起家的各路豪傑「三世祖」形象深刻，十五歲出仕，其後又以校尉官銜隨軍作戰，但孫權直至十九歲繼任大位之時，仍未有顯著戰功，因此其兄孫策稱「舉江東之眾，決機於兩陣之間，與天下爭衡，卿不如我；舉賢任能，各盡其心，以保江東，我不如卿。」（《三國志・吳書・孫討逆傳》）

歷年來史學家多已指出孫吳建國形勢險峻，除去轄境內深險之地有山越盤據，江東本地豪強大族長期自保一方，對外來的孫氏政權態度多所保留。而因戰亂自中原南下，寄寓江東的北方士人衡量時局，自然也少有對孫氏輸誠效忠者，「未有君臣之固」。孫權一即位，不拘禮法除喪視事，遣將鎮撫山越，又逐步吸納江東士人，尋求和地方大族合作的機會。經過多年經營，江東士人開始出任孫權朝中的文武要職，代表孫氏政權已順利整合地方資源，建立起一個具備地域代表性的孫吳政權。

孫吳政權不斷進行「江東化」的程序，以求執政基礎穩固，或許是孫權未能及早稱帝的原因。曹丕代漢之後，孫權未如劉備積極謀劃跟進稱帝，反而接受曹魏的冊封，自居吳王之位。孫權對比曹操和劉備，論輩分實際為曹劉二人的子姪晚輩（曹操、孫堅都生於西元一五五年，劉備生於西元一六一年，孫權生於西元一八二年），或許還有來日方長的餘裕。但面對同輩，比自己年齡小的曹丕（生於西元一八七年）登上皇位，孫權仍退居藩臣，箇中道理恐怕還是在於名分有缺，缺乏稱帝需求的正統。

傳統中國朝代是一家一姓所傳承的天下，但實際遵循繼承順序登上帝位的人，並非多數。在正統概念下被視為篡奪帝位的人，無論是同姓宗室或異姓權貴為求收攬人心，都會積極塑造自身正統，亦即權力的合法性。史書便常見有在民間散播祥瑞、讖緯等異相，或是讓史官大臣根據天象符命作出詮釋，昭示新主當立。但是三國時期由於東漢皇室仍然在，因此更為強調名分的移轉。曹丕舉辦漢魏禪讓的儀式，宣示曹魏是合法繼承漢朝的新正統王朝。劉備則是在漢魏禪代後，以漢獻帝為曹丕所害為名，利用自己為劉姓漢室血脈的名分，延續了漢朝正朔。曹魏與蜀漢遂成為新正統（繼承漢朝）與舊正統（延續漢朝）的對決，但孫吳政權自孫堅時期便以「漢室忠臣」為旗號，也缺乏與漢代政權的連結，對於建構自身的正統性來說，毫無可施展之處。

因此在曹丕、劉備率續稱帝之際，孫權採取了「以拖待變」的方式，靜觀時局變遷。孫權向曹丕稱臣，獲得吳王的稱號，得以專心對付劉備。不久又改變策略與曹丕決裂，繼續以吳王的身分為號召。推估孫權心中的盤算是曹魏與蜀漢正逢新帝即位，帝制草成，尚未消除統治集團內部的雜音，將會使政權陷入不穩定的狀態。例如曹丕代漢，原本奉獻帝為正統的漢臣可能難以接受，因此發生如同建安末年魏諷趁隙謀反（或是如同曹魏中期以降高平陵政變、淮南三叛等）的事件。蜀漢政權的危機更是明顯，劉備的繼承人劉禪過於年輕，政治歷練與聲望不高，難以服眾，朝中諸事悉聽重臣諸葛亮等人決定，又有劉璋故臣的隱患。如果魏蜀任何一方陷入動亂，孫權即可趁勢出兵，打破三國鼎立的均勢，再依勢決定自己稱帝的名分。甚至是交出帝位的漢獻帝（時已被曹魏封為山陽公），若有任何不測，也可以成為孫權打破現狀的藉口。在劉禪繼位的西元二二三年，孫權四十三歲，而漢獻帝年長孫權一歲，孫權正逢壯年，又預期時局走向將有利於孫吳，因此拖延稱帝。

但在五年之後的西元二二八年，孫權四十八歲，已近知天命之年，同時期的曹叡二十六歲、劉禪二十三歲，魏蜀二國的政局相當穩定，沒有動搖的跡象，原來人身性命深受威脅的獻帝劉協也仍安好。孫權在此時已成為三國領導者的最高齡者，面對年紀尚輕的魏蜀皇帝，危機感油然而生。由於獻帝仍在世，孫權無法再從東漢正統之存續找出帝位傳接的理由，最終只能布置祥瑞符命預備稱帝，孫吳百官以孫權居天下大位已有時日，稱之「正尊號」。

孫權在執掌孫吳大權的數十年間，展現過不俗的統治能力。他個人戰功不顯，但知人善用，得以悍拒曹魏南攻，又擴展疆土與蜀漢抗衡，終而在江東之地建立一方政權。不過，作為三國英雄人物，孫權總是不如曹操、劉備名聲顯赫。徵諸史籍，孫權有其個性，但卻不具有強大的個人魅力，甚至有其輕佻的一面。

（諸葛）恪父瑾面長似驢，孫權大會群臣，使人牽一驢入，長檢其面，題曰諸葛子瑜。（《三國志．吳書．諸葛恪傳》）

孫權當眾給驢題名「諸葛子瑜」，嘲笑重臣諸葛恪的父親諸葛子瑜面長如驢，諸葛恪或許已習於主上的嘲弄，只跪請將題簽添為「諸葛子瑜之驢」，化解尷尬。但由孫策指派的輔政老臣張昭則難以承受，張昭曾多次勸諫孫權勿耽於飲酒田獵。

（孫）權於武昌，臨釣臺，飲酒大醉。權使人以水灑群臣曰：「今日酣飲，惟醉墮臺中，乃當止耳。」（張）昭正色不言，出外車中坐。（《三國志．吳書．張昭傳》）

最初孫權對於張昭的諫言多能接受，並深感慚愧而收斂行為。但時間一久，孫權久居高位便不再虛心納諫。因為公孫淵稱藩一事，張昭極力反對孫權遣使遼東，孫權按刀怒斥，兩人僵持不下。張昭自此不上朝以示抗議，孫權竟封其門洩憤。

昭忿言之不用，稱疾不朝。權恨之，土塞其門，昭又於內以土封之。……權燒其門，欲以恐之，昭更閉戶。權使人滅火，住門良久，昭諸子共扶昭起……。（《三國志．吳書．張昭傳》）

孫權所遣使者，最後果如張昭所言遭變節的公孫淵殺害，孫吳的野心反而淪為笑柄。孫權想弭平與張昭的爭執，竟放火欲逼人出門。歷朝君主好飲酒犬馬者多至不可勝數，易怒拒諫也是常見的個性，但行為舉措如此脫序者則是少見，孫權不乏體恤下屬，甚至為過世大臣素服舉哀的動情之舉，但這些性情卻未能調節孫權在決策中的剛愎固執，致使孫吳積蓄數十年的功業，在孫權晚年便已顯露敗象。

總而言之，孫權的一生雖然不如曹操的波瀾壯闊，也不比劉備的跌宕起伏，但他未及弱冠，便身負重責，建立孫吳霸業，畢生有繼往開來之功，人生也不無傳奇。就讓我們隨著這本《孫權傳》，體會三國又一個傳奇的人生。

王安泰
二〇一八年九月一日

導讀作者簡介

王安泰

臺灣大學歷史學系博士、博士後，日本學術振興會外國人特別研究員，現為南開大學歷史學院副教授、南開大學韓國研究中心副主任。研究方向為魏晉南北朝史、東亞古代政治史。著有《開建五等——西晉五等爵制成立的政治史考察》、《再造封建——魏晉南北朝的爵制與政治秩序》，以及研究論文十餘篇。

目次

緒　言

東漢末年社會矛盾激化，最終釀成大規模的農民起義和軍閥混戰。這樣特殊的歷史環境，給人民帶來了深重的災難，也為一批人提供了發揮才幹、表演自己的機會。數十年間，群雄割據，你爭我奪，無有休止之時。老百姓渴望安定和統一。有本事的割據稱霸者，任才尚智，並相對得到老百姓的支持，在戰爭中發展了自己，成為一方之主；平庸之輩和逆潮流者，謀無遠慮，術悖時宜，或對廣大民眾施暴不恤者，受到歷史的懲罰，由強變弱，由大變小，最終或被吞併，或被消滅。這其中，取得較大成功者是曹操、孫權、劉備和諸葛亮。他們都堪稱為一代風流人物。

孫權立國是在其父親孫堅、兄長孫策功業基礎上發展起來的。孫堅「勇摯剛毅，孤微發跡」，在討伐董卓的戰爭中卓有功勳，官至破虜將軍，領豫州刺史；孫策「英氣傑濟，猛銳冠世，覽奇取異，志陵中夏」，自領會稽太守，被授討逆將軍，開國封侯。不幸，孫堅、孫策均英年早逝。歷史的重任落在了年輕的孫權肩上。

孫策臨終的遺言和安排，奠定了孫權最初的權力地位：張昭、周瑜等以孫權可以「共成大業」，因而「委心而服」，「率群僚立而輔之」，保證了孫權權力的順利實施和地位的鞏固。

孫權少年好學，十四五歲便身臨前陣，習練軍政之事，既長成人，政有卓見，軍善韜略，藝有多能，學有所得。所以雖然受命於猝然之間，但頗諳為政之要。他既掌權力，立即把任用和提拔文官武將作為一項重要事情來抓，從而有效地將追隨父兄的文官武將團結在自己周圍，建起了屬於自己的得力的政治與軍事班子，體現了他的用人之明。

《三國志》作者陳壽說：「孫權屈身忍辱，任才尚計，有句踐之奇英，人之傑矣。故能自擅江表，成鼎峙之業。」這主要是針對孫權善於處理同魏蜀兩國關係而說的。誠然所論。

孫權的功業不及曹操，思想內涵也不如曹操那樣豐富，但其權謀以及御將、用人等諸多方面都不乏過操之處，算得上是中國歷史上有所作為的軍事戰略家之一。他所取得的成就及其思想建樹遠在劉備之上。曹操所謂「生子當如孫仲謀」當屬肺腑之言。

孫權執政五十餘年，如果從其戰略重點觀察，略有幾個重要的轉折點。建安十三年（二〇八）赤壁之戰是其一。此前，主要在江南拓土固疆，鎮撫山越，討伐不從，鞏固政權；此後，則更重要的是北抗曹魏，對劉備實行有限度的聯合與制約。其二，建安二十二年（二一七）戰略大變，首次派出使者「詣曹公請降」；二十四年又「箋與曹公，乞以討（關）羽自效」，並向曹操「上書稱臣，稱說天命（即勸曹操做皇帝）」；繼而，「卑辭奉章」，向曹丕稱臣。諸此，雖屬「屈身忍辱」，但意義重大，確保了擒殺關羽、夷陵之戰的勝利，把劉備的勢力徹底趕出荊州，擴大並最終奠定了吳國封疆。其三，黃武元年（蜀章武二年，魏黃初三年，西元二二二年），劉備敗歸白帝，吳蜀戰爭結束，孫權的戰略又一大變，對魏虛與委蛇，再謀吳蜀聯合抗魏。曹丕對吳，與盟不得，徵質不至，感到了對自己權威的挑戰，兵分三路征吳。孫權面對魏軍來勢洶洶，又加「蠻夷多未平集，內難未弭」，內外交急，再次主動求和，「卑辭上書，求自改厲」。但沒有得到曹丕的允許，隨即展開了新的又一輪戰爭。黃武五年，他乘魏文帝死的機會，主動出兵擾魏，雖然失利，但標誌著雙方關係發生了根本的轉折。他不再向魏稱藩，結束了稱臣的歷史，而積極把自做皇帝的目標提到了日程上。其四，黃龍元年（魏太和三年，蜀建興七年，西元二二九年），孫權在武昌即皇帝位，派出使節「以並尊二帝之議往告於（蜀）漢」，與蜀「中分天下」，竟然把魏國的地盤也預為瓜分了，表示了對魏的不承認。從此開始了吳魏兩國二十餘年的大都以吳為主攻方的互相攻伐戰爭，雖然收效不大，甚至有時嚴重失利，但吳蜀配合，有效地抑制了魏國南向用兵，為封域內的穩定和經濟開發提供了有利條件。

鎮撫山越是孫權的一項長期歷史任務。研究者或多譴責之詞。實際上，這是根本利益所使然。不如此，便無以立國。孫權對待山越，兩手並用，時有過殺之為，自然是不應該的，但其「強者為兵，羸者補戶」的政策對於增強國力、穩定社會、融合民族關係、開發江南經濟都收到了好的效果。

孫權年未弱冠而統事東吳，封王稱帝，直至彌留，始終自專軍國大政，一是不用鯁臣為相，二是不置長久性軍帥，三是改變了地方上傳統的以政統軍的制度而實行由中央任命的高級將領統制地方。

孫權治國，峻刑苛法，因而「法令繁滋，刑辟重切」，引發了諸多社會問題。他「性多嫌忌」，錯判、冤殺了一些人；法網過密，使普通小吏和黎民百姓長期處在高壓政策之下。太子孫登和大臣陸遜等都曾進諫，請求「寬刑」，都沒有收到顯著效果。直到晚年，他才注意到問題的嚴重，頻頻實行大赦。

孫權進行過兩次吏治改革，一次是由暨豔、徐彪主持的針對「貪汙在位」及中央機構「混濁淆雜，多非其人」的改革，一次是由呂壹、秦博主持的以「榷酤障管」等經濟問題為由針對官吏營私舞弊以及「吏多民煩」的反腐敗改革。兩次改革都以所用非人和措施過頭，遭到大臣們的普遍反對而以失敗告終。

孫權重視周邊開發和海外交通。黃龍二年（二三〇），派遣將軍衛溫、諸葛直率領甲士萬人，「浮海求夷洲及亶洲。」此次出兵，從軍事上說，失多得少，不足為訓。但加深了大陸與夷洲的交通和經濟交流，擴大了兩岸人眾交往，把夷洲（今臺灣）納入了吳國封疆，使其成為中國不可分離的組成部分。赤烏五年（二四二），派遣將軍聶友、校尉陸凱「以兵三萬討珠崖（今海南海口）、儋耳（今海南儋州）」，取得相當成功，從而相對有效地將海南置於交州刺史的統治之下。另外，他還派出使節「南宣國化」，同扶南（今泰國）、林邑（在今越南中南部）、堂明（今柬埔寨）諸國建立了聯繫。

孫權在其前半時期，約黃武四年（二二五）前，主要精力都放在軍事上，強調經濟對軍事的保障，實行酷烈的強制經濟政策，基本上不問或很少重視經濟的改善措施，雖然也曾有過因為大疫而「盡除荊州民租稅」的事，但比較忽視民間疾苦。後半時期，大規模的戰爭相對少了，朝臣們請求減賦輕役、勿奪民時的呼聲高了，雖然役繁賦多的情況沒有根本改變，但終於開始關注經濟。這標誌著他思想以及經濟政策上的一些重要轉變。

吳國經濟比魏國經濟獲得了較好發展，漢末人口南流，不僅增加了南方的勞動力，而且將北方的相對先進的生產技術帶到了南方以及長江流域和江南的優越地理環境，是重要條件，但孫權的諸多經濟措施，諸如增廣屯田、寬賦息調、將山民改變為「編戶」、招徠人口、後期的一些「勿奪民事」和「開倉廩以振貧窮」詔的發布，以及提倡農業新技術等，無疑都發揮了作用。

孫權同曹操、劉備一樣，都很重視人才的羅致和任用。清人趙翼在《廿二史劄記》中就三國之主的用人特點概括說：「人才莫盛於三國，亦惟三國之主，各能用人，故得眾力相扶，以成鼎足之勢。而其用人，亦各有不同者，大概曹操以權術相馭，劉備以性情相契，孫氏兄弟以意氣相投，後世尚可推見其心跡也。」我曾說過，這個評價有道理，但不完全正確。孫權雖然沒有像曹操那樣發過諸如《求賢令》、《取士勿廢偏短令》、《舉賢勿拘品行令》一類頗富思想內涵的告令，也沒有被著史者像讚揚劉備那樣稱之為「弘毅寬厚，知人待士」，但他「任才尚計」之智，也得到了歷史的承認。

孫權很懂用人，他說過：「思平世難，救濟黎庶，上答神祇，下慰民望。是以眷眷，勤求俊傑，將與戮力，共定海內。」還說過：「天下無粹白之狐，而有粹白之裘，眾之所積也。夫能以駁致純（駁，顏色不純正），不惟積乎？故能用眾力，則無敵於天下矣；能用眾智，則無畏於聖人矣。」此類話語，同曹操「吾任天下之智力，以道御之，無所不可」的思想完全一致。

孫權很會用人，尤善御將。此點遠過劉備、諸葛亮，而不亞於曹操。他敬待父兄舊部，「委心而服事焉」；致力「招延俊秀，聘求名士」；勇於拔將於「行陣」；不疑歸從，待之「同於舊臣」；不拘年資，重用能人；用將不疑，少有掣肘之舉，等等。孫權待下，不吝封賞。文武臣僚，尤其是武將們，大都升遷很快。並且特別重視美譽亡故，恩及後人。因此，將領們願為其戰，樂為所用，甘為其死。

孫權暮年多有失誤。造成重大歷史影響的，一是廢立失度，並寵太子孫和與魯王孫霸，最終釀成「二宮之變」，動搖了國之根基；二是立幼子為儲，為權臣亂政提供了歷史平臺；三是誅殺大臣，罪流無辜；四是迷信異兆，崇信鬼神。

孫權作為一方君主，無疑是一位有所作為、對中國歷史做出重要貢獻的人物。但歷史常以一個地方諸侯視之，如《三國志》雖然承認吳為三國之一，但對於曹操、劉備、孫權的死亡，分別用了三個字，稱孫權之死為「薨」，稱劉備之死為「殂」，稱曹操之死為「崩」。一字不同，體現著歷史地位的質的差別。《禮記．曲禮下》說：「天子死曰崩，諸侯曰薨」；《書．舜典》說：「帝乃殂落，百姓如喪考妣。」顯然，是將曹操、劉備視為天子，而將孫權等而下之，視作一方諸侯。這是很不公平的。

筆者在這篇不長的緒言裡，簡短地勾畫了本書內容，試圖向讀者素描一個略顯立體的傳主形象。是否能夠達到這一目的，自覺沒有把握。那就請讀者作為一篇內容提要閱讀吧。

第一章　父兄開基立業

孫權，字仲謀，吳郡富春（治今浙江富陽）人，生於東漢靈帝光和五年（一八二），卒於三國吳大帝神鳳元年（魏嘉平四年，西元二五二年），終年七十一歲。他的祖先，《三國志・孫堅傳》說：「蓋孫武之後也。」孫武是春秋齊人，以兵法十三篇求見吳王闔廬，闔廬用以為將，西破強楚，北威齊晉，顯名諸侯。然其家系傳承，已不可究。只知自孫堅上溯數代，都在吳地為官，因而「家於富春」，祖墳也在富春城東。

孫權得有一方天下，是在其父親孫堅和兄長孫策業績基礎上發展起來的。正如他自己對魯肅曾經說過的那樣：「漢室傾危，四方雲擾，孤承父兄餘業，思有（齊）桓（晉）文之功。」[1]因此，要知孫權功業之所成，自然必須首先瞭解孫堅、孫策的業績和歷史地位。

父親孤微發跡

孫權的父親、孫氏基業的開山人孫堅（一五五—一九二），字文臺，曾被袁術表薦為「行（代理，代行）破虜將軍，領（兼）豫州刺史」，因而史稱孫破虜。

一、從社會動亂中崛起

孫氏鼎足東吳以後，孫堅的出生如同諸多帝王一樣被附會了不少傳奇異兆，見諸《三國志・孫堅傳》注引的韋曜《吳書》中就有兩則，一說：祖墳上「數有光怪，雲氣五色，上屬於天，曼延數里。眾皆往觀視。父老相謂曰：『是非凡氣，孫氏其興矣！』」；二說：母親懷著孫堅的時候，「夢腸出繞吳昌門，寤而懼之，以告鄰母。鄰母曰：『安知非吉徵也。』」果然，孫堅生來「容貌不凡」，少長「性闊達，好奇節」，頗得鄉人矚目。

孫堅少年時期已經鋒芒畢露，表現出了非凡的智勇，剛剛十七歲便開始做官了。《三國志》作者稱其為「勇摯剛毅，孤微發跡」。

史載，東漢靈帝建寧四年（一七一），十七歲的孫堅與父親一起乘船至錢唐（古縣名，唐代改稱錢塘，治今杭州市），正好遇上海盜掠取商人的財物，在岸上分贓，「行旅皆住，船不敢進。」孫堅觀察到海盜忙於分贓而放鬆警惕的情勢，便對父親說：「此賊可擊，請討之。」父親不同意，認為：「非爾所圖也。」孫堅不顧父親的勸阻，即操刀上岸，「以手東西指麾」，做出正在調動士兵對海盜進行包圍的樣子，「賊望見，以為官兵捕之」，丟下財物，四散逃走，孫堅恃勇，追上去，斬殺一人，然後手提被殺者的腦袋回來見父親，「父大驚。」此事驚動了地方和官府，「由是顯聞，府召署假尉。」[2] 這是孫堅進階的第一步，官雖不大，僅僅是一個臨時的代理武官，但從此便可擁有並發展自己的武裝了。所以這也是東吳孫氏崛起的第一步。

次年，熹平元年（一七二），孫堅參與了鎮壓東南地區農民起義的戰爭。當時，有一股農民起義軍在江浙一帶活動。《後漢書・靈帝紀》稱：「會稽（郡名，治今江蘇蘇州，轄今江蘇長江以南、浙江大部及福建全部）人許生，自稱越王，寇郡縣。」《三國志・孫堅傳》稱：「會稽妖賊許昌起於句章（今浙江慈溪境），自稱陽明皇帝，與其子（許）韶（按：《東觀記》作許昭）扇動諸縣，眾以萬數。」朝廷令揚州刺史臧旻、丹楊太守陳夤進行鎮壓。孫堅以郡司馬的名義招募精勇，得千餘人，參與戰鬥，「與州郡合討破之」，立有戰功。刺史臧旻上報孫堅功勞，朝廷詔書，授孫堅「鹽瀆（今江蘇鹽城）丞，數歲徙盱眙（江蘇今縣）丞，又徙下邳（治今江蘇睢寧西北）丞」。[3]

孫堅歷任三縣縣丞，成績卓著，並且切實培養了自己的根基，所以《江表傳》說：「堅歷佐三縣，所在有稱，吏民親附。鄉里知舊，好事少年，往來者常數百人，堅接撫待養，有若子弟焉。」

光和七年（是年末改號中平元年。西元一八四年），孫堅參與了鎮壓黃巾起義的戰爭。黃巾起義，三十六萬一旦俱發，天下響應，燔燒郡縣，殺害長吏。朝廷派北中郎將盧植、車騎將軍皇甫嵩、右中郎將朱儁率領軍隊鎮壓。孫堅時為下邳丞，被右中郎將朱儁看中，「儁表請堅為佐軍司馬」。《三國志》孫堅本傳載，「鄉里少年隨在下邳者，皆願從。堅又募諸商旅及淮、泗精兵，合千許人，與儁併力奮擊，所向無前。」朱儁同黃巾軍的幾次重要戰役，孫堅都參加了。六月，在皇甫嵩、朱儁大戰汝南黃巾的西華（治今河南西華南）戰役中，孫堅受傷，傷未痊癒，又復參加戰鬥，為史所稱。《三國志・孫堅傳》注引《吳書》說：「堅乘勝深入，於西華失利。堅被創墮馬，臥草中。軍眾分散，不知堅所在。堅所騎驄馬馳還營，踣地呼鳴，將士隨馬於草中得堅，堅還營十數日，創少愈，乃復出戰。」大破汝南黃巾以後，皇甫嵩、朱儁分兵，嵩討東郡，儁討南陽。孫堅跟隨朱儁到了南陽。宛城一戰，孫堅功拔頭籌。史謂：「汝、潁賊困迫，走保宛城。堅身當一面，登城先入，眾乃蟻附，遂大破之。儁具以狀聞上，拜（授官）堅別部司馬。」[4]司馬一職，可大可小，「別部司馬」不同於「佐軍司馬」。《後漢書．百官志》說，將軍屬官有長史、司馬各一人，秩千石，司馬主兵，「其別營領屬為別部司馬，其兵多少各隨時宜。」可見，中郎將的別部司馬，已是一個職級相當高的可以獨當一面的武職了。

中平三年（一八六），孫堅參與平定西北邊亂。史載，「邊章、韓遂作亂涼州，中郎將董卓拒討無功。（朝廷）遣司空張溫行車騎將軍，西討章等。溫表請（孫）堅與參軍事，屯長安。」這再次說明，孫堅的智勇已經得到上層，特別是帶兵打仗的高級將領們的重視。此次戰爭，不戰而勝，「章、遂聞大兵向至，黨眾離散，皆乞降。軍還，議者以軍未臨敵，不斷功賞。」「不斷功賞」是不考慮封賞的意思，但孫堅卻因勸張溫斬殺中郎將董卓而名噪京城，並例外加拜議郎之職。事如《三國志．孫堅傳》所說，張溫西討邊章等，用皇帝下達的詔書「召卓」，軍令緊急，董卓卻拖了好長時間才到達張溫的營帳，「溫責讓卓，卓應對不順。」孫堅當時在座，對於董卓貽誤軍機而又傲慢無禮的態度非常反感，因而向前對張溫耳語說：「卓不怖罪而鴟張大語，宜以召不時至，陳軍法斬之。」按照當時的法制，張溫以司空兼行車騎將軍之職，「持節」，軍前有此權力，但他優柔寡斷，素無膽識，因說：「卓素著威名於隴蜀之間，今日殺之，西行無依。」孫堅進一步列舉董卓當殺之罪：「明公親率王兵，威震天下，何賴於卓？觀卓所言，不假明公（按：意為不買張溫的帳），輕上無禮，一罪也。章、遂跋扈經年，當以時進討，而卓云未可，沮軍疑眾，二罪也。卓受任無功，應召稽留，而軒昂自高，三罪也。古之名將，仗鉞臨眾，未有不斷斬以示威者也，是以穰苴斬莊賈，[5] 魏絳戮楊干。[6] 今明公垂意於卓，不即加誅，虧損威刑，於是在矣。」張溫沒有聽從孫堅的意見。但這件事傳到了京城，朝廷議者「聞堅數卓三罪，勸溫斬之，無不歎息」。議郎雖然沒有實際權力，官秩只有六百石，但從此他便是京官了，並且具備了被任命為地方高官的資格。

同年，長沙人區星反，「自稱將軍，眾萬餘人，攻圍城邑」，朝廷即拔孫堅為長沙太守，驅兵鎮壓。孫堅到郡，親率將士，施設方略，任用良吏，謹遇良善，郡中震服，旬月之間便把區星鎮壓了。同時，還有名叫周朝、郭石的兩個人「帥徒眾起事於零陵、桂陽，與區星相呼應」，孫堅「遂越境尋討」，都取得了勝利，「三郡肅然。」又，越境趨救宜春（今江西宜春），取得了成功。史載：「是時廬江太守（治今安徽廬江）陸康從子作宜春長，為賊所攻，遣使求救於堅。堅整嚴（整裝）救之。主簿進諫，堅答曰：『太守無文德，以征伐為功，越界攻討，以全異國。以此獲罪，何愧海內乎？』乃進兵往救，賊聞而走。」[7]

這一年，朝廷錄其前後功，封孫堅為烏程侯。是年，孫堅年僅三十二歲。孫堅與曹操同歲。曹操的出身雖比孫堅高貴得多，鎮壓農民起義的「功勞」也更顯著，但此時並未得此殊榮。劉備比他們小六歲，事業剛剛起步，雖然也因鎮壓農民起義之「功」被授予一個小縣的尉官，但沒多少日子便被「汰裁」出局了。很清楚，東漢靈、獻期間，孫堅得到的社會和朝廷的重視，遠遠超過劉備，甚至不亞於曹操。

值得注意的是，史家常說曹操是靠鎮壓農民起義起家的，而少及孫、劉。其實，在這一點上，曹、劉、孫三家完全一樣。更實事求是地說，曹操起家還有其自身的優越的家庭和社會背景，而劉、孫兩家則完全是亂中起步。所以，如果說他們的起家是同鎮壓農民起義緊密相聯的，而不能不承認孫、劉兩家尤屬如此。

二、在討伐董卓中奠定下孫氏軍事基礎

中平六年（一八九）四月，漢靈帝死了。靈帝死前，覺得何皇后所生皇子劉辯「輕佻無威儀，不可為人主」，遺詔宦官蹇碩立王貴人所生皇子劉協。蹇碩與中常侍趙忠等謀劃擁立劉協、殺何進，走漏了消息，反被何進所殺。何進殺死蹇碩等後，為了鞏固權力，準備按袁紹建議「盡誅宦官」，何太后不同意，繼而接受了袁紹的另一個臭主意，「多召四方猛將及諸豪傑，使並引兵向京城，以脅太后。」因此，并州刺史董卓便乘機應召入京了。

董卓進入洛陽不久，即廢少帝劉辯為弘農王，立陳留王劉協，是為漢獻帝。隨後把何太后也殺了。董卓自為太尉，領前將軍事，加節傳、斧鉞，繼而又自升為相國，封郿侯，「贊拜不名，劍履上殿。」朝內「群臣含悲，莫敢言者」。董卓得專廢立，「殘忍不仁」，明人皆知其「有異志」。史載：「是時，洛中貴戚，室第相望，金帛財產，家家殷積，卓縱放士兵，突其廬舍，淫略婦女，剽虜資物。謂之『搜牢』。人情崩恐，不保朝夕。」董卓本人借葬何太后掘開靈帝墓之機，悉取墓中珍物，「又奸亂公主，妻略宮人，虐刑濫罰，睚眥必死，群僚內外莫能自固。」[8]京都嚷嚷，一片大亂。

曹操時為典軍校尉，逃出了洛陽。史載：「太祖（曹操）至陳留，散家財，合義兵，將以誅卓。冬十二月，始起兵於己吾（今河南寧陵西南）。」[9]曹操首舉義兵討董卓的行動，極大地鼓舞、支持了全國反董卓的勢力，促進了全國性反董卓聯合行動的形成。

初平元年（一九〇）正月，後將軍袁術、冀州牧韓馥、豫州刺史孔伷、兗州刺史劉岱、河內太守王匡、勃海太守袁紹、陳留太守張邈、東郡太守橋瑁、山陽太守袁遺、濟北相鮑信，同時俱

起兵，眾各數萬，共推袁紹為盟主。袁紹自號車騎將軍，領司隸校尉。曹操參加了會盟，被袁紹授以「行奮武將軍」（按：當時曹操逃出洛陽，沒有地盤和官職，袁紹讓他行奮武將軍。行，是暫代的意思）。孫堅沒有預盟，但他遙應北方，也同時起兵了。所以史稱：「靈帝崩，卓擅朝政，橫恣京城。諸州郡並興義兵，欲以討卓。堅亦舉兵。」[10]

孫堅深知董卓的為人，且有宿怨，是東漢末年最為堅決的不妥協的反對董卓的鬥士。當他得知董卓專斷朝廷時，不禁捶胸長歎：「張公（溫）昔從吾言，朝廷今無此難也。」[11] 因此，毅然遙應北方，起兵討卓。

孫堅自長沙起兵，一路向北進發，剪除異己，擴充勢力。當時，袁術為了壯大自己的力量，竭力拉攏孫堅，特意表薦孫堅為「假中郎將」。[12] 假是代理的意思，中郎將秩比二千石，位次將軍，名列內朝官。有了這個名號，就可以出境作戰了，而且所到之處，地方官有責任提供便利，供應軍糧。

過荊州（治漢壽，今湖南常德東北），他殺了荊州刺史王叡。王叡曾與孫堅「共擊零（陵）、桂（陵）賊」，王叡「以堅武官」，有點瞧不起他，「言頗輕之。」孫堅含恨已久，所以史稱「荊州刺史王叡素遇堅無禮，堅過殺之」。據張勃《吳錄》載，王叡本來也準備起兵討董卓，並已積聚了不少兵力和糧秣，孫堅用陰謀的手段，詐稱收到了朝廷派出的「案行使者光祿大夫溫毅檄（文書）」，便即「承檄勒兵襲叡」，迫使王叡「刮金飲之而死」。孫堅收攏王叡等人的地方武力，據說，「比至南陽，眾數萬人。」[13]

過南陽（治宛，今河南南陽市），孫堅發文給南陽太守張咨「請軍糧」，張咨以「鄰郡二千石，不應調發」為由拒絕調撥。《三國志・孫堅傳》注引《吳歷》和《後漢書・袁術傳》注引《英雄記》都說：「堅欲進兵，恐有後患，乃詐得急疾，舉軍震惶，迎呼巫醫，禱祀山川。遣所親人說咨，言病困，欲以兵付咨。咨聞之，心利其兵，即將步騎五六百人詣營省堅。堅臥與相見。無何，卒然而起，按劍罵咨，遂執斬之。」《三國志》孫堅本傳則說得更冠冕堂皇一些：「南陽太守張咨聞軍至，晏然自若。堅以牛酒禮咨，咨明日亦答詣堅。酒酣，長沙主簿入白堅：『前移南陽而道路不治，軍資不具，請收（南陽的）主簿推問意故。』咨大懼欲去，兵陳四周不得出。有頃，（長沙）主簿復入白堅：『南陽太守稽停義兵（按：稽停義兵，即有意阻止義軍前進的意思），使賊不時討，請收出案軍法從事。』便牽咨於軍門斬之。」

王叡、張咨都不是附屬董卓的地方勢力，孫堅過其境而挾私誅殺，不為光明磊落之舉，但從長遠的戰略考慮，在那「勝者王侯敗者賊」的年代裡，未雨綢繆，為免後顧之憂，為立威而謀有荊楚之基，似也不失霸者所為。

孫堅殺死張咨以後，「郡中震栗，無求不獲。」此時，恰好袁術「畏卓之禍，出奔南陽」。孫堅「前到魯陽（今河南魯山），與袁術相見」，主動將南陽讓給袁術，同時劉表上表以袁術為南陽太守，袁術遂據有南陽。歷史記載：「會長沙太守孫堅殺南陽太守張咨，術得據其郡。」袁術為將孫堅控制在自己手裡，則表薦孫堅「行破虜將軍，領豫州刺史」。此為中平六年至初平元年（一八九—一九〇）間事，三十五歲的孫堅遂以封疆大吏的身分「治兵於魯陽城」，試圖自南向董卓發動進攻。

初戰失利。為了進軍討伐董卓的需要，孫堅派遣長史公仇稱回長沙「督促軍糧」。史稱，孫堅「施帳幔於城東門外」，率領部屬為公仇稱餞行。突然，董卓派出迎擊孫堅的部隊，輕騎數十先到。孫堅正與大家「行酒談笑」，突兀之間，沉著端坐不動，即令「部曲整頓行陳，無得妄動」。

直到部隊漸漸收攏起來，才慢慢「罷坐」，有秩序地把部隊帶入城中。入城後，孫堅對左右說，當時「所以不即起者，恐兵相蹈藉（踐踏），諸君不得入耳」。據說：「卓兵見堅士眾甚整，不敢攻城，乃引還。」孫堅處驚不慌，節軍有秩，贏得歷史家和軍事家的好評。繼而，孫堅移軍梁（治今河南汝州西）東，又「大為卓軍所攻，堅與數十騎潰圍而出」。歷史上留下了一則孫堅脫險的生動故事。據說，孫堅常戴紅色的毛頭巾，董卓的士兵以戴紅頭巾者為追趕目標，孫堅情急便將頭巾摘下來「令親近將祖茂著之」。董卓的騎兵爭相追逐祖茂，所以孫堅「從間道（小路）得免」。祖茂也很機靈，他被追趕得人困馬乏，情況緊急，下馬，把頭巾戴在了亂墳之間的被火燒焦的一根木柱上，自己伏臥草中。董卓的騎兵望見紅色頭巾，疑是孫堅，圍繞數重，最後走近一看，原來是一條頭巾戴在柱子上，搜索不得，只好退去。[14]

孫堅初戰失利以後，很快把自己的隊伍收攏起來，同董卓的軍隊「合戰於陽人（地名，在今河南汝州西）」。荀綽《英雄記》說：「初堅討董卓，到梁縣之陽人。卓亦遣兵步騎五千迎之，陳郡太守胡軫為大督護，呂布為騎督，其餘步騎將校都督者甚眾。」胡軫其人，善說大話，不得人心，同呂布也有矛盾。呂布等有意想讓胡軫失敗，明知敵方城中有備，「不可掩襲」，而故意散布謠言說「陽人城中賊已走」，鼓動「當追尋之」，不然將失掉戰機。胡軫日夜進軍，人困馬乏，攻城不下，剛要「釋甲休息」，呂布等又詭稱敵人「從城中殺出來了」，致使胡軫「軍眾擾亂奔走，皆棄甲，失鞍馬」，攻城不克而還。

隨後，雙方都在一度失利的情勢下展開了戰鬥。臨戰之時，孫堅受到了袁術的掣肘。據載，孫堅討卓本來是得到袁術支持的，「術又表堅領豫州刺史，使率荊、豫之卒」擊董卓，[15]但有人對袁術說「堅若得洛，不可復制，此為除狼而得虎也」，[16]於是袁術起了疑心，斷絕了對孫堅的糧食供應。情況緊急，陽人距離袁術的駐地魯陽百餘里，孫堅「夜馳見術」，對袁術說：「大動垂捷而軍糧不繼，此吳起所以歎泣於西河，樂毅所以遺恨於垂成也。願將軍深思之。」[17]又說：「所以出身不顧，上為國家（朝廷）討賊，下慰將軍家門（袁氏）之私仇。堅與卓非有骨肉之怨也，而將軍受譖潤之言，還相嫌疑！」[18]袁術被孫堅說得很尷尬，無奈之下當即調發軍糧。

戰役打得很激烈，孫堅以相對劣勢的兵力，大破卓軍，陣前斬殺董卓驍將華雄等。[19]

應當注意的是，此時（初平元年，西元一九〇年）正是北方以袁紹為盟主的聯軍畏縮不前的時候。如《三國志·武帝紀》所說：「卓兵強，紹等莫敢先進」，「諸軍兵十餘萬，日置酒高會，不圖進取。」曹操很著急，嚴責袁紹、張邈等人說：「舉義兵以誅暴亂，大眾已合，諸君何疑？向使董卓聞山東兵起，倚王室之重，據二周（指西周、東周）之險，東向以臨天下，雖以無道行之，猶足為患。今焚燒宮室，劫遷天子，海內震動，不知所歸，此天亡之時也。一戰而天下定矣，不可失也。」[20]

曹操沒有說動袁紹，於是自引兵向西。曹操軍到滎陽汴水，正好遇上董卓部將徐榮，因為兵力相差懸殊，與戰不利，士卒死傷甚多。曹操被亂箭射中，戰馬也受了重傷不能動了。情況緊急，從弟曹洪把自己的戰馬給了他。曹操辭讓，曹洪說：「天下可無洪，不可無君。」[21]曹操騎上曹洪的馬，曹洪步行緊跟，趁夜黑逃出險境。然後，渡過汴水，向自己的家鄉譙（今安徽亳州）奔去。

當時，曹操的兵力最多不過三千人，就軍事勢力言，遠遠不及孫堅。至於劉備，更難同日而語。他被農民起義軍趕出高唐，無處安身，率領屬從投奔了公孫瓚，剛被公孫瓚用為別部司馬。《三國志·先主傳》注引《英雄記》說：「天下大亂，備亦起軍從討董卓。」所謂「從討」，表明他還沒有一支像樣的軍事力量，而是作為公孫瓚的部屬參加了戰爭。我在《劉備傳》一書中說過，從正式的歷史記載看，公孫瓚和劉備在討伐董卓的戰爭中，都沒有什麼殊功卓動，只是做了一些策應性的行動。

正因如此，董卓不怕關東諸軍而怕孫堅。《三國志・孫堅傳》注引晉人華嶠《山陽公載記》載，董卓對自己的長史說：「關東軍敗數矣，皆畏孤，無能為也。惟孫堅小戇，頗能用人，當語諸將，使知忌之。」又說：「但殺二袁、劉表、孫堅，天下自服從孤耳。」可見，當時董卓並沒有把曹操、劉備等放在眼中。據載，董卓「憚堅猛壯」，特派將軍李傕等為使「來求和親」，並讓孫堅提供可任刺史、郡守的子弟名單，答應「許表用之」。孫堅堅決予以回絕，憤然說：「卓逆天無道，蕩覆王室。今不夷汝三族，縣示四海，則吾死不瞑目。豈將與乃（你）和親邪？」[22]

是年二月，董卓「以山東豪傑並起，恐懼不寧，乃徙天子都長安」，並盡徙洛陽人數百萬口於長安，「步騎驅蹙（步騎爭路擁擠在一起），更相蹈藉，飢餓寇掠，積屍盈路」，把宮廟官府居家燒了個精光，「二百里內無復孑遺」，又指示呂布發掘諸帝陵及公卿以下塚墓，「收其珍寶。」[23]董卓這樣急速挾天子西去，總的原因是所謂「山東豪傑並起」，但其直接的原因當屬陽人戰敗和孫堅的軍隊逼近洛陽。《後漢書・董卓傳》記載：「卓遣將李傕詣堅求和，堅拒絕不受，進軍大谷（大谷口，在今河南洛陽南），距洛九十里。卓自出與堅戰於諸陵墓間，卓敗走，卻（退卻）屯黽池（今河南澠池），聚兵於陝（今河南陝縣）。」這說明，董卓在洛陽已經很難立足了。隨後，孫堅攻進洛陽宣陽城門（南門之一），「更擊呂布，布復破走。」

董卓西去，呂布敗走，孫堅「分兵出函谷關（此謂向函谷關方向出兵），至新安（河南今縣）、黽池間，以截卓後」。[24]董卓迅速後撤，以主要兵力在黽池、安邑（今山西運城境）、華陰（治今陝西華陰東南）一線設防，避鋒固守而不與戰。孫堅兵無大獲。

孫堅親率主力進入洛陽，「修諸陵，平塞卓所發掘。」當時洛陽已被董卓破壞得滿目瘡痍，「舊京空虛，數百里中無煙火。」孫堅見此情景，不由「惆悵流涕」。據《三國志・孫堅傳》注引《吳書》說，孫堅在掃除宗廟、平塞諸陵的時候，得到了漢朝傳國玉璽：「堅入洛，掃除漢宗廟，祠以太牢（用牛進行春祭。祭祀用牛稱大牢，用羊稱少牢）。堅軍城南甄官井上，旦有五色氣，舉軍驚怪，莫有敢汲。堅令人入井，探得漢傳國璽，文曰『受命於天，既壽永昌』，方圜四寸，上紐交五龍，上一角缺。初，黃門張讓等作亂，劫天子出奔，左右分散，掌璽者以投井中。」[25]

孫堅得到傳國玉璽這件事，在那相信異兆、讖緯風行的時代，自然被視為瑞兆，因而對其思想產生了微妙影響。

三、謀在豫揚之間立業

東漢末年，董卓尚未消滅，各路軍閥爭奪地盤的戰爭便已開始了。

孫堅屢挫董卓，聲名大振。但董卓既已入關，孫堅便不再具備同董卓直接接觸的條件了。東方以袁紹為首的軍事聯盟既成分裂之勢，合力消滅董卓的條件也不復存在了。至此，孫堅在戰略上做出了重大調整，軍事行動目標不再是董卓，而是進入了謀劃地盤、周旋於軍閥之間、擴大基業的新階段。

不過，當時大勢所在，孫堅尚無「獨樹一幟」的力量和威望。他不能不依附於一方。

初平二年（一九一）三月，孫堅「引軍還，住魯陽」，首先試圖在豫州這塊屬於自己的地盤上發展。

是時，「關東州郡，務相兼併以自強大。」[26]袁紹、袁術雖為兄弟，但矛盾很深。《後漢書・

袁術傳》說，起初袁紹欲立幽州牧劉虞為帝，袁術「好放縱，憚立長君，託以公義不肯同，積此釁隙遂成。乃各外交黨援，以相圖謀，術結公孫瓚，而紹連劉表。」《三國志・袁術傳》說，袁術既與紹有隙，又與劉表不平而北連公孫瓚，紹與瓚不和而南連劉表。曹操在力量尚感不強的時候，毫不猶豫地站在袁紹一邊。孫堅面對此形勢很感痛心，不禁歎息：「同舉義兵，將救社稷，逆賊垂破而各若此，吾當誰與戮力乎！」[27]孫堅對於漢末軍閥混戰甚不以為然，但自己既然已經依附袁術，自然別難抉擇，便站到了袁術一邊。袁紹也自然將孫堅視為敵人。

袁紹派遣當時跟隨曹操同袁術作戰的「會稽周喁（ㄩㄥˊ）為豫州刺史」取代孫堅豫州刺史的位置。據載，周喁帶兵襲奪魯陽城，「與堅爭豫州，屢戰失利。」[28]孫堅抵住了袁紹勢力的進攻。

初平三年，袁術遣孫堅攻劉表，公孫瓚亦使劉備與袁術共謀攻袁紹。《三國志・孫堅傳》說，劉表派遣黃祖迎擊孫堅於樊、鄧之間（今湖北襄樊境），「堅擊破之，追渡漢水，遂圍襄陽（今湖北襄樊）」，孫堅「單馬行峴山，[29]為祖軍士所射殺」。魚豢《典略》記載得更詳細些：「堅悉其眾攻表，表閉門，夜遣將黃祖潛出發兵。祖將兵欲還，堅逆與戰。祖敗走，竄峴山中。堅乘勝夜追祖，祖部兵從竹木間暗射堅，殺之。」不過，荀綽《英雄記》記載的則是另一種情節，說：「劉表將呂公將兵緣山向堅，堅輕騎尋山討（呂）公。（呂）公兵下石，中堅頭，應時腦出物故。」《三國演義》第七回「孫堅跨江擊劉表」一節採用了荀綽的說法，並加寫了黃蓋「生擒黃祖」、程普「刺呂公於馬下」和孫策「以黃祖換父屍」等諸多虛構情節。

孫堅壯志未酬，英年死去，享年三十七歲（按：《英雄記》記載不同，認為孫堅死於初平四年）。

孫堅死後，軍隊陡然陷入困境。侄子孫賁還算明智，脫離同劉表的接觸，「攝帥餘眾，扶送靈柩」，歸附袁術，從而保全了孫堅苦歷數年所建立起來的隊伍。袁術從魯陽遷治壽春（今安徽壽縣），孫賁「又依之」。孫氏勢力猶在，又加當時袁紹、袁術兄弟矛盾尖銳，正值袁紹「用會稽周昂為九江太守」，袁術即派孫賁「攻破（周）昂於陰陵（治今安徽定遠西北）」。因此，袁術「復表（孫）賁為豫州刺史」。刺史是相對獨立的一方封疆大吏。當時，袁術的頭銜亦不過是揚州刺史。孫賁繼孫堅復為豫州刺史，這對袁術來說，自然不便統制，所以不久袁術又去掉了孫賁的豫州刺史頭銜，「轉丹楊都尉，行征虜將軍。」[30]這樣，孫堅部眾的統制權便基本被袁術控制了。

兄長創基開國

孫堅有五個兒子：策、權、翊（一名儼）、匡、朗（一名仁）。按照時制，孫堅的烏程侯爵位應由其長子孫策繼承，孫策為了沒有拘束地謀展自己的宏圖，主動將爵位讓與四弟孫匡。

孫策（一七五—二〇〇），字伯符。陳壽說，孫策「英氣傑濟，猛銳冠世，覽奇取異，志陵中夏」。[31]孫盛說，孫氏「創基立事，（孫）策之由也」，「策為首事之君，有吳開國之主」。[32]可見，孫策人生雖短，但少年英氣和開國初肇之功卻受到了歷史家的重視。

一、志在江東創基

孫堅死時，孫策年僅十七歲。他改變了父親孫堅試圖在豫揚之間立業的謀劃。

史載：孫堅被朱儁「表請為佐軍司馬」以後，離開下邳出征，家屬「留家著壽春（今安徽壽縣）」，不久孫策根據周瑜的建議，帶領母親移居到舒（今安徽舒城）。在舒，年僅十餘歲的孫策，便已開始謀劃大事。為史所稱者有三：

一為「交結知名」。《江表傳》說：「策年十餘歲，已交結知名，聲譽發聞。」其中最大的收穫是與周瑜相結。史稱：「有周瑜者，與策同年，亦英達夙成，聞策聲聞，自舒來造焉（來造，前往）。便推結分好，義同斷金，勸策徙居舒，策從之。」到舒以後，「與周瑜相友，收合士大夫」，得到了不少人的擁護，所以《三國志》孫策本傳誇張地說「江、淮間人咸向之」。

二為問謀張紘（ㄏㄨㄥˊ），確立收兵吳會，據有長江而立業的戰略。孫堅死後，孫賁扶送靈柩，「還葬曲阿（今江蘇丹楊）」。喪事辦完以後，孫策帶領家眾「渡江居江都（江蘇今市，屬揚州市，在江北）」。[33]此時，廣陵（治今江蘇揚州東北）人張紘因母喪在家。孫策數次到張紘那裡去，「咨以世務。」兩人有過很長的一段對話，孫策就自己初步醞釀的戰略思想徵求張紘的意見。孫策對張紘說：「方今漢祚中微，天下擾攘，英雄俊傑各擁眾營私，未有能扶危濟亂者也。先君（孫堅）與袁氏共破董卓，功業未遂，卒為黃祖所害。策雖暗稚，竊有微志，欲從袁揚州（術）求先君餘兵，就舅氏（吳景）於丹楊，收合流散，東據吳會，報仇雪恥，為朝廷外藩。君以為何如？」張紘初作婉拒。孫策涕泣橫流，誠懇求教。張紘見孫策「忠壯內發，辭令慷慨，感其志言」，推心置腹回答說：「昔周道陵遲，齊、晉並興；王室已寧，諸侯貢職。今君紹先侯之軌，有驍武之名，若投丹楊，收兵吳會，則荊揚可一，仇敵可報。據長江，奮威德，誅除群穢，匡輔漢室，功業侔於桓、文，豈徒外藩而已哉？方今世亂多難，若功成事立，當與同好俱南濟也。」孫策聽了張紘的話，堅定了信念，高興地說：「一與君同符合契，有永固之分，今便行矣，以老母弱弟委付於君，策無復回顧之憂。」34

三為謀得父親舊部。戰略目標確定以後，孫策即將「老母弱弟」託付給張紘，起身西行至壽春見袁術，試圖實現其欲得父親「餘兵」的計畫。《江表傳》載：「策徑到壽春見袁術，涕泣而言曰：『亡父昔從長沙入討董卓，與明使君（按：指袁術）會於南陽，同盟結好；不幸遇難，勳業不終。策感惟先人舊恩，欲自憑結，願明使君垂察其誠。』」據說，「術甚貴異之」，然而「未肯還其父兵」。袁術讓孫策自行招募，對孫策說：「孤始用貴舅（吳景）為丹楊（按：即丹陽）太守，賢從（堂兄弟）伯陽（按：孫賁字伯陽）為都尉，彼精兵之地，可還依召募。」第一次求兵未得。策遂「載母」回到了曲阿，歸依舅父、丹楊太守吳景。同時，開始了招募活動。通過各種關係，「因緣召募得數百人。」但剛起步便遭遇嚴重挫折，「而為涇縣（屬丹楊郡。安徽今縣）大帥祖郎所襲，幾至危殆。」於是，興平元年（一九四）孫策第二次「復往見術」。袁術「甚奇之，以堅部曲還策」。同時，「太傅馬日磾杖節安集關東，在壽春以禮辟策，表拜懷義校尉。」年輕的孫策的堅忍不拔的精神和風度，使得袁術及其周圍諸將大加佩服。袁術「大將喬蕤、張勳皆傾心敬焉」，術亦常歎：「使術有子如孫郎，死復何恨！」35

二、為實現目標而戰

孫策在壽春，駐營於袁術大營附近，不時利用機會立威撫眾，以期引起袁術的注意，從而獲得外任。有一天，孫策「騎士有罪，逃入術營，隱於內廄」，孫策當即派人進入袁術營內將逃兵殺死，然後再到袁術那裡表示「謝罪」。袁術不得不說：「兵人好叛，當共疾之，何為謝也？」這件事影響很大，「由是軍中益畏憚之。」但也產生了一定的副作用。從此，袁術更加注意制約孫策的發展。歷史記載了兩件事：其一，本來袁術答應讓孫策做九江太守，「已而更用丹楊陳紀」；其二，袁術欲攻徐州，向廬江太守陸康求米三萬斛。康不與，術大怒，「遣策攻康」，並對孫策說：「前錯用陳紀，每恨本意不遂。今若得康，廬江真卿有也。」及至打敗陸康，拿下了廬江，袁術又復食言，而用其故吏劉勳為廬江太守。[36]

孫策對袁術完全失望，從而加快了脫離袁術而謀取江東（按：長江蕪湖至南京段為西南／東北走向，所以江右稱為江東，後來孫氏政權也因此被稱為東吳）的步伐。

史載：「先是，劉繇（一ㄠˊ，俗讀一ㄡˊ）為揚州刺史，州舊治壽春。壽春，術已據之，繇乃渡江治曲阿。時吳景尚在丹楊，策從兄賁又為丹楊都尉，繇至，皆迫逐之。景、賁退舍歷陽（治今安徽和縣境）。繇遣樊能、于麋東屯橫江津（在今安徽和縣東南），張英屯當利口（在今安徽和縣東），以拒術。術自用故吏琅邪惠衢為揚州刺史，更以景為督軍中郎將，與賁共將兵擊英等，連年不克。」兩軍長期處於膠著態勢。時有孫堅舊部、督軍校尉朱治，「知（袁）術政德不立，乃勸策還平江東。」[37] 孫策決定利用這一良好機會，「策乃說術，乞助景等平定江東。」[38]《江表傳》記載孫策對袁術說：「家有舊恩在東，願助舅（吳景）討橫江；橫江拔，因投本土（江東）召募，可得三萬兵，以佐明使君匡濟漢室。」袁術知道孫策對沒有得到九江、廬江太守事不滿，外放不是好事，但他又認為「劉繇據曲阿，王朗在會稽」，都有相當勢力，孫策「未必能定」，所以就答應了。

袁術表薦孫策為折衝校尉，行殄寇將軍。當時，孫策「兵財千餘，騎數十匹，賓客願從者數百人」。孫策沿途招募並收攏孫堅舊部，及至歷陽，部眾已有五六千人。同時，孫堅舊部、吳郡都尉朱治幫助孫策將孫策的母親及弟弟孫權等從劉繇控制下的曲阿「徙於歷陽」。策到歷陽「又徙母阜陵（治今安徽全椒東南）」。然後，兵無後顧，「渡江轉鬥，所向皆破，莫敢當其鋒」。[39]《江表傳》生動地描述了發生在興平二年（一九五）的孫策一戰定乾坤的渡江戰鬥場面：「策渡江攻（劉）繇牛渚營（在今安徽當塗北），盡得邸閣糧穀、戰具（邸閣，屯存糧穀和軍事物資的倉庫）」。當時彭城相薛禮、下邳相笮（ㄗㄜˊ）融以劉繇為盟主。薛禮據秣陵城（治今江蘇江寧境），笮融屯縣南。「策先攻融，融出兵交戰，斬首五百餘級，融即閉門不敢動。因渡江攻禮，禮突走，而樊能、于麋等復合眾襲奪牛渚屯。策聞之，還攻破能等，獲男女萬餘人。」然後，再次攻融，不幸「為流矢所中，傷股，不能乘馬，因自輿還牛渚營」。據說，有叛者告訴笮融：「孫郎被箭已死。」笮融大喜，即遣將迎戰孫策軍。孫策「遣步騎數百挑戰，設伏於後，賊（按：指笮融軍）出擊之，鋒刃未接而偽走，賊追入伏中，乃大破之，斬首千餘級。策因往到融營下，令左右大呼曰：『孫郎竟云何！』（按：高呼孫策怎麼怎麼說）賊於是驚怖夜遁。」笮融得知孫策沒有死，「更深溝高壘，繕治守備」。孫策「以融所屯地勢險固，乃舍去，攻破繇別將於海陵（按：當作梅陵，在今南京市境內），轉攻湖孰（在今南京市境內）、江乘（在今江蘇句容北），皆下之。」劉繇落魄，「棄軍遁逃」，諸郡守亦皆「捐城郭奔走」。據載，隨後劉繇與笮融發生火拚，「繇奔丹徒（江蘇今縣），遂溯江南保豫章（治今江西南昌），駐彭澤（治今江西湖口東）。笮融先至，殺太守朱皓，入居郡中。繇進討融，為融所破，更復招合屬縣，攻破融，融敗走入山，為民所殺。」劉繇不久病卒。[40]

孫策軍入江南，很快便站穩了腳跟。一是「軍令整肅，百姓懷之」。據說，起初「百姓聞孫郎至，皆失魂魄，長吏委城郭，竄伏山草。及至，軍士奉令，不敢虜略，雞犬菜茹，一無所犯，民乃大悅，競以牛酒詣軍。」二是孫策為人，「美姿顏，好笑語，性闊達聽受，善於用人。」因此，

「士民見者，莫不盡心，樂為致死。」三是「勞賜將士」，士眾願為其戰。四是實行了正確的俘虜政策，他發布命令，告諸各地：「其劉繇、笮融等故鄉部曲來降首者，一無所問（意即概不追究）；樂從軍者，一身行，復除門戶（意為一人從軍，全家免除賦役）；不樂者，勿強也。」正因如此，「旬日之間，四面雲集，得見（現）兵二萬餘人，馬千餘匹，威震江東，形勢轉盛。」[41]

兵馬既盛，孫策迅即著手清理抵抗勢力，控制地方政權。根據《三國志》孫策本傳和注引《吳錄》、《江表傳》等書看，當時要想鞏固和擴大地盤，需要對付的勢力主要有六部分：一是「吳人嚴白虎等眾各萬餘人，處處屯聚」；二是「烏程（今浙江吳興）鄒他、錢銅及前合浦（治今廣東徐聞）太守嘉興王晟等，各聚眾萬餘或數千」；三是會稽太守王朗；四是吳郡太守許貢；五是丹楊地方宗帥祖郎和自稱丹楊太守的太史慈；六是豫章太守華歆。

對山賊嚴白虎。史載，建安元年（一九六）部屬「欲先擊破虎等，乃至會稽」。孫策很有把握地對部屬說：「虎等群盜非有大志，此成禽耳。」隨即率兵「渡浙江，據會稽，屠東冶（建安年間改稱侯官縣，在今福建福州市西北，閩侯縣境）」，乃攻破虎等」。《吳錄》詳載其事：「策自討虎，虎高壘堅守，使其弟（嚴）輿請和。許之。輿請獨與策會面約。既會，……策知其無能也，乃以手戟投之，（輿）立死。輿有勇力，虎眾以其死也，甚懼。（策）進攻破之。」

對鄒他、錢銅和王晟等，約與剿滅嚴白虎同年，孫策「引兵撲討，皆攻破之」。《吳錄》記載，策母吳氏對孫策說：「晟與汝父有升堂見妻之分（按：指友情很深，不相顧忌，可以到後堂見對方的妻子），今其諸子兄弟皆已梟夷，獨餘一老翁，何足復憚乎？」於是舍王晟不死，其餘人等統統「族誅」。又，「時山陰（今浙江紹興）宿賊黃龍羅、周勃聚黨數千人，策自出討」，部屬董襲力戰群寇，「斬羅、勃首」。[42]

對王朗。《三國志．王朗傳》載，朗曾為徐州牧陶謙治中，與別駕趙昱等勸謙「勤王」。陶謙遣趙昱至長安，「天子嘉其意，拜謙安東將軍。以昱為廣陵太守，朗會稽太守。」這說明，王朗是真正的朝廷命官，同諸多「自領」或通過別人向朝廷打個招呼「表薦」一下即自為之者不同，所以開始時他不把孫策放在眼裡。「孫策渡江略地。朗功曹虞翻以為力不能拒，不如避之。朗自以身為漢吏，宜保城邑，遂舉兵與策戰。」《三國志．孫靜傳》說，建安元年，「太守王朗拒策於固陵（在今浙江蕭山境），策數渡水戰，不能克。」叔父孫靜向孫策獻計：「朗負阻城守，難可卒拔。查瀆（在今浙江蕭山境）南去此數十里，而道之要徑也，宜從彼據其內，所謂攻其無備、出其不意者也。吾當自帥眾為軍前隊，破之必矣。」於是，孫策令軍中說：「頃連雨水濁，兵飲之多腹痛，令促具罌缶數百口澄水。」至昏暮，「羅以然火誑朗（按：意如《資治通鑑》卷六三所說，夜間燃火為疑兵），便分軍夜投查瀆道，襲高遷屯（在今浙江諸暨境）。朗大驚，遣故丹楊太守周昕等帥兵前戰。策破昕等，斬之，遂定會稽。」王朗失敗以後，又從海上逃到東冶，「策又追擊，大破之。」《獻帝春秋》記載，「孫策率軍如閩、越討朗。朗泛舟浮海，欲走交州，為兵所逼，遂詣軍降。」孫策甚知朗有治政之能，「以朗儒雅」，只是進行了責備而不加害。可以看出，孫策令使者斥責王朗的言辭雖然強詞奪理，但很厲害：「問逆賊故會稽太守王朗：朗受國恩當官，云何不惟報德，而阻兵安忍（意謂擁兵抵抗，怎能不顧百姓死活）？大軍征討，倖免梟夷，不自掃屏（意謂不摒棄舊惡，不主動改過），復聚黨眾，屯住郡境。遠勞王誅，卒不悟順。捕得云降，庶以欺詐，用全首領，得爾與不，具以狀對。」這位後來高居曹魏相位的王朗，色厲內荏，表現得毫無氣節，自稱禽虜，無恥地自我表白，進而說：「緣前迷謬，被詰慚懼。朗愚淺駑怯，畏威自驚。又無良介，不早自歸。於破亡之中，然後委命下隸。身輕罪重，死有餘辜。申脰（刑具加在脖子上）就鞅（用套馬的皮帶綁起來），蹴足入絆（用絆馬索綁住雙腳），叱吒聽聲，東西惟命。」不過，習鑿齒《漢晉春秋》則做了另外的記述，說：「孫策之始得朗也，譴讓之。使張昭私問朗，朗誓不屈，策忿而不敢害也，留置曲阿。」晉人習鑿齒史著甚豐，但其主觀傾向甚濃。竊以為，《獻帝春秋》的記述似當更近事實。[43]

對許貢。《三國志・朱治傳》說，（建安元年）朱治欲從錢唐進軍到吳，吳郡太守許貢拒之於由拳（今浙江嘉興）。「治與戰，大破之。貢南就山賊嚴白虎，治遂入郡。」〈孫策傳〉注引《江表傳》記載了另外的情節，說：許貢對於孫策南下江南極為恐慌，上表給漢帝說：「孫策驍雄，與項籍（項羽）相似，宜加貴寵，召還京邑。若被詔不得不還，若放於外必作世患。」許貢的表章被孫策的人截獲，因此「策請貢相見」，對他進行譴責。許貢不敢面對事實，辯稱沒有此事，孫策即令武士將許貢活活絞死。[44]隨後，即命朱治領吳郡太守事。

對祖郎和太史慈。孫策在江南的迅速發展是袁術不願看到的。建安三年，袁術特派間諜帶上印綬與丹楊郡轄內的部族頭目（宗帥）祖郎等聯繫，「使激動山越，共圖孫策。」太史慈本是劉繇部屬，曾大戰孫策。劉繇失敗後，太史慈遁於蕪湖，逃入山中，自稱丹楊太守。是時，「策已定宣城以東，惟涇以西六縣未服」。太史慈進住涇縣，立屯府，同祖郎相聯，「大為山越所附。」於是，孫策親自率兵進剿，生擒祖郎於陵陽（在今安徽青陽縣南），討太史慈於勇里（在今安徽涇縣境），有效控制了江東丹楊全境。[45]

對華歆。《三國志・華歆傳》說：「孫策略地江東，歆知策善用兵，乃幅巾奉迎。策以其長者，待以上賓之禮。」可見是用和平的方式解決的。〈華歆傳〉注引《魏略》和《吳歷》以及〈太史慈傳〉注引《江表傳》等比較詳細地記載了這一過程：建安三年（一九八），揚州刺史劉繇在豫章境內死後，「其眾願奉（豫章太守）華歆為主」，華歆以為「因時擅命，非人臣之宜」，不從，劉繇餘眾萬餘人「未有所附」。孫策解決了王朗之後準備攻打豫章，即派太史慈前往「撫安」，並觀察華歆「所以牧禦方規何似（方規，方略）」，視廬陵（今江西吉水東北）、鄱陽（今江西波陽）人民親附之否？」太史慈不辱使命，僅帶數十人進入豫章，不久回來向孫策彙報說：「華子魚（歆）良德也，然非籌略才，無他方規，自守而已」；在講到廬陵、鄱陽的情況時，太史慈說：「丹楊僮芝自擅廬陵，詐言被詔書為太守。鄱陽民帥別立宗部，阻兵守界，不受子魚所遣長吏，……子魚不但不能諧廬陵、鄱陽，近自海昏（今江西永修）有上繚壁，有五六千家相結聚作宗伍，惟輸租布於郡耳，發召一人遂不可得，子魚亦睹視之而已。」可見雖然史讚華歆做豫章太守，「以為政清靜不煩，吏民感而愛之」，而且後來位至曹魏相國之職，但實際上不僅軍事上甚乏「籌略」，而且治理地方也沒有太大本事。《江表傳》說，孫策聽了太史慈的彙報後，「拊掌大笑，乃有兼併之志。」隨後，建安四年末，即遣剛從王朗那裡投靠過來的功曹虞翻到豫章「說歆」（勸降）。華歆對虞翻說：「歆久在江表，常欲北歸；孫會稽來（按：稱其為孫會稽，說明此事發生在孫策自為會稽太守之後），吾便去也。」虞翻向孫策彙報了華歆的態度，孫策便即進軍，歆「葛巾迎策」。孫策對華歆說「府君年德名望，遠近所歸；策年幼稚，宜修子弟之禮」，便向歆拜，「遂親執子弟之禮，禮為上賓。」

以上事例可見，孫策為人同諸多封建時代能夠成就大業的帝王一樣，智勇兼具，也有酷虐變詐的一面。

三、初建割據政權

經過幾次重要的軍事戰鬥，孫策的軍力大增，已發展到數萬之眾，並已基本控制了江東諸郡的局面。建安元年（一九六）八月，自領會稽太守；二年，曹操控制的朝廷正式任命為「領會稽太守」。同時，孫策在張紘、張昭等的幫助下迅即開始並加緊了建立江東地方政權的步伐。

第一，任命控制區內的重要地方軍政長官。

史載，孫策「盡更置長吏」。「盡更置」的意思是免去原來郡一級的所有地方官，全都換上了新人，而其中主要是自己人。因此，「策自領會稽太守，復以吳景為丹楊太守（治今安徽宣州），[46]以孫賁為豫章太守，分豫章為廬陵郡，以賁弟（孫）輔為廬陵太守，丹楊朱治為吳郡太守（治今江蘇蘇州）。」繼而，欲取荊州，又以周瑜「為中護軍，領江夏太守」；以程普為「行蕩寇中郎將，領零陵太守」。[47]

第二，建立起中心參謀班子，以張昭、張紘、秦松、陳端等，為謀主。

張昭，字子布，彭城（今江蘇徐州）人，少好學，弱冠察孝廉，舉茂才，皆不應。漢末大亂，「徐方士民多避難揚土，昭皆南渡江。」孫策創業，「命昭為長史、撫軍中郎將，升堂拜母，如比肩之舊，文武之事，一以委昭。」歷史記載的孫策重用張昭的故事，反映了孫策頗得用人之要。據載，張昭常常收到北方士大夫「歸美」於自己的一些書信，這使張昭非常為難，「欲嘿（通默）而不宣則懼有私，宣之則恐非宜，進退不安。」孫策聽說以後高興地說：「昔管仲相齊，一則仲父，二則仲父，而桓公為霸者宗。今子布賢，我能用之，其功名獨不在我乎！」[48]表現得很大度。

張紘，字子綱，廣陵（今江蘇揚州）人，少遊學京都，舉茂才，不就；大將軍何進、太尉朱儁、司空荀爽三府「辟為掾」，亦皆不就，避難江東。孫策曾多次登門請教，「諮以世務。」既而，「孫策創業，遂委質焉。」孫策上表用他為正議校尉，將他與張昭同等看待，視為左右臂膀。《三國志·張紘傳》注引《吳書》說：「紘與張昭並與參謀，常令一人居守，一人從征討。」後來呂布奪取徐州自為州牧，不想張紘為孫策所用，特意「追舉茂才」（按：廣陵郡屬徐州刺史部管轄，所以呂布有權追舉），寫信給孫策，要求把張紘遣送回來。張紘討厭呂布，「恥為之屈。」孫策也欲以自輔，因而拒絕了呂布的要求，說：「海產明珠，所在為寶，楚雖有才，晉實用之。英偉君子，所遊見珍，何必本州哉？」[49]反映了他對人才的重視。

秦松，字文表，陳端，字子正，皆廣陵人，「並與（張）紘見待於孫策，參與謀謨。」[50]

第三，獎賞有功，提拔戰將。

諸將、列親和從騎十三，大都委以重任，從而建立並完善了由自己直接控制的軍事系統。

周瑜，字公瑾，廬江舒（今安徽舒城）人，「壯有姿貌」，是個美男子，與孫策同年。據載，周瑜的叔父周尚為丹楊太守，瑜往省親。孫策將東渡，「到歷陽，馳書報瑜，瑜將兵迎策」。策大喜，說：「吾得卿，諧也。」隨後，周瑜參加了孫策的諸多重要戰鬥，「從攻橫江、當利，皆拔之。乃渡江擊秣陵，破笮融、薛禮，轉下湖孰、江乘，進入曲阿。」及至劉繇敗亡，孫策之眾已有數萬，即謀分兵略地，因對周瑜說：「吾以此眾取吳會、平山越已足，卿還鎮丹楊。」但是，周瑜回到丹楊不久，袁術用其從弟袁胤代替周尚為太守，孫策通過周瑜占有丹楊的計畫不能實現。袁術欲以周瑜為將，「瑜觀術終無所成，故求為居巢（今安徽巢湖市境）長，欲假途東歸，術聽之。遂自居巢還吳。」建安三年，孫策「親自迎瑜，授建威中郎將，即與兵二千人，騎五十匹」，出備牛渚，領春谷長，「頃之，策欲取荊州，以瑜為中護軍，領江夏太守。」[51]

程普，字德謀，右北平土垠（今河北豐潤境）人，「初為州郡吏，有容貌計略，善於應對。

從孫堅征伐，討黃巾於宛、鄧，破董卓於陽人，攻城野戰，身被創夷。」孫堅死後，復隨孫策，從淮南到江東，屢立戰功，得「增兵二千，騎五十匹」之賞。進攻烏程、餘杭等地，「普功為多」，因此「策入會稽，以普為吳郡都尉，治錢唐」。後來改授丹楊都尉，居石城（縣名，故城在今安徽貴池西南），「復討宣城、涇、安吳（在今安徽涇縣西南）、陵陽（在今安徽青陽縣南）、春谷（在今安徽繁昌西南）諸賊，皆破之。」據載，他曾在戰場上救過孫策的命：「策嘗攻祖郎，大為所圍，普與一騎共蔽扞策，驅馬疾呼，以矛突賊，賊披，策因隨出。」隨後，孫策以程普為蕩寇中郎將，領零陵太守，從討劉勳於尋陽（治在今湖北黃梅境），進攻黃祖於沙羨（在今湖北武漢市境），還鎮石城。[52]

堂兄孫賁，字伯陽，對於保存孫堅的兵力和擊敗劉繇的戰役，都有功勞。孫策打敗劉繇以後，曾派孫賁、吳景回壽春向袁術報告，「值術僭號，署置百官」，孫賁被授九江太守，「賁不就，棄妻孥還江南。」這時，孫策已平吳、會二郡，孫賁隨同孫策一起征討廬江太守劉勳、江夏太守黃祖，取得勝利。回軍路上，過豫章，「聞（劉）繇病死」，孫策遂以孫賁領豫章太守。[53]

叔父孫靜，字幼臺，獻計破襲王朗有功，被授奮武校尉。孫策本想授他以更重要的職務，「靜戀墳墓宗族，不樂出仕，求留鎮守。」孫策答應了他的要求，讓其回籍，鎮守富春。[54]

姑表弟徐琨曾經跟隨孫堅征伐有功，拜偏將軍，孫堅死後跟隨孫策「討樊能、于麋等於橫江，擊張英於當利口，擊走笮融、劉繇」。孫策讓其以督軍中郎將領兵，隨後升為平虜將軍。[55]

黃蓋，字公覆，零陵泉陵（治今湖南零陵北）人，初為郡吏，察孝廉，「孫堅舉義兵，蓋從之。堅南破山賊，北走董卓，拜蓋別部司馬。」孫堅死後，黃蓋跟隨孫策轉戰。「擐甲周旋，蹈刃屠城」，不畏險阻，繼為別部司馬。[56]

韓當，字義公，遼西令支（今河北遷安境）人，「以便弓馬，有膂力」著稱，得到孫堅重用，「從征伐周旋，數犯危難，陷敵擒虜，為別部司馬。」孫策東渡後，韓當跟隨征討丹楊、會稽、吳三郡有功，被提升為先登校尉。[57]

蔣欽，字公奕，九江壽春（今安徽壽縣）人。在孫策歸依袁術的時候，「欽隨從給事。」孫策東渡時，授欽別部司馬，「平定三郡，又從定豫章。調授葛陽（今江西弋陽）尉，歷三縣長，討平盜賊，遷（會稽）西部都尉。」[58]

周泰，字幼平，九江下蔡（今安徽壽縣北）人，「與蔣欽隨孫策為左右，服事恭敬，數戰有功。策入會稽，署別部司馬，授兵。」他救過孫權的命。據載，孫策討六縣山賊，孫權住宣城（今安徽宣州），「使士自衛，不能千人，意尚忽略，不治圍落（按：意為輕敵，沒有修築圍牆），而山賊數千人卒至。權始得上馬，而賊鋒刃已交於左右，或斫中馬鞍，眾莫能自定。惟泰奮激，投身衛權，膽氣倍人，左右由泰並能就戰。賊既解散，身被十二創，良久乃蘇。是日無泰，權幾危殆。」因此，孫策「深德之」，補泰為春谷長。[59]

陳武，字子烈，廬江松滋（今湖北松滋）人。孫策在壽春，十八歲的陳武投其麾下，遂從渡江，征討有功，拜別部司馬。繼而，孫策破劉勳，多得廬江人，將其精壯整編成一支精銳部隊，任命陳武為督。這支部隊，很受重視，所以史稱「以武為督，所向無前」。[60]

董襲，字元代，會稽餘姚（浙江今市）人。孫策進軍會稽，「（董）襲迎於高遷亭，策見而偉之」，授門下賊曹。繼而，討斬山陰宿賊有功，拜別部司馬，授兵數千，遷揚武都尉。[61]

朱治，字君理，丹楊故鄣（今浙江安吉西北）人，是孫堅的得力愛將，「初為縣吏，後察孝廉，州辟從事，隨孫堅征伐。中平五年，拜司馬。從討長沙、零（陵）、桂（陽）等三郡賊周朝、蘇馬等，有功，堅表治行都尉。從破董卓於陽人，入洛陽。（堅）表治行督軍校尉。」孫堅死後，朱治「知（袁）術政德不立，乃勸策還平江東」。當時太傅馬日磾在壽春，「辟治為掾，遷吳郡都尉。」朱治進軍到吳，吳郡太守許貢拒之於由拳，「治與戰，大破之」，為孫策打敗劉繇、東定會稽創造了有利條件。朱治入吳，孫策即命其領吳郡太守事。[62]

呂範，字子衡，汝南細陽（今安徽太和東）人，少為縣吏，「後避亂壽春，孫策見而異之，範遂自委昵（依附親密），將私客百人歸策。」據說，當時孫策的母親在江都，策遣呂範迎接，被陶謙的部下拷打了一頓，「徐州牧陶謙謂范為袁氏覘候（奸細），諷縣掠考範」，呂範的「親客健兒」將其奪回。孫策因此引為心腹，常以「親戚」待之，「每與升堂，飲宴於太妃（指孫策母）前。」後從孫策攻破廬江，東渡到橫江、當利，破張英、于麋，下小丹楊（今安徽當塗東）、湖孰（今江蘇江寧東南），命範為湖孰相。繼而，孫策「定秣陵、曲阿，收笮融、劉繇餘眾，增範兵二千，騎五十匹。（範）後領宛陵（今安徽宣州）令，討破丹楊賊，還吳，遷都督」。孫策討嚴白虎，別遣範與徐逸攻自號吳郡太守的陳瑀於海西（治今江蘇東海南），梟其大將陳牧。又從攻祖郎於陵陽（今安徽青陽南），太史慈於勇里（今安徽涇縣西北）。七縣平定，拜征虜中郎將。[63]

凌操，吳郡餘杭（今浙江餘杭）人，「輕俠有膽氣，孫策初興，每從征伐，常冠軍履鋒（常列於諸軍首位，擔任先鋒）。」因其頗有勇略，授為永平長。操在縣，「平治山越，奸猾斂手」，不久又升遷為破賊校尉。[64]

第四，善待歸屬，誠用降將。

孫策不僅禮遇歸降的郡守級朝廷命官，如王朗、華歆等，而且深納王朗「威盛刑行，施之以恩，不亦優哉」之謀。

劉繇牛渚失敗後，「奔丹徒，遂泝江南保豫章，駐彭澤」，不久病故。孫策西伐江夏，「還過豫章，收載繇喪，善遇其家。」[65]

太史慈，字子義，東萊黃（今山東龍口）人。初平年間，北海相孔融被黃巾軍圍困時，曾為其單馬出城求救於平原相劉備，受到孔融、劉備和時人的重視。後投靠同鄉揚州刺史劉繇，但不受劉繇器重。大概僅僅給了一個相當於偵察排長的職務，「但使慈偵視輕重。」太史慈「獨與一騎卒」一出去執行任務，恰巧遭遇孫策，「策從騎十三，皆韓當、宋謙、黃蓋輩也。慈便前鬥，正與策對。策刺慈馬，而攬得慈項上手戟，慈亦得策兜鍪（頭盔，鍪音ㄇㄡˊ）。」劉繇失敗時，太史慈沒有跟隨劉繇逃亡豫章，而是「遁於蕪湖，亡於山中」，自為丹楊太守，建立了自己的一支隊伍，「大為山越所附。」然而，烏合之眾難抵孫策，「策躬自攻討，遂見囚執。」孫策見到太史慈，即解其縛，握著他的手說：「寧識神亭時邪（按：太史慈在神亭曾力戰孫策。神亭，在今安徽宣州境，一說在今江蘇丹楊境或金壇境）？若卿爾時得我云何？」太史慈回答說：「未可量也。」策大笑說：「今日之事，當與卿共之。」當即任命太史慈為門下督，「還吳授兵，拜折衝中郎將。」繼而，分海昏、建昌（今江西奉新境）左右六縣，以慈為建昌都尉，督率諸將抗拒劉表軍隊的入寇。[66]

祖郎，陵陽（今安徽青陽縣南）人，丹楊境內山越頭領。孫策生擒祖郎以後，對郎說：「爾昔襲擊孤，斫孤馬鞍。」今天「創軍立事」，我將「除棄宿恨，惟取能用」。這一點，不僅對你，對誰都一樣，「汝莫恐怖。」據載，「郎叩頭謝罪」，策即為其解縛破械，「賜衣服，署門下賊曹。」祖郎同太史慈一樣，既已歸附，忠心為策所用，「及軍還，郎與太史慈俱在前導軍，人以為榮。」67

虞翻，字仲翔，會稽餘姚（浙江今市）人，本為會稽太守王朗的佐吏功曹。孫策征會稽，虞翻勸王朗退避孫策，王朗沒有聽取虞翻的意見，結果「拒戰敗績，亡走浮海」。虞翻「追隨營護，到東部候官（今福建福州），候官長閉城不受，翻往說之，然後見納」。王朗深知大勢已定，不願連累屬下，因對虞翻說：「卿有老母，可以還矣。」虞翻回到會稽，孫策親自到虞翻的家裡，送上一封信，稱：「今日之事，當與卿共之，勿謂孫策作郡吏相待也。」隨即「復命為功曹，待以交友之禮」。虞翻忠心報主，不久即立大功。孫策欲取豫章，翻奉命到豫章，「被褠（單衣）葛巾與歆相見」，陳以利害。華歆是個頗明大勢而甚會順應潮流的人物，結果就出現了前面所說的華歆明旦出城，「葛巾（便裝）迎策」（按：一說「遣吏迎策」）的場面。據載，孫策既定豫章，引軍還吳，饗賜軍士，計功行賞，大讚虞翻「博學洽聞」，並即遣其還郡，代守會稽。策對翻說：「孤有征討事，未得還府，卿復以功曹為吾蕭何，守會稽耳。」可見信任之重。68

賀齊，字公苗，會稽山陰（今浙江紹興）人，少為郡吏，繼而先後做剡（音ㄕㄢˋ，治今浙江嵊州西南）長、太末（今浙江金華）長。「誅惡養善」，威震山越。建安元年，孫策臨郡，舉為孝廉，先後命為永寧（今浙江永嘉）長、領會稽郡南部都尉事。後成孫權名將。

全柔，吳郡錢唐人，「漢靈帝時舉孝廉，補尚書郎右丞，董卓之亂，棄官歸，州辟別駕從事，詔書就拜會稽東部都尉。」據載，孫策率兵到吳，全柔「舉兵先附」，孫策即上表朝廷用柔為丹楊都尉。69

四、謀劃大的發展

孫策於興平二年（一九五）十月歸取江東，「所向皆破，莫敢當其鋒者。」不數年，政權初奠並基本上控制了江東政局。同時開始了面對各路諸侯（軍閥）的行動，以謀更大的發展。

第一，書責袁術。

正當孫策的勢力在江東迅速發展的時候，建安二年（一九七），袁術僭號，在壽春稱帝。袁術的行為遭到朝野上下的廣泛反對。孫策在袁術稱帝前夕，給袁術送去了一封千言長信（按：授意謀士張紘代為起草），講了九條不可僭號的理由，對袁術深加斥責，明確表明了自己忠於漢室、反對僭號的態度，並借機宣示了自己的軍事獨立性。

一謂有失人心。指出：當此天下大亂之際，你袁術「當與天下合謀，以誅醜類。舍而不圖，有自取之志，非海內所望」。

二謂有違臣子之體。指出：「幼主（劉協）非有惡於天下，徒以春秋尚少，脅於強臣，若無過而奪之，懼未合於湯、武之事。」

三謂自取敗亡。指出：董卓雖然「狂狡」，尚且未敢「廢主自與」，現四方兵起，「皆玩敵而便戰鬥」，如若僭號，就要面對各路強兵的反對，「適足趣禍。」

四謂天命不容。指出：「天下神器，不可虛干，必須天贊與人力也。」殷湯、周武、漢高（劉邦）、世祖（劉秀）「皆因民困悴於桀、紂之政，毒苦於秦、莽之役，故能芟去無道，致成其志。今天下非患於幼主，未見受命之應驗，而欲一旦卒然登即尊號」，歷史上沒有這樣的先例，所以是不可能的。

五謂背義逆勢而動者必敗。指出：「天子之貴，四海之富，誰不欲焉！義不可，勢不得耳。」如陳勝、項籍、王莽、公孫述之徒，「皆南面稱孤，莫之能濟。」這說明，帝王之位，是不能強求的。

六謂漢統不能動搖。指出：「幼主（劉協）岐嶷，若除其逼，去其鯁，必成中興之業。」即使另立君主，「猶望推宗室之譜屬，論近親之賢良，以紹劉統，以固漢宗」，根本輪不到你。

七謂面臨做漢室忠臣和自取敗亡兩種選擇。指出：「（袁氏）五世為相，權之重，勢之盛，天下莫得而比焉。」當此亂世，一是做忠貞者，「夙夜思惟，所以扶國家之躓頓，念社稷之危殆，以奉祖考之志，以報漢室之恩」；二是做強取者，「將曰天下之人非家吏則門生也，孰不從我？四方之敵非吾匹則吾役也，誰能違我？盍乘累世之勢，起而取之哉？」兩條道路，結果必將完全不同，不能不認真考慮。

八謂明人應該懂得審時度勢而行。指出：「所貴於聖哲者，以其審於機宜，慎於舉措，若難圖之事，難保之勢，以激群敵之氣，以生眾人之心，公義故不可，私計又不利。」明人是不幹這種事的。

九謂讖緯迷信不可信。針對袁術深迷讖緯之說，指出「世人多惑於圖緯而牽非類，比合文字以悅所事，苟以阿上惑眾，終有後悔者，自往迄今，未嘗無之，不可不深擇而熟思」。

孫策此舉，產生了廣泛影響，獲得了不少分數。其一，受到了由曹操控制的漢朝廷的高度重視，從而被正式追授為會稽太守，並且封侯拜將，結束了由袁術假借朝廷名義所授將軍號和「自領」會稽太守的歷史，成為真正的朝廷命官；其二，徹底結束了自孫堅以來孫氏軍事勢力深受袁術掣肘的歷史。正如《資治通鑑》卷六二所載：「（袁）術始自以為有淮南之眾，料策必與己合，及得其書，愁沮發疾。既不納其言，策遂與之絕。」其三，一個深明大義、忠於漢室、據長江而雄有江東的軍事集團首領顯露於世；其四，影響了漢末大局，引起各路軍閥矚目，凡謀大事者，不能不考慮這一軍事存在。

第二，北聯曹操。遣使入朝，取得更高合法名義。

孫策書責袁術僭號之時，也正是曹操準備東伐袁術的時候。曹操東伐袁術有兩大戰略考慮，一是封賞呂布，激化呂布、袁術之間的矛盾；二是籠絡孫策，讓其聯兵討術。孫策同袁術絕交，正好讓曹操找到一個由頭，建安二年夏，遣議郎王誧（音ㄅㄨˋ）送達詔書，追揚孫堅，大讚孫策，即拜孫策為騎都尉，襲爵烏程侯，領會稽太守，並命其與呂布和當時代理吳郡太守的安東將軍陳瑀共同討伐袁術。孫策迅速做出正確決策，雖然不久前在給袁術的信中還稱「曹操放毒東徐」，但此時立變態度，表示願意受命。不過，孫策嫌「以騎都尉領郡為輕，欲得將軍號」。據載，王誧很明智，靈機一動，「承制」（按：秉承皇帝的旨意，用皇帝的名義）給孫策以明漢將軍的稱號。[70]

得到朝廷承認和封賞，孫策很是高興，當即上表謝封、受命，表明了立場。《三國志・孫策傳》注引《吳錄》載其表文：

臣以固陋，孤特邊陲。陛下廣播高澤，不遺細節，以臣襲爵，兼典名郡。仰榮顧寵，所不克堪。興平二年十二月二十日，於吳郡曲阿得袁術所呈表，以臣行殄寇將軍；至被詔書，乃知詐擅。雖輒捐廢（雖常廢棄不用），猶用悚悸（依然因此恐懼）。臣年十七，喪失所怙（按：指父親死去），懼有不任堂構（按：堂構，比如先人遺業）之鄙，以忝析薪之戒（按：

《左傳》有謂：「其父析薪，其子弗克負荷。」喻守業之難），誠無（霍）去病十八建功，世祖列將弱冠佐命。臣初領兵，年未弱冠，雖駑懦不武，然思竭微命。惟（袁）術狂惑，為惡深重。臣憑威靈，奉辭伐罪，庶必獻捷，以報所授。

孫策奉詔討袁術，大大影響了東方軍事態勢。在戰略上，對於曹操和孫策都有重大意義。袁術徹底成了孤家寡人，陷入曹操、呂布、孫策的戰略包圍之中。

可惜的是，孫策討伐袁術的行動，並沒有獲得預期的成功。史載：「是時，陳瑀屯海西，策奉詔治嚴（整裝待發），當與（呂）布、（陳）瑀參同形勢。行到錢唐，瑀陰圖襲策。」陳瑀偷襲孫策的目的，可能是企圖打垮孫策而占有江東。孫策發覺了陳瑀的陰謀，遣其將呂範、徐逸出其不備攻陳瑀於海西，大破之，陳瑀「單騎」走冀州，投奔了袁紹。[71] 孫策的重大收穫是「獲其吏士妻子四千人」，並且全面地占有了吳郡。這樣的結果，雖使孫策未得直接參與剿滅袁術的戰爭，但對於他有效地控制江東來說，卻是更為重要的。

據載，孫策在建安元年即遣使向曹操控制的朝廷「貢獻方物」。[72] 及至建安二年，他已完全站到曹操一邊，明確表示忠於朝廷，並且支持曹操討伐袁術的戰爭。建安三年，孫策又遣重要幕僚正議校尉張紘「貢方物，倍於元年所獻」。[73] 毫無疑問，這是重大的、明智的決策，所以收到了很好的效果。

此時，正值呂布與袁術重新聯合，曹操的戰略需作新的調整，對孫策更是「欲撫納之」。因此，「其年，制書轉拜（孫策）討逆將軍，改封吳侯。」[74]

孫策得到了曹操代表皇帝以詔書所授予的更高封賞。這正式表明，他已是朝廷承認的盤踞一方的軍事勢力和地方政權。嗣後，歷史便將順理成章地演繹著孫氏家族由吳侯而為吳國主的歷程。

呂布、袁術先後被曹操消滅，時局發生了新的變化，「是時袁紹方強，而策併江東。」以曹操之智、之力，自然不會兩面臨敵，因而做出了更加明確的「欲撫之」的姿態，「乃以弟女配策小弟（孫）匡，又為子（曹）章（彰）取（孫）賁女，皆禮辟策弟（孫）權、（孫）翊，又命揚州刺史嚴象舉（孫）權茂才。」[75]

據《三國志》孫策本傳記載，後來雙方的關係發生了微妙變化：「建安五年，曹公與袁紹相拒於官渡，策陰欲襲許（今河南許昌），迎漢帝，密治兵，部署諸將。未發，會為故吳郡太守許貢客所殺」。〈孫策傳〉注引《九州春秋》說得更具體：「策聞曹公北征柳城，悉起江南之眾，自號大司馬，將北襲許，恃其勇，行不設備，故及於難。」傅玄《傅子》也說：「曹公征柳城，（策）將襲許。」對於這些記載，歷史家向有不同意見。晉人孫盛《異同評》認為這不是事實：第一，孫策無暇於此。指出：「孫策雖威行江外，略有六郡，然黃祖乘其上流，陳登間其心腹，且深險強宗，未盡歸復，曹、袁虎爭，勢傾山海，策豈暇遠師汝、潁，而遷帝於吳、越哉？斯蓋庸人之所鑒見（意為：這是平常人可以想得到的事），況策達於事勢者乎？」第二，時間不合。指出：「袁紹以建安五年至黎陽，而策以四月遇害，而《志》云策聞曹公與紹相拒於官渡，謬矣。」第三，事不相及。「曹公征柳城，孫策將襲許」，有違事實，指出：「（孫）策見殺在（建安）五年，柳城之役在十二年，《九州春秋》乖錯尤甚矣。」裴松之不同意孫盛的論述，認為：第一，諸多著作都「記述若斯」，怎麼都有如此疏忽；第二，黃祖剛被孫策打敗，劉表「本無兼併之志」，強宗驍帥「禽滅已盡」，不能說孫策無暇出兵；第三，時間上可以說得通，「武帝（曹操）以建安四年已出屯官渡，乃策未死之前，久與袁紹交兵，則《國志》所云不為謬也。」很明顯，裴松之多為推理之說，而且回避了各書所謂「曹操征柳城，孫策將襲許」這種嚴重悖於史實的關鍵內容。歷史的考訂，時空定位應是最重要的判斷依據。因此，竊以為歷史上根本不曾存在過孫策企圖乘曹操北征之機而襲許的軍事行動。

同理，《三國志．張紘傳》說：「建安四年，策（再次）遣紘奉章至許宮（曹操控制下的朝廷），留（紘）為侍御史。」這是事實。但說建安五年四月間「曹公聞策薨，欲因喪伐吳」，張紘力諫，「以為乘人之喪，既非古義，若其不克，成仇棄好，不如因而厚之」，才沒成為事實，也是不存在的。因為此時，曹操剛剛打垮了劉備，正與袁紹對峙於官渡，不僅無暇南顧，而且不合曹操的戰略部署。曹操的戰略部署和對孫策的態度當如〈張紘傳〉注引《吳書》所說：「紘至，與在朝公卿及知舊述策材略絕異，平定三郡，風行草偃，加以忠敬款誠，乃心王室。時曹公為司空，欲加恩厚，以悅遠人，至乃優文褒崇（孫策），改號加封，（並）辟紘為掾，舉高第，補侍御史，後以紘為九江太守。」[76]

第三，計破劉勳。

劉勳，廬江太守，原為袁術的心腹。前面講到，袁術曾向廬江太守陸康求米，康不與，即遣孫策攻康，並對孫策說打敗了陸康便讓他做廬江太守。及至打敗陸康，袁術食言，而用其故吏劉勳。這說明，孫策與劉勳本來就有嫌隙。況且袁術死後，劉勳立即背叛了故主。建安四年，袁術兵敗，鬱憤結病，嘔血而死。〈孫策傳〉說：「術死，長史楊弘、大將張勳等將其眾欲就策，廬江太守劉勳要擊，悉虜之，收其珍寶以歸。」當時，孫策很想得到袁術餘眾以壯大自己的力量。半路被劉勳收編，自然心中不甘。據載，孫策表面與（劉）勳「好盟」，勸劉勳攻取「豫章上繚宗民」。《三國志．劉曄傳》說：「時（劉）勳兵強於江淮之間。孫策惡之，遣使卑辭厚幣，以書說勳曰：『上繚宗民，數欺下國，忿之有年矣。擊之，路不便，願因大國（因大國，意謂借大國之力）伐之。上繚甚實，得之可以富國，請出兵為外援。』勳信之，又得策珠寶、葛越（葛布），喜悅。」劉勳不聽劉曄的勸阻，興兵伐上繚，孫策乘機「輕軍晨夜襲拔廬江」，勳眾全部投降。劉勳「獨與麾下數百人」投歸曹操而去。[77]《江表傳》對此做了比較詳細的另外版本的記述。其文略為：

> 時策西討黃祖，行及石城，聞勳輕身詣海昏，便分遣從兄賁、輔率八千人於彭澤待勳，自與周瑜率二萬人步襲皖城，即克之，得術百工及鼓吹部曲三萬餘人，並術、勳妻子。表用汝南李術為廬江太守，給兵三千人以守皖，皆徙所得人東詣吳。賁、輔又於彭澤破勳。勳走入楚江，從尋陽（今湖北黃梅境）步上到置馬亭，聞策等已克皖，乃投西塞（今湖北大冶境）。至（流）沂（按：流沂地近西塞），築壘自守，告急於劉表，求救於黃祖。祖遣太子（按：當為大子或長子之誤）射船軍五千人助勳。策復就攻，大破勳。勳與偕北歸曹公，射亦遁走。

以《江表傳》所記內容看，孫策並非設下圈套「乘虛而襲」，而是乘劉勳「輕出」而取之。記載雖然不同，但都反映了孫策的用兵之能。

孫策破襲劉勳的意義很大，不僅是剷除了一股地方勢力，控制了江北戰略地區，而且收得袁術餘眾數萬，壯大了隊伍。

第四，討黃祖。

黃祖是荊州牧劉表的重要將領。初平三年（一九二），孫堅征劉表時「為（黃）祖軍士所射殺」。所以，孫策、孫權兄弟含恨在胸，誓報殺父之仇。建安四年（一九九）秋，孫策大破劉動以後，「收得動兵二千餘人，船千艘，遂前進夏口攻黃祖。」劉表派遣侄子劉虎和部屬韓晞率領「長矛五千，來為黃祖先鋒」。十二月，孫策的軍隊至沙羨（在今湖北武漢市境），大破黃祖。因為孫策曾接受過朝廷的詔令「與司空曹公、衛將軍董承、益州牧劉璋等併力討袁術、劉表」，[78]所以算是受命征討，得勝後很是得意地給皇帝上奏了一道表章，生動而誇張地記述了戰鬥情況和所獲戰果：

臣討黃祖，以十二月八日到祖所屯沙羨縣。劉表遣將助祖，並來趣（急攻）臣。臣以十一日平旦（清晨）部所領江夏太守行建威中郎將周瑜、領桂陽太守行征虜中郎將呂範、領零陵太守行蕩寇中郎將程普、行奉業校尉孫權、行先登校尉韓當、行武鋒校尉黃蓋等同時俱進。身跨馬擽（音ㄌㄩㄝˋ，通掠）陳，手擊急鼓，以齊戰勢。吏士奮激，踴躍百倍，心精意果，各競用命。越渡重塹，迅疾若飛。火放上風，兵激煙下，弓弩並發，流矢雨集，日加辰時，祖乃潰爛。鋒刃所截，猋火所焚，前無生寇，惟祖迸走。獲其妻息男女七人，斬（劉）虎、韓晞已下二萬餘級，其赴水溺者一萬餘口，船六千餘艘，財物山積。雖（劉）表未禽，祖宿狡猾，為表腹心，出作爪牙，表之鴟張，以祖氣息，而祖家屬部曲，掃地無餘，表孤特之虜，成鬼行屍。誠皆聖朝神武遠振，臣討有罪，得效微勤。[79]

打敗了黃祖，孫策控制了武昌以下長江地面。本來，曹操對孫策的策略是「撫納之」、「制而用之」，給予封賞，讓他牽制袁術和劉表。既至孫策節節勝利，以曹操之善謀，又不能不感到憂慮。〈孫策傳〉注引《吳歷》反映了曹操的這一心態：「曹公聞策平定江南，意甚難之，常呼『猘兒（小瘋狗，意為勇猛少年）難與爭鋒也』。」

第五，伐陳登。

陳登，字元龍，下邳人。《三國志．呂布傳》注引《先賢行狀》說：「登忠亮高爽，沈深有大略，少有扶世濟民之志。博覽載籍，雅有文藝，舊典文章，莫不貫綜。」二十五歲，舉孝廉，被任命為東陽（今安徽天長西北）長，繼而被徐州牧陶謙表為典農校尉，是陶謙的得力部屬，曾積極促成陶謙「讓徐州」於劉備的事。呂布打垮劉備以後，曾派陳登到許求得徐州牧之職。登見曹操，大講呂布的壞話，「因陳（呂）布勇而無計，輕於去就，宜早圖之」之謀。曹操因此即用登為廣陵太守（治今江蘇揚州東北），「令陰合眾以圖呂布。」登在廣陵，明審賞罰，威信宣布，「未及期年，功化以就，百姓畏而愛之。」曹操討呂布，「登率郡兵為軍先驅。」呂布「伏誅」以後，曹操「以功加拜（陳登）伏波將軍」。據說，陳登「甚得江、淮間歡心，於是有吞滅江南之志」。《江表傳》載：「（陳）登即（陳）瑀之從兄子也。」這說明，陳瑀與陳登是叔侄關係。基於這些原因（當然，志在吞併江南是最主要的），陳登便乘孫策西征黃祖之機「陰復遣間使，以印綬與嚴白虎餘黨，圖為後害，以報瑀見破之辱」。戰事是陳登挑起的，孫策為了鞏固江東局勢，不得不面對現實。況且以廣陵戰略地位之重要，只要條件具備，孫策也是必欲取之的。因此，解決了劉繇、華歆問題並打敗了黃祖以後，建安五年二月回師伐登，「遣軍攻登於匡琦城」（在今江蘇淮安境，一說在今安徽當塗）。然而出師不利。陳登「閉門自守，示弱不與戰，將士銜聲，寂若無人」，並即命令將士「宿整兵器」，準備出戰。黎明時辰，陳登開南門，奔襲孫策軍。策軍大潰。再戰，「登以兵不敵」，求救於曹操。雖然曹操沒有可能派兵前來，但孫策的軍隊以為「大軍到，賊望火驚潰」，又遭敗績。隨後，孫策親自率兵「復討登」。不幸，「軍到丹徒，須待運糧」，單騎出獵，遇害。

孫策對陳登的戰爭，雖然沒有取得勝利，但終使陳登難以在揚州地面立足，曹操控制的朝廷只好讓陳登西撤，去做東城太守（治今安徽定遠東南）。

孫策雖然失利，但把陳登趕出了廣陵郡，戰略意義極大，為以後孫吳政權有效控制長江防線奠定了良好的基礎。後來，曹操對於沒有援助陳登而且將其調離的後果很懊喪。史稱：「孫權遂跨有江外。太祖（曹操）每臨大江而歎，恨不早用陳元龍計，而令封豕（貪吃的大豬）養其爪牙。」80

五、英年早逝

孫策禮賢下士，善於用人，士民樂為其用。而且能夠聽取一些不同意見，重視母親的教誨，「以對屬下注意『舍過錄功』，待之以誠。《三國志．妃嬪傳》注引《會稽典錄》記載，功曹魏騰，「以迕意（因違背上峰或上輩的意願）見譴，將殺之，士大夫憂恐，計無所出。」他的母親吳夫人知道了，「乃倚大井而謂策曰：『汝新造江南，其事未集，方當優賢禮士，舍過錄功。魏功曹在公盡規，汝今日殺之，則明日人皆叛汝。吾不忍見禍之及，當先投此井中耳。』策大驚，遂釋騰。」這件事，反映了他的母親是一個很有頭腦的女人，史稱「夫人智略權譎，類皆如此」，當屬不虛。

正因如此，所以僅僅四、五年的時間，孫策便擁有了一個文可謀國、武能征戰的整齊忠心為己所用的班子，拓疆展土，據有六郡，從而取得了占有長江下游的巨大成功。

但是，他的侷限性也是很明顯的，其中最為突出的是：

一是**特別看重自己的威望，非常討厭別人「收眾心」**。例如，忌殺高岱和于吉。

張勃《吳錄》說，有一個叫高岱的人，吳郡人，「受性聰達，輕財貴義。其友士拔奇，取於未顯，所友八人，皆世之英偉也。」當時隱於餘姚，孫策派人去請，準備誠心請教，「虛己候焉。」

孫策聽說高岱「善《左傳》，乃自玩讀，欲與論講」。然而，有不懷好心的人從中挑撥，先是對孫策說高岱看不起他：「高岱以將軍但英武而已，無文學之才。」並危言聳聽地說，到時候你同他「論《傳》」時，他有時會故意說「不知」，就能證明我說的話是對的。繼而又對高岱說：「孫將軍為人，惡勝己者，若每問，當言不知，乃合意耳。如皆辨義，此必危殆。」高岱信以為真，「及與論《傳》，或答不知。」孫策因而大怒，「以為輕己，乃囚之。」據說，高岱的一些「知交及時人皆露坐為請」（按：意即靜坐請願）。這些人的行為，事與願違，正好觸動了孫策的大忌。孫策登樓，「望見數里中填滿。策惡其收眾心，遂殺之。」

虞溥《江表傳》講了一個不經故事，稱：「時有道士琅邪于吉（亦作干吉），先寓居東方，往來吳會，立精舍，燒香讀道書，製作符水以治病，吳會人多事之。」有一次，孫策在城門樓上集會諸將賓客，「吉乃盛服杖小函（小匣子），漆畫之，名為仙人鏵，趨度門下。諸將賓客三分之二下樓迎拜之，掌賓者禁呵不能止。」孫策很氣憤，當即命令手下將于吉抓了起來。信奉于吉的人們，「悉使婦女入見策母，請救之。」吳夫人對孫策說：「于先生亦助軍作福，醫護將士，不可殺之。」策說：「此子妖妄，能幻惑眾心，遠使諸將不復相顧君臣之禮。」把我丟下不顧，都跑下樓去對他膜拜，所以「不可不除」。諸將連名乞求，孫策不允，「即催斬之，縣（懸）首於市。」據載，一些迷信于吉的人，不認為于吉已死，「而云屍解焉，復祭祀求福。」

對於這個故事，干寶《搜神記》更加神化，說：「策欲渡江襲許，與吉俱行。」當時大旱，「所在熇厲」（熇，音ㄏㄜˋ，意為天熱得像火烤一樣），孫策早起親自催督將士趕快起船，然而將吏卻大多圍到了于吉身邊，不聽號令，策因此大怒，說：「我為不如于吉邪，而先趨務之？」便即命人把于吉抓了起來。孫策呵問于吉說：「天旱不雨，道塗艱澀，不時得過，故自早出，而卿不同憂戚，安坐船中作鬼物態，敗吾部伍，今當相除。」於是令人把于吉綁起來放在地上讓烈日曝曬，「使請雨」，對于吉說：「若能感天，日中雨者」，就赦免了你，否則就殺了你。據說：「俄而雲氣上蒸，膚寸而合，比至日中，大雨總至，溪澗盈溢。將士喜悅，以為吉必見原，並往慶慰，策遂殺之。將士哀惜，共藏其屍。天夜，忽更興雲覆之；明旦往視，不知所在。」《搜神記》甚至把孫策之死同于吉被殺聯繫起來，說：「策既殺于吉，每獨坐，彷彿見吉在左右，意深惡之，頗有失常。後治創方差，而引鏡自照，見吉在鏡中，顧而弗見，如是再三，因撲鏡大叫，創皆崩裂，須臾而死。」事本不經，《三國演義》又將其進一步神化，鋪敘了更加荒誕的故事。

其實，根據歷史考察，此事純屬虛構。第一，歷史上是否有于吉其人值得懷疑，即使有其人，到建安初年是否還活著也值得懷疑。據載，漢順帝時（一二六—一四四），「琅邪宮崇詣闕，上其師于吉於曲陽泉水上所得神書百七十卷，皆縹白素（月白色的絹），朱介，青首朱目，號太平清領書。」[81] 記載沒有提到這位老師有多大年紀。既為人師，而且寫出了大部頭的涉及社會、天文、地理、陰陽五行、讖緯迷信等內容龐雜的《太平清領書》（太平經），自然不會太年輕，若以四十歲計，到所謂孫策「欲襲許」的建安五年（二〇〇），年齡當在九十六歲至一百一十四歲之間。這樣的年紀，怎麼可能「往來吳、會」，又怎麼可能隨軍行動，與孫策同行！第二，《江表傳》記載這個故事的原文中有孫策說「昔南陽張津為交州刺史……」的句子。虞喜《志林》和裴松之注都指出，孫策死於前，張津死於後。既如此，孫策怎麼可能講到張津被殺呢？由此可見，這條記載是虛妄的。竊以為，不排除孫策確實殺過「以符水治病」、「以妖妄惑眾」的一位道士，但他不大可能是于吉。

這個故事，可做兩面觀，第一，它說明孫策很可能同曹操一樣，討厭淫祀亂神，討厭怪異邪說。

這一點，應該肯定。第二，反映出孫策的確不容那種在自己面前喧賓奪主、影響自己威望的人。

二是身臨前陣，不顧後果。

孫策年輕氣盛，打仗時常常置統帥責任於不顧，身先士卒，置身危境。如果說征黃祖「跨馬擽陳，手擊急鼓，以齊戰勢」尚屬一個指揮員的正常行為，那麼征笮融、戰太史慈就把自己等同於一個戰士了。如前所述，他戰笮融，「為流矢所中，傷股，不能乘馬」；戰太史慈，被摘去了頭盔。對此，僚屬們很是擔心。比如，出征太史慈和祖郎於丹楊時，他「身臨行陣」，嚇得張紘不得不給以勸阻。張紘對他說：「夫主將乃籌謨之所自出，三軍之所繫命也，不宜輕脫，自敵小寇，願麾下重天授之姿，副四海之望，無令國內上下危懼。」[82]

三是好獵。

孫策好獵是出了名的，甚至行軍間歇中也常率領步騎數人頻頻出獵。一旦進入狀態，「驅馳逐鹿，所乘馬精駿，從騎絕不能及。」單騎突出，難免給敵人以可乘之機，最終殃及生命。《三國志．虞翻傳》記載，「策好馳騁遊獵」，使得虞翻非常擔心。虞翻利用神話典故對其勸諫，說：「明府（指孫策）用烏集之眾，驅散附之士，皆得其死力，雖漢高帝（劉邦）不及也。至於輕出微行，從官不暇嚴（來不及準備），吏卒常苦之。夫君人者不重則不威，故白龍魚服困於豫且，[83]白蛇自放，劉季（劉邦，字季）害之，[84]願少留意。」孫策雖然認為虞翻的話是對的，但始終不改。

《孫策傳》注引《江表傳》記載了他最後一次出獵和被刺的情景，說：許貢被殺後，「貢奴客潛民間，欲為貢報仇」。出獵的時候，有三個許貢的人出現在狩獵現場。孫策覺得可疑，便問：「爾等何人？」回答：「是韓當兵，在此射鹿耳。」策說：「（韓）當兵吾皆識之，未嘗見汝等。」

「貢客」慌張，露出破綻，孫策「因射一人，應弦而倒」，另外二人「怖急，便舉弓射策，中頰」。儘管隨獵者立即趕到將刺客「皆刺殺之」，救孫策回營，但終因傷勢過重，沒有挽回孫策的性命。胡沖《吳歷》說：「策既被創，醫言可治，當好自將護，百日勿動。策引鏡自照，謂左右曰：『面如此，尚可復建功立事乎？』椎几大奮，創皆分裂，其夜卒。」[85]

孫策，年僅二十六歲便無謂地英年早逝了。

孫策的人格侷限，影響了他的威望、事業發展和生命安全。「人生侷限」實際就是一種人生缺點。這種缺點在他的父親孫堅和弟弟孫權身上都有體現。可謂是致命的。所以，陳壽在評論孫堅、孫策父子二人時特意指出：「然皆輕佻果躁，隕身致敗。」孫權也有這方面的毛病，幸好尚能及時醒悟，接受意見，而在較多的情況下從積極的方面接受了教訓。

註釋

1 《三國志·吳書·魯肅傳》。

2 《三國志·吳書·孫堅傳》。

3 同上。

4 同上。

5 穰苴斬莊賈的故事，見《史記·司馬穰苴傳》：春秋期間齊景公以田穰苴為將軍，穰苴自覺出身微賤，「願得君之寵臣，國之所尊以監軍」，景公將寵臣莊賈派去。穰苴與莊賈相約明天「日中會於軍門」，莊賈夕時才到，穰苴「遂斬莊賈以徇三軍，三軍之士皆震栗」。

6 魏絳戮楊干的故事，見《左傳·襄公三年》：晉侯之弟楊干亂行於曲梁，魏絳戮其僕。

7 《三國志·吳書·孫堅傳》注引《吳錄》。

8《後漢書·董卓傳》。

9《三國志·魏書·武帝紀》。

10《三國志·吳書·孫堅傳》。

11《三國志·吳書·孫堅傳》注引《江表傳》。

12《三國志·吳書·孫堅傳》注引《獻帝春秋》。

13《三國志·吳書·孫堅傳》並注《吳錄》。

14《三國志·吳書·孫堅傳》。

15《後漢書·袁術傳》。

16《三國志·吳書·孫堅傳》注引《江表傳》。

17《三國志·吳書·孫堅傳》注引《江表傳》。按：吳起為魏西河守「拒秦」，樂毅為燕上將軍「伐齊」，均因受不到君主的信任而辭職他適。

18《三國志·吳書·孫堅傳》。

19《三國志·吳書·孫堅傳》。孫堅大破董卓的軍隊，「梟其都督華雄」，歷史記載雖然很簡短，沒有詳細情節，但含義非常明確。《三國演義》將其移植到關羽身上，沒有任何歷史根據。

20《三國志·魏書·武帝紀》。

21《三國志·魏書·曹洪傳》。

22《三國志·吳書·孫堅傳》。

23《後漢書·董卓傳》。

24《後漢書·董卓傳》。

25 對於孫堅入洛是否得到漢朝傳國玉璽事，向有不同意見，晉人虞溥《江表傳》和南朝宋人裴松之認為沒有這回事，晉人虞喜《志林》和晉人華嶠《山陽公載記》則認為確有其事，並且記載後來被袁術奪走了：「袁術將僭號，聞堅得傳國璽，乃拘堅夫人而奪之。」筆者覺得，揣諸時勢，不無可能。

26《三國志·吳書·孫堅傳》注引《吳錄》。

27 同上。

28《三國志·吳書·孫堅傳》注引《吳錄》、《會稽典錄》。《資治通鑑》卷六〇記載不同，稱：「術遣孫堅擊董卓未返，紹以會稽周昂為豫州刺史，襲奪堅陽城。」盧弼《三國志集解》認為，《通鑑》記載有誤。

29 峴山在今湖北襄樊市境。胡三省說：「峴山去襄陽十里。」《方輿紀要》卷七九說：峴山在襄陽府「城南七里。」

30《三國志·吳書·孫賁傳》。

31《三國志·吳書·孫策傳》。

32《三國志·吳書·孫策傳》注引孫盛語。

33《三國志·吳書·孫策傳》。

34《三國志·吳書·孫策傳》注引《吳歷》。

35《三國志．吳書．孫策傳》。袁術將多少人馬還給孫策，孫策本傳沒有具體數字，《江表傳》說「術以堅餘兵千餘人還策」。孫堅本來有眾「數萬人」，孫賁為都尉，行征虜將軍，一部分軍隊自然應歸孫賁掌握，另一部分，亦即大部分無疑 已經編入袁術的直屬部隊。所謂「餘兵」當指除此之外的尚未整編的部分。因此「餘兵千餘人」當近事實，而不是全部的孫堅「部曲」。
36《三國志．吳書．孫策傳》。
37《三國志．吳書．朱治傳》。
38《三國志．吳書．孫策傳》。
39《三國志．吳書．孫策傳》、〈朱治傳〉。
40《三國志．吳書．劉繇傳》。
41《三國志．吳書．孫策傳》並注《江表傳》。
42《三國志．吳書．董襲傳》。
43《三國志．魏書．王朗傳》並注。建安三年，曹操表徵王朗，策遣朗還，「朗自曲阿展轉江海，積年乃至」，操以朗為諫議大夫，參司空軍事。
44《三國志．吳書．孫策傳》注引《江表傳》。
45《資治通鑑》卷六二，漢獻帝建安三年；《三國志．吳書．孫輔傳》注引《江表傳》。
46《三國志．吳書．妃嬪傳》載，吳景曾被袁術先後命為丹楊太守、督軍中郎將、廣陵太守，袁術「僭號」以後，孫策「便絕江津，不與通，使人告景，景即委郡東歸」，孫策命吳景再次做丹楊太守，所以史稱孫策「復以景為丹楊太守」。
47《三國志．吳書．孫策傳》、〈周瑜傳〉、〈程普傳〉。
48《三國志．吳書．張昭傳》。
49《三國志．吳書．張紘傳》。
50同上。
51《三國志．吳書．周瑜傳》。
52《三國志．吳書．程普傳》。據考查，孫策對有重大立功的人有一種不成文的特殊的獎賞辦法，即「增兵二千，給騎五十」。周瑜、程普、韓當等均獲此殊榮。
53《三國志．吳書．孫賁傳》。
54《三國志．吳書．孫靜傳》。
55《三國志．吳書．妃嬪傳》。
56《三國志．吳書．黃蓋傳》。
57《三國志．吳書．韓當傳》。
58《三國志．吳書．蔣欽傳》。
59《三國志．吳書．周泰傳》。
60《三國志．吳書．陳武傳》。
61《三國志．吳書．董襲傳》。

62《三國志・吳書・朱治傳》。

63《三國志・吳書・呂範傳》。

64《三國志・吳書・凌統傳》。

65《三國志・吳書・劉繇傳》。

66《三國志・吳書・太史慈傳》。

67《三國志・吳書・孫輔傳》注引《江表傳》。

68《三國志・吳書・虞翻傳》並注引《江表傳》、《吳歷》、《三國志・魏書・華歆傳》。

69《三國志・吳書・全琮傳》。

70《三國志・吳書・孫策傳》注引《江表傳》。

71《三國志・吳書・孫策傳》注引《山陽公載記》。

72《通鑑考異》說：「策貢獻在二年，非元年也。」

73《三國志・吳書・孫策傳》注引《江表傳》。

74《資治通鑑》卷六二，漢獻帝建安三年；《三國志・吳書・孫策傳》注引《江表傳》。

75《三國志・吳書・孫策傳》。

76筆者在《曹操傳》中曾肯定了「曹操與袁紹相拒官渡時，孫策曾謀襲許、迎漢帝」和曹操準備「因喪伐吳」的記載，經過進一步研究發現，這些記載是靠不住的，存在很多說不通的地方。

77《三國志・吳書・孫策傳》、《三國志・魏書・劉曄傳》。

78《三國志・吳書・孫策傳》注引《江表傳》。

79《三國志・吳書・孫策傳》注引《吳錄》。

80《三國志・魏書・陳登傳》注引《先賢行狀》。

81《後漢書・襄楷傳》及《三國志・吳書・孫策傳》注引虞喜《志林》。

82《三國志・吳書・張紘傳》。

83豫且，古代神話中一位漁者的名字。《說苑》載伍子胥諫吳王語中有「昔白龍下清冷之淵化為魚，漁者豫且射中其目」之說。

84《史記・高祖本紀》說，白帝子化為蛇，當道，被劉邦殺死。

85《三國志・吳書・孫策傳》注引《吳歷》。

第二章　受命於猝然之間

建安五年（二〇〇）四月初四日，孫策傷重而亡。[1]死前，深恐創下的基業付諸東流，急把張昭等叫到跟前囑以後事。對張昭等說：「中國方亂，夫以吳越之眾，三江之固，足以觀成敗。公等善相吾弟！」[2]同時，也像後來劉備託孤那樣假惺惺，說了幾句言不由衷的話：「若仲謀（孫權）不任事者，君（張昭）便自取之。」[3]張昭同諸葛亮一樣，自然不傻，只有表示忠心輔主。不過，據《三國志．孫翊傳》說，張昭等覺得三弟孫翊「性似策」，曾提議把兵權交由孫翊掌握。孫策沒有聽他們的，當即把孫權叫來，當著張昭等人的面立即交接，親自將朝廷授予的討逆將軍和吳侯印綬交給孫權。並講了孫權的長處，說：「舉江東之眾，決機於兩陳之間，與天下爭衡，卿不如我；舉賢任能，各盡其心，以保江東，我不如卿。」[4]很顯然，這些話不僅是講給孫權聽的，而更重要的是講給張昭等人聽的。希望他們團結一心，共保孫氏。

孫策盛年而逝，事來突然。孫權只有十九歲，竟能處事不驚，很快穩定局勢，並且開始了固土拓疆的軍事行動，這決不是偶然的。

少年時期的磨練

歷史表明，孫權不像劉備的兒子劉禪那樣，生而懦弱，少不更事，長無主見，只能落得個「政由葛氏，祭則寡人」的下場；而是有點像曹操的兒子曹丕兄弟，少年時期即身臨前陣，習練軍政之事，既長成人，政有卓見，軍善韜略，藝有多能，學有所得。

一、出生時的異兆和善相者的預言

關於孫權的出生和少年時代，歷史記載甚少。因此，當他既成一方之主以後，志怪說異者、善相者和好事者，或憑藉想像，或據流言傳說，或捕風捉影，附會並記錄了一些故事。

晉人干寶所著志怪小說《搜神記》對於一些歷史大人物的出生，最善收集或杜撰一些荒誕傳說或怪異徵兆。書中說，孫堅的夫人懷孕的時候「夢月入其懷，既而生策」。後來懷孫權的時候，「又夢日入其懷」，因對孫堅說：「昔妊策，夢月入我懷，今也又夢日入我懷，何也？」孫堅高興地說：「日月者陰陽之精，極貴之象，吾子孫其興乎！」

《三國志．吳主傳》注引虞溥《江表傳》說：「（孫）堅為下邳丞時，（孫）權生（西元一八二年），方頤大口，目有精光，堅異之，以為有貴象。」

建安三年（一九八），曹操控制的朝廷遣使者劉琬授給孫策討逆將軍的稱號、封吳侯。使者劉琬是個喜歡相術的人。他不僅見到了孫策，還見到了他的兄弟們。劉琬回到許昌覆命時對人們說：「吾觀孫氏兄弟雖各才秀明達，然皆祿祚不終。惟中弟（孫權）孝廉，形貌奇偉，骨體不恒，有大貴之表，年又最壽。爾試識之。」5

這些故事，自然多為敷衍之文，不一定是真實的，但它傳達了一種訊息，即少年時期的孫權不僅得到父母的重視，而且已經引起時人的注意，同時也反映了孫權「方頤大口，目有精光」、「形貌奇偉，骨體不恒，有大貴之表」的某些生理特點。

二、少年時期的教育和磨練

從歷史的記載看，孫堅在時，長子孫策常隨征戰，次子孫權、三子孫翊、四子孫匡以及庶生子孫朗等均因年少而未與戰事。他們在孫堅出征時大多時候並不隨軍行動，而是隨同母親吳氏寄居在地方，先居壽春，既而孫策根據周瑜的建議攜母徙居舒城。孫堅死後，因喪暫居曲阿。不久，孫策帶領母親及全家渡江，居住江都。

孫權的母親吳夫人是一個很有教養的人。據載，她「本吳人，徙錢唐，早失父母」，與弟吳景相依為命。孫堅聞其才貌俱佳，欲娶之，「吳氏親戚嫌堅輕狡，將拒焉，堅甚以慚恨。」吳氏知道得罪孫堅等於引火焚身，因對親戚們說：「何愛一女以取禍乎？如有不遇（如果遇不到好人），命也。」於是，「遂許為婚，生四男一女。」[6]這說明，孫權的母親不僅有才有貌，而且頭腦敏銳，有膽識，有遠見，善斷大事。

孫權兄弟都從母親那裡得到了良好的教育。孫策善謀獨斷，不太容易接受別人的意見，惟對母親言聽計從。孫權受益母教更多。據說，孫權「性度弘朗，仁而多斷，好俠養士，始有知名，侔於父兄」。性格的培養，自然有來自社會和父兄的影響，但不能不注意到這同母親的言傳身教、精心培育也有密切聯繫。

孫堅死時，孫權已經十歲。孫策特別重視弟弟們的實際鍛鍊。

建安二年（一九七），孫策既定江南諸郡，立即把年僅十五歲的孫權委命為陽羨（在今江蘇宜興境）縣長。

建安三年，曹操因欲撫納孫策，「禮辟策弟孫權、孫翊。」曹操給了孫權、孫翊什麼樣的官職，史無明記。胡三省注《資治通鑑》說得對：「操禮辟權、翊，欲其至以為質耳。」孫策、孫權兄弟當然明白曹操的用意，所以並未應召。與此同時，曹操授意地方對孫權「郡察孝廉，州舉茂才」，並授「行奉義校尉（一做行奉業校尉）」。[7] 孝廉、茂才是漢代仕途進身的重要條件，校尉是高級武職，可以帶兵越境作戰。這自然是求之不得。從此，孫策便讓孫權以孝廉名義預政，僚屬皆以「孝廉」尊稱孫權；並以「行奉義校尉」官銜隨軍征戰，經受戰爭鍛鍊。

建安四年，孫權參與了兩大戰事。一是從討廬江太守劉勳，一是進討黃祖於沙羨。孫權頗有戰功，所以孫策在打敗黃祖以後給皇帝的上表中特別提到奉業校尉孫權同周瑜、呂範、程普、韓當、黃蓋等「同時俱進」的戰鬥場面。

沒有多少年，孫權的睿智已有充分顯露。所以史稱：「及堅亡，（孫）策起事江東，權常隨從。……每參同計謀，策甚奇之，自以為不及也。」孫策明確地表示，將把孫權放在統帥的位置上，所以「每會請賓客，常顧權曰：『此諸君，汝之將也。』」[8]

構建自己得力的政治與軍事班子

孫策傷重而死，孫權悲傷至極，痛哭不已。長史（相當於現在的祕書長）[9] 張昭等一幫遺僚受命視事。這是孫策經過數年經營而建立起來的一個得力的政治和軍事班子，文有張昭、張紘、顧雍，武有周瑜、程普、呂範、朱治、朱然、韓當、黃蓋、太史慈。張昭、周瑜等認為孫權「可與共成大業，故委心而服事焉」。[10]

一、張昭、周瑜「委心而服」，及時穩定局面

孫策死時，江南六郡局勢很不穩定。《三國志．張昭傳》注引《吳書》說：「是時天下分裂，擅命者眾。孫策涖事日淺，恩澤未洽，一旦傾隕，士民狼狽，頗有同異。」〈孫權傳〉說，孫策死的時候，地盤雖有會稽、吳郡、丹楊、豫章、廬江、廬陵六郡，「然深險之地猶未盡從，而天下英豪布在州郡，賓旅寄寓之士以安危去就為意，未有君臣之固。」[11]而且孫氏家族內也不無覬覦權力的人。比如，孫策的從兄孫暠就想乘機奪權。

張昭、周瑜等認定孫權可以與之「共成大業」，因而「率群僚立而輔之」。歷史記錄了張昭對於穩定局勢所發揮的很好的作用：

其一，他當即「上表漢室」，使孫權很快獲得了合法地位。是年十月，曹操即表孫權為討虜將軍，領會稽太守，准其屯吳，並派專人送達文書；

其二，他以孫策「長史」的名義行文下屬各城，要求「中外將校，各令奉職」，不得妄動，從而保證了地方安定；

其三，他說服孫權不拘禮制辦喪事，儘快視事，從而有效地安定了人心，穩定了大局。史載，孫權哭未及息，昭對權說：「孝廉（指孫權），此寧哭時邪？且周公立法而伯禽不師，非欲違父，時不得行也。況今奸宄競逐，豺狼滿道，乃欲哀親戚，顧禮制（按：指三年之喪），是猶開門而揖

盜，未可以為仁也。」既而又說，為人後者，貴能繼承和弘揚先人的事業，「方今天下鼎沸，群盜滿山，孝廉何得寢伏哀戚，肆匹夫之情哉？」於是幫孫權脫掉喪服，換上戎裝，並親自扶權上馬，「陳兵而出，使出巡軍」，眾將士得見新主，「知有所歸」，群情遂定。[12]

周瑜未得召命而「將兵赴喪」的軍事行動，發生了威懾和穩定眾心的作用。據載，周瑜時為中護軍，領江夏太守，留鎮巴丘（在今江西峽江境）。巴丘距吳，何止千里，「策薨，權統事。瑜將兵赴喪，遂留吳，以中護軍與長史張昭共掌眾事。」[13]

張昭、周瑜二人，「共掌眾事」，有力地加強並鞏固了孫權的地位。

二、把文官武將團結在自己周圍

孫權同舊時代的一切明智的權力接替者一樣，頗知為政之要。雖然年輕，但既掌權力，立即把任用和提拔文官武將作為一項重要事情來抓，從而有效地將大家團結在自己周圍，表現出一個青年政治家的氣概和才能。這就是史所稱道的「待張昭以師傅之禮，而周瑜、程普、呂範等為將率。招延俊秀，聘求名士，魯肅、諸葛瑾等始為賓客」的初步格局的形成。

第一，待張昭以師傅之禮。

張昭是受命輔臣，在孫策時期已經身居長史之職，屬於將軍府中的最高級官職，無可復加，因此「昭復為權長史，授任如前」。但在規格和禮遇上，則不完全以屬官相待。孫策待張昭以「師友之禮」，[14]孫權則待昭以「師傅之禮」。〈張昭傳〉注引《吳書》的一段話，說明了張昭地位的重要：「及昭輔權，綏撫百姓，諸侯賓旅寄寓之士，得用自安。權每出征，留昭鎮守，領幕府事。後黃巾賊起，昭討平之。權征合肥，命昭別討匡琦（地名），又督領諸將，攻破豫章賊率周鳳等於南城。自此希復將帥，常在左右，為謀謨臣。權以昭舊臣，待遇尤重。」不過，這裡需要順便提一句的是，孫權拜王、稱帝后，張昭並沒有得到重用，一是不復為將帥，二是不得為相。論者認為，或因張昭曾經建議孫策讓孫翊掌握兵權，或因張昭在赤壁戰前曾勸孫權「迎操」，或因張昭有點長者自居，厲言進諫，使得孫權頗不舒服。此是後話，後面還將論及。

第二，用張紘所長，常令「草創撰作」。

張紘與他人不同。他已是曹操控制的漢室朝廷的正式命官。孫策死後，曹操在表薦孫權為討虜將軍、領會稽太守的同時，「欲令紘輔權內附」，把張紘派回會稽，做會稽東部都尉。不過，《三國志．張紘傳》注引《吳書》對其回吳的原因，做了不同的描述，說曹操以紘為九江太守，「紘心戀舊恩，思還反命，以疾固辭。」不管是曹操試圖安個釘子在孫權身旁，還是張紘「心戀舊恩，思還反命，以疾固辭」，都說明張紘確實以會稽東部都尉的身分回到了孫權身邊。《江表傳》的記載也證明了這一點。《江表傳》說：「初，權於群臣多呼其字，惟呼張昭曰張公，紘曰東部，所以重二人也。」張紘是當時江南一大學問家，曾「入太學，事博士韓宗，治《京氏易》（西漢京房作）、《歐陽尚書》（西漢歐陽生傳伏生今文尚書），又於外黃從濮陽闓受《韓詩》及《禮記》、《左氏春秋》」，[15]善為文。孫策的謀取江南之策，以及諸多表文和書函，大都出自張紘之手。孫權很懂得發揮其所長，繼續用他做筆桿子，並授以重任。張紘同時還受到了孫權母親吳氏的特別重視。據載，「權初承統，春秋方富，太夫人以方外多難，深懷憂勞，數有優令辭謝（張紘），付屬以輔助之義。」據說，孫權「每有異事密計及章表書記，與四方交結，常令紘與張昭草創撰作」。張紘曾為文記頌孫堅「破走董卓，扶持漢室」之勳、以及孫策「平定江外，建立大業」之舉。文章寫成後，呈送孫權，孫權「省讀悲感，曰：『君真識孤家門閥閱也。』」孫權不信離間之言，誠用張紘，即遣張紘赴會稽東部都尉之任。不久，孫權親征江夏，命紘「居守」大本營，鎮吳，全面負責後方事宜，並遙領會稽東部事。據說，孫權剿滅了黃祖以後，「以紘有鎮守之勞，欲論功加賞」，張紘主動多講自己的缺點，「不敢蒙寵」，孫權「不奪其志」，從而對其為人愈加敬重，「每從容侍燕，微言密指，常有以規諷。」繼續用其所長。[16]

第三，用周瑜、程普、呂範等為將帥。

周瑜手握重兵，「將兵赴喪」極好地穩定了形勢。孫權即以周瑜和張昭「共掌眾事」。所謂「共掌眾事」，自然不是平均地分配權力，實則周瑜更多地統管軍事，是軍事統帥，張昭更多地綜理庶務，是政府首要。

程普曾被孫策授以蕩寇中郎將，也屬於「與張昭等共輔孫權」的重量級人物。史稱，令鎮地方，為一方軍帥，「周旋三郡，平討不服。」[17]不久，與周瑜分為左右督。

呂範早在孫策統兵時已經升任都督，跟隨孫策「從攻祖郎於陵陽，太史慈於勇里。七縣平定，拜征虜中郎將，征江夏，還平鄱陽。」孫策死後，呂範奔喪於吳，孫權仍以為督，還鎮鄱陽。繼而，孫權復征江夏，呂範作為督兵武將與張昭、張紘共同「留守」。[18]

朱治也是受命「共尊奉權」的掌握武裝的實權派人物。他在孫策時已領吳郡太守事，曾受命推舉年僅十五歲的孫權為孝廉；孫策死後，孫權統事不久，即向朝廷上表，以朱治為正式的吳郡太守，並行扶義將軍，「割婁（今江蘇昆山）、由拳（今浙江嘉興）、無錫、毗陵（今江蘇武進）為奉邑，置長吏。」[19]

太史慈是一個被俘虜後歸降的人物，但很受孫策、孫權兄弟的重視。孫策在時，已為建昌都尉，督六縣，並督諸將抵抗劉表的侄子劉磐的侵擾。太史慈善射，並屢立戰功。據說，曹公聞其名，很想得到他，便派人送去一封信，「以箧封之。」太史慈打開一看，「無所道」，只有一種草藥「當歸」。孫權統事，信用不疑，「以慈能制（劉）磐，遂委南方之事。」[20]

第四，待魯肅、諸葛瑾等為賓客。

魯肅，字子敬，臨淮東城（治今安徽定遠東南）人，是東吳的重要政治家、軍事家之一。他完全不是戲劇《借東風》、《草船借箭》裡的草包形象，而是一位志存高遠，兼有文武之才的人物。《三國志‧魯肅傳》注引韋曜《吳書》說，魯肅「體貌魁奇，少有壯節，好為奇計」。這說明少年時期的魯肅已經引起了時人的注意。他身處亂世而頭腦冷靜，憑藉自己的聰明，不斷觀察時局，謀劃亂世中的進身之階。數其要：第一，散家財，交結士人。史載，魯肅「生而失父，與祖母居。家富於財，性好施與。爾時天下已亂，肅不治家事，大散財貨，摽賣田地，以賑窮弊結士為務，甚得鄉邑歡心」。第二，招集少年，講武習兵，待機而動。史載：「天下將亂，（肅）乃學擊劍騎射，招聚少年，給其衣食，往來南山中射獵，陰相部勒，講武習兵。」第三，結交周瑜，相為助益。魯肅、周瑜本不相識。周瑜為居巢長時，聞魯肅名，曾帶領數百人到魯肅家拜訪，並求資助糧食。魯肅「家有兩囷米（囷，圓形的糧倉），各三千斛，肅乃指一囷與周瑜，瑜益知其奇也，遂相親結，定僑札之分（按：春秋時鄭大夫公孫僑（子產）、吳季劄互贈縞帶、紵衣結為朋友。後世常以『僑札之分』比喻至友）」。第四，毅然過江，依投孫策。建安三年，魯肅與周瑜一起歸依孫策。史載，先此袁術聞其名，委任他做東城縣長。「肅見術無綱紀，不足與立事，乃攜老弱將輕俠少年百餘人，南到居巢就瑜。」居巢近江，渡江方便，二人遂棄官東渡。韋曜《吳書》記載的情節略有不同，認為魯肅是自渡江見孫策的，其中有云：雄傑並起，中州擾亂，魯肅對其部屬說「中國失綱，寇賊橫暴，淮、泗間非遺種之地，吾聞江東沃野萬里，民富兵強，可以避害，寧肯相隨俱至樂土，以觀時變乎?」部屬皆願從命,於是「使細弱在前,強壯在後,男女三百餘人行」。據說,魯肅渡江後往見孫策,「策亦雅奇之。」但是,未及用,魯肅的祖母死了,魯肅不得不返回家去料理喪事。

魯肅安葬祖母以後,二次渡江。據載,有劉子揚者,與肅友善,勸肅「依就」一個叫鄭寶的人。魯肅曾經猶豫過,「葬畢還曲阿,欲北行(投鄭寶)。」但在魯肅料理喪事於東城期間,周瑜已將魯肅的母親迎接到吳。這時已是建安五年,孫策已死,孫權繼任,周瑜即與魯肅書說:「今主人(按:指孫權)親賢貴士,納奇錄異,且吾聞先哲祕論,承運代劉氏者,必興於東南,推步(根據天文曆法推算)事勢,當其曆數,終構帝基,以協天符,是烈士攀龍附鳳馳騖之秋。吾方達此,足下不須以子揚之言介意也。」魯肅聽從周瑜言說,二次渡江,求見孫權。同時,周瑜對孫權說,魯肅「才宜佐時,當廣求其比(意謂應多徵求他對時勢的分析),以成功業,不可令去也」。據載:「權即見肅,與語甚悅之。眾賓罷退,肅亦辭出,乃獨引肅還,合榻對飲。」二人進行了一次密談,魯肅早諸葛亮「隆中對」七年,有創見地剖析了漢末大局。孫權問:「今漢室傾危,四方雲擾,孤承父兄餘業,思有桓文之功(桓,齊桓公;文,晉文公)。君既惠顧,何以佐之?」魯肅回答說:

昔高帝(劉邦)區區欲尊事義帝而不獲者,以項羽為害也。今之曹操,猶昔項羽,將軍何由得為桓文乎?肅竊料之,漢室不可復興,曹操不可卒除。為將軍計,惟有鼎足江東,以觀天下之釁。規模(大勢)如此,亦自無嫌。何者?北方(指曹操)誠多務也。因其多務,剿除黃祖,進伐劉表,竟長江所極,據而有之,然後建號帝王以圖天下,此高帝之業也。

自然,孫權當時還不敢過於暴露,因說:「今盡力一方,冀以輔漢耳,此言非所及也。」不過,張昭有點看魯肅不起,「非肅謙下不足,頗訾毀之,云肅年少粗疏,未可用。」孫權雖然沒有完全聽張昭的話，「益貴重之，賜肅母衣服幃帳，居處雜物，富擬其舊」，但也受到一定影響，五六年間，始終敬若賓客，雖多諮議，但不予實職。[21]

諸葛瑾，字子瑜，琅邪陽都（治今山東沂南南）人，蜀相諸葛亮之同父異母兄。史謂：「其先葛氏，本琅邪諸縣（今山東諸城）人，後徙陽都。陽都先有姓葛者，時人謂之諸葛，因以為氏。」[22]其先祖諸葛豐曾在西漢元帝時做過司隸校尉，父親諸葛珪在東漢末年做過泰山郡丞。家世傳承，往往會對一個人的成長發生重要影響。所以，他與弟弟諸葛亮一樣，都曾得到過較好的學問教養。不幸的是，他們的父親過早地死了。弟弟諸葛亮、諸葛均，尚未成年，不得不跟隨叔父諸葛玄生活。《三國志．諸葛亮傳》說：「亮早孤，從父玄為袁術所署豫章太守，玄將（帶著）亮及亮弟均之官。」諸葛玄到達豫章後，不久，漢朝中央「更選朱皓代玄」。諸葛玄丟了官以後，無所止，由於素與荊州牧劉表有舊，便「往依之」。[23]諸葛玄死後，諸葛亮與弟弟諸葛均開始獨立生活，安家於襄陽城西二十里隆中，並親自參加田間勞動。諸葛瑾比弟諸葛亮年長不少，史載：「瑾少遊京師，治《毛詩》《尚書》《左氏春秋》。遭母憂，居喪至孝，事繼母恭謹，甚得人子之道。」父親死時，諸葛瑾已能獨立闖蕩社會。漢末避亂江東，「孫權姊婿曲阿弘咨見而異之，薦之於權，與魯肅等並見賓待。」「賓待」就是待之以賓客之禮的意思。諸葛瑾同魯肅一樣，也很會說話。孫權有什麼不愉快，只要諸葛瑾出來說幾句話，便即陡然冰釋。所以，史稱諸葛瑾「與權談說諫喻，未嘗切愕（不曾激烈直言），微見風彩，粗陳指歸，如有未合，則舍而及他，徐復託事造端，以物類相求，於是權意往往而釋」。不久，孫權即授諸葛瑾以很高官職。[24]

第五，任用、提拔一批地方官和武將。

以顧雍「行會稽太守事」。顧雍，字元歎，吳郡吳人。據載，「蔡伯喈從朔方還，嘗避怨於吳，雍從學琴書。」《江表傳》說：「雍從伯喈學，專一清靜，敏而易教。伯喈貴異之，謂曰：『卿必成致，今以吾名與卿。』故雍與伯喈同名（按：雍與邕音同，義通）。」經過州郡表薦，顧雍「弱冠（二十歲）為合肥長，後轉在婁（治今江蘇昆山東北）、曲阿（今江蘇丹楊）、上虞（浙江今市），皆有治跡」。孫策死後，孫權以討虜將軍領會稽太守，不可能親歷郡事，於是提拔顧雍為會稽郡丞，「行太守事。」顧雍不負所望，「討除寇賊，郡界寧靜，吏民歸服。」數年後，又調在身邊，為左司馬。25

拔虞翻為騎都尉。虞翻甚得孫策、孫權兄弟的重視。孫策死前，虞翻已從沒有實權的郡功曹外任為富春縣長。據載，孫策死後，部屬都想赴吳奔喪，虞翻洞察形勢，甚知越是這種時候越容易發生變故，因對大家說：「恐鄰縣山民或有奸變，遠委城郭，必致不虞。」因此，要求大家就地「制服行喪」。此舉影響很好，「諸縣皆效之，咸以安寧。」其實，虞翻此舉的用意，遠不止此。他要盡己所能，制約孫氏家族內部權力之爭，以保孫權的地位。《三國志・虞翻傳》注引韋曜《吳書》說：「策薨，權統事。定武中郎將（孫）暠，策之從兄也，屯烏程（今浙江吳興），整帥吏士，欲取會稽。會稽聞之，使民守城以俟嗣主之命，因令人告喻暠。」虞預《會稽典錄》記載了虞翻說服孫暠的說辭：「討逆（指孫策）明府，不竟天年。今攝事統眾，宜在孝廉（指孫權），翻已與一郡吏士，嬰（占據）城固守，必欲出一旦之命，為孝廉除害，惟執事（指孫暠）圖之。」孫暠知事難成，不得不退返駐地烏程。因此，孫權遽拔虞翻為騎都尉。26

用黃蓋、韓當、蔣欽、周泰、呂岱等為山越諸縣長。黃、韓、蔣等本武將，孫權統事之後，讓這些兼具治能的武將出任或繼續兼領局勢不穩的諸多地方的地方官。

黃蓋是跟隨孫堅、孫策征戰有年的老將。但他不僅是一個武人。據載，黃蓋父母早喪，「辛苦備嘗，然有壯志，雖處貧賤，不自同於凡庸，常以負薪餘閒，學書疏，講兵事。」足見是一位兼具文武之才的人。因此，孫權繼續孫策的策略，「諸山越不賓，有寇難之縣，輒用蓋為守長。」先後讓他擔任了石城（今安徽貴池）長、春谷（今安徽繁昌）長、尋陽（今湖北黃梅境）令等。「凡守九縣，所在平定。」隨後將他升任丹楊都尉，「抑強扶弱，山越懷附。」[27]漢制，郡太守秩為二千石，都尉稍低，為比二千石。

韓當在孫策的時候已被授予先登校尉，孫權讓他兼領樂安（今江西樂平）長。「山越畏服」，繼而授為中郎將。[28]中郎將是僅次於將軍的高級軍職。

蔣欽已歷三縣長，頗多鎮撫山越、治理地方的經驗，孫權讓其繼以（會稽）西部都尉兼領地方事。據載：「會稽冶（東冶，在今福建閩侯東北）賊呂合、秦狼等為亂，欽將兵討擊，遂禽合、狼，五縣平定，徙討越中郎將。」[29]

周泰曾經救過孫權的命，而且多謀善戰，有獨當一面之能，孫權繼續讓他以別部司馬駐守在鄱陽湖以西，為宜春長。[30]

呂岱，字定公，廣陵海陵（今江蘇泰州境）人，為郡縣吏，避亂南渡，「孫權統事，岱詣幕府。」因其有縣吏經驗，孫權任命他為吳縣縣丞。呂岱「處法應問，甚稱權意」。因而，孫權將其調回身邊，主管文書文字方面的工作。不久，出補餘姚長。史載：「會稽、東冶五縣賊呂合、秦狼等為亂，權以岱為督軍校尉，與將軍蔣欽等將兵討之，遂擒合、狼，五縣平定，拜昭信中郎將。」[31]

授嚴畯為騎都尉。嚴畯，字曼才，彭城人。「少耽學，善《詩》《書》三《禮》，又好《說文》。避亂江東，與諸葛瑾、步騭齊名友善。」據說，其人「性質直純厚，其於人物，忠告善道，志存補益」。因此，張昭推薦給孫權，孫權授嚴畯為騎都尉、從事中郎。[32]

為呂蒙增兵，拜平北都尉。呂蒙，字子明，汝南富陂（治今河南新蔡東北）人。少年時期即表現出了非同尋常的英勇和機智。史載，呂蒙「少南渡，依姊夫鄧當。（鄧）當為孫策將，數討山越。蒙年十五六，竊隨當擊賊，當顧見大驚，呵叱不能禁止。歸以告蒙母，母恚欲罰之，蒙曰：『貧賤難可居，脫誤有功，富貴可致。且不探虎穴，安得虎子？』母哀而舍之」。鄧當的屬下因呂蒙年小而看不起他，侮辱他，說：「彼豎子何能為？此欲以肉餧虎耳。」蒙大怒，殺吏，出走，繼而自首，「策召見奇之，引置左右。」不久，鄧當死，張昭薦蒙代領鄧當兵，拜別部司馬。孫權繼任後，想把諸小將的兵馬重新整編，「少而用薄者，欲并合之。」呂蒙得知消息，暗地裡借錢為士兵「作絳衣（深紅色的衣服）行縢（綁腿）」。檢閱之日，「陳列赫然，兵人練習，權見之大悅。」孫權當即把別人的部屬劃歸呂蒙，「增其兵。」不久，從討丹楊，所向有功，拜平北都尉，領廣德（安徽今縣）長。[33]

授徐盛、潘璋別部司馬。徐盛，字文嚮，琅邪莒（今山東莒縣）人，「遭亂，客居吳，以勇氣聞。孫權統事，以為別部司馬，授兵五百人，守柴桑長。」[34] 潘璋，字文珪，東郡發干（治今山東聊城西北）人，在孫權做陽羨長的時候，便已追隨左右，據說「權奇愛之，因使召募，得百餘人，遂以為將。討山賊有功」。孫權統事，亦署潘璋為別部司馬。[35]

第六，招延俊秀，聘求名士，破格擢用年輕人。

以步騭為主記。步騭，字子山，臨淮淮陰（江蘇今縣）人，「世亂，避難江東，單身窮困。與廣陵衛旌同年相善，俱以種瓜自給，晝勤四體，夜誦經傳。」《三國志》步騭本傳注引《吳書》對步騭的為人做了簡短概括，說：「騭博研道藝，靡不貫覽，性寬雅沉深，能降志辱身。」關於「降志辱身」，〈步騭傳〉記錄了一個生動的故事。據說，會稽焦征羌（姓焦名矯，曾為征羌令）

郡之豪族，本人及其親屬賓客皆放縱橫行，「騭與旌求食其地，懼為所侵。乃共修刺（名片）奉瓜，以獻征羌。」當時，焦征羌正在內室，等了兩個多小時不出來接見，衛旌不能忍耐，想走，步騭急忙阻止，對衛旌說：「本所以來，畏其強也。而今舍去，欲以為高，只結怨耳。」又耐心等了好久，焦征羌才推開窗戶，「身隱几坐帳中」與之相見，「設席致地，坐騭、旌於牖外。」據說：「旌愈恥之，騭辭色自若。」吃飯的時候，征羌「身享大案，肴膳重沓，以小盤飯與騭、旌，惟菜茹而已」。衛旌拒不進食，步騭卻「極飯致飽」，然後辭出。衛旌憤怒地對步騭說：「何能忍此？」騭則坦然地說：「吾等貧賤，是以主人以貧賤遇之，固其宜也，當何所恥？」可見，其人心懷大志而頗有一點韓信甘受「胯下之辱」的精神。孫權得知其名，而召為主記。

擢駱統試為烏程相。駱統，字公緒，會稽烏傷（今浙江義烏）人。父親駱俊，官至陳相。袁術「軍眾饑困，就俊求糧」，俊不予，袁術便派人將其暗殺了。父親死後，母改嫁，做了華歆的小妻。八歲的時候，駱統回到會稽，靠嫡母（駱俊的正妻）撫養成人。樂善好施，少年「顯名」。孫權被授討虜將軍領會稽太守時，駱統二十歲。孫權將其遽拔民間，試為烏程相。不久，駱統即顯出了卓越的能力，「民戶過萬，咸歎其惠理。」孫權很高興，即予駱統嘉獎，「召為功曹，行騎都尉，妻以從兄（孫）輔女。」[36]

破格提拔朱然為餘姚長。朱然，字義封，朱治姐姐的兒子，本姓施氏，「初（朱）治未有子，（朱）然年十三，乃啟（孫）策乞以為嗣。策命丹楊郡以羊酒召然，然到吳，策優以禮賀。」到吳後，朱然曾與孫權一起讀書，兩人很要好。「至權統事，以然為餘姚長，時年十九。後遷山陰令，加折衝校尉，督五縣。權奇其能，分丹楊為臨川郡，然為太守，授兵二千人。」[37]

辟陸績為奏曹掾。陸績，字公紀，吳郡吳人。父親陸康，漢末為廬江太守。據載，績年六歲，隨父到九江見袁術。袁術用橘子招待他們，陸績偷偷將三個橘子揣在懷裡，辭別的時候，彎腰拜辭，橘子「墮地」，袁術見狀，說：「陸郎作賓客而懷橘乎？」績跪答：「想帶回去給母親吃。」因此，袁術「大奇之」。有一次，孫策與張昭、張紘、秦松等討論天下形勢，都認為「四海未泰，須當用武治而平之」。當時，陸績「年少末坐」，毫無顧忌，當即大聲說：「昔管夷吾相齊桓公，九合諸侯，一匡天下，不用兵車。孔子曰：『遠人不服，則修文德以來之。』今論者不務道德懷取之術，而惟尚武，績雖童蒙，竊所未安也。」童稚之氣，溢於言表，但大家對他的言說都很驚異。史稱，陸績「容貌雄壯，博學多識，星曆算數無不該覽。虞翻舊齒名盛，龐統荊州令士，年亦差長，皆與績友善」。可見，他年齡雖然不大，卻已有點名氣。因此，孫權統事，即用其所長，把這位年僅十五六歲的少年「辟為奏曹掾」。奏曹掾是主管奏議的佐史。不過，孫權重其才能，但不喜歡他說話太直。後來用擢升的辦法派他出去做鬱林太守，並加偏將軍稱號，給兵二千人。[38]

用陸遜做幕府令史，繼領海昌縣事。陸遜，字伯言，吳郡吳人，「本名議，世江東大族。遜少孤，隨從祖廬江太守（陸）康在官。袁術與康有隙，將攻康，康遣遜及親戚還吳。」陸遜比侄子陸績年長四、五歲。孫權為將軍，即建安五年（二〇〇），陸遜二十一歲，「始仕幕府，歷東西曹令史」。令史是主管文書的小官。不久，便表現出了很好的才能，被派出做海昌（今浙江海寧境）屯田都尉，並領縣事。據載，海昌縣連年亢旱，陸遜「開倉穀以振貧民，勸督農桑，百姓蒙賴」。[39]

徵是儀專典機密。是儀，字子羽，北海營陵（今山東昌樂境）人，「本姓氏，初為縣吏，後仕（北海）郡。郡相孔融嘲儀，言『氏』字『民』無上，可改為『是』，乃遂改焉。後依劉繇，避亂江東。繇軍敗，儀徙會稽。」孫權「優文徵儀」，給予充分信任，令其「專典機密」。後拜騎都尉。[40]

用胡綜為金曹從事。胡綜，字偉則，汝南固始（河南今縣）人，「少孤，母將避難江東。孫策領會稽太守，綜年十四，為門下循行（官名），留吳與孫權共讀書。」孫策死後，孫權即以與己同年的胡綜為金曹從事。後來，從討黃祖，拜鄂長，繼與是儀、徐詳俱典軍國密事。41

外部有利條件

孫權繼承父兄之業，年未弱冠而據有六郡之地，成為雄踞江南的一方之主，內部和自身的條件固然很重要，但這也是「天時地利」和東漢末年軍閥混戰的形勢使然。

內部的不利和有利條件，前面的敘述已經大體清楚。概括起來說，不利條件有三：第一，「孫策蒞事日淺，恩澤未洽」，孫權突以新主統事，人心更加不穩，「士民狼狽，頗有同異」的形勢更趨緊張；第二，「深險之地猶未盡從」，境內並未完全控制，山民暴動時有發生；第三，家族內部有人企圖奪取權力，不僅三弟孫翊想謀軍權，而且堂兄孫暠亦想乘喪興兵。

自然，諸此種種皆不足以動搖孫權的地位，因為他有更多更強的有利條件：第一，孫堅、孫策父子創下的基業，在那部曲忠心依附主人的時代，非孫氏少敢窺其位者；第二，孫策死時，其子尚幼，不足以立，孫權是其諸弟中年齡最長、能力最強、業績最著者，從繼統的規則說，孫權理當其任；第三，孫策的遺命就像歷代皇帝「遺詔」一樣，有不可撼動的權威性，確保了孫權的地位；第四，母親吳氏「助治軍國」，使孫堅、孫策的部屬更加堅定地團結在孫權的周圍。如史所載：「及權少年統業，（吳）夫人助治軍國，甚有裨益。」《三國志・董襲傳》說：「策薨，權年少，初統事，太妃憂之，引見張昭及襲等，問江東可保安否？」〈妃嬪傳〉載，建安七年，夫人「臨薨

（按：虞喜《志林》說不同，認為權母吳夫人死於建安十二年），引見張昭等，屬以後事」。諸此，都說明瞭這個問題。

另外，吳越故地的豐富經濟資源和地理環境，也為政權初建提供了重要的保證。論者或謂，江南經濟是在南北朝以後發展起來的。我認為，這只能是就整體相對而言。實際上，吳郡、會稽郡等臨海之地很久之前就已經有了相當發展。春秋時代的吳國、越國都曾是有相當經濟基礎的一代軍事強國。吳王夫差力能戰楚、挫越、伐齊，北會諸侯，「欲霸中國以全周室」；[42]越王句踐（句，音ㄍㄡ）兵敗，臥薪嚐膽，「身自耕作，夫人自織，食不加肉，衣不重采，折節下賢人，厚遇賓客，振貧吊死，與百姓同其勞」，為質於吳，返國七年，即能「拊循其士民，欲用以報吳」。平吳後，即能以兵渡淮，與齊、晉諸侯會於徐州，致貢於周，「當是時，越兵橫行於江、淮東，諸侯畢賀，號稱霸王。」他的後代又曾「興師北伐齊，西伐楚，與中國爭強」。[43]至漢，經濟更有發展。《漢書·地理志》說：「吳東有海鹽章山之銅，三江五湖之利，亦江東之一都會也。」《漢書·吳王劉濞傳》說：「吳有豫章郡（按：當作故鄣郡，治今浙江安吉西北）銅山，即招致天下亡命者盜鑄錢，東煮海水為鹽，以故無賦，國用饒足。」諸此，都說明今天江浙之沿海地區在當時的經濟發展情況已經不亞於中原內陸地區。

但是，一個割據政權的存廢，永遠都同全國的客觀形勢相聯繫又相制約。中外歷史概莫能外。無疑，外部的有利條件保證了孫權的諸侯地位，使其得機割江而治，得時迅速發展自己，得勢抗衡中原。

一、北方多務

「北方多務」，局勢混亂，曹操無暇南顧，是孫權得以鞏固和發展自己的最重要的外部條件。建安五年十月，魯肅向孫權獻策時曾提出「因其（北方）多務，剿除黃祖，進伐劉表，竟長江所極，據而有之，然後建號帝王以圖天下」的建議。對於東吳來說，這是一項偉大的戰略構想。所以，胡三省注《資治通鑑》時特加批語，說：「江東君臣上下，本謀不過此耳。」「本謀」就是立國之謀；「不過此耳」就是此前和以後東吳君臣上下提出的所有謀略，都不能與此同日而語。

現代人喜歡說抓住機遇。「因北方多務」，講的就是東吳要抓住北方戰亂頻仍、曹操無暇向南用兵的機遇，固土拓疆，發展自己。

那麼，當時北方的形勢到底是個什麼樣子呢？

我在《曹操評傳》中曾對東漢末年的形勢做過三項分析：一曰外戚與宦官交互專權與鬥爭，動盪了東漢社會根基。書中指出，東漢後期百餘年間，時而太后臨朝，外戚掌權；時而宦官得勢，專斷朝廷。皇帝成了他們的傀儡。西元一八九年漢靈帝死，皇子劉辯即位，何太后臨朝，何進掌握了政權。何進掌權後，把權宦蹇碩殺了。袁紹勸何進盡誅宦官，何進尚在猶豫不決之時，宦官首先發難，殺死何進。然後，袁紹盡殺宦官二千餘人。繼而董卓引兵入洛陽，廢劉辯，殺何太后，立劉協，是為漢獻帝。經過宦官與外戚的專權與鬥爭，中央的權力和威望削弱了，地方官的權力增大了，一些州郡牧守，更是競相擴充自己的勢力，手握重兵，成了實際上的各據一方之主。另外，由於地方上局勢混亂，一些世豪地主武裝也乘機發展了起來。二曰黨錮之禁，為亂世的到來作了人才上的準備。黨錮之禍，禍從宦官而來。「黨人」有的被誅殺，有的被禁錮，但在社會上真正得分的卻正是這些「黨人」和太學生們。士人勢力沒有削弱，反而增強了。外戚集團想依靠他們、利用他們。許多中央和地方的官僚以自己能同「黨人」沾點邊為榮。宦官集團內部也起了分化，不少人同情「黨人」，站到「黨人」一邊。禁錮「黨人」，反使「黨人」成名。士人議論朝政、褒貶人物形成風氣。這種風氣，既影響著已經做官的士族知識分子，也激勵著諸多隱士關心社會。東漢末年及三國期間有那麼多在朝的或鄉居的知天下大勢的智謀人物出現，都可在這裡找到其最初的某些聯繫。三曰黃巾起義、軍閥混戰，為群雄爭霸準備了條件。宦官與外戚交互專權，加速了統治集團的腐敗，增重了農民的負擔。又加天災頻仍，水災、旱災、蝗災、風災、雹災、震災等等接連發生。天災人禍，民不堪命，流離失所，餓殍遍地。勞動人民為了活命，不得不鋌而走險——造反、暴動。諸多農民起義，雖然失敗了，但鼓舞了勞動人民的反抗鬥志，同時也給漢朝政權以沉重打擊，動搖了它的根基。漢靈帝中平元年（一八四），一場大規模的全國性的農民起義——黃巾起義終於爆發。黃巾起義被鎮壓下去了，但它的歷史影響卻是不可估量的。它點燃了反抗漢朝統治者的烈火，雖然被鎮壓了，但烈火的餘燼一直在燃燒著；另一方面，在鎮壓黃巾起義的過程中，用兵者和州郡史守、地方豪強，甚至一些野心家乘機招兵買馬發展了自己的勢力，很快形成了一些各霸一方的軍事集團，客觀上為軍閥混戰創造了條件。軍閥混戰給人民帶來了更深的災難。數十年間，群雄割據，「大者連郡國，中者嬰城邑，小者聚阡陌」，[44]你爭我奪，無有休止之時。軍閥混戰，受苦受難最多最大的是老百姓。老百姓渴望安定和統一。有本事的割據稱霸者，相對得到老百姓的支持，在戰爭中發展了自己；平庸之輩和逆潮流者、對廣大民眾施暴不恤者，受到歷史的懲罰，由強變弱，由大變小，最終或被吞併，或被消滅。

及至建安五年（二〇〇）四月孫策死的時候，北方的軍閥混戰和曹操統一北方的戰爭已經進入了關鍵性階段。遠者不論，先此十年間，漢獻帝初平元年（一九〇），關東州郡俱起兵討董卓，董卓脅獻帝自洛陽遷都長安；初平二年（一九一），袁紹自領冀州牧。「關東州郡務相兼併以自強大」，袁紹、袁術兄弟「自相離貳」，[45]各領部分地方軍閥，相互對峙，展開戰爭；初平三年（一九二），袁紹大戰公孫瓚於界橋（今河北威縣境）。司徒王允與呂布誅董卓。李傕、郭汜攻呂布，殺王允，專朝政，呂布東奔。曹操收黃巾降卒三十餘萬；初平四年（一九三）曹操連破袁術軍。征陶謙，拔十餘城，死者萬數，泗水為之不流；興平元年（一九四），張邈、陳宮叛操迎呂布為兗州牧。陶謙死前推劉備領徐州牧；興平二年（一九五），曹操破呂布於定陶。李傕、郭汜構亂長安。興義將軍楊奉、安集將軍董承等護獻帝東歸；建安元年（一九六）獻帝至洛陽。曹操至洛陽，獻帝授操節鉞，操自領司隸校尉，錄尚書事，繼為司空，行車騎將軍；建安二年（一九七），曹操東征袁術，南征張繡、劉表；建安三年（一九八），曹操東征，擒殺呂布；建安四年（一九九），袁術死，張繡降操。袁紹精兵十萬，欲以攻許，曹操進軍黎陽，分兵守官渡，開始部署與袁紹的決戰。建安五年（二〇〇），曹操東征劉備，備奔袁紹，關羽降操。官渡之戰進入決戰。以上這個簡短的歷史年表，就是孫權統事前的「北方多務」的生動寫照。這種「多務」的局面，又一直延續了十數年。

歷史證明，正因北方多務、軍閥林立，所以不管是袁紹、袁術，還是曹操，在此期間和以後一段時間裡都把戰略的重點放在北方。比如，袁紹為了戰勝公孫瓚和曹操，而與劉表「深相結約」；[46]曹操為了鞏固權力和對付袁紹和袁術，則「撫納」孫策；袁術為了在江北立足，也盡力拉攏孫氏父子。這些有勢力的軍事集團的戰略重點在北方，無暇南顧，相對軟弱的割據南方的地方勢力便可乘勢發展自己。

統觀大局，因勢發展，是所有政治家、軍事家考慮問題的重要前提。就像曹操的謀士荀彧、郭嘉曾勸曹操趁袁紹北擊公孫瓚之機「因其遠征，東取呂布」一樣，魯肅等也看清了在一段相當長的時間裡，曹操只能把戰略重點放在北方。

無疑，這是當時社會形勢為孫權提供的得以迅速發展的重要外部條件。

二、西臨庸主當政

孫權控有揚州六郡之地，其西便是荊州牧劉表統轄的荊州地盤。這樣的地理形勢，決定了兩個軍事集團的相互制約和影響，預伏著必然的利害衝突和軍事危機。

劉表（一四二—二一三），字景升，山陽高平（今山東魚台，一說在金鄉境）人，魯恭王劉餘之後。「身長八尺餘，姿貌溫偉。」黨錮期間，曾是一個有點名氣的黨人，與同郡張儉俱為黨人「八顧」之一。[47]據載，皇帝下詔「捕案黨人」，劉表逃走得免，「黨禁」解除以後，做了大將軍何進的副官，並被派出監軍，為北軍中候。獻帝初平元年（一九〇），孫權的父親、長沙太守孫堅攻殺荊州刺史王叡後，皇帝下詔以劉表代王叡為荊州刺史。劉表單騎赴任，在蒯越等人的幫助下，平定江南，遂有「南接五嶺，北據漢川，地方數千里」之地和「帶甲十餘萬」之眾。史載，劉表「招誘有方，威懷兼洽」、「萬里肅清，大小咸悅而服之」。所以在北方連年戰爭的時候，而荊州是相對穩定的。因而兗、豫諸州及關西「學士歸者蓋有千數」。建安初年，驃騎將軍張濟與其侄建忠將軍張繡，因荒年不收，士卒飢餓，自弘農南向就糧，到了劉表的地盤，在攻穰（今河南鄧縣）時，張濟被流矢射中而死。張濟死後，劉表不敢乘機擁其眾，而是害怕惹來麻煩，主動派人同張繡聯繫，雙方達成諒解，相約聯合，繡屯宛，為表「北藩」，從而形成了暫時的軍事聯合。然而，總的來看，劉表實是一個平庸儒人，胸無大志，謀無遠慮，不習軍事，剛剛站穩腳跟，便試圖「愛民養士，從容自保」。因此，他在曹操與袁紹爭持期間，既不助袁，也不援操，欲坐觀天下之變。[48]但是，歷史的現實是容不得他「坐觀時變」「從容自保」的。所以，當袁紹、袁術兄弟不和的時候，他只能與袁紹「相結」，袁術便與孫堅「合從」攻襲他。當他狐疑於袁紹和曹操之間的時候，他的僚屬韓嵩、劉先和蒯越等清楚地告訴他：「將軍擁十萬之眾，安坐而觀望，夫見賢而不能助，請和而不得，此兩怨必集於將軍，將軍不得中立矣。」毫無疑問，試圖「從容自保」的觀念，在那天下洶洶的年代裡就是一種庸人的怯弱者的觀念，自不進取，自然就為進取者的發展提供了先機。

荊州七郡，一百一十七縣（含侯國），地域廣闊，控有長江中段南北。但相對於曹操、袁紹、袁術、呂布等軍事集團來說，劉表的力量並不甚強，所以不僅孫堅、孫策父子早已試圖染指其地，曹操、劉備也都看準了這塊北據漢沔、利盡南海、東連吳會、西通巴蜀的「肥肉」。

曹操是位聰明的軍事家，很知避免兩面或多面作戰的重要，建安初年的戰略重點始終放在北方，但也始終不忘向劉表示兵，使其不敢妄動。建安二年、三年，曹操三次南征張繡，並曾攻拔劉表屬將鄧濟據守的湖陽（今河南唐河南），生擒鄧濟，攻下了舞陰城（治今河南泌陽西北）。最後一次，曹操有點輕敵，不聽軍師荀攸待機而動的建議，進兵把穰城包圍起來，結果劉表「遣兵救繡」，把曹操的後路切斷了。張繡來追，曹操親自斷後禦敵。在安眾（今河南鎮平東南），張繡與劉表「合兵守險」，曹操前後受敵，「乃夜鑿險為地道，悉過輜重，設奇兵」，然後「縱奇兵，步騎夾攻」，大破劉表與張繡。[49]建安六年，曹操打敗袁紹後，「就穀東平之安民（今山東鄆城境，一說在陽谷境），糧少不足與河北相支，欲因紹新破，以其間擊討劉表」，只是因為怕袁紹「收其餘燼，乘虛以出人後」而沒有成行。[50]建安八年，又想乘袁譚、袁尚兄弟相攻之機南擊劉表，因而「軍於西平（河南今縣）」，只是因為荀攸、郭嘉提出不同意見，才又回師河北。荀攸深刻地指出：「天下方有事，而劉表坐保江、漢之間，其無四方之志可知矣。袁氏據四州之地，帶甲數十萬，紹以寬厚得眾心，使二子和睦以守其成業，則天下之難未息也。今（袁氏）兄弟構惡，其勢不兩全，若有所并（聯合）則力專，力專則難圖也。及其亂而取之，天下定矣，此時不可失也。」郭嘉指出：「四方之寇，莫大於河北，河北平，則六軍盛而天下震矣。」[51]荀攸、郭嘉的話很有道理。曹操蕩平河北，把劉表完全震住了。所以當曹操北伐烏桓時，劉備勸他乘機襲許，他不敢。

劉表的無能和軍事上的不作為，不僅讓曹操得以安心地馳騁河北，而且讓劉備在荊州界內坐大。建安五年（二〇〇）正月間，曹操擊潰劉備，俘虜了劉備的妻子和關羽。劉備投靠了袁紹。劉備、關羽各在一方，分別為袁紹和曹操效力。關羽為操偏將軍，斬紹將顏良，劉備則助紹作戰，敗於白馬（今河南滑縣境）南阪之下。是年七月，汝南黃巾劉辟等背叛曹操而與袁紹相呼應。劉辟攻略許下，袁紹派遣劉備率兵幫助劉辟。劉備攻略汝、潁之間，「自許以南，吏民不安。」曹操派曹仁率領騎兵擊劉備，「破走之，仁盡復收諸叛縣而還。」[52]劉備失敗後，又北走，回到了袁紹那裡。劉備附於袁紹麾下，前後年餘，逐漸對袁紹為人有了認識，知其剛愎自用，不善大謀，終難共成大事。為了獨立發展自己的勢力，他「陰欲離紹」，最後終於想出了勸袁紹加緊「南聯劉表」的策略。袁紹南聯劉表有利於牽制曹操的兵力，固然是其原有之議，但從另一角度看，急准劉備南去，實際也是上了劉備試圖遠離的圈套。袁紹派劉備率領本部兵馬再至汝南。劉備到汝南後，即與黃巾龔都（一作共都）等部聯合，有眾數千人。曹操得知消息後，即令葉縣守將蔡揚（亦作蔡楊或蔡陽）出擊劉備、龔都。曹將蔡揚輕視了這支剛剛聯合起來的隊伍，輕進遽擊，結果失利被殺。官渡之戰結束，「曹公既破紹，自南擊先主。」劉備最怕曹操親征，正如他自己所說的「曹孟德單車來，吾自去」。自知不敵，於是遣麋竺、孫乾與劉表聯繫，情願依附於劉表。劉備「走奔劉表，（龔）

都等皆散」。[53]劉表對劉備來歸很重視。他懷著忐忑不安的心情，親自「郊迎」這位徒有虛名的豫州刺史，「以上賓禮待之，益其兵，使屯新野。」[54]劉備屯駐新野（河南今縣），聲名日播，荊州豪傑圖謀前程者紛紛投靠。這種情形，自然引起劉表的注意，所以便有了「表疑其心，陰禦之」[55]的記載。由此看出，劉表對於劉備待以上賓之禮，乃是表面現象，而心懷疑慮則是其真實的心理狀態。劉表「陰禦」劉備的方法，最主要的有兩點。一是表示「信任」和「重用」，讓他據守邊境，離開新野；二是表示「親熱」，將他羈縻於襄陽，使離軍事。劉備對於劉表的良苦用心自然明白，因此，能夠自覺而有效地利用劉表所提供的條件，適度發展自己，相機而動。在此情況下，劉備曾經主動發動過一次博望戰役，取得小勝，打敗了曹操名將伏波將軍、河南尹夏侯惇和虎威將軍于禁。這次戰爭的規模雖然不大，但因對方是曹操的名將，所以大大增強了劉備在荊州地界的威望。但同時也更加增大了劉表對劉備的疑慮，使劉表感覺到讓劉備遠離自己而親臨軍事前線，並不是制約的好辦法。所以繼而將劉備羈縻於襄陽、樊城（兩城均屬今湖北襄樊市），讓其離開軍事前線，率領部伍屯駐樊城。其情如《三國志・先主傳》注引《世語》所說：「備屯樊城，劉表禮焉，憚其為人，不甚信用。」

劉表外怕曹操打來，內憚劉備發展勢力，疑慮重重，使自己完全失去了初到荊州時的活力，陷入了惶惶不安之中，但求自保，無暇外圖。

歷史證明，劉表對孫氏父子自始至終都取守勢。孫堅雖然被劉表的江夏太守黃祖的軍士所射殺，但那是進攻情況下的失利。孫策生前軍至沙羨（在今湖北武漢市境），大破黃祖而還。劉表東備孫權的兵力主要是兩支，一為據守沙羨的黃祖，一是據守鄱陽湖畔的劉表的侄子劉磐。前者形同驚弓之鳥，自然不敢有所行動。後者形同縮頭烏龜，也早在孫策時被太史慈打得不敢作為。

《三國志·太史慈傳》載：「劉表從子磐，驍勇，數為寇於艾（今江西修水）、西安（今江西武寧）諸縣。策於是分海昏（今江西永修）、建昌（今江西奉新境）左右六縣，以慈為建昌都尉，治海昏，並督諸將拒磐。磐絕跡，不復為寇。……孫權統事，以慈能制磐，遂委南方之事。」

這一政治和軍事態勢，對孫權初期政權的鞏固和擴張非常有利。既然西面沒有強敵，便相對無甚大憂，便可在一段時間裡著力鞏固內部，鎮撫山越，從而更快地發展勢力，然後西剪荊州，南拓疆土，北向示兵，「保守江東，以觀天下之釁。」

不能自強者，必然招致外侮。這正是魯肅、甘寧等勸孫權乘曹操北出之機而取荊州、剿除黃祖（劉表將、江夏太守）、進伐劉表以及諸葛亮鼓勵劉備相機奪荊州的道理所在。

三、南方雖亂而有內附之意

孫權初期六郡之地皆屬漢代所置十三刺史部之揚州轄境，其中會稽、豫章二郡南臨交州。《禮記》有稱：「南方曰蠻，雕題交阯。」「雕題」就是在額頭上雕刺花紋。「交阯」二字，說有多種，相傳：「其俗男女同川而浴，故曰交阯（按：阯，通趾）」；又謂：「其地人臥時頭向外，足在內而相交，故稱交阯。」交阯相對於中原，地處邊鄙，但很古即與中原交往，歷史稱為南蠻或南夷。《後漢書·南蠻傳》說：「及楚子（按：楚王子爵，因稱楚子）稱霸，朝貢百越（按：倒裝句，意即百越朝貢）。秦併天下，威服蠻夷，始開領外，置南海（治今廣東廣州）、桂林（治今廣西桂林）、象郡（治今廣西崇左）。漢興，尉佗自立為南越王，傳國五世。至武帝元鼎五年，遂滅之，分置九郡，交阯刺史領焉。」西漢末年，「凡交阯所統，雖置郡縣，而言語各異，重譯乃通。人如禽獸，長幼無別。項髻徒跣，以布貫頭而著之。後頗徙中國（中原）罪人，使雜居其間，乃稍知言語，漸見禮化。」東漢初年，錫光為交阯刺史，任延為九真太守，「於是教其耕稼，制為冠履，初設媒娉，始知姻娶，建立學校，導之禮義。」然而，長期以來，始終時叛時服。東漢末年情況相對好轉，雖然仍有鎮撫之事，但進入了一個相對穩定的時期。這與士燮兄弟的治理有很大關係。

據載，東漢末士燮為交阯太守。士燮，字威彥，蒼梧廣信（今廣西梧州）人。祖先本是魯國汶陽（今山東寧陽）人，王莽之亂時，避亂於交州。六世至燮父賜。桓帝時，士賜為日南太守。家勢日隆，為燮兄弟的修身、進階創造了良好條件。士燮「少遊學京師，事潁川劉子奇，治《左氏春秋》。察孝廉，補尚書郎」；父親死後，士燮居喪三年，然後，州舉茂才（按：即秀才。東漢避光武帝劉秀諱，改稱茂才），朝廷即授巫（今重慶巫山）令，不久即因其熟悉交州情事，升遷為交阯太守。繼而，「交州刺史朱符為夷賊所殺，州郡擾亂。」士燮以交阯太守之任收拾局面，於是表薦弟士壹領合浦太守（治今廣東雷州），次弟徐聞（廣東今縣）令士䵋（音ㄨㄟˋ）領九真太守（治胥浦，今越南清化），弟士武領南海太守。四兄弟基本控制了交州局面。

士燮為人，「體器寬厚，謙虛下士」，因此中原士人往依避難者以百數，「耽玩《春秋》，為之注解」，又兼通古文與今文《尚書》，頗有學者之風。士燮兄弟「並為列郡，雄長一州，偏在萬里，威尊無上」，頗受蠻人擁護。他們自己也頗自得，「出入鳴鐘磬，備具威儀，笳簫鼓吹，車騎滿道，胡人夾轂焚燒香者常有數十。妻妾乘輜軿（輜車、軿（音ㄆㄧㄥˊ）車，都是高等級的有布幔屏蔽的車子）」，子弟從兵騎，當時貴重，震服百蠻，尉他（按：即趙佗，秦時為南海尉，秦滅自為南越武王，漢封南越王）不足逾也。」然而，非常可喜的是，士燮兄弟的態度始終是上奉曹操控制的漢室朝廷，對於兩個近鄰則親孫權而拒劉表。史載：「朱符死後，漢遣張津為交州刺史，津後又為其將區景所殺，而荊州牧劉表遣零陵賴恭代津。是時，蒼梧太守史璜死，表又遣吳巨代之，與恭俱至。漢聞張津死，賜燮璽書曰：『交州絕域，南帶江海，上恩不宣，下義壅隔，知逆賊劉表又遣賴恭窺看南土，今以燮為綏南中郎將，董督七郡，領交阯太守如故。』後燮遣吏張旻奉貢詣京都。是時，天下喪亂，道路斷絕，而燮不廢貢職」，曹操控制的朝廷特復下詔授士燮為安遠將軍，封龍度亭侯。

士燮上奉朝廷，外附孫權。這樣的形勢，不僅使孫權沒有南顧之憂，而且對其制定西討劉表、黃祖的策略，以及後來攻奪劉備三郡地都有積極的影響。56

四、東臨海疆，有漁鹽之利

吳之會稽郡、吳郡地域廣闊，東臨海疆，海岸線之長，約當今天上海、浙江、福建海岸線之和。這樣的地理形勢，對於一個軍力尚不充足、經濟尚未有效開發的地方政權來說，自然是有利有弊，但利大於弊。

數其弊主要有：第一，東向擴展沒有出路。自古以來，中國域內列國紛爭、軍閥混戰，基本上都是陸地爭奪戰，歷史和地理都決定了在那沒有充分條件開發海洋的情況下，大海對於地方政權的拓展是難以逾越的限制。第二，近海成了「逋逃之藪」，難免海匪之擾。第三，近海列島叢立，盤踞者各自為政，不便有效控制。《漢書．地理志》和《後漢書．東夷列傳》都說：「會稽海外有東鯷人，分為二十餘國。」所謂「分為二十餘國」，實際就是一些自立於現在中國海域之內的相對獨立的勢力實體。

數其利有三：第一，漁鹽之得，利於富國。自從漢代吳王濞「鑄錢煮海，收其利以足國用」57以來，在此立國的統治者無不繼承這一傳統，孫權自然明白並且切實利用了這一點。第二，舟楫之便，利通往來。後來，孫權試圖同魏國遼東太守公孫淵建立聯繫，就是通過海上。第三，不與強敵相臨，雖有海盜之憂，但無大的邊患之虞。

歷史證明，凡四臨強敵之政權，必須四面布防。少一面之防，自然是有利軍事勢力的發展，有利政權的鞏固，有利鞏固國防和對付外來入侵以及向薄弱方向擴張。

註釋

1 《資治通鑑》卷六三，漢獻帝建安五年。胡三省注謂：「《考異》曰：虞喜《志林》云策以四月四日死。」

2 《三國志·吳書·孫策傳》。

3 《三國志·吳書·張昭傳》注引《吳歷》。

4 《三國志·吳書·孫策傳》。

5 《三國志·吳書·吳主傳》。

6 《三國志·吳書·妃嬪傳》。

7 《三國志·吳書·吳主傳》。

8 《三國志·吳書·吳主傳》注引《江表傳》。

9 《漢官儀》說：「長史，眾史之長。」《通典》卷二一說，長史「眾史之長，職無不監」。官秩隨主官職級不同而不同。《漢書·百官公卿表》說，丞相府有兩長史，秩千石；郡守有丞，邊郡又有長史，掌兵馬，秩皆六百石。《後漢書·百官志》說，丞相、將軍屬官「長史一人，千石」。《後漢書·竇憲傳》則說，竇憲做大將軍，其長史、司馬「秩中二千石」。秩級不在多少，不管是在中央，在將軍幕府，還是在郡級地方政權中，長史都是實權派人物。

10 《三國志·吳書·吳主傳》。

11 同上。

12 《三國志·吳書·吳主傳》、〈張昭傳〉。引典「周公立法而伯禽不師」，指周公死時，適有徐戎作難，他的兒子伯禽不拘「三年之喪」的周禮，「卒（終止）哭而征之。」

13《三國志·吳書·周瑜傳》。

14《三國志·吳書·張昭傳》注引韋曜《吳書》。

15《三國志·吳書·張紘傳》注引韋曜《吳書》。

16《三國志·吳書·張紘傳》注引《吳書》。

17《三國志·吳書·程普傳》。

18《三國志·吳書·呂範傳》。

19《三國志·吳書·朱治傳》。

20《三國志·吳書·太史慈傳》。

21以上《三國志·吳書·魯肅傳》並注，及《資治通鑑》卷六三，漢獻帝建安五年。

22《三國志·吳書·諸葛瑾傳》注引《吳書》。另，注引《風俗通》說，有葛嬰者，「為陳涉將軍，有功而誅，（漢）孝文帝追錄，封其孫諸縣侯，因並氏焉。」其說不同。

23另《三國志·蜀書·諸葛亮傳》注引《獻帝春秋》記載不同，稱：「初，豫章太守周術病卒，劉表上諸葛玄為豫章太守，治南昌。漢朝聞周術死，遣朱皓代玄。皓從揚州刺史劉繇求兵擊玄，玄退屯西城，皓入南昌。建安二年正月，西城民反，殺玄，送首詣繇。」

24《三國志·吳書·諸葛瑾傳》並注。

25《三國志·吳書·顧雍傳》。

26《三國志·吳書·虞翻傳》。

27《三國志·吳書·黃蓋傳》並注。

28《三國志·吳書·韓當傳》。

29《三國志·吳書·蔣欽傳》。

30《三國志·吳書·周泰傳》。

31《三國志·吳書·呂岱傳》。

32《三國志·吳書·嚴畯傳》。

33《三國志·吳書·呂蒙傳》。

34《三國志·吳書·徐盛傳》。

35《三國志·吳書·潘璋傳》。

36《三國志·吳書·駱統傳》。

37《三國志·吳書·朱然傳》。

38《三國志·吳書·陸績傳》。

39《三國志·吳書·陸遜傳》。

40《三國志·吳書·是儀傳》。

41《三國志·吳書·胡綜傳》。

42《史記·吳太伯世家》。

43《史記·越王句踐世家》。

44《三國志·魏書·文帝紀》注引曹丕《典論·自敘》。

45《資治通鑑》卷六〇，獻帝初平二年。

46《資治通鑑》卷六二，漢獻帝建安三年。

47《後漢書·劉表傳》。《三國志·魏書·劉表傳》說，劉表是黨人的「八俊」之一。

48參見《後漢書·劉表傳》；《三國志·魏書·劉表傳》。

49《三國志·魏書·武帝紀》。

50《三國志·魏書·荀彧傳》。

51《資治通鑑》卷六四，漢獻帝建安八年。

52《三國志·魏書·曹仁傳》。

53《三國志·魏書·武帝紀》。

54《三國志·蜀書·先主傳》。

55同上。

56以上見《三國志·吳書·士燮傳》。

57《漢書·吳王劉濞傳》顏師古注。

第三章 鎮撫山越，討不從命

孫權身為吳國主，執政五十餘年。若從戰略重點觀察，赤壁之戰應當是一個重要的分界線。此前，主要在江南拓土固疆，鎮撫山越，討伐不從，鞏固政權；此後，更重要的是北抗曹魏，西窺蜀漢，謀求帝業。

鎮撫山越

歷史記載，江浙閩粵之地，廣為春秋時期的越國後人所居，部族聚落甚多，因稱百越。山越，則泛指居住在山地的越族人。

越族是中國歷史上古老的民族之一。據《吳越春秋》說：「禹周行天下，還歸大越，登茅山（在今浙江紹興境）以朝四方群臣，封有功，爵有德，崩而葬焉。至（夏）少康，恐禹跡宗廟祭祀之絕，乃封其庶子於越，號曰無餘。」賀循《會稽記》說：「少康其少子號曰於越，越國之稱始此。」《史記．越王句踐世家》說，夏后帝少康之庶子，「封於會稽，以奉守禹之祀。文身斷髮，披草萊而邑焉。後二十餘世，至於允常。允常之時，與吳王闔廬戰而相怨伐。允常卒，子句踐立，是為越王。」句踐（句音ㄍㄡ，亦作勾）平吳，渡淮，「與齊晉諸侯會於徐州，致貢於周，……

當是時，越兵橫行於江、淮東，諸侯畢賀，號稱霸王。」他的後代，又曾興師北伐齊，伐楚，「與中國爭強。」後來，楚威王大敗越，消滅了越的獨立政權，「而越以此散，諸族子爭立，或為王，或為君，濱於江南海上，服朝於楚。」《漢書．兩粵傳》說，漢初有閩粵（越）王無諸及粵（越）東海王搖，「其先皆粵（越）王句踐之後也，姓騶氏。」武帝期間，兩粵相戰，閩粵發兵圍東甌，「天子遣（嚴）助發會稽郡兵浮海救之。……漢兵未至，閩粵引兵去，東粵請舉國徙中國，乃悉與眾處江、淮之間。」

越族人自從楚滅其國後，始終沒有再次建立起一個統一的越族政權。部族叢立，遍布東南各地，互不相屬，兩粵王不能盡治，漢亦不能盡控。時而內附，時而反叛，時而為諸侯所用，時而自相攻伐。[1]

山越之難以鎮撫的情況，僅就《漢書．嚴助傳》載淮南王劉安《上漢武帝書》勸劉徹不要向山越用兵，便見一斑。劉安說：

> 臣聞越非有城郭邑里也，處溪谷之間，篁竹之中，習於水鬥，便於用舟，地深昧而多水險，中國之人不知其勢阻而入其地，雖百不當其一。得其地，不可郡縣也；攻之，不可暴取也。以地圖察其山川要塞，相去不過寸數，而間獨數百千里，阻險林叢弗能盡著。視之若易，行之甚難。……今發兵行數千里，資衣糧，入越地，輿轎而隃領（嶺），拖舟而入水，行數百千里，夾以深林叢竹，水道上下擊石，林中多蝮蛇猛獸，夏月暑時嘔泄霍亂之病相隨屬也，曾未施兵接刃，死傷者必眾矣。

又說：

越人緜力薄材，不能陸戰，又無車騎弓弩之用，然而不可入者，以保地險，而中國之人不能其水土也。……南方暑濕，近夏癉熱，暴露水居，蝮蛇蠚生，疾癘多作，兵未血刃而病死者什二三，雖舉越國而虜之，不足以償所亡。

正因如此，兩漢期間對於山越的或附或叛，基本上沒有什麼好的辦法。所以，記載有謂：「（漢）武帝因文、景之畜，忿胡、粵之害，即位數年，嚴助、朱買臣等招徠東甌，事兩粵，江淮之間蕭然煩費矣。」[2]東漢末年，山越之民集落為寨，普建自己的獨立武裝，有的竟「有五六千家相結聚作宗伍」，擁兵自保，抗拒官府，拒納賦稅，對地方政權構成了威脅。郡縣無力征服，大多以撫為主。像《江表傳》所載華歆在豫章的情況就算是比較好的了：「民帥別立宗部，阻兵守界，不受子魚（華歆字）所遣長吏，……惟輸租布於郡耳，發召一人遂不可得，子魚亦睹視之而已。」

建安期間，天下混亂，諸侯爭雄，兩越舊地以及內徙越民，不僅有乘機擁兵起事者，而且普遍立寨固壘，自建武裝，不聽地方政權的管轄。孫氏父子試圖立基江南，不根除地方武裝和山越的反抗，便難以建立和鞏固政權。所以，孫策初進江南之時就把鎮撫山越作為重要問題對待。孫權繼承了孫策的謀略，並且獲得了重大成果。

孫權鎮壓山越的軍事行動，可謂貫徹始終，但大的行動主要發生在建安八年至十三年間（二〇三—二〇八）、建安十八年（二一三）和二十一年（二一六）。其他時間雖然時有暴亂，並且有的也頗有聲勢，但從局域和規模上看都相對較小，歷時亦短，很快平定，沒有構成大變。

很可惜，歷史對於孫權鎮撫山越的具體過程，除了幾個特例外，大多記載簡略，有的只是記載了結果。

本節著重講述建安八年至十三年間，亦即赤壁戰爭之前的鎮撫行動。

一、豫章郡內的鎮撫行動

建安八年（二〇三），孫權在豫章郡（按：轄地約為今江西省境）所轄各縣進行了一次較大範圍的鎮撫山越的行動。

鎮撫山越是他的既定政策，但大的行動發生在這一年卻有一點偶然性。是年，孫權西伐黃祖，山越乘機「復動」。所謂「復動」，是說孫策時期和孫權統事兩三年間一度被鎮撫的山越，現在又開始發難了。山越「復動」，打破了孫權征討黃祖的計畫，不得不在取得了局部戰果、打破了黃祖的水兵而「惟城未克」的情況下急急回師。在回師過程中，兵過豫章（治今江西南昌），孫權做了一次全面具體的軍事部署，重要將領都派到平復山越的前線：「使呂範平鄱陽（今江西波陽）、會稽，程普討樂安（今江西樂平），太史慈領海昏（今江西永修），韓當、周泰、呂蒙等為劇縣令長。」[3]

兩三年間，諸將都出色地完成了任務。

程普「從征江夏，還過豫章，別討樂安」。樂安平定後，又「代太史慈備海昏」。[4]

太史慈本以建昌都尉駐海昏，孫權令其兼領海昏長。既而，委以「南方之事」，專司抗拒劉表的侄子劉磐的進犯，便由程普代其職守。[5]

韓當同呂範一起討鄱陽，取得勝利，然後接程普的駐防地樂安，領樂安長，史稱「山越畏服」。[6]

周泰被任命為宜春長，「所在皆食其徵賦」，足見其獲得相當成功。[7]

董襲與凌統、步騭、蔣欽等分別征討「鄱陽賊彭虎等眾數萬人」。董襲「所向輒破，虎等望見旌旗，便散走，旬日盡平」。[8]凌統從擊山賊，「權破保屯先還，餘麻屯萬人，統與督張異等留攻圍之，……率厲士卒，身當矢石，所攻一面，應時披壞，諸將乘勝，遂大破之。」[9]

潘璋為西安（今江西武寧）長，鄱縣建昌（今江西奉新境）「起為賊亂」，孫權命他轉領建昌長，加武猛校尉，「討治惡民，旬月盡平。」[10]

十年（二〇五），上饒地方緊張，孫權將鎮壓山越名將、平東校尉賀齊和討越中郎將蔣欽從東南前線調轉過來，進討上饒（江西今縣）。《三國志．賀齊傳》說：「使賀齊討上饒，分為建平縣（在今上饒境）。」

二、丹楊郡內的鎮撫行動

越民反抗比較激烈的地區還有丹楊郡。丹楊郡（按：轄境相當於今安徽長江以南及江蘇、浙江部分地區）是山越相對集中的地區。此前，他們曾幫助祖郎、太史慈反抗過孫策。祖郎、太史慈歸附孫策以後，相對平靜。孫權西向用兵時，他們也乘機「復動」。因此，孫權在平定豫章郡內諸縣山越反抗的同時及以後，也將丹楊郡所屬各縣作為重點。其中見諸歷史記載的有：

徐盛受命「討臨城（今安徽青陽）南阿山賊有功」。[11]

呂蒙被命為廣德（安徽今縣）長，立有戰功。[12]

黃蓋「凡守九縣，所在平定」，並且留下了一些有趣的故事。史稱：他為石城（今安徽貴池境）長時，「石城縣吏，特難檢御」，黃蓋為了分其權力，「乃署兩掾，分主諸曹。」並寫了一紙教令，約法在先，對他們說：「令長（按：黃蓋自謂）不德，徒以武功為官，不以文吏為稱。

今賊寇未平，有軍旅之務，一以文書委付兩掾，當檢攝諸曹，糾摘謬誤。兩掾所署，事入諾出，若有奸欺，終不加以鞭杖（按：意為不是鞭打杖打幾下就算了，而是處以重罰），宜各盡心，無為眾先。」據說，「初皆怖威，夙夜恭職。」但過了一段時間後，縣吏見黃蓋「不視文書，漸容人事」，便漸漸放肆起來。黃蓋發現了「兩掾不奉法數事」，於是「悉請諸掾吏，賜酒食，因出事詰問」。事實確鑿，「兩掾辭屈，皆叩頭謝罪。」黃蓋嚴厲地當眾宣布：「前已相敕，終不以鞭杖相加，非相欺也。」遂即將兩掾推出去斬了，「縣中震栗。」[13]

建安十年（二〇五）前後，孫權為了更有利地對付山越反抗，從丹楊郡分出一個臨川郡（按：不久即廢，非後來太平二年（二五七）所設之臨川郡），以朱然為太守，「會山賊盛起，然平討，旬月而定。」[14]

三、吳郡和會稽等郡內的鎮撫行動

吳、會稽等郡，自孫策鎮壓了嚴白虎、鄒他、錢銅等諸多反抗後，局勢一度相對安定。但在孫權西向用兵期間，也爆發了較大規模的騷亂。所以，孫權在鎮撫豫章郡諸縣的行動時，也同時注意到這些地方的局勢。見諸記載的有：

命吳郡太守朱治，「征討夷越，佐定東南。」朱治完成了使命，並順勢擒截了「黃巾餘類陳敗、萬秉等」。[15]

命永寧（今浙江永嘉）長賀齊進兵會稽郡所屬之建安（今福建建甌），立都尉府，以平復建安、漢興（今福建浦城）、南平（今福建南平）等地山越亂事。這是孫權鎮壓山越行動中用兵規模最大的一次戰事。賀齊其人，早年即以鎮撫山越聞名，孫策因以為永寧長，代領都尉事。後事孫權，終生以鎮壓山越為務。當時山越大規模起事，史稱「賊洪明、洪進、苑御、吳免、華當等五人，率各萬戶，連屯漢興，吳五（人名）六千戶別屯大潭（今福建建陽境）。鄒臨六千戶別屯蓋竹（在今福建建陽境），同出餘汗（約在今福建松溪西）」。可見起事者竟有六萬二千戶之多（按：提請注意，單位是戶，不是人）。孫權命「（會稽）郡發屬縣五千兵，各使本縣長將之，皆受（賀）齊節度」。東漢末年會稽郡轄十餘縣，每縣五千兵，那麼總兵力便有五六萬之多。據載：「軍討漢興，經餘汗。（賀）齊以為賊眾兵少，深入無繼，恐為所斷，令松陽（今浙江松陽西）長丁蕃留備餘汗。蕃本與齊鄰城，恥見部伍，辭不肯留。齊乃斬蕃，於是軍中震栗，無不用命。遂分兵留備，進討明等，連大破之。」戰果略有：（一）臨陣斬洪明；（二）吳免、華當、洪進、苑御投降；（三）轉擊蓋竹，軍向大潭，吳五、鄒臨二將又降；（四）殺人六千餘（「討治斬首六千級」）；（五）名帥盡擒，復立縣邑，重新建立或健全了地方政權。16

命朱桓為餘姚長。朱桓兩手並用，重點在撫，取得了很好效果。據載，朱桓到任時，「往遇疫癘，穀食荒貴」，於是「分部良吏，隱親醫藥，飧粥相繼」，因而很得民心，「士民感戴之。」繼而，他被升遷為蕩寇校尉，授兵二千人，並且有權「部伍（統率）吳、會二郡，鳩合（集聚）遺散」，也取得了顯著成果，「期年之間，得萬餘人。」17

討李術

前已述及，孫策活著的時候，據有會稽、吳郡、丹楊、豫章、廬江、廬陵六郡地。郡守大都是由自己的親信擔任的。惟廬江情況例外。廬江是六郡中最後得到手的。建安四年，孫策率領周瑜、孫權等「輕軍晨夜襲拔廬江」，太守劉勳逃依曹操。是年曹操為了集中力量對付袁紹，出自戰略的考慮，很不情願地「表孫策為討逆將軍，封為吳侯」。孫策為了回應朝廷和曹操的封賞，沒有安排自己的親信出任太守，而是「表用汝南李術為廬江太守，給兵三千人以守皖」。[18]

李術其人，筆者未能審其所本。只知他雖為孫策「表用」，但自認是經過曹操認可的正式的朝廷命官，不願為孫氏兄弟所用，而且野心很大，極想北依曹操，乘亂謀得揚州刺史的位置。

當時的揚州刺史名叫嚴象。嚴象是荀彧推薦給曹操的重要人物之一。《三國志·荀彧傳》注引《三輔決錄》說：「（嚴）象字文則，京兆人。少聰博，有膽智。以督軍御史中丞詣揚州討袁術，會術病卒，因以為揚州刺史。建安五年，為孫策廬江太守李術所殺。」對於這位曹操派出的頗有才能的封疆大吏，立足未穩，便被略占先機的李術殺了，《三國志》作者陳壽非常為之歎息：「太祖（曹操）以（荀）彧為知人，諸所進達皆稱職，唯嚴象為揚州，韋康為梁州，後敗亡。」[19]

孫策死後不久，李術便公開宣稱不聽孫權管束，而且公然引誘招納孫權「亡叛」士卒，瓦解孫權的部曲。面對李術的叛逆行徑，孫權和他的幕僚們自然不能等閒視之。因此毅然利用曹操北向用兵而無暇南顧的機會，抓緊時間約在建安五年末或建安六年進行了討伐李術的戰爭。

《三國志·吳主傳》注引虞溥《江表傳》記載了這次戰爭的緣起、謀略和結果：

戰爭緣起，略為三條：第一，防止廬江從自己的統治地盤中分裂出去，即所謂：「初（孫）策表用李術為廬江太守，策亡之後，術不肯事（孫）權」；第二，根絕李術「多納其亡叛」的不利局面，穩定和鞏固自己軍隊；第三，懲罰李術對自己的侮辱。記載說，李術收納孫權的「亡叛」

人員，孫權曾「移書求索」，令其放回，李術不僅沒有應允，而且使用了侮辱性的語言加以回覆：「有德見歸，無德見叛，不應復還。」這是把孫權比作無德的人，無異於公然挑戰，因此大大刺激了孫權。

戰爭謀略，重在穩住曹操，孤立李術。第一，把曹操放在朝廷「代表」的位置上，自以曹操表薦的「討虜將軍」的身分向其報告「李術兇惡」，即所謂「權大怒，乃以狀白曹公」。其詞略為：「嚴刺史（按：即揚州刺史嚴象）昔為公（按：尊稱曹操）所用，又是州舉將（按：指自己被揚州刺史嚴象舉為茂才），而李術兇惡，輕犯漢制，殘害州司，肆其無道，宜速誅滅，以懲醜類。」第二，講述討伐李術，上利國家，下為嚴象報仇，完全正義。因說：「今欲討之，進為國朝掃除鯨鯢（鯨魚，雄曰鯨，雌曰鯢。此比喻壞人），退為舉將報塞怨讎，此天下達義，夙夜所甘心。」第三，請求曹操不要干預，上書中懇切地對操說：「術必懼誅，復詭說求救。明公所居，阿衡之任，海內所瞻，願敕執事，勿復聽受。」

戰爭結果，建安五年末，孫權「舉兵攻術於皖城」。李術無力相抗，「閉門自守，求救於曹公。曹公不救。糧食乏盡，婦女或丸泥而吞之。」孫權「遂屠其城，梟術首，徙其部曲三萬餘人」。

年輕的孫權，剛履其任，謀術並用，便取得了一次重要的局部戰爭的勝利。戰爭鞏固了孫氏的既有地盤，揚州七郡，孫權有其六，而曹操重新派出的揚州刺史劉馥僅有九江一郡之地。

解除孫輔兵權

約在討滅廬江太守李術的前後，孫權還做了另一項重大決策：解除了堂兄、平南將軍、交州刺史孫輔的兵權。

孫輔，字國儀，是孫權伯父孫羌的第二個兒子，年齡比孫策略長數歲。父母早逝，由兄長孫賁撫養成人。史讚「弟輔嬰孩，賁自贍育，友愛甚篤」。[20]及長，隨兄孫賁征戰。袁術僭號稱帝時，曾經以吳景為廣陵太守，孫策的族兄孫香為汝南太守，孫賁為九江太守。興平二年（一九五），孫策謀取江東，渡江作戰，給吳景、孫賁、孫香等發去書信：「今征江東，未知二三君意云何耳？」吳景、孫賁積極響應，迅即渡江，孫香「以道遠獨不得還」。[21]當時，孫輔已被袁術授予軍職，也毅然率部隨孫賁等支援作戰。史載，孫輔「以揚武校尉佐孫策平三郡（按：指吳、會稽、丹楊）。策討丹楊七縣（按：漢末丹楊郡屬縣十六，此七縣指丹楊、宛陵、涇、陵陽、始安、黟、歙），使輔西屯歷陽（今安徽和縣）以拒袁術，並招誘餘民，鳩合遺散」。繼而，「又從策討陵陽，生得祖郎等。」建安四年，孫策西襲袁術封授的廬江太守劉勳，孫輔亦隨從，「身先士卒」，立有戰功。因此，孫策用他做廬陵太守，「撫定屬城，分置長吏」，隨後又升授「平南將軍，假節（持有帶兵憑證）領交州刺史」。

孫輔年齡比孫權大，戰功比孫權也多，並且假節一方兵權，對年輕的孫權的能力有點看不起。前面提到，孫氏家族內部頗有一些人想乘孫策死時奪取權力，不僅三弟孫翊想謀軍權，而且堂兄孫暠也想乘喪興兵。不過，他們都沒有對孫權構成事實上的嚴重威脅。真正構成威脅的是孫輔。孫輔試圖北聯曹操，以實現自己的陰謀。對此，《三國志》孫輔本傳記載比較簡單，僅稱孫輔「遣使與曹公相聞，事覺，權幽繫之」。裴松之注引魚豢《典略》記錄稍微詳細。

輔恐權不能保守江東，因權出行東冶，乃遣人齎書呼曹公。行人以告，權乃還，偽若不知，與張昭共見輔，權謂輔曰：「兄厭樂邪，何為呼他人？」輔云無是。權因投書與昭，昭示輔，輔慚無辭。乃悉斬輔親近，分其部曲，徙輔置東。

孫輔給曹操信的具體內容是什麼？不得而知。揣度之，自然不外以下幾個方面：一述孫權無能，「不能保守江東」；二望曹操控制的朝廷直接干預，另從孫氏家族內選立賢能；三請曹操向南示兵，聲援自己謀奪權力的行動。

毫無疑問，孫輔所為，對於一個相對獨立的政權或軍事集團來說，已屬「謀叛」。天助孫權，書信未能送達曹操，「行人以告。」古稱使者為「行人」。用通俗的話說，就是孫輔的使者把書信交給了孫權。孫權自東冶（今福建閩侯）迅即返吳（今江蘇蘇州），當機立斷在張昭的協助下，以迅雷不及掩耳之勢，果敢、機智、妥善而又不乏威懾地處理了這件大事：第一，考慮到宗族的關係，保留了孫輔的腦袋；第二，孫輔的親近幕僚，不論是否參與其事，全都殺了；第三，把孫輔統屬的軍隊重新整編，化整為零，分割歸屬於其他將領；第四，將孫輔移地軟禁起來。

據載，沒有幾年孫輔便死了。孫權沒有連坐他的子孫。後來，孫輔的四個兒子，都被安排了官職，「皆歷列位。」

殺盛憲，誅嬀覽餘黨

盛憲，字孝章，會稽人，曾經是漢室朝廷任命的吳郡太守。虞預《會稽典錄》說：盛憲「器量雅偉，舉孝廉，補尚書郎，稍遷吳郡太守，以疾去官。孫策平定吳、會，誅其英豪，憲素有高名，策深忌之」。這說明，孫策平吳以後，就曾想把不肯為己所用的盛憲殺掉。所以，少府孔融很想把他調回朝廷，以免受害。《會稽典錄》記載，「憲與少府孔融善，融憂其不免禍」，於是給曹操寫了一封長信，懇請曹操儘快施救。書信不僅高度看重盛憲，而且寫得很有文采和感情，其中有言：「歲月不居，時節如流，五十之年，忽焉已至。公（指曹操）為始滿，融又過二，海內知識，零落殆盡，惟會稽盛孝章尚存。其人困於孫氏，妻孥湮沒，單孑獨立，孤危愁苦，若使憂能傷人，此子不得復永年矣。」又說：「今孝章實丈夫之雄也，天下譚（通談）士依以揚聲，而身不免於幽執，命不期於旦夕，是吾祖（指孔子）不當復論損益之友，而朱穆所以絕交也（按：朱穆，東漢人，曾任冀州刺史，著《絕交論》，行於世）。公誠能馳一介之使，加咫尺之書，則孝章可致，友道可弘也。」曹操接受了孔融意見，「由是徵為騎都尉。」但晚了一步。約在建安七年，孫權搶在曹操所發朝廷敕命到達之前，將盛憲殺死。

孫權殺死盛憲以後，盛憲做吳郡太守時所舉孝廉嬀（音ㄍㄨㄟ）覽、戴員「亡匿山中」。建安八年，孫權的弟弟孫翊為丹楊太守，以禮招致嬀覽、戴員，並以覽為大都督，員為郡丞。不久，翊將邊鴻（一作洪）殺翊，嬀覽、戴員均與其謀。孫權族兄、威寇中郎將、領廬江太守孫河得知孫翊遇害的消息，「馳赴宛陵（丹楊治所，今安徽宣州），責怒覽、員。」覽、員二人害怕了，覺得「伯海（孫河字）與將軍（指孫翊）疏遠（按：孫翊、孫河不是親兄弟。孫河本姓俞氏，孫策愛之，賜姓為孫），而責我乃耳（爾）。討虜（指孫權）若來，吾屬無遺矣」，於是反叛，「遂殺河，使人北迎揚州刺史劉馥，令住歷陽（今安徽和縣），以丹楊應之。」劉馥未至，孫翊夫人徐氏與孫翊帳下諸將設計將媯覽、戴員殺死。《三國志．孫韶傳》注引《吳歷》詳細記載了事情經過：「媯覽、戴員親近邊洪等，數為翊所困，常欲叛逆，因吳主出征（按：指建安八年孫權征黃祖、鎮山越），遂其奸計。時諸縣令長並會見翊，……翊以長吏來久，宜速遣，乃大請賓客。翊出入常持刀，爾時有酒色，空手送客，洪從後斫翊，郡中擾亂，無救翊者，遂為洪所殺。」邊洪逃走入山。孫翊妻子徐氏懸賞「追捕」，不久便將邊洪捉住。媯覽、戴員為了滅口，歸罪於洪，將洪殺死，「諸將皆知覽、員所為，而力不能討。」媯覽得勢，「入居軍府中，悉取翊嬪妾及左右侍御」，並想占有徐氏。徐氏利用孫翊舊將孫高、傅嬰等，設計除掉媯覽、戴員。

孫權得知三弟孫翊被殺，驅兵奔喪，及至，徐氏與孫高、傅嬰等已誅媯覽、戴員。孫權「悉族誅覽、員餘黨」，賞有功，「擢高、嬰為牙門，其餘皆加賜金帛，殊其門戶」，徹底平息了丹楊的地方性叛亂。隨後，建安九年，以堂兄孫瑜代孫翊領丹楊太守。

征黃祖

黃祖作為荊州牧劉表麾下將軍、江夏太守，駐守夏口（今湖北武漢市境），扼守長江要衝。他有兩件事被生動地記在歷史上，一是「拉殺」名人狂生禰衡；二是「射殺」豫州刺史孫堅，成為孫氏世仇，終被孫權「梟首」。

關於黃祖「拉殺」禰衡以及禰衡其人，筆者在《曹操傳》和《曹操評傳》中均較多論述。概括起來說，略為：禰衡，字正平，平原般（治今山東商河西。一說在臨邑境）人，少（年少）有才辯，而尚氣剛傲，好矯時慢物（喜歡同世俗對著幹，待人接物傲慢），建安初自荊州北遊許都，自恃才高，常發「臧否（品評人物善惡）過差」之偏激言論，眾人皆切齒，但受到孔融賞識。孔融數薦禰衡於曹操。曹操欲相見，但禰衡倒擺起了臭架子，自稱狂疾，不肯往，而且說了不少難聽的話。曹操知道了這種情況後，很不高興，但因其有才名，並不想殺他，只是想羞辱一下，挫其傲氣，他聽說禰衡善擊鼓，於是「錄為鼓史」。曹操大會賓客，讓衡擊鼓。按照時俗，鼓史擊鼓皆脫其舊衣，換上專門為鼓史做的衣服從賓客面前走過。其他鼓史皆照規矩辦。禰衡則「過不易衣」。受到主事吏的「呵斥」後，便走到曹操面前先解外衣，次解餘服，裸身而立，然後慢慢把新衣穿上。孔融狠狠把禰衡批評了一頓，禰衡答應給曹操道歉。約好早上見，一直到日暮之時，衡身著布單衣（當時是十月，天已冷）、疏巾，坐曹操營門外，以杖捶地，大罵曹操。曹操壓住怒火，沒有把他殺掉，而是準備精馬三匹，騎兵二人，把他禮送與劉表。據說，衡至荊州，劉表「悅之以為上賓」，「文章言議，非衡不定」，但他老毛病不改，「復侮慢於表」，再加有人從中挑唆，劉表「恥不能容」，於是將他送給江夏太守黃祖。劉表明知「黃祖性急，故送衡與之」。這同曹操一樣，都是想借刀殺人。

據說，黃祖亦很善待禰衡。《後漢書．禰衡傳》說：「衡為作書記，輕重疏密，各得體宜。」黃祖特別高興，握著禰衡的手說：「處士，此正得祖意，如祖腹中之所欲言也。」黃祖的兒子、章陵太守黃射，「尤善於衡。」歷史記錄了二人友好相處的故事。其一，黃射曾經同禰衡一同出遊，「共讀蔡邕所作碑文」，射愛其辭，回到住地後悔沒有把碑文抄錄下來。禰衡從容說：「吾雖一覽，猶能識（記）之，唯其中石缺（按：意謂碑文刻石殘缺）二字為不明耳。」隨即將碑文默寫出來。黃射當即派人快馬「寫碑還校」，果然「如衡所書」，在座人等，「莫不歎伏。」其二，有一次黃射大會賓客，有人敬獻一隻鸚鵡，黃射舉杯請禰衡為其作賦，衡當即「攬筆而作，文無加點，辭采甚麗」。然而沒有多少日子，禰衡本性難移，目無尊長，狂傲之氣又發作了。黃祖大會賓客，「衡言不遜順」，使黃祖下不了臺。黃祖「乃呵之」，衡竟瞪著兩隻大眼罵黃祖「死公」，祖大怒，令人拖出去，「欲加箠（杖打）」，衡更大罵，祖怒不可遏，即令「左右遂扶以去，拉而殺之（拉殺，以杖擊死）」。據說，黃射聽到消息，來不及穿鞋子便跑來相救，但已經晚了。黃祖也後悔了，「乃厚加棺斂。」衡時年僅二十六歲。[22]

黃祖是孫氏世仇。前已述及，初平三年（一九二），孫堅攻劉表，劉表令黃祖迎擊孫堅於樊、鄧之間（今湖北襄樊境），「堅擊破之，追渡漢水，遂圍襄陽（今湖北襄樊）」。勝利在望，孫堅「單馬」出行巡視，「為祖軍士所射殺。」孫堅被亂箭射死以後，孫氏功業受到極大挫折，幾難再振。後來，孫策據有江南，力量稍備，即謀復仇。建安四年（一九九），發兵重創黃祖於沙羨縣，「鋒刃所截，猋火所焚，前無生寇，惟祖迸走。」這就是說，黃祖家屬部曲，雖然被殺殆盡，但黃祖逃過一死，孫策兄弟的殺父之仇未能徹底得報。

黃祖深知決定生死的未來戰爭總歸是無法避免的。他緊緊依靠劉表，與劉表相互為用，全力備戰：一、積極募兵，僅三、四年的時間，便又重新組建起一支具有一定戰鬥力的隊伍；二、劉表特設章陵郡（治今湖北棗陽東），用黃祖的兒子黃射為章陵太守，遙領其職，就近治兵，駐紮沙羨至柴桑（今江西九江）一線，以與黃祖為掎角之勢；三、為了分散對方的兵力，劉表還加強了據守鄱陽湖畔的侄子劉磐的力量，用以牽制孫權名將太史慈等（按：太史慈死於建安十一年）；四、不斷騷邊，示強，虛張聲勢。歷史記載，在孫權尚未發動之前，劉表、黃祖數次支使劉磐、黃射犯邊。《三國志．徐盛傳》說，徐盛以五百人「守柴桑長，拒黃祖」，黃祖的兒子黃射率領數千人順流而下攻擊徐盛，「盛時吏士不滿二百，與相拒擊，傷射吏士千餘人」，然後開門出戰，大破黃射，「射遂絕跡不復為寇。」

一、聽魯肅之議，第一次出征

孫權必征黃祖，但何時用兵並不是隨機的。就形勢和轄屬關係言，征黃祖就是對劉表用兵，而當時劉表雖弱，但孫權並不完全具備這樣的勢力。所以內部便產生了分歧，一方是魯肅、甘寧等一班武將，一方是張昭等一班文臣。

前面提到，魯肅初見孫權時就曾獻計：抓住曹操膠著北方戰事而無暇南顧的機會，「剿除黃祖，進伐劉表。」此說雖然受到孫權讚許，但遭到張昭「訾毀」。孫權沒有聽張昭的，而是命令諸將積極備戰。建安八年（二〇三），發動了第一次征討黃祖的戰爭。

孫權為什麼在這一時間開始發動戰爭呢？

第一，統事三年，為政、用人、處理家族內爭等問題都取得了好的成就，權力地位已經相對穩定；

第二，撫山越，討不服，取得了不少局部戰爭的勝利，轄內略顯穩定，諸將佩服，願為之戰；

第三，與荊州接壤的重要據點布防已經基本就緒。中護軍周瑜繼領江夏太守，駐宮亭（即宮亭湖，今鄱陽湖），柴桑長徐盛鎮守柴桑（今江西九江西南），二人統制水陸，緊扼潯陽江（今江西九江北之一段長江名稱）要衝；建昌都尉太史慈駐守海昏、建昌，抗住了劉表的局部用兵，基本控制了鄱陽湖以西一線；

第四，曹操的主力部隊正在河北前線收拾袁譚、袁尚兄弟，孫權北面防守壓力較小，沒有曹操南來之虞，敢於放手靈活調動自己的軍隊；

第五，是年，曹操為了促進袁譚、袁尚兄弟內變，依從郭嘉的計謀，示以南征劉表的假象，曾耀兵南下，軍駐西平（治今河南西平西），劉表因此大為緊張，不敢輕舉妄動，不得不備兵防操；

第六，劉備軍事勢力在荊州的迅速發展，劉表在心理上感受到了威脅，不能不有所防備，因而也使他不敢將過多的主力調離襄陽一帶，而去支援黃祖；

第七，劉表年衰，二子爭立已趨白熱，內部爭鬥很激烈；親曹派搞得劉表心神不定。

諸此可見，在這一時間發動征討黃祖的戰爭是非常適宜的。

初冬十月，孫權親率征虜中郎將呂範，蕩寇中郎將程普，別部司馬黃蓋、韓當、周泰、呂蒙等開赴前線，並督同周瑜、徐盛等，水陸並進，向黃祖發起進攻。戰事進行得很順利，徹底擊垮了黃祖的水軍，一路前進，很快兵臨黃祖的大本營沙羨城下。

從歷史記載分析，當時的沙羨（按：夏口在沙羨境。後來吳改沙羨為鄂城）城防是相當鞏固的，所以沒能即時攻破。是役，孫權的重大損失是破賊校尉凌操犧牲。凌操「從討江夏，入夏口，先登，破其前鋒，輕舟獨進，中流矢死」。[23]《三國志．甘寧傳》注引《吳書》說，凌操是被甘寧射死的。當時，甘寧正在黃祖那裡效力，「權討祖，祖軍敗奔走，追兵急，寧以善射，將兵在後，射殺校尉凌操。」

正當全力攻城，有望捉住黃祖的時候，孫權接到了後方的告急情報。豫章、丹楊、廬陵、吳、會稽等郡的山越全面「復動」，形勢緊急，直接威脅孫氏政權的統治。權衡利弊輕重，孫權自然明白，鎮撫山越比捉拿黃祖更為重要。因此，不得不下令班師，第一次出征功虧於垂成。

二、甘寧稱說荊州形勢。第二次和第三次出征

建安八年至十一年，孫權全力鎮壓了一些地方的山越暴亂。鎮撫行動取得相當成功，孫權的軍事力量非但沒有削弱，而且得到更大的擴充和鍛鍊。

同時，周瑜、董襲等在此期間，也受命完成了進犯到劉表邊緣地區、進而掃清附近「山賊」、消滅來犯之敵的任務。建安十一年，孫權督周瑜率領綏遠將軍孫瑜等討麻、保二屯（在今湖北嘉魚境）「山賊」，周瑜「梟其渠帥，囚俘萬餘口」，補充了軍隊，「還備宮亭。」繼而，約在建安十二年，黃祖遣其將鄧龍率兵數千人侵入柴桑境，周瑜「追討擊，生虜（鄧）龍送吳」。24 更重要的是，在此期間，甘寧來歸，促進了再伐黃祖的進程。

甘寧，字興霸，巴郡臨江（今重慶忠縣）人。據說，他是秦丞相甘茂的後代。甘茂是南陽下蔡人，因此歷史上又稱「寧本南陽人，其先（按：指先祖）客於巴郡」。甘寧年輕時候即以豪俠聞名，史謂「少有氣力，好遊俠，招合輕薄少年，為之渠帥；群聚相隨，挾持弓弩，負毦（音ㄦˋ，羽毛飾物）帶鈴，民聞鈴聲，即知是寧」。與人相處，不管是一般人等，還是地方官吏，對自己好，「接待隆厚者」便與其「交歡」；否則，即讓自己的屬下「奪其資貨」。因此，地方官吏都很怕他，以致不敢當班做事。《三國志．甘寧傳》注引韋曜《吳書》還說：「寧輕俠殺人，藏舍亡命，聞於郡中。其出入，步則陳車騎，水則連輕舟，侍從被文繡，所如光道路，住止常以繒錦維舟（常用高檔絲織物繫舟），去或割棄，以示奢也。」後來，漸悟所作所為之非，陡然改變，「止不攻劫，頗讀諸子」，並曾做過縣吏、郡丞，但不久又棄官歸家了。繼而，「乃往依劉表，

因居南陽。」據載，他沒有受到劉表的重視，「不見進用，後轉託黃祖，祖又以凡人畜之。於是歸吳。」《三國志·甘寧傳》注引《吳書》還說：「寧將僮客八百人就劉表。表儒人，不習軍事。時諸英豪各各起兵，寧觀表事勢，終必無成，恐一朝土崩，並受其禍，欲東入吳。黃祖在夏口，軍不得過，乃留依祖，三年，祖不禮之。」甘寧救過黃祖的命。孫權第一次討黃祖時，「祖軍敗奔走，追兵急，寧以善射，將兵在後」，射死孫權的破賊校尉凌操，黃祖免於一死。然而，「祖既得免，軍罷還營，待寧如初」，依然不予重用。據說，黃祖屬下都督蘇飛「數薦寧，祖不用」。不僅如此，黃祖還企圖瓦解甘寧的部曲，「令人化誘其客」，不少人漸漸離寧而去。甘寧很失望，很苦悶，「欲去，恐不獲免」，但想不出什麼好辦法。蘇飛知道甘寧想要離開，一天蘇飛對甘寧說：「吾薦子者數矣，主（指黃祖）不能用。日月逾邁，人生幾何，宜自遠圖，庶遇知己。」甘寧說：「雖有其志，未知所由。」蘇飛說，我去向黃祖講講請他放你出去做邾縣（在今湖北黃岡境）長，你到了那裡以後，看機行事。黃祖聽從了蘇飛的建議，讓甘寧做邾縣長。甘寧到了邾縣以後，「招懷亡客並義從者，得數百人」，遂即歸吳。

甘寧入吳，「周瑜、呂蒙皆共薦達，孫權加異，同於舊臣。」甘寧甚知荊州之要，因而即陳征黃祖、伐劉表、奄有荊州之計。主要內容約為：

第一，申述西取荊州的重要性和必要性：「今漢祚日微，曹操彌憍（音ㄐㄧㄠ，通驕），終為篡盜。南荊之地，山陵形便，江川流通，誠是國之西勢也。」

第二，申述西伐劉表的急迫性：「寧已觀劉表，慮既不遠，兒子又劣，非能承業傳基者也。至尊（敬稱孫權）當早規之，不可後操（意謂不能讓曹操搶先）圖之。」

第三，申述欲圖劉表「宜先取黃祖」之議。列舉了可即興兵的有利條件：「一曰黃祖老邁昏庸，不得人心：「祖今年老，昏耄已甚，財穀並乏，左右欺弄，務於貨利，侵求吏士，吏士心怨。」二日黃祖第一次受創以後尚未恢復元氣：「舟船戰具，頓廢不修，怠於耕農，軍無法伍。至尊今往，其破可必。」三日征破黃祖的重大意義：「一破祖軍，鼓行而西，西據楚關（按：又稱扞關，在今湖北長陽境），大勢彌廣，即可漸規（逐步謀劃）巴、蜀。」

孫權認為甘寧的話很有道理，「深納之」，然而又遭到張昭的反對。張昭認為不宜出兵，應該先穩定內部，說：「吳下業業（按：意為吳下形勢令人擔憂），若軍果行，恐必致亂。」甘寧當即批評了張昭不求進取的精神，說：「國家（指孫權）以蕭何之任付君，君居守而憂亂，奚以希慕古人乎？」孫權本來有意再次發動征討黃祖的戰爭，自然是聽甘寧的，於是舉杯對甘寧說：「興霸，今年行討，如此酒矣，決以付卿。卿但當勉建方略，令必克祖，則卿之功，何嫌張長史（昭）之言乎（何必在乎張長史說什麼）。」

建安十二年（二〇七），孫權以第一次出征諸將，以及別部司馬凌統等進行了第二次討伐黃祖的戰爭。根據《三國志・孫權傳》的「西征黃祖，虜其人民而還」的簡短記載分析，這次征伐沒有全面展開，雖然取得一定戰果，但不夠輝煌。究其原因，不得其詳。極大可能是，母親「疾篤」病危，孫權不得不罷兵回吳。《資治通鑑》卷六五記載：「權母吳氏疾篤，引見張昭等，屬（囑）以後事而卒。」這說明，孫權緊往回趕，還是沒有趕上母親的最後一口氣，所以其母彌留之際只好召見張昭等「囑以後事」。

建安十三年春，孫權沒有以「國喪不舉兵」為訓，第三次率領整裝待發的軍隊開赴征伐黃祖的前線。這次，他以周瑜為前部大督，以剛剛升職為偏將軍的董襲和年輕的破賊都尉凌統，以及平北都尉呂蒙等三人為前部先鋒。

黃祖也已數年戰備，所以戰鬥進行得很激烈。

《三國志·董襲傳》說，黃祖「橫兩蒙衝（按：蒙衝是大的戰船名字）挾守沔口（即漢口），以栟閭大紲（按：即棕櫚大繩。紲，音ㄒㄧㄝˋ）繫石為矴（音ㄉㄧㄥˋ，固定船隻用的石錨），上有千人，以弩交射，飛矢雨下，軍不得前。（董）襲與凌統俱為前部，各將敢死百人，人被兩鎧，乘大舸船，突入蒙衝裡。襲身以刀斷兩紲，蒙衝乃橫流，大兵遂進。祖便開門走，兵追斬之。」

《三國志·凌統傳》說，孫權「復征江夏，統為前鋒，與所厚健兒數十人共乘一船，常去大兵數十里。行入右江，斬黃祖將張碩，盡獲船人。還以白權，引軍兼道，水陸並集。時呂蒙敗其水軍，而統先搏其城，於是大獲」。

《三國志·呂蒙傳》說，呂蒙「從征黃祖，祖令都督陳就逆以水軍出戰。蒙勒前鋒，親梟（陳）就首，將士乘勝，進攻其城。祖聞（陳）就死，委城走，兵追禽之」。

《三國志·孫權傳》說，孫權復征黃祖，「祖先遣舟兵拒軍，都尉呂蒙破其前鋒。而凌統、董襲等盡銳攻之，遂屠其城。祖挺身亡走，騎士馮則追梟其首，虜其男女數萬口。」

誰的功勞最大？從孫權的態度看，歷史記載了四種情況：

其一，在追殺黃祖以後的第二天的慶祝會上，孫權舉起酒杯對董襲說：「今日之會，斷紲之功也。」

其二，在另一場合說：「事之克，由陳就先獲也。」因此把呂蒙升為橫野中郎將，賜錢千萬。

其三，凌統先此酒後殺死同部督陳勤，犯殺人罪，大破保屯「山賊」以後，「自拘於軍正（按：軍中執法者）」，孫權「使得以功贖罪」，屬於戴罪之身，不宜大的封賞，而賜號承烈都尉，以示其繼承並完成了父親凌操的遺願。

其四，甘寧陳計以後，孫權「遂西，果禽祖，盡獲其士眾」，孫權有言在先，「卿（指甘寧）但當勉建方略，令必克祖，則卿之功。」因此，戰後「遂授寧兵，屯當口（約近夏口）」。應該指出的是，甘寧雖然拿出了用兵方略，但不可能直接參與討伐黃祖的前陣軍事行動，第一，他曾是黃祖的屬下；第二，黃祖部屬中不少人是他的朋友；第三，最重要的是他曾射死了凌統的父親凌操，「凌統怨寧殺其父操，常欲殺寧」，所以很難相互配合。孫權自然會考慮這些情況。戰後，孫權沒有忘記甘寧之功，不僅授兵，而且在處理黃祖部屬問題上還給了甘寧很大面子。據載，孫權出征之前，「先做兩函（匣子），欲以盛（黃）祖及蘇飛首。」孫權為諸將置酒，甘寧下席叩頭，血涕交流，為蘇飛求情，對孫權說：「（蘇）飛疇昔（往日）舊恩，寧不值（值，遇到）飛，固已損骸於溝壑，不得致命於麾下。今飛罪當夷戮，特從將軍乞其首領。」孫權「感其言」，答應不殺，允其流亡。甘寧仍然長跪不起，懇言：「飛免分裂之禍（按：分裂，指身首異處），受更生之恩，逐之尚必不走，豈當圖亡哉（亡，逃亡）！若爾，寧頭當代入函。」因此，孫權很受感動，完全赦免了黃祖的重要將領、都督蘇飛。顯然，《三國演義》所謂甘寧「背射黃祖」，梟其首而歸的描寫是不真實的。

剿滅黃祖的重要意義，對於孫權來說：

第一，世仇得報，遠慰先父在天之靈，近成兄長未償之願；

第二，西剪劉表，拓疆擴土，實際控制線，真正地越出揚州六郡，深入荊州，為以後奪取並擁有荊州，奠定了有利基礎；

第三，兵扼漢沔，軍駐江夏，江夏太守（治今湖北鄂城）周瑜同劉表的新任江夏太守劉琦相對夏口（即今漢口），有效地控制了長江水陸要衝，免去了上流來侵之虞，保證了下流安全，而且為以後進一步西下用兵提供了基地，得以順利進軍烏林赤壁，迎擊曹操。

剿滅黃祖對於當時的形勢產生了重大影響：

第一，荊州感到了嚴重威脅，從而促進了荊州內部的分化，一股以韓嵩、蒯越、傅巽、劉先、李羲、王粲等為主幹的親曹勢力迅速增長；

第二，劉表驟失江夏，心情受到打擊，病情迅速惡化，於是一場兄弟爭立的鬥爭愈演愈烈，內部分裂，從而導致荊州不能自保成為必然；

第三，曹操得到消息後，受到了意外刺激，使他北征烏桓回鄴後，稍事休整，深恐落在孫權之後，迅速南下，謀取荊州；

第四，劉備、諸葛亮利用吳兵西來以及劉琦、劉琮兄弟鬥爭的機會，抓緊機會鞏固和擴展勢力，軍控樊城和漢水襄樊以下水路，覬覦荊州之變。

註釋

1 《史記·越王句踐世家》；《漢書·兩粵傳》。

2 《漢書·食貨志》。

3 《三國志·吳書·吳主傳》。按：「為劇縣令長」，胡三省注《資治通鑑》說，「劇，艱也，甚也」；盧弼《三國志集解》引沈家本語「是時，韓當為樂安長，周泰為宜春長，呂蒙為廣德長，然恐是總敘之詞，未必皆一年之事」。沈說似更近是。

4 《三國志·吳書·程普傳》。

5《三國志・吳書・太史慈傳》。

6《三國志・吳書・韓當傳》。

7《三國志・吳書・周泰傳》。

8《三國志・吳書・董襲傳》。

9《三國志・吳書・凌統傳》。

10《三國志・吳書・潘璋傳》。

11《三國志・吳書・徐盛傳》。

12《三國志・吳書・呂蒙傳》。

13《三國志・吳書・黃蓋傳》。

14《三國志・吳書・朱然傳》。

15《三國志・吳書・朱治傳》。

16《三國志・吳書・賀齊傳》。

17《三國志・吳書・朱桓傳》。

18《三國志・吳書・孫策傳》注引《江表傳》。

19《三國志・魏書・荀彧傳》。據《三輔決錄》載，韋康字元將，京兆人，被孔融譽為「淵才亮茂，雅度弘毅，偉世之器也」，代父韋端為涼州刺史，「後為馬超所圍，堅守歷時，救軍不至，遂為超所殺。」

20《三國志・吳書・宗室傳・孫賁》。

21《三國志・吳書・宗室傳・孫賁》注引《江表傳》。

22《後漢書・禰衡傳》、《三國志・魏書・荀彧傳》注引《典略・禰衡傳》。

23《三國志・吳書・凌統傳》。

24《三國志・吳書・周瑜傳》。

第四章　赤壁之戰

孫權「因北方多務」之機順利剿滅黃祖以後，並沒有回師東下，而是坐鎮柴桑，除使賀齊率領部分軍隊鎮壓黟、歙山越，部分軍隊防曹操於合肥以外，其主力軍隊大部布置在柴桑至夏口一線和鄱陽湖以西地帶。

毋庸諱言，孫權在覬覦荊州。這是他的既定方略，他在謀劃實現魯肅所獻的「帝王之策」：「剿除黃祖，進伐劉表，竟長江所極，據而有之，然後建號帝王以圖天下。」[1] 他在憧憬甘寧為他繪製的美好遠景：「一破祖軍，鼓行而西，西據楚關，大勢彌廣，即可漸規巴、蜀。」[2]

孫權既知荊州對自己很重要，又知曹操北征烏桓以後的下一個目標必是荊州。因此，他以「當早規之，不可後操圖之」為指導思想抓緊時間積極備戰。

曹操早在討伐袁氏兄弟的時候，就曾一度南向示兵，給劉表施加壓力，以促進荊州內部的分裂，給親曹勢力的發展以鼓勵和支持。及至北破烏桓，完成了統一北方的戰爭，滿懷勝利的喜悅，於建安十三年（二〇八）初回到鄴城後不久，便傳來了孫權已經剿滅黃祖的消息。他甚感時不我待，所以不俟休整，也立即開始了南向用兵的準備。

孫權謀取荊州的野心既然已經明顯暴露，劉備在荊州的勢力也日漸坐大，曹操則想搶在孫、劉之前擁有荊州，因此荊州成為曹操、孫權、劉備爭奪的焦點。他們展開了謀取荊州的「賽跑」。然而，孫權終因勢力不及而後曹操一步。

戰前形勢和孫權的戰略調整

在曹操完成了北方的統一戰爭的時候，全國軍事格局發生了很大的變化，呂布、袁術、袁紹父子先後被消滅了，烏桓被征服了，能夠繼續與曹操為敵者，主要是南方的三個地方軍事集團：一是荊州劉表，二是江東孫權，三是依附於劉表的劉備。另外，還有益州劉璋和西北方面的張魯、馬超和韓遂等。

一、荊州內變，孫權謀有荊州之地

歷史表明，正當曹操、孫權、劉備的勢力日漸壯大和發展的時候，荊州牧劉表統治十八年的荊州卻已積弱難返了。

初平元年（一九〇），長沙太守孫堅攻殺荊州刺史王叡，朝廷即以劉表為荊州刺史。劉表在蒯越等人的幫助下，平定江南，遂有「南接五嶺，北據漢川，地方數千里」之地和「帶甲十餘萬」之眾。初期頗有政績。史載，劉表「招誘有方，威懷兼洽」、「萬里肅清，大小咸悅而服之」。所以在北方連年戰爭的時候，而荊州是相對穩定的。兗、豫諸州及關西「學士歸者蓋有千數」。《劉鎮南碑》對於他的政績還誇張地說：「勸穡務農，以田以漁，稌（音ㄊㄨˊ，稻）粟紅腐，年穀豐夥。江湖之中，無劫掠之寇，沅湘之間，無攘竊之民。……當世知名，輻輳而至，四方襁負，自遠若歸，窮山幽谷，於是為邦，百工集趣，機巧萬端，器械通變，利民無窮。鄰邦懷慕，交、揚、益州，盡遣驛使，冠蓋相望。下民有康哉之歌，群后有歸功之緒。」然而劉表乃一儒人，胸無大志，謀無遠慮，不習軍事，試圖「愛民養士，從容自保」。[3]

曹操定冀州、征烏桓時，劉備曾建議他乘機襲擊曹操的後方。他不聽。曹操避免了兩面作戰之憂，劉表在客觀上為曹操取得北方戰爭的勝利提供了有利條件。及至曹操還鄴，劉表才開始意識到大事不好了，不無後悔地對劉備說：「不用君言，故失此大會也。」4

建安八年以後，荊州形勢迅速陷入嚴重危機。

第一，離心力——親曹勢力左右政局。劉表周圍逐步形成了以從事中郎韓嵩、別駕劉先、大將蒯越、東曹掾傅巽等高層領導為代表的親曹集團。這是一批很有政治頭腦的人物。他們深知曹操必成氣候，劉表很難自保，因而試圖說服劉表依附曹操，從而獲得個人的巨大利益。

《三國志·劉表傳》記載，早在曹操與袁紹爭雄河北的時候，韓嵩、劉先等即對劉表說：「豪傑並爭，兩雄相持，天下之重，在於將軍。將軍若欲有為，起乘其弊可也。若不然，固將擇所從。將軍擁十萬之眾，安坐而觀望，夫見賢而不能助，請和而不得，此兩怨必集於將軍，將軍不得中立矣。夫以曹公之明哲，天下賢俊皆歸之，其勢必舉袁紹（舉，攻克），然後稱兵以向江漢，恐將軍不能禦也。故為將軍計者，不若舉州以附曹公，曹公必重德將軍。長享福祚，垂之後嗣，此萬全之策也。」大將蒯越也竭力附和，勸劉表歸附曹操。劉表一度被這些人說得有點動搖了。因此，「表狐疑，乃遣（韓）嵩詣太祖（操）以觀虛實。」《傅子》載，行前劉表對韓嵩說：「今天下大亂，未知所定，曹公擁天子都許，君為我觀其釁。」韓嵩再次乘機進言：「以嵩觀之，曹公至明，必濟天下。將軍能上順天子，下歸曹公，必享百世之利，楚國實受其祐。」並且非常聰明地為自己留下後路，對劉表說，如果你還沒有最後拿定主意，那麼我有話說在前頭，假設我到京師，天子給我一官，我就成了「天子之臣，而將軍之故吏」了，「在君為君，則嵩守天子之命，義不得復為將軍死也。」果然，曹操以朝廷的名義「拜嵩侍中，遷零陵太守」。韓嵩回來以後，大講曹操「威德」，並勸說劉表「遣子入質」。劉表大怒，以為韓嵩「懷貳」，所以盡為曹操說話，於是「大會寮屬數百人，陳兵見嵩，盛怒，持節將斬之」。韓嵩「具陳前言」。劉表妻子蔡氏也為說情：「韓嵩楚國之望也，且其言直，誅之無辭。」劉表在「考殺隨嵩行者」以後，確知「嵩無他意」。但他嫉怒難平，不肯無罪釋放，依然將其關押了起來，「弗誅而囚之。」

這股親曹勢力，內抗劉備，支持劉琮，削弱劉琦，外慕曹操，成為曹操南下荊州的實際內應。歷史的時間表證明，建安十三年七月曹操兵出宛、葉；八月劉表病死，劉琮繼為荊州牧；九月曹操兵到新野，遂至襄陽，劉琮便投降了。劉琮為什麼這樣快就投降了呢?固然，曹操統一北方的震懾力不可低估，但荊州親曹勢力的內蝕作用更是重要。據載，大將蒯越、剛剛官復原職的韓嵩，以及東曹掾傅巽等一齊勸說劉琮投降曹操。劉琮心存僥倖，說：「今與諸君據全楚之地，守先君之業，以觀天下，何為不可乎?」傅巽回答說：「逆順有大體，強弱有定勢。以人臣而拒人主，逆也；以新造之楚而禦國家，其勢弗當也；以劉備而敵曹公，又弗當也。三者皆短，欲以抗王兵之鋒，必亡之道也。」傅巽進一步分析，指出劉備是靠不住的：「將軍自料何與劉備?」琮說：「吾不若也。」巽說：「誠以劉備不足禦曹公乎，則雖保楚之地，不足以自存也。誠以劉備足禦曹公乎，則備不為將軍下也。願將軍勿疑。」[5] 文士王粲說得更乾脆：「天下大亂，豪傑並起，在倉卒之際，強弱未分，故人各各有心耳。當此之時，家家欲為帝王，人人欲為公侯。觀古今之成敗，能先見事機者，則恒受其福」，「如粲所聞，曹公故人傑也，雄略冠時，智謀出世。」要想保己全宗，長享福祚，只有「卷甲倒戈，應天順命，以歸曹公」，才是「萬全之策」。[6] 就這樣，劉琮被親曹勢力說服了，曹操軍到襄陽，便乖乖舉州投降了。劉琮被曹操另行安排為青州刺史，封列侯。蒯越等十五人如願以償，都被封侯，並授以中央要職，蒯越為光祿勳，韓嵩為大鴻臚，李義為侍中，劉先為尚書令，王粲為丞相掾，其餘人等亦「多至大官」。[7]

綜上可見，赤壁之戰以前，孫權儘管兵臨夏口，但要前進奪取荊州，必將遭到以親曹勢力為中心而團結起來的各路軍事力量的反抗。所以，他的條件遠遠不及曹操，雖然兵陳荊州邊界，但不能遽然發動，只能是一種窺機而動的態勢。

第二，分裂力——劉表昏庸，兄弟爭奪權力。赤壁戰前，劉表已經七十餘歲，體弱多病，政無主見，幾股勢力在他的身邊轉。劉琦、劉琮兄弟爭奪權力的鬥爭日趨白熱。

劉表所生二子皆為平庸無能之輩，正如曹操所給的評語那樣，「生子當如孫仲謀（孫權字），劉景升（劉表字）兒子若豚犬耳！」[8]將人比做豬狗，可見鄙視之甚。劉表生病期間，兩個兒子都在覬覦州牧的位子。《後漢書・劉表傳》載，起初劉表因為長子劉琦的相貌酷似自己，「甚愛之」，後來為次子劉琮娶了後妻蔡氏的侄女，「蔡氏遂愛琮而惡琦，毀譽之言日聞於表。表寵耽後妻，每信受焉。又妻弟蔡瑁及外甥張允並得幸於表，又睦於琮，而琦不自寧。」

劉琦失寵了，失勢了，恐慌了，因而向諸葛亮請求自安之術。《後漢書・劉表傳》記載：「亮初不對。後乃共升高樓，（琦）因令去梯，謂亮曰：『今日上不至天，下不至地，言出子口而入吾耳，可以言未？』亮曰：『君不見申生在內而危，重耳居外而安乎？』琦意感悟，陰規（暗裡謀劃）出計。會表將江夏太守黃祖為孫權所殺，琦遂求代其任。」[9]《三國志・劉表傳》的記載不同，認為劉琦並非自求，而是被遣外任的：「初，表及妻愛少子琮，欲以為後。而蔡瑁、張允為之支黨，乃出長子琦為江夏太守。」兩說可以並存。

劉表晚年，完全被後妻蔡氏、少子劉琮及其「支黨」所控制。據《三國志・劉表傳》注引《典略》記載，劉表病甚，劉琦性孝，「還省疾」，蔡瑁、張允恐劉琦見到劉表，「父子相感，更有託後之意」，將劉琦「遏於戶外，使不得見」，威脅說：「將軍（指劉表）命君撫臨江夏，為國東藩，其任至重。今釋眾而來，必見譴怒，傷親之歡心以增其疾，非孝敬也。」劉琦流涕而去。可見，劉琦、劉琮的明爭暗鬥是相當激烈的。亦可見，如果劉琦確實是聽了諸葛亮的意見自求外任的，那實在不是好主意。這就像袁紹的長子袁譚被外任青州刺史一樣，一旦離開，便失去了與其弟弟爭奪州牧的機會和可能。

劉琦、劉琮兄弟的分裂，削弱了荊州力量，對於曹操、劉備、孫權都是可以利用的機會，所以是共所希望的。正因如此，當得到劉表死去的消息時，魯肅便立即向孫權進言，說：「荊楚與國鄰接，水流順北，外帶江漢，內阻山陵，有金城之固，沃野萬里，士民殷富，若據而有之，此帝王之資也。今表新亡，二子素不輯睦，軍中諸將各有彼此。加劉備天下梟雄，與操有隙，寄寓於表，表惡其能而不能用也。若備與彼協心，上下齊同，則宜撫安，與結盟好；如有離違，宜別圖之，以濟大事。」魯肅請求「奉命弔表二子，並慰勞其軍中用事者，及說備使撫表眾，同心一意，共治曹操，備必喜而從命。如其克諧，天下可定也。今不速往，恐為操所先」。[10]從魯肅的這篇說辭中可看出，孫權、魯肅很想得到荊州，但自知條件尚不成熟，面對曹操大兵南下，當務之急是支持劉備，讓劉備得以撫納劉表的部屬，然後孫（權）劉（備）兩家「同心一意，共治曹操」；否則，曹操占有了荊州，再想得到就不可能了。因此，孫權「即遣肅行」。然而，還是晚了一步。魯肅到夏口，「聞曹公已向荊州，晨夜兼道。比至南郡，而表子琮已降曹公，備惶遽奔走。」相比之下，還是曹操更果斷、更迅速地奪得先機，更好地利用了荊州內部分裂這一條件。

第三，異己力——劉備、諸葛亮窺機謀國。劉表對劉備來歸很重視。他懷著忐忑不安的心情，親自「郊迎」這位徒有虛名的豫州刺史，「以上賓禮待之，益其兵，使屯新野」，[11]但始終沒有把他當作自己人對待，而是目為異己，時時提防。劉備對於劉表則是虛與委蛇，抓緊一切機會和時間，積極發展自己的勢力。他的目標，自從見到了諸葛亮，與言隆中對策，已經非常明確。諸葛亮對劉備說：「今操已擁百萬之眾，挾天子而令諸侯，此誠不可與爭鋒。孫權據有江東，已歷三世，國險而民附，賢能為之用，此可以為援而不可圖也。荊州北據漢、沔，利盡南海，東連吳會，西通巴、蜀，此用武之國，而其主不能守，此殆天所以資將軍，將軍豈有意乎？益州險塞，沃野千里，天府之土，高祖因之以成帝業。劉璋暗弱，張魯在北，民殷國富而不知存恤，智能之士思得明君。將軍既帝室之冑，信義著於四海，總攬英雄，思賢如渴，若跨有荊、益，保其岩阻，西和諸戎，南撫夷越，外結好孫權，內修政理，天下有變，則命一上將將荊州之軍以向宛、洛，將軍身率益州之眾出於秦川，百姓孰敢不簞食壺漿以迎將軍者乎？誠如是，則霸業可成，漢室可興矣。」可見，劉備、諸葛亮的戰略思想重點就在：第一步相機據有荊州，第二步西取益州，然後實現其跨有荊、益，西和諸戎，南撫夷越，東結孫權，北拒曹操的戰略構想。

劉備屯駐新野（河南今縣），聲名日播，荊州豪傑圖謀前程者紛紛投靠。這種情形，自然更加引起劉表的注意，「表疑其心，陰禦之。」[12]劉表「陰禦」劉備的方法，一是表示「信任」和「重用」，讓他拒守邊埸，離開新野；二是表示「親熱」，將他羈縻於襄陽，使離軍事。劉備對於劉表的心思自然明白。因此，他能自覺而有效地利用劉表所提供的條件，既能暫安於荊州地域，又能適度發展自己，相機而動。

史載，劉表使劉備「拒夏侯惇、于禁等於博望（今河南南陽東北）。久之，先主設伏兵，一旦自燒屯偽遁，惇等追之，為伏兵所破」。[13]可見是有一段比較長的時間離開了新野，駐紮在同曹操軍事接壤的地區；並且曾經主動發動過一次戰役，取得小勝。這次戰爭，規模雖然不大，但因對方是曹操的名將，所以大大增強了劉備在荊州地界的威望，也更加增大了劉表對劉備的疑慮，使劉表感覺到讓劉備遠離自己而親臨軍事前線，並不是制約的好辦法。於是又讓他離開軍事前線，率領部伍屯駐樊城。這樣，從地域上看，無疑，更有利於掌握和窺測劉備的動向。但是，這樣又不免使劉表產生了新的疑慮。《三國志．先主傳》注引《世語》說：「備屯樊城，劉表禮焉，憚其為人，不甚信用。」以蒯越等為代表的親曹勢力則聯合劉表妻子蔡氏以及蔡瑁、張允等姻親勢力，多次設計，想把劉備除掉。

建安十二年以後，劉表與劉備的關係，相對來說，形式上比較「融洽」了。這既有劉備謀事、處事、虛與委蛇和善於掩飾方面的原因，也有劉表迫於形勢方面的原因。所謂迫於形勢，第一，劉表知道曹操南征荊州已經擺到日程上了。這是最重要的。第二，黃祖覆滅，荊州失去江夏要衝，吳兵已成壓境之勢。第三，劉備坐地日大，網羅益眾，劉表深深感到了劉備的威脅。及至彌留，他已經陷入子孫難保其國的恐慌之中。第四，特別讓劉表擔心的是，荊州內部出現了嚴重危機。

劉備、諸葛亮有效地利用並促進了荊州的內部矛盾，分化了荊州力量。劉表迫於外有強鄰（北有曹操，東有孫權）、近有劉備軍事力量的存在、內患自己和兒子們「才不足以禦（劉）備」，而又面臨劉琦、劉琮兄弟互不相容的嚴峻形勢，病重期間玩了一個「託國」的把戲，試圖穩住劉備，以保荊州牧的權力平穩過渡到自己兒子劉琮的手裡。這就是《三國志．先主傳》注引《英雄記》所說：「（劉）表病，上（劉）備領荊州刺史。」注引《魏書》所說：「表病篤，託國於備，顧謂曰：『我兒不才，而諸將並零落，我死之後，卿便攝荊州。』」當時，劉表已經立次子劉琮為嗣，劉備自然明白劉表的本意所在，因而當即表示：「諸子自賢，君其憂病。」意謂「您的兒子都很好，不必擔心，您就放心地走吧」。據說，劉表死後，有人勸劉備「宜從表言」，即宣布遵照劉表的遺言奪了荊州牧的位子。劉備說：「此人（指劉表）待我厚，今從其言，人必以我為薄，所不忍也。」這就是被歷代諸儒和治史者以及小說家所極度讚賞的德者之風。實質上，這是根本不存在的事。南朝宋人裴松之已經指出：「（劉）表夫妻素愛（劉）琮，舍嫡立庶，情計久定，無緣臨終舉荊州以授（劉）備，此亦不然之言。」劉表其人，「雖外貌儒雅，而心多疑忌。」[14]所以，如果將其視為劉表耍的政治花招，自然就會得出比較合理的解釋。

劉表死後，蔡瑁、張允等遂以劉琮為嗣。劉琮繼為鎮南將軍、荊州牧，以劉表的「成武侯」印授劉琦。劉琦不得繼承荊州牧實職，勃然大怒，將侯印「投之地」（摔在地上），立即部署，準備乘奔喪的機會「作難」。[15]

劉琦想乘「奔喪」的機會而「作難」的計畫，未及發動，曹操的大軍已經到達新野，因此不得不將軍隊撤回待機。假設不是這樣，劉表的兒子們自然必如袁紹的兒子們一樣，大戰一場，而最終得利的將是劉備。

從劉備方面來說，他不接受荊州之託，絕非良德有加，更非內心不欲，而是不敢。第一，荊州的實際權力主要控制在劉表的心腹大將蒯越、別駕劉先、以及妻弟蔡瑁和外甥張允等人的手裡，這些人都是竭力抵制並想殺害劉備的；第二，曹操和孫權都在向荊州用兵，曹軍已臨國門，吳將屢竄邊場。劉備如果貿然自為，野心就會暴露無遺，立即就會成為曹操、孫權的征討目標。

劉備在荊州的日益發展，既是曹操深以為忌的，也是孫權所不願看到的。但當曹操完成了北方統一戰爭後，孫權、魯肅、周瑜等都意識到危機已經來臨，出路不在進攻荊州，取荊州而有之，也不在聯合劉表，而在聯合劉備，「共治曹操。」

二、曹操南取荊州，加大了對孫權的軍事威脅

曹操早有南取荊州之志。建安六年春，曹操「因紹新破，欲以其間擊劉表」。他的重要心腹、尚書令荀彧覺得條件尚不成熟，指出：「（袁）紹既新敗，其眾離心，宜乘其困，遂定之；而欲遠師江、漢，若紹收其餘燼，乘虛以出人後，則公（操）事去矣。」[16]因此，曹操沒有發動這次行動。八年八月，曹操「擊劉表，軍於西平（河南今縣）」。十二年，北征烏桓結束後，立即部署南征。他採用荀彧提出的「可顯出宛、葉而間行輕進，以掩其不意」[17]的策略，建安十三年七月間，迅速到達南陽一線。

曹操疾趨宛、葉，劉表死了，荊州形勢發生了急劇變化，已如前述。

曹操占有荊州，兵控長江中流，大軍即可順流而下，加重了對孫權的軍事威脅。與此同時，曹操已派張遼、于禁、臧霸等討平潛山、六安等地反叛，控制了合肥一線。這樣，孫權的北面防線概與曹操的軍事控制線接壤，長江水軍和沿江重要據點，均處在曹操軍隊上下夾擊的態勢之中。

據載，早在建安七年九月，曹操就曾對孫權進行過書面恫嚇，「下書責孫權送兒子做人質。」元人胡三省注《資治通鑑》指出：「操蓋以此覘孫權（蓋，連詞），而觀其所以應之。」[18]孫權聽從周瑜的意見，沒有答應曹操的無理要求。〈周瑜傳〉注引虞溥《江表傳》詳細記錄了孫權、周瑜等的決策經過。

> 曹公新破袁紹，兵威日盛，建安七年，下書責權質任子（質任子，以兒子或親近的人作人質）。權召群臣會議，張昭、秦松等猶豫不能決，權意不欲遣質，乃獨將瑜詣母（按：權母吳夫人）前定議，瑜曰：「昔楚國初封於荊山之側，不滿百里之地，繼嗣賢能，廣土開境，

立基於郢，遂據荊揚，至於南海，傳業延祚，九百餘年。今將軍承父兄餘資，兼六郡之眾，兵精糧多，將士用命，鑄山為銅，煮海為鹽，境內富饒，人不思亂，泛舟舉帆，朝發夕到，士風勁勇，所向無敵，有何逼迫，而欲送質？質一入，不得不與曹氏相首尾，與相首尾，則命召不得不往，便見制於人也。極（最多）不過一侯印，僕從十餘人，車數乘，馬數匹，豈與南面稱孤同哉（古代帝王坐北面南，自稱為孤或寡人）？不如勿遣，徐觀其變。若曹氏能率義以正天下，將軍事之未晚。若圖為暴亂，兵猶火也，不戢（不熄滅）將自焚。將軍韜勇抗威，以待天命，何送質之有！」權母曰：「公瑾議是也。公瑾與伯符（孫策字）同年，小一月耳，我視之如子也，汝其兄事之。」遂不送質。

孫權送不送兒子去做人質，看似簡單，實則對於雙方都很重要。對於孫權，如周瑜所說，送去人質，便受制於人，不得不惟曹操之命是從，最好的終極結果只不過是封侯而已，而建立帝王基業、稱孤道寡的理想就很難實現了。對於曹操，要不要人質，是個戰略問題。曹操一向重視人質問題。比如，他征張繡受挫後對諸將說：「吾降張繡等，失不便取其質，以至於此。吾知所以敗。諸卿觀之，自今已後不復敗矣。」[19] 他為了控制西北，鉗制馬超，用升官的方式把馬騰調入京師做了人質。應該說，孫權不送人質，符合自己的長遠利益，但也加深了曹操的疑慮。他成了曹操取得荊州、飲馬長江後的必然的再一個征討對象。

曹操取得荊州，孫權、魯肅等甚知大敵屆臨，不僅謀有荊州的遠景即將化為泡影，而且自身難免有一次同曹操的存亡較量。事已至此，他們知道非聯劉而不足以抗曹，於是加緊了聯劉的步伐，魯肅不畏跋涉之苦，見劉備於當陽。

三、劉備兵敗當陽，魯肅受命聯劉成功

劉琮降操，受到最大影響的莫過於難容於曹操的劉備，其次便是正在覬覦荊州的孫權。劉備頓失所依，成了孤立之旅，所以特別緊張，特別憤怒。

劉琮遣使請降之時，劉備「屯樊，不知曹公卒至，（曹兵）至宛，（備）乃聞之，遂將其眾去。」[20]又，《三國志．先主傳》注引孔衍《漢魏春秋》說：「劉琮乞降，不敢告備。備亦不知，久之乃覺，遣所親問琮。琮令宋忠詣備宣旨。是時曹公在宛，備乃大驚駭，謂忠曰：『卿諸人作事如此，不早相語，今禍至方告我，不亦太劇乎！』引刀向忠曰：『今斷卿頭，不足以解忿，亦恥大丈夫臨別復殺卿輩！』遣忠去，乃呼部曲議（部曲，多義，此指部下眾頭目）。」

時之劉備，北臨曹軍壓境，沒有後路，只有南走江陵一途。據載，當時有人勸劉備「劫將琮及荊州吏士徑南到江陵」。劉備說：「劉荊州臨亡託我以孤遺，背信自濟，吾所不為，死何面目以見劉荊州乎！」[21]筆者曾在《劉備傳》中指出，度勢而論，劉備已經沒有機會和能力為此，所以言難免自高而有假惺惺之嫌。

又，《三國志．先主傳》說，諸葛亮曾經主張乘機消滅劉琮，占有荊州：「過襄陽，諸葛亮說先主攻琮，荊州可有。先主曰：『吾不忍也。』乃駐馬呼琮，琮懼不能起。琮左右及荊州人多歸先主。」顯然，非不忍，而實為不能。

對於諸葛亮勸劉備攻劫劉琮而乘機奪得荊州的事，「帝蜀寇魏」論者，如朱熹等為其未行而歎惜。然而，治史者度於形勢，多有不信。盧弼《三國志集解》卷三二引用的王懋竑的話是一種代表性的意見。王懋竑說：「夫跨有荊益乃隆中之本計，而以當日事勢揆之，恐諸葛公未必出此。

是時，曹操已在宛，軍勢甚盛，先主以羈旅之眾，乘隙以攻人之國，縱琮可取，操其可禦乎！」顯然，這後一種意見是對的。

劉備聽到劉琮已降的消息後，率部張飛、趙雲以及諸葛亮、徐庶等急趨南下。〈先主傳〉注引《典略》說：「（劉）備過辭（劉）表墓，遂涕泣而去。」經過襄陽，一些不願歸依曹操的劉琮左右及荊州人大多歸依劉備。沿途不斷有人加入，「比到當陽（湖北今縣），眾十餘萬，輜重數千兩（輛）。」劉備背上了很大的「包袱」，行動遲緩，日行不過十餘里。這是軍事上的大忌。

當時有人勸劉備棄眾而走，說：「宜速行保江陵，今雖擁大眾，被甲者少，若曹公兵至，何以拒之？」[22]無疑，這種意見是正確的。出此棄眾而速保江陵的計策，歷史諱言其名。就當時在劉備身邊的幾多謀人來看，糜竺、簡雍、孫乾、伊籍等不諳軍事，難慮及此，而能從軍事角度出此策者，不是諸葛亮，就是徐庶，而最大的可能是諸葛亮。[23]劉備面對嚴峻形勢，表現了一位「仁君」的胸懷，因說：「夫濟大事必以人為本，今人歸吾，吾何忍棄去！」對此，晉代歷史家習鑿齒曾作過一番頗受後人尊崇的評論。他說：「先主雖顛沛險難而信義愈明，勢逼事危而言不失道。追景升（劉表）之顧，則情感三軍；戀赴義之士，則甘與同敗。觀其所以結物情者（結物情者，意謂人心所向），豈徒投醪撫寒含蓼問疾而已哉（投醪撫寒，意謂送上醪酒撫慰飢寒；含蓼問疾，意謂不辭辛苦慰問百姓疾苦。蓼，植物名，性辛辣）！其終濟大業，不亦宜乎！」[24]的確，劉備此舉，在後人眼睛裡獲得了不少政治分數，從為政愛民的角度亦應給予一定肯定，但就當時言，說明劉備不善權衡政治與軍事的關係，不具備軍事大家的才能。

史載，曹操知江陵地處要衝，且有糧儲、兵械之類，深恐為劉備據有，於是放棄輜重，輕軍追擊劉備，及到襄陽，聽說劉備已南去，便督將曹純和剛剛投降過來的劉表大將文聘率領精騎五千急追，一日一夜行三百餘里，終於在當陽縣之長阪追上了劉備。曹操不顧所謂「百里而趨利者蹶上將」的兵法之忌，正是看到了劉備包袱重、行動緩、處事遲的弱點。

戰鬥很快結束，劉備慘敗，棄妻子，與諸葛亮、張飛、趙雲等數十騎逃走，曹操大獲其人眾輜重。

劉備慘敗，流竄無定，客觀上成為孫權、魯肅主動聯合劉備的有利條件。據載，魯肅到達夏口，聞曹操已向荊州進軍，於是「晨夜兼道」。當趕到南郡時，劉琮已經投降曹操，劉備惶遽奔走，欲南渡江。魯肅只好改道，徑迎向前，與劉備相遇於當陽長阪，「因宣權旨，論天下事勢，致殷勤之意」[25]並「陳江東強固，勸備與權併力」。[26]

《三國志．先主傳》注引《江表傳》生動地記錄了魯肅勸說劉備應同孫權結盟的對話：

魯肅問劉備：「豫州（劉備自曹操表薦其為豫州牧，人們便常尊稱為劉豫州）今欲何至？」

劉備回答：「與蒼梧（廣西今市）太守吳巨有舊，欲往投之。」

魯肅即勸劉備與孫權結盟，說：「孫討虜（權）聰明仁惠，敬賢禮士，江表英豪，咸歸附之，已據有六郡，兵精糧多，足以立事。今為君計，莫若遣腹心使自結於東，崇聯合之好，共濟世業，而云欲投吳巨，巨是凡人，偏在遠郡，行將為人所併，豈足託乎？」

此時，劉備正苦無安身之地，很高興地接受了魯肅的意見，便隨魯肅東走夏口。劉備自長阪斜趨東向走漢津（今湖北沙洋境），進駐鄂縣（今湖北鄂州市）之樊口。路上幸好與此前派出的相約會師於江陵的關羽水軍相遇，渡過沔水（今漢水），並得到劉表長子、江夏太守劉琦的接應，一起到了夏口（今漢口）。

聯合抗操實際也是劉備早已醞釀的問題。前已述及，劉備屯新野，三顧諸葛亮於茅廬之中，諸葛亮在對劉備剖析天下大勢時，明確指出：「操已擁百萬之眾，挾天子而令諸侯，此誠不可與爭鋒。孫權據有江東，已歷三世，國險而民附，賢能為之用，此可以為援而不可圖也。」[27]

但最初實際謀劃並促成聯合的關鍵人物是誰呢？顯然，魯肅的作用比諸葛亮更重要。所以，南朝宋人裴松之非常客觀地指出，「劉備與權併力，共拒中國，皆肅之本謀。」[28]

《三國志．諸葛亮傳》著力渲染諸葛亮在這方面的作用，裴松之注《三國志》的時候頗不以為然，指出：「蜀書亮傳曰：『亮以連橫之略說權，權乃大喜。』如似此計始出於亮。若二國史官，各記所聞，競欲稱揚本國容美，各取其功。今此二書（按：指《三國志》中的《吳書》和《蜀書》），同出一人，而舛互若此，非載述之體也。」[29]

劉備到達夏口，魯肅回吳覆命。諸葛亮對劉備說：「事急矣，請奉命求救於孫將軍。」[30]於是，劉備即派諸葛亮同魯肅一起到柴桑去見孫權，「自結於孫權。」[31]

四、戰爭前的決策論戰

孫劉必然聯合的趨勢，沒有引起曹操的重視。他自以為勢大，所以再也沒有想到運用故伎，離間孫劉，以利各個擊破。他把劉備視作屢敗之將，覺得只要沿江而下即可徹底擊敗；孫權小兒更非對手，只要大兵壓境，再恫嚇一下，就會俯首聽命。他甚至同他的屬將們認為孫權必殺劉備。當時，只有奮武將軍程昱認為孫權不僅不會殺劉備，而且必然與之聯合。程昱說：「孫權新在位，未為海內所憚。曹公無敵於天下，初舉荊州，威震江表，權雖有謀，不能獨當也。劉備有英名，關羽、張飛皆萬人敵也，權必資之以禦我。難解勢分，備資以成，又不可得而殺也。」程昱的分析是對的，孫權不僅沒有採取殺劉備以求自保的策略，而且主動派人同劉備聯繫，繼而「多與備兵，以禦太祖（操）」。32

曹操基於一種不切實際的判斷，略作軍事部署，使後軍都督、征南將軍曹仁和軍糧督運使夏侯淵駐守江陵，以厲鋒將軍曹洪駐守襄陽，另以一部水陸軍由襄陽沿漢水南向夏口，然後遂即率所部及新附荊州之眾順江東下。

曹操率兵自江陵順江東下，劉備、諸葛亮害怕，駐守在柴桑（今江西九江市西南）的孫權及其部屬也很恐慌。然而，就當時形勢言，劉備與曹操誓不兩立，最為曹操所不容，只有抗曹才有前途，所以抗曹的決心更大更堅決；孫權則與曹操尚未發生嚴重的軍事衝突，迎曹雖失帝王之基，但仍可封侯拜將，重要的文武官員亦不失郡縣之職，所以面臨曹操大兵壓境，上下難免躊躇，以致出現了明顯的「主戰」、「主和」兩派。

諸葛亮勸說孫權早下決心聯合抗操，表現出了出色的外交才能。

諸葛亮對孫權說：「海內大亂，將軍起兵據有江東，劉豫州亦收眾漢南，與曹操並爭天下。今操芟夷大難，略已平矣，遂破荊州，威震四海。英雄無所用武，故豫州遁逃至此。將軍量力而處之，若能以吳、越之眾與中國抗衡，不如早與之絕；若不能當，何不案兵束甲，北面而事之！今將軍外託服從之名，而內懷猶豫之計，事急而不斷，禍至無日矣。」

孫權說：「苟如君言，劉豫州何不遂事之乎？」

諸葛亮回答說：「田橫，齊之壯士耳，猶守義不辱，況劉豫州王室之胄，英才蓋世，眾士慕仰，若水之歸海，若事之不濟，此乃天也，安能復為之下乎！」

這是一種激將的方法。孫權聽後勃然大怒：「吾不能舉全吳之地，十萬之眾，受制於人，吾計決矣。」

諸葛亮使吳，最終完成了劉備與孫權的聯合。

然後，諸葛亮為孫權分析大勢，指出：第一，劉備仍有一定的力量基礎，「豫州（劉備）軍雖敗於長阪，今戰士還者及關羽水軍精甲萬人，劉琦合江夏戰士亦不下萬人。」第二，曹軍雖強，但劣勢明顯。一謂師老兵疲：「曹操之眾，遠來疲弊，聞追豫州，輕騎一日一夜行三百餘里，此所謂『強弩之末勢不能穿魯縞』者也。故《兵法》忌之，曰：『必蹶上將軍。』」二謂「北方之人，不習水戰」。三謂民心未服：「荊州之民附操者，逼兵勢耳，非心服也。」

根據以上的分析，諸葛亮激勵孫權說：「今將軍誠能命猛將統兵數萬，與豫州協規同力，破操軍必矣。操軍破，必北還。如此則荊、吳之勢強，鼎足之形成矣。成敗之機，在於今日。」[33]

孫權聽了諸葛亮的話很高興，答應進一步同群下計謀。

正在此時，曹操的恐嚇書信送到了孫權面前。信上說：

近者奉辭伐罪，旄麾南指，劉琮束手。今治水軍八十萬眾，方與將軍會獵於吳。[34]

這封信雖然只有寥寥數語，卻有震天駭地之勢，「孫權得書以示群臣，莫不響震失色。」長史張昭等明確提出了投降主張，說：「曹公豺虎也，然託名漢相，挾天子以征四方，動以朝廷為辭，今日拒之，事更不順。且將軍大勢，可以拒操者，長江也；今操得荊州，奄有其地，劉表治水軍，蒙衝鬥艦，乃以千數，操悉浮以沿江，兼有步兵，水陸俱下，此為長江之險已與我共之矣，而勢力眾寡，又不可論。愚謂大計不如迎之。」[35]張昭的話顯然是一種悲觀論。但從一定意義上說，又不無道理：第一，曹操挾天子以令諸侯，師出有名；第二，吳失長江之險，曹控上流，順水而下，其勢難當；第三，兵力相差懸殊。不可否認，曹操的確具有不可比擬的優勢，如果策略得當，憑其軍事優勢和地理優勢徹底擊垮孫權是不應該成為問題的。

孫權惶恐之際，又是力主孫劉聯合的魯肅堅定了他的抗操決心。孫權召集的諸將會議上明顯地分成了「投降」和「主戰」兩派，但投降派占了上風。《三國志．魯肅傳》說：「會權得曹公欲東之問，與諸將議，皆勸權迎之，而肅獨不言。」會上的一邊倒形勢，魯肅有話想說而不能說。據載：「權起更衣，肅追於宇下（屋簷下），權知其意，執肅手曰：『卿欲何言？』」魯肅對孫權說：「向察眾人（按：指張昭等）之議，專欲誤將軍，不足與圖大事。今肅可迎操耳，如將軍不可也。何以言之？今肅迎操，操當以肅還付鄉黨，品其名位，猶不失下曹從事，乘犢車，從吏卒，交遊士林，累官故不失州郡也。將軍迎操，欲安所歸？願早定大計，莫用眾人之議也！」魯肅也用激將法，使孫權明白沒有後路，從而說服了孫權。孫權不禁感慨說：「此諸人持議，皆失孤望；今卿廓開大計，正與孤同，此天以卿賜我也。」36

同時，魯肅勸孫權立即把周瑜從鄱陽召回。

周瑜從鄱陽被召回，表示了與魯肅同樣堅決的態度。

周瑜對孫權說：「操雖託名漢相，其實漢賊也。將軍以神武雄才，兼仗父兄之烈，割據江東，地方數千里，兵精足用，英雄樂業，尚當橫行天下，為漢家除殘去穢；況操自送死，而可迎之邪！」這是很有針對性的一篇言辭。首先，從政治的角度揭穿曹操「挾天子以令諸侯」、動輒以朝廷為辭的實質，抗操並非抗朝廷，而是為朝廷除賊。然後，周瑜講述了能夠戰勝曹操的具體理由，先是分析曹軍的弱點，指出：第一，操有後顧之憂，「北土既未平安，加馬超、韓遂尚在關西，為操後患」；第二，兵用其短，「舍鞍馬，仗（依仗）舟楫，與吳、越爭衡，本非中國所長」；第三，時令對操不利，「又今盛寒，馬無槁草」；第四，北兵水土不服，戰鬥力將受大損，

「驅中國士眾遠涉江湖之間，不習水土，必生疾病。」

既而，周瑜又進一步分析了曹軍的實際力量，指出：「諸人徒見操書言水步八十萬而各恐懾，不復料其虛實，便開此議，甚無謂也。今以實校之，彼所將中國（中原）人不過十五六萬，且軍已久疲；所得（劉）表眾亦極七八萬耳，尚懷狐疑。夫以疲病之卒御（統率）狐疑之眾，眾數雖多，甚未足畏。」

周瑜表示願意請得精兵五萬人，進駐夏口與操決戰。

孫權聽了魯肅、周瑜的話後，抗操決心遂定，因而拔刀斫去奏案的一角，說：「諸將吏敢復有言當迎操者，與此案同！」孫權對周瑜說：「公瑾，卿言至此，甚合孤心。子布（張昭）、文表（秦松）諸人各顧妻子，挾持私慮，深失所望；獨卿與子敬（魯肅）與孤同耳，此天以卿二人贊孤也。五萬兵難卒合，已選三萬人，船糧戰具俱辦。卿與子敬、程公（程普）便在前發，孤當續發人眾，多載資糧，為卿後援。卿能辦之者誠決，邂逅不如意，便還就孤，孤當與孟德決之。」[37]

孫權的抗操決心又反過來給周瑜等以極大激勵。孫權遂以周瑜、程普為左右都督，率兵同劉備聯合，共同拒操，同時以魯肅為贊軍校尉，隨軍助畫方略。

會戰赤壁

一、初戰勝利

曹操據有荊州，擴大了地盤，壯大了力量，威聲大震。當時，曹操本有兩條可取之策，一是不要在江陵停下來，而是乘勝迅即東下繼續追擊劉備，以各個擊破為指導思想，急破劉備於孫、劉聯盟形成之前；二是索性緩攻劉備，先事休整，用賈詡之策，以其破袁氏、收漢南，「威名遠著，軍勢既大」的聲威，「乘舊楚之饒，以饗吏士，撫安百姓，使安土樂業」，以達到「不勞眾而江東稽服」的目的。[38]但曹操的決策，既非前者，也非後者，而是在江陵耽誤了一段既不長也不短的時間，給了對方以喘息的機會，致使孫、劉聯盟得以形成。

周瑜率領的軍隊在樊口與劉備會合。據載，劉備對於諸葛亮東去求救，心情急迫，但信心不足。《江表傳》說：「備從魯肅計，進住鄂縣之樊口。諸葛亮詣吳未還，備聞曹公軍下，恐懼，日遣邏吏於水次候望權軍。吏望見瑜船，馳往白備，備曰：『何以知非青徐軍（按：指曹操的軍隊）邪？』吏對曰：『以船知之。』備遣人慰勞之。」

周瑜為人，恃才傲物，他雖然不像《三國演義》裡渲染的那樣想以借刀殺人之計，除掉諸葛亮、劉備，但確也表現出對於慘敗之後的劉備看不起，根本不將其作為封疆大吏看待，而且對其派人而不是親自迎接自己並「慰勞」軍隊很不高興。根據職階，他應該去拜見劉備，共謀進取，然而他卻要求劉備「屈駕」來見自己。因此，他讓劉備派來的慰軍使者帶口信給劉備：「有軍任，不可得委署（委署，擅離職守），倘能屈威，誠副其所望。」

據載，關羽、張飛對於周瑜如此以下傲上、口氣強硬的態度很不以為然。這方面，劉備的確比關羽、張飛更有頭腦，是一位能屈能伸的人物。他急忙對關羽、張飛說：「彼欲致我，我今自結託於東而不往，非同盟之意也。」於是，劉備「乘單舸（按：意謂不另帶護衛船隻）往見瑜」。會見中，劉備問：「今拒曹公，甚為得計。戰卒有幾？」周瑜曰：「三萬人。」備曰：「恨少。」瑜曰：「此自足用，豫州但觀瑜破之。」劉備希望讓魯肅、諸葛亮參加會談，「欲呼魯肅等共會語」，周瑜斷然拒絕：「受命不得妄委署，若欲見子敬，可別過之。又孔明已俱來，不過三兩日到也。」這說明，會談是在周瑜盛氣凌人、劉備卑而下之的氣氛中進行的。

劉備與周瑜會談以後，信心依然不足，因而預為自己留了後路。史載，劉備「雖深愧異瑜，而心未許之能必破北軍也，故差池在後（故意隔開一段距離在後面），將二千人與羽、飛俱，未肯係瑜，蓋為進退之計也。」[39]

本來「情急」而主動求援結盟，而又心懷異慮，不將主力開赴前哨，更不願將自己的軍隊歸周瑜指揮，反映了劉備譎詐的一面。

周瑜、程普等水軍數萬，與劉備「併力」，逆水而上，行至赤壁，與順水而下的曹軍相遇。

赤壁位於蒲圻（今湖北赤壁市）西北，隔江與烏林（今湖北洪湖市東北）相對。據載，建安十三年（二〇八）十月十日兩軍剛一接戰，曹操即吃了敗仗。可惜，史傳沒有具錄戰役的具體情況，只謂：「時曹公軍眾已有疾病，初一交戰，公軍敗退，引次江北。」

為什麼初一交戰曹軍便失利了呢？我曾在《曹操傳》一書中指出，直接的原因有四：一是曹軍中瘟疫流行，病者甚眾；二是曹軍不習水戰，站立尚且不穩，何來戰鬥力；三是曹操料敵不周，自以為勢不可當，猝然相遇，缺乏思想上的充分準備，未能根據當時當地的實際情況做出正確的調度與部署；四是狹路相逢，曹軍雖眾，但江中相接者卻是對等的。誠如陸機所形容吳國地理形勢：「其郊境之接，重山積險，陸無長轂之徑；川阨流迅，水有驚波之艱。雖有銳師百萬，啟行不過千夫，軸艫千里，前驅不過百艦。」[40]一句話，本處優勢的曹操，在此特定的情況下反而轉處於劣勢了。

二、火燒戰船

曹操失利後，不得不停止前進，把軍隊「引次江北」，全部戰船靠到北岸烏林一側。周瑜則把戰船停靠南岸赤壁一側，兩相對峙。

時值寒冬，北風緊吹，戰船顛簸，曹軍將士不習舟楫，眩暈不能自抑；又加軍中疫病流行，自然減員甚多，戰鬥力大損。曹操為了固結水寨，解決戰船顛簸、士兵暈船之苦，令將士們用鐵鍊把戰船連鎖在一起；[41]此時陸軍亦陸續到達，亦令岸邊駐紮。可以看出，曹操是想暫做休整，待冬盡春來，再謀進取。這樣決策，把戰船連鎖在一起固不可取，但在戰鬥力甚弱的情況下暫做休整，應該說是可取的。問題是他存在輕敵思想，總以為大兵壓境，足以懾敵，以致料敵不當，處事不周，最終導致失敗。

曹操、周瑜兩軍隔江相望，曹操連鎖戰船的事對方很快就知道了。周瑜部將黃蓋因而獻出火攻之策。黃蓋對周瑜說：「今寇眾我寡，難與持久。然觀操軍船艦，首尾相接，可燒而走也。」[42]周瑜採納了黃蓋的意見，並即決定讓黃蓋利用詐降接近曹操戰船，然後縱火燒之。

黃蓋修降書一封，派人送給曹操，書稱：「蓋受孫氏厚恩，常為將帥，見遇不薄。然顧天下事有大勢，用江東六郡山越之人，以當中國百萬之眾，眾寡不敵，海內所共見也。東方將吏，無有愚智，皆知其不可，惟周瑜、魯肅偏懷淺戇，意未解耳。今日歸命，是其實計。瑜所督領，自易摧破。交鋒之日，蓋為前部，當因事變化，效命在近。」[43]

這封降書，正與曹操心中所想相符，認為黃蓋歸降，實屬情理中事。為了慎重，他還特別召見送信人，密密審問了一番。此等送信人，絕非等閒之輩，必定既有膽識，又有辯才，把黃蓋欲降之意表述得更加清楚。於是，曹操讓送信人向黃蓋轉達他的口諭：「蓋若信實，當授爵賞，超於前後也。」[44]並約定歸降時的信號。看來，當時並未約定具體日期。

周瑜、黃蓋得知曹操允降，立即進行戰鬥準備，「乃取蒙衝鬥艦數十艘，實以薪草，膏油灌其中，裹以帷幕，上建牙旗」，又「豫備走舸，各繫大船後」。[45]萬事俱備，只欠東南之風。

我在《劉備傳》中指出，至於《三國演義》中說的「草船借箭」，則完全是移花接木。《三國志．吳主傳》注引《魏略》記載建安十八年孫權抵抗曹操進攻濡須口的戰役，說：「（孫）權乘大船來觀軍，公（曹操）使弓弩亂發，箭著其船，船偏重將覆，權因迴船，復以一面受箭，箭均船平，乃還。」這個情節的確很精彩，所以被演說三國評話的人和羅貫中移花接木地變成了赤壁戰時諸葛亮「草船借箭」的原型。實際上，這個記載是不可信的。重要理由是，《三國志．吳主傳》注引《吳歷》也記載了這次戰役，情況完全不同。《吳歷》說：「曹公出濡須，作油船，夜渡洲上。權以水軍圍取，得三千餘人，其沒溺者亦數千人。」又說：「權數挑戰，（曹）公堅守不出。權乃自來，乘輕船，從濡須口入公軍。諸將皆以為是挑戰者，欲擊之。公曰：『此必孫權欲身見吾軍部伍也。』敕軍中皆精嚴，弓弩不得妄發。權行五六里，迴還作鼓吹。」這說明，這次戰役，曹操雖然受到了損失，但並沒有讓士兵亂發弓箭，而是明令「不得妄發」。既如此，「草船借箭」事，自然是不曾發生過。

《三國演義》說，諸葛亮為周瑜「借東風」。這自然又是不可能的。「借東風」，不見史傳，最早見於《搜神記》一類不經之書。

其實，時值隆冬，多颼北風，但按氣象規律，幾天嚴寒日過後，亦常間有稍暖之日，風向抑或變為東風、南風、東南風。據說，十一月十二日甲子日（西元二〇八年十二月七日）這一天，晴空風暖，傍晚南風起，[46]及至午夜風急，黃蓋即以所備之船艦出發，以十艘並列向前，餘船以次俱進。到了江的中心，眾船舉帆，黃蓋手舉火把，告訴部下，使眾兵齊聲大叫「我們是來投降的」。曹軍吏士毫無戒備，出營立觀，「皆延頸觀望，指言蓋降。」離操軍二里許，黃蓋命令各船同時發火，「火烈風猛，往船如箭，飛埃絕爛，燒盡北船，延及岸邊營柴。」頃刻之間，「煙炎張天，人馬燒溺死者甚眾。」[47]周瑜等指揮輕銳船隻，隨繼其後，雷鼓大進。曹軍大潰，戰船被燒，並且延及岸上，陸寨也難保守了，又加病卒甚多，曹操知道不可久留，於是下令自焚餘船，引軍西走。

不少記載將劉備作為戰爭主體。《三國志．武帝紀》記載：「公（操）至赤壁，與備戰，不利。於是（時）大疫，吏士多死者，乃引軍還。備遂有荊州江南諸郡。」注引《山陽公載記》也說：「公船艦為備所燒，引軍從華容道步歸。」這可能是就整體而說的。因為形式上孫權是應劉備的「請救」而出兵的，所以視劉備為戰爭主體。實際上，劉備只起了配合作用。相對來說，《三國志．先主傳》和〈吳主傳〉的記載比較客觀一些。〈先主傳〉說：「先主遣諸葛亮自結於孫權，權遣周瑜、程普等水軍數萬，與先主併力，與曹公戰於赤壁，大破之，焚其舟船。」〈吳主傳〉說：「瑜、普為左右督，各領萬人，與備俱進，遇於赤壁，大破曹公軍。」

治史者大都認為，當以〈周瑜傳〉及其注引《江表傳》為是，主要是周瑜燒毀了曹操的戰艦，而不取曹操的船艦「為備所燒」的說法。

《三國志．魏書．賈詡傳》裴松之注謂：「（曹操）至於赤壁之敗，蓋有運數。實有疾疫大興，以損凌厲之鋒，凱風自南，用成焚如之勢。天實為之，豈人事哉？」可見，實為南風，「東風」云云，為後起之說。

還應指出的是，曹操的很大一部分船隻實是自己在退軍途中燒毀的。《三國志．周瑜傳》注引《江表傳》載：「瑜之破魏軍也，曹公曰：『孤不羞走。』後書與權曰：『赤壁之役，值有疾病，孤燒船自退，橫使周瑜虛獲此名。』」這裡，固有自我解嘲的成分，但亦當反映了一定事實。所以，《三國志．郭嘉傳》也記載了這件事：「太祖（操）征荊州還，於巴丘遇疾疫，燒船，歎曰：『郭奉孝在，不使孤至此。』」另，《讀史方輿紀要》卷七七巴陵縣曹公洲注說「即孟德為孫權所敗，燒船處」。巴丘，山名，在湖南岳陽市湘水右岸；巴陵，即今湖南岳陽。岳陽距赤壁、烏林不下百里之遙，可見曹操燒船多數是在退卻中為了避免以船資敵，出於戰略的需要而主動採取的措施。

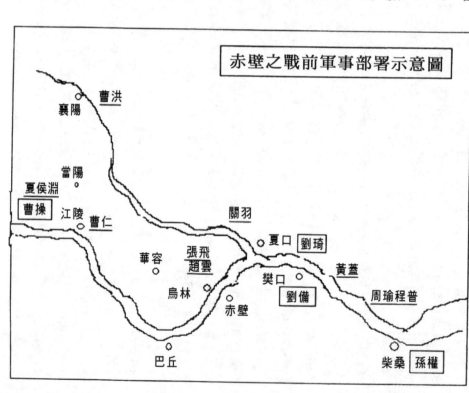

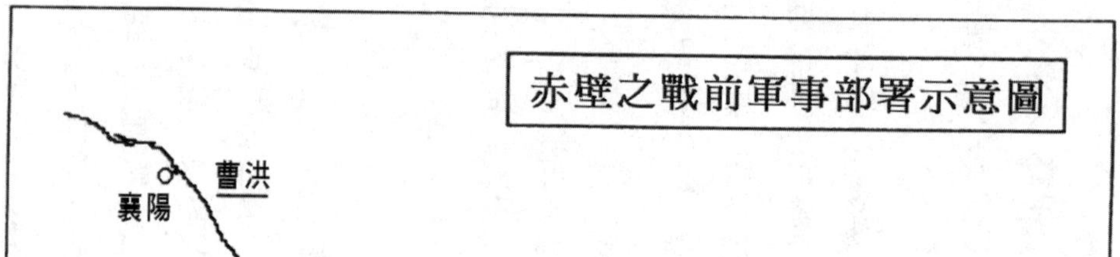

〈吳主傳〉也承認這一點，說：「公（操）燒其餘船引退，士卒飢疫，死者大半。」

劉備的主要作用在陸戰方面。相傳，周瑜在謀劃水戰的同時，派兵在烏林一側登陸，劉備也自蜀山（今湖北漢陽西）向烏林進發，[48]所以他們能在曹操敗退之時形成共同追擊之勢。曹操西走，周瑜軍隊緊追其後，劉備的軍隊也自今湖北仙桃市境急向西南方向行進，予以截擊。

曹操在其船隻被燒或自燒以後，「引軍從華容道（在今湖北監利境）步歸，遇泥濘，道不通，天又大風，悉使羸兵負草填之，騎乃得過。羸兵為人馬所蹈藉，陷泥中，死者甚眾。」[49]幸得張遼、許褚等接應，才得脫險。應該指出的是，曹操在華容道並沒有遭到劉備軍的伏擊，更沒有關羽放走曹操的事情發生。據載，「軍既得出，公大喜，諸將問之，公曰：『劉備，吾儔也，但得計少晚，向使早放火，吾徒無類矣。』」的確如操所料，劉備行動慢了一步，曹軍已過，他才趕到，雖然放了一把火，但是正如記載所說：「尋亦放火，而無所及。」[50]

周瑜、劉備水陸並進，追趕曹操，直至南郡（治江陵）城下。操軍兼以疾疫，死者大半。曹操既已失敗，又恐後方不穩，於是留征南將軍曹仁、橫野將軍徐晃守江陵，折衝將軍樂進守襄陽，然後率領殘部北還。

赤壁之戰，孫劉聯合，取得了戰爭的勝利。

三、奪取江陵，迫曹軍遠離江防

曹操北還以後，周瑜、程普進取南郡，「與（曹）仁相對，各隔大江。」《三國志・吳主傳》說：「（周）瑜、（曹）仁相守歲餘，所殺傷甚眾。仁委城（江陵）走。」

孫權最終取得江陵，迫使曹軍遠離長江防線，是其赤壁戰爭勝利的延續和組成部分，也是孫劉聯合的又一戰果。

孫權能夠迫使曹軍棄江陵而撤至襄陽的戰役取得了勝利，最重要的原因為：

一是周瑜、呂蒙、甘寧等進取夷陵的戰役取得了勝利。史載，甘寧「攻曹仁於南郡，未拔。寧建計先徑進取夷陵，往即得其城，因入守之。時手下有數百兵，並所新得，僅滿千人。曹仁乃令五六千人圍寧。寧受攻累日，敵設高樓，雨射（拋石如雨）城中，士眾皆懼，惟寧談笑自若。」[51] 曹仁「分眾攻寧」，寧兵少「困急」，遣使向周瑜求援。當時，「諸將以兵少不足分」，均感為難。呂蒙向周瑜、程普獻計兩條，其一，出敵不意，速戰速決，留少量兵力圍曹仁於南郡，以優勢兵力救甘寧。呂蒙對周瑜、程普說：「留凌公績（按：凌統與甘寧有殺父之嫌，所以不令同行赴救），蒙與君行，解圍釋急，勢亦不久，蒙保公績能十日守也。」其二，斷敵歸路，奪敵戰馬。呂蒙「說瑜分遣三百人柴斷險道，賊走可得其馬」，周瑜接受了呂蒙建議。「軍到夷陵，即日交戰，所殺過半。敵夜遁去，行遇柴道，騎皆舍馬步走。兵追蹙擊，獲馬三百匹，方船載還。」此戰意義重大，史家評價甚高，《三國志》作者陳壽說：「於是將士形勢自倍，乃渡江立屯，與相攻擊，曹仁退走，遂據南郡，撫定荊州。」[52]

二是為劉備增兵，令斷曹仁歸路，曹軍感到恐慌。周瑜、劉備將曹仁等包圍在江陵城中一年多。劉備對周瑜說：「（曹）仁守江陵城，城中糧多，足為疾害。使張益德將千人隨卿，卿分二千人追（隨）我，相為從夏水（漢水）入截仁後，仁聞吾入必走。」周瑜聽從了劉備的意見，遂「以二千人益之」。[53] 這說明，赤壁戰後孫劉有過再次的軍事上的聯合行動。他們的聯合行動，更使曹仁感到孤城難守，憂斷後路，因此曹操不得不命令曹仁主動放棄江陵，退守襄陽。

三是孫權在東線發動了策應進攻。史載，十三年十二月，「權自率眾圍合肥，使張昭攻九江之當塗。昭兵不利，權攻城逾月不能下。」很明顯，這是一次策應性的軍事行動，不在於攻城略地，而在於在長江下流製造軍事緊張態勢。所以，「曹公自荊州還，遣張喜將騎赴合肥。未至，權退。」[54]孫權雖退，但使曹操看到了東、西兩線作戰頗難兼顧的不利局面。顯然，對於曹操來說，東線比西線更重要。

四是江陵城外的決戰勝利。史載：「寧圍既解，（瑜）乃渡屯北岸，克期大戰。」戰鬥進行得很激烈，「瑜親跨馬擽陳，會流矢中右脅，瘡甚，便還。後仁聞瑜臥未起，勒兵就陳。瑜乃自興（自起），案行軍營，激揚吏士，仁由是遂退。」[55]諸多記載，都突出了周瑜、呂蒙、甘寧等的謀略與戰鬥精神，而不提或很少提到劉備曾派張飛同吳軍一起西上，對吳軍入據夷陵起到了重要的配合作用，也不提劉備帶兵斷曹仁後路事，顯然是不公平的。

另外，曹操赤壁慘敗之後，面臨嚴重的內部政治壓力，不得不全力應付，軍事上的削弱，不利戰線過長，也是重要原因。

戰爭勝利的原因及其歷史影響

曹仁北退，孫權遂以周瑜為南郡太守，屯江陵；程普為江夏太守，屯沙羨（今漢口西南）；呂範為彭澤（治今江西湖口東）太守；呂蒙為尋陽（治今湖北黃梅西南）令。這樣，孫權便完全控制了西起夷陵（今湖北宜昌東南），經武昌，柴桑（治今江西九江西南），東至於海的長江防線。

周瑜做了南郡太守，分南岸地給劉備，劉備「立營於油江口，改名為公安（今湖北公安境）」。先此，已經投降曹軍的荊州吏士「多叛來投備」，劉備「以瑜所給地少，不足以安民，復從權借荊州數郡」，[56]並乘周瑜、曹仁相持之際，南征武陵、長沙、桂陽、零陵。劉備先表劉琦為荊州牧，琦病死，遂自為荊州牧，治公安。

筆者在《曹操傳》中指出，赤壁戰前曹操的優勢是非常大的。這些優勢不僅曹操以為自豪，也是孫劉兩家所共認的。從諸葛亮、張昭等人的話語中以及當時的力量對比看，至少可以歸納出以下幾點：第一，曹操挾天子以令諸侯，諸侯自感在道義上難與爭鋒；第二，曹操以新勝之軍南下，其氣自盛，及至取得荊州，吏卒更奮；第三，曹操取荊州，收到「威震四海」之效，孫、劉為之喪膽；第四，曹操原有兵力十五六萬人，合荊州水陸八萬人，計二十餘萬人，數倍於孫、劉兩家之兵。

曹操既然具有如此的優勢，那為什麼戰爭的結局卻是孫權、劉備得到全面勝利而曹操失敗了呢？

就孫權、劉備方面說，可以歸納為以下三點：

第一，**孫權、劉備都處在生死存亡關頭，困獸猶鬥，上下共奮**。劉備與曹操，勢不共存，沒有任何迴旋餘地和退路。這是明擺著的。孫權的出路，魯肅、周瑜也已分析透徹，戰則有望獲勝，可圖大事，降則寄人籬下，失去基地，不知所歸，終至羈縻異地而亡。因此，孫權部屬除了張昭、秦松等缺乏抗曹信心外，眾多將帥大都是主戰派，能夠團結一心，誓死對敵。兵法云「置之死地而後生」，對於孫權、劉備，從戰略形勢來說，均近如此。

第二，**戰略聯合的勝利**。孫權、劉備以及魯肅、周瑜、諸葛亮都看到了聯合抗曹的重要性，並且著力付諸實行。毋庸諱言，赤壁戰爭中主要戰鬥武裝是孫權的軍隊，劉備及其部屬在決定勝負的水戰中的作用不大。但關羽、張飛、趙雲等在牽制曹操兵力方面都發揮了作用，而且在追擊曹操的追擊戰中成為主力。所以，有的記載便將劉備作為戰爭主體，說「（曹）公船艦為備所燒，引軍從華容道步歸」。[57]實際上，劉備只起了配合作用。曹操的很大一部分船隻是他自己在退軍途中燒毀的。曹操為什麼後退中又把船隻燒了呢？無疑，主要是聯軍緊追，曹操為了避免以船資敵，出於戰略的需要而不得不主動採取的一種措施。總之，孫劉聯合，確保了戰爭的勝利。誠如王夫之所說：「一時之大計，無有出於此者。」

第三，戰術運用得當。其一，料敵周密，對於敵人的數量、戰鬥力都做出了合理的分析，敢於以少制敵；其二，有效地利用了曹操自傲輕敵、慮事不周、急於求成的弱點，敢於行詐降之計，並獲得成功；其三，有效地利用了天時地利條件，出敵不意，火燒敵人戰船成功。

就曹操方面說，筆者曾在《曹操傳》中作如下分析：

從思想上說，曹操其人極易激動，易被勝利沖昏頭腦，每當輕易取勝常手舞足蹈，歌詠隨之，幾至忘乎所以；每當受阻，常生激憤，以致亂殺無辜。曹操南征荊州，本承北伐烏桓獲得大勝之後，驕傲情緒很重，所以不能冷靜分析形勢，過高估計自己的力量，過低估計敵人的力量，自認天下無敵。及至兵不血刃，荊州投降，威震四海，孫、劉諸敵難與爭鋒，曹操的頭腦就更加膨脹了。他只看到了自己的優勢所在，以為只要大兵壓境，即可所向披靡，該用的策略、常用的戰術都不再運用了。甚至向以重視人才著稱的他，竟對送上門來的人才也不再虛懷相待了。史載，益州牧劉璋很想巴結曹操，聽說曹操已克荊州，便派別駕張松向操致敬，表示願「受徵役，遣兵給軍」，以求交接。張松為人短小放蕩，然識達精果。他本想乘機投靠曹操，為曹操西取益州獻謀。

但曹操以貌取人，看不起張松，覺得已經取得荊州、趕走了劉備，這樣其貌不揚的人沒有什麼用處了，所以「不復存錄松」。

大軍南下，兩弱難對一強，如要圖存，孫劉必將聯合的形勢本來是明擺著的，以曹操之才智應該能看到這一點，但他竟做出了錯誤的判斷。他先是認為孫權必殺劉備，繼則不把孫劉聯合放在眼裡，從而不考慮採用多次用過而且行之有效的離間策略，也不考慮各個擊破戰術的運用。

從戰略上說，第一，他貽誤了戰機，沒有乘勝把劉備徹底擊潰。劉備當陽慘敗，已是驚弓之鳥，其兵力亦極有限，如果在劉備東走時，追而殲之完全可能，即使不能全殲，劉備將被迫南走蒼梧，而大軍進取夏口，進而扼住夏口、樊口要衝之地，漢沔以西全處自己控制之中，那形勢將完全是另一個樣子。夏口距離柴桑已不甚遠，如果那時給孫權送上一封恐嚇信，其威脅效果就會大得多，肯定就不止張昭、秦松等人主張投降了。第二，他棄其所長，用其所短而與敵之所長相較，使之在特定條件下，優勢兵力轉化為劣勢。這正是敵方敢於抵抗的主要出發點。這就是諸葛亮所說的「北方之人，不習水戰」，周瑜所說的操「舍鞍馬，仗舟楫，與吳、越爭衡」乃「用兵之患」。但曹操卻沒有認識到這種重要性，他以玄武湖上風平浪靜中所練之兵投之大風大浪中，自顧尚且不暇，何來戰鬥力。如果用己之長，不試圖依靠新附的、心懷狐疑的荊州水兵取勝，而靠自己久經征戰的陸軍為主謀戰，自江陵長驅東下，扼江兩岸，然後視機以遠倍於敵而非疲病的水軍戰於於己有利的戰場，則取勝是完全有可能的。

從戰術上說，第一，如前所述，曹操不用賈詡之策，貽誤戰機，兵進非時；第二，曹操其人深知兵法之要，尤善水、火之攻，但他為了解決士兵暈船卻只考慮燃眉之急，竟將戰艦連鎖起來，而未謀及易被火攻的危險。而且水寨陸營緊緊相連，一旦戰船被燒，迅即延及陸營，士兵惶恐，全軍大亂難制。他也只好自顧性命，棄軍而逃，其慘不可言狀。一把火，把他統一中國的迷夢徹底摧毀；第三，曹操其人最善用詐，但他竟不識黃蓋之詐，完全相信黃蓋真降，而不做任何一點防範。如果稍存戒心，做些防患於未然的必要部署，至少陸營可保，不致大潰。這實際也是他傲敵思想所致。

當然還有些絕非人謀的原因，諸如：第一，疫病流行。曹操就是把失敗原因歸於疾病的，他說：

> 赤壁之役，值有疾病，孤燒船自退，橫使周瑜虛獲此名。[58]

這實是自我解嘲、不願面對現實。按理說，作為一個政治家、軍事家，如能冷靜處事，不難想到這一點。疾疫流行，的確削弱了戰鬥力，的確是導致曹操失敗的客觀原因之一；但從另一角度看，這也是人謀失當的問題。凡事豫則立，不豫而成大誤，所以作為統帥則難辭其咎。第二，「凱風自南，用成焚如之勢。」一寒冬颳東風、南風殊難料及，所以裴松之為其辯解說「天實為之，豈人事哉」。[59]嚴格說來，冬天間有東風南風並非偶見，作為統帥亦應知天時之變。第三，迷失路途，致使敗兵再次受創。曹操敗退中幾為劉備所擒當是事實，他在給孫權書中稱「赤壁之困，過雲夢澤中，有大霧，遂便失道」，[60]也當是事實。

總之，赤壁之戰，包括江陵爭奪戰，曹敗而孫劉獲勝，原因是多方面的。若用簡短的話概括，曹操失敗的根本原因不在原來的力量對比，而在於曹操自身：他被勝利沖昏了頭腦，驕傲輕敵，導致慮事不周，戰術失當，優勢變成劣勢；孫劉勝利的原因也是重在自身：他們適時而有效地利用了曹操的弱點，成功地利用了聯盟形成的合力、利用了天時地利條件，在一種特定的環境下變劣勢為優勢，最終以少勝多，以弱制強，獲得勝利。

赤壁之戰的歷史影響是巨大的。第一，曹操南進之勢受到遏制，天下三分成為必然趨勢。東晉史學家習鑿齒說：「昔齊桓一矜其功而叛者九國，曹操暫自驕伐而天下三分。皆勤之於數十年之內而棄之於俯仰之頃，豈不惜乎！」[61]此論很有道理。第二，赤壁之戰等於給曹操頭上潑了一盆冷水，所以不久他便冷靜了。雖然在口頭上他依然不斷強調客觀原因，但實際上已認識到自己的錯誤，從而把自己從狂躁的情緒中拉回現實，重謀進取，政治重點放在了鞏固權力，應付內部反對勢力，軍事上開始做重大戰略調整，考慮用兵西北。第三，赤壁之戰等於給孫劉兩家打了強心針。自此，孫權便公然東西兩線同時布兵，表現出了絕不同曹操妥協的陣勢；劉備則得機南征四郡，代劉琦而自為荊州牧，勢力發展，竟使孫權感到害怕，伏下了孫劉爭奪荊州的軍事危機。

註釋

1《三國志・吳書・魯肅傳》。

2《三國志・吳書・甘寧傳》。

3 參見《後漢書・劉表傳》。

4《三國志・魏書・劉表傳》注引《漢晉春秋》。

5《三國志・魏書・劉表傳》。

6《三國志・魏書・王粲傳》注引《文士傳》。

7《三國志・魏書・劉表傳》。

8《三國志・吳書・吳主傳》注引《吳歷》。

9 申生、重耳皆春秋時晉獻公兒子，申生為太子被驪姬所害，重耳出逃在外，後來返國為君，是為晉文公。

10《三國志・吳書・魯肅傳》。

11《三國志・蜀書・先主傳》。

12《三國志・蜀書・先主傳》。
13同上。
14《三國志・魏書・劉表傳》。
15《後漢書・劉表傳》。
16《資治通鑑》卷六四，漢獻帝建安六年。
17《三國志・魏書・荀彧傳》。
18《資治通鑑》卷六四，漢獻帝建安七年。
19《三國志・魏書・武帝紀》。
20《三國志・蜀書・先主傳》。
21《三國志・蜀書・先主傳》注引《漢魏春秋》。
22《三國志・蜀書・先主傳》。
23《三國演義》說，從事中郎簡雍勸劉備「速棄百姓而走」，查無任何根據。
24《三國志・蜀書・先主傳》注。
25《三國志・蜀書・先主傳》注引《江表傳》。
26《三國志・吳書・魯肅傳》。
27《三國志・蜀書・諸葛亮傳》。
28《三國志・吳書・魯肅傳》注。
29同上。
30《三國志・蜀書・諸葛亮傳》。
31《三國志・蜀書・先主傳》。
32《三國志・魏書・程昱傳》。
33以上《三國志・蜀書・諸葛亮傳》。
34《三國志・吳書・吳主傳》注引《江表傳》。
35《三國志・吳書・周瑜傳》。
36《三國志・吳書・魯肅傳》。
37以上見《三國志・吳書・周瑜傳》並注引《江表傳》。
38《三國志・魏書・賈詡傳》。
39以上《三國志・蜀書・先主傳》注引《江表傳》。
40陸機：《辨亡論》。
41《三國演義》所謂龐士元獻連環計的故事，不見史傳。
42《三國志・吳書・周瑜傳》。
43《三國志・吳書・周瑜傳》注引《江表傳》。
44《三國志・吳書・周瑜傳》注引《江表傳》。《三國演義》說送信人是闞澤，於史無徵。
45《三國志・吳書・周瑜傳》。
46《三國志・魏書・賈詡傳》裴松之注謂：「（曹操）至於赤壁之敗，蓋有運數。實由疾疫大興，以損凌厲之鋒，凱風自南，用成焚如之勢。天實為之，豈人事哉？」可見，實為南風，「東風」云云，為後起之說。
47《三國志・吳書・周瑜傳》並注引《江表傳》。
48《讀史方輿紀要》卷七六魚嶽山條：「先主會吳拒操，

曾駐蹕於此。」
49《三國志・魏書・武帝紀》注引《山陽公載記》。
50 同上。
51《三國志・吳書・甘寧傳》。
52《三國志・吳書・呂蒙傳》。
53《三國志・吳書・周瑜傳》注引《吳錄》。夏水，在今江陵東北，注入漢水，故漢水亦稱夏水。
54《三國志・吳書・吳主傳》。
55《三國志・吳書・周瑜傳》。
56《三國志・蜀書・先主傳》注引《江表傳》。
57《三國志・魏書・武帝紀》注引《山陽公載記》。
58《三國志・吳書・周瑜傳》注引《江表傳》。
59《三國志・魏書・賈詡傳》裴注。
60《與孫權書》、《曹操集譯注》，中華書局一九七九年版，頁一二二一。
61《資治通鑑》卷六五，漢獻帝建安十三年。

第五章　北抗曹操

赤壁戰後，孫權與曹操形成了直接的軍事對峙。孫權甚知，曹操不會善罷甘休，再次來犯，勢不可免。並知曹操必將力避其短，短期內不會在大江會戰，而長江以北的合肥、廬江、灊山一線將成為先期爭奪焦點。因此，他把戰略重點向東轉移，一切政治、軍事行動都圍繞著在東線北抗曹操展開。

主動應敵

形勢多變，曹操和孫權的戰略戰術也都因時因勢而異，有時此方主動出擊，彼方被動應戰，有時則相反，彼方主動出擊，此方被動應戰。

一、乘曹軍之敝，兵圍合肥

前面提到，建安十三年十二月（按：《資治通鑑》係於十四年），孫權在東線發動了策應進攻。這次進攻對於迫使曹操江陵駐軍曹仁「委城而走」有作用。然而，就當時的力量對比看，曹操雖然兵敗赤壁，但在東線仍占優勢。所以結果是：「權自率眾圍合肥，使張昭攻九江之當塗。

昭兵不利，權攻城逾月不能下」，「曹公自荊州還，遣張喜將騎赴合肥。未至，權退。」[1]

具體情況，我在《曹操傳》一書中曾做如下概括：孫權趁曹操赤壁敗歸之際，即以準備增援周瑜之兵，進攻合肥，守將張遼、李典等奮力抵抗，久攻不下。曹操遣將軍張喜帶一千騎兵，並讓他經過汝南時再把汝南兵帶上，去救援合肥。但軍隊又發生了傳染病，所以久而未至。情況緊急，揚州別駕蔣濟同刺史定了一計，詭稱收到張喜的書信，信中說曹操發步騎四萬已到雩婁（今安徽霍丘西），讓守軍快派主簿去迎接。同時派出三批使者帶上書信入城「語城中守將」，實是故意讓孫權一方獲得這一假情報。果然，三批人中的二批被孫權的人捉到。孫權得到假情報，以為曹操的救兵真的來了，便撤軍了。

孫權此戰不勝，除其力量不及外，戰術也有不妥。據《三國志．張紘傳》及注引《吳書》說，孫權以張紘為長史，從征合肥，合肥城久圍不拔，張紘向孫權指出：「古之圍城，開其一面，以疑眾心。今圍之甚密，攻之又急，誠懼並命戮力。死戰之寇，固難卒拔，及救未至，可小寬之，以觀其變。」張紘的意見，沒有得到孫權及其將領們的同意，史稱「議者不同」。及至曹操的救兵來到，「數至圍下，馳騁挑戰」，孫權又表現得很不冷靜，竟然想率領少數輕騎「突敵」，幸被張紘阻止。張紘對孫權說：「夫兵者凶器，戰者危事也。今麾下恃盛壯之氣，忽強暴之虜，三軍之眾，莫不寒心，雖斬將搴旗，威震敵場，此乃偏將之任，非主將之宜也。願抑賁、育之勇（按：孟賁、夏育皆古之勇士），懷霸王之計。」孫權聽從了張紘的建議，沒有貿然行動，隨即順利撤兵。

據載，回師以後，孫權依然心有不甘，「既還，明年將復出軍。」張紘又阻止了一次沒有把握的軍事行動。張紘對孫權講了三點：一為用兵「貴於時動」，指出「自古帝王受命之君，雖有皇靈佐於上，文德播於下，亦賴武功以昭其勳。然而貴於時動，乃後為威耳」；二為兵需休整，指出長期戰爭，師旅疲困，「宜且隱息師徒」；三為施德政，積蓄物力、人力，以順天命，提出了一些頗為迂腐但也不無道理的論點，即所謂「廣開播殖，任賢使能，務崇寬惠，順天命以行誅，可不勞而定也」。孫權接受了張紘的說教，「於是遂止不行。」[2]

二、曹操東線再示兵

曹操從赤壁實戰中體驗到，沒有經過訓練有素的水軍主力，要想征服孫權是不可能的；同時深感孫劉聯盟已經成為嚴重威脅。為了再征孫權、重集力量和瓦解孫劉聯盟，更為了加強內部權力、穩固地位，曹操需要經常地向外示兵。所以，戰後不久，曹操便在長江以北（東）之揚州所屬丹楊、廬江諸郡縣，積極備戰，開始了新的行動。

第一，作輕舟，治水軍。根據記載判斷，曹操在譙，很快便把赤壁敗下來的殘兵集攏起來，而且抓緊時間造作船隻，投入了軍事訓練。所以，不到四個月即有了一支新的水軍隊伍。建安十四年（二〇九）七月，軍隊自譙起程，由渦河順流而下，入淮河，出肥水，馳援合肥守軍。據載，曹丕參與了這次重整軍旅的活動，並隨軍東征，情緒很高漲，因作《浮淮賦》，描述了當時的軍事之盛，其序說：「建安十四年，王師自譙東征，大興水軍，泛舟萬艘。時余從行。始入淮口，行泊東山，睹師徒，觀旌帆，赫哉盛矣。雖孝武盛唐之狩（按：此以漢武帝巡狩盛唐山相比。盛唐山在今安徽桐城境），舳艫千里（形容船隻很多，首尾相接。舳，音ㄓㄨˊ；艫，音ㄌㄨˊ），殆不過也。」曹操軍旅恢復之快，使孫權感到緊張。

第二，置揚州郡縣長史。揚州轄境跨越大江南北，曹操和孫權都想得而據之，是必爭之地，所以雙方都設置了揚州刺史。曹操、孫權既已處在戰爭對立狀態，揚州地位更顯重要，儘快備置揚州郡縣長吏和確定鎮將人選，從戰爭和備邊意義說都是非常緊迫的。但以何人主治揚州，不能不慎。曹操毅然以身邊重臣丞相主簿溫恢出為揚州刺史，同時又遣甚得見重的原揚州別駕、現為丹楊太守的蔣濟還州繼任別駕。

第三，開芍陂屯田。曹操重視屯田，到建安中，已收「天下倉廩充實，百姓殷足」[3]之效，使操征伐四方無運糧之勞。曹操芍陂屯田的重要的目的是屯兵、備邊，對付孫權。芍陂，在今安徽壽縣南，因引淠（音ㄆㄧˋ）水經白芍亭東積而成湖，故名。《資治通鑑》胡三省注說，陂周一百二十許里，是戰國時楚相孫叔敖所造，後經歷代修治，陂周擴至二三百里，灌田百餘萬頃。據載，揚州刺史劉馥廣屯田，曾修治芍陂、茄陂等以溉稻田。時劉馥已死，曹操軍合肥，開芍陂，實是進一步開發擴大屯田規模。

第四，討斬陳蘭、梅成。曹操回譙以後不久，便有「廬江（今安徽潛山）人陳蘭、梅成據灊（今安徽霍山東北）、六（今安徽六安）叛」[4]，先此還有廬江人雷緒起兵反叛。這樣，在今安徽六安、霍山、舒城、岳西、桐城、潛山一帶便陷入混亂，影響了對於此一地帶的控制，不利保合肥，南向用兵。因此，曹操先是派行領軍夏侯淵擊敗雷緒，既而派蕩寇將軍張遼督張郃、牛蓋等討陳蘭，派于禁、臧霸等討梅成。

第五，增加合肥兵力。「使遼與樂進、李典等將七千餘人屯合肥。」[5]

第六，密遣蔣幹說周瑜。赤壁戰後，曹操軍譙期間（按：不是在赤壁戰時），曾試圖瓦解孫權的兵力和孫劉聯盟。所以便有了密遣蔣幹往說周瑜之舉。蔣幹，字子翼，九江人。據載：「幹有儀容，以才辯見稱，獨步江、淮之間，莫與為對。」蔣幹扮成一介書生，「布衣葛巾，自託私行」，以舊友往見周瑜。周瑜甚知蔣幹來意，明確說：「丈夫處世，遇知己之主，外託君臣之義，內結骨肉之恩，言行計從，禍福共之，……豈足下幼生所能移乎！」蔣幹知周瑜難以說動，「終無所言」，回見曹操，稱周瑜「雅量高致，非言辭所間」。[6] 曹操密說周瑜的企圖沒有獲得成功。

第七，征討西北，解除對孫權用兵的後顧之憂。建安十六年，曹操進行了西征張魯、馬超、韓遂等的軍事行動。此舉有其更重大的戰略考慮，其中一點就是避免兩面作戰，為下一步與孫權作戰做準備。

第八，令阮瑀捉刀對孫權進行威脅。十七年正月，曹操由西北回到鄴城，備戰孫權的條件差不多了，即讓記室令史阮瑀以曹操的名義給孫權寫了一封軟硬兼施的長信。阮瑀是受命而作，所以信的內容完全反映著曹操的思想和計謀。信中先述舊好，說「離絕以來，於今三年，無一日而忘前好，亦猶姻媾之義（指曹操曾把侄女許配給孫權弟孫匡，為兒子曹彰娶權堂兄孫賁之女為妻），恩情已深，違異之恨，中間尚淺也」；繼而說「常思除棄小事，更申前好，二族俱榮，流祚後嗣」；然後為自己赤壁失利辯護：「昔赤壁之役，遭離疫氣，燒舡自還，以避惡地，非周瑜水軍所能抑挫也。江陵之守，物盡穀殫，無所復據，徙民還師，又非瑜之所能敗也」；同時假意表示，自己無意於荊州，「荊土本非己分，我盡與君，冀取其餘，非相侵肌膚，有所割損也。思計此變，無傷於孤，何必自遂於此，不復還之。」然後為自己的備戰活動打掩護：「往年在譙，新造舟舡，取足自載，以至九江，貴欲觀湖漅之形，定江濱之民耳，非有深入攻戰之計。」然後筆鋒一轉，威脅有加，一述自己完全有勢力把你孫權打敗，「以君之明，觀孤術數，量君所據，相計土地，豈勢少力乏，不能遠舉，割江之表，宴安而已哉！甚未然也」；二講水戰擋不住王者師，「若恃水戰，臨江塞要，欲令王師終不得渡亦未必也。夫水戰千里，情巧萬端，……江河雖廣，其長難衛」；三言歷史上凡抗王師者如淮南王劉安、西漢隗囂、東漢彭寵，都沒有好下場。

最後，給開設二條路，任孫權選取：其一，「內取子布（張昭），外擊劉備，以效赤心，用復前好，則江表之任，長以相付，高位重爵，坦然可觀，上令聖朝無東顧之勞，下令百姓保安全之福，君享其榮，孤受其利，豈不快哉！」其二，「若憐子布，願言俱存，亦能傾心去恨，順君之情，更與從事，取其後善，但擒劉備，亦足為效。」就是說，如能把張昭、劉備都殺掉，我給你高位重爵；如果捨不得殺張昭，只要把劉備擒殺也可以得到諒解。[7] 這份富有文采的長信，是招降書，亦是宣戰書。它明確告訴孫權，新的討伐戰爭即將開始了。當然，孫權從未對曹操抱有幻想，更無謀降之思。

三、積極面對曹操威脅

孫權面對曹操的威脅，自然不會退縮。退縮沒有出路。他採取了積極面對的態度。

第一，繼續同劉備聯合，穩定西線，相互表請朝廷升遷或默認對方職爵。劉備表薦孫權行車騎將軍，領徐州牧；孫權則默認劉備自領荊州牧，並分南郡之長江以南地給劉備，甚至「進（嫁）妹固好」。（詳見下章）

第二，以周瑜為南郡太守，程普為江夏太守，呂範為彭澤太守。繼而，又分豫章為鄱陽郡，步騭為太守；分長沙為漢昌郡，魯肅為太守。有效控制西線，確保無虞，為其在東線親自為帥、督兵抗操創造有利條件。不幸的是，建安十五年（二一〇），周瑜病故。孫權以魯肅為奮武校尉，代周瑜領兵，並令程普領南郡太守。魯肅繼續奉行聯合劉備的策略，「勸權以荊州借劉備，與共拒曹操，權從之。」（按：「借」為吳人語，荊州南四郡實劉備自取。詳見下章）[8]

第三，指揮中心東移、北上。建安十四年三月，曹操自赤壁退還譙縣（今安徽亳州市），練兵待戰，孫權也將指揮中心東移，自柴桑回吳。十六年，孫權徙治秣陵（今江蘇江寧），十七年修石頭城（位今江蘇南京西），改秣陵為建業。《三國志．張紘傳》注引《江表傳》記載，長史張紘對孫權說：「秣陵，楚武王所置，名為金陵。地勢岡阜連石頭，訪問故老，云昔秦始皇東巡會稽經此縣，望氣者云金陵地形有王者都邑之氣，故掘斷連岡，改名秣陵。今處所具存，地有其氣，天之所命，宜為都邑。」不久，「劉備之東，宿於秣陵，周觀地形，亦勸權都之。」《獻帝春秋》記載了劉備同孫權的對話：「劉備至京（今江蘇鎮江），謂孫權曰：『吳（今江蘇蘇州）去此數百里，即有警急，赴救為難，將軍無意屯京乎？』權曰：『秣陵有小江百餘裡，可以安大船，吾方理水軍，當移據之。』」據說，劉備又對孫權說，就地理形勢看，「蕪湖近濡須」，也是個好地方。孫權說：「吾欲圖徐州，宜近下也。」可見，孫權不都吳而徙治秣陵，最重要的是便於指揮北抗曹操，是出於軍事的考慮。

第四，再平山越之亂，以保抗曹後方鞏固。丹楊郡諸縣地近抗曹前陣，赤壁戰爭期間及以後，局勢驟然再度緊張，發生了以黟縣陳僕、祖山和歙縣金奇、毛甘等為首的暴亂。孫權即拔鎮壓山越的名將、平東校尉賀齊為威武中郎將，轉討丹楊郡之黟、歙（均安徽今縣）。賀齊在此進行了又一次殘酷的屠殺行動。史載，賀齊到達之時，「武強、葉鄉、東陽、豐浦四鄉（約在今浙江淳安、金華境）先降」，賀齊向孫權提議「以葉鄉為始新縣（治今浙江淳安西）」。從而，建起了一個後方軍事基地。當時，「歙賊帥金奇萬戶屯安勒山，毛甘萬戶屯烏聊山，黟帥陳僕、祖山等二萬戶屯林歷山。」可見：時有越民四萬餘戶屯聚在今安徽與浙江接壤的群山中。據說，諸山形勢峻峭，易守難攻，「林歷山四面壁立，高數十丈，徑路危狹，不容刀楯，賊臨高下石，不可得攻。軍住經日，將吏患之。」賀齊親臨前陣，「身出周行，觀視形便」，遂即「陰募輕捷士，為作鐵弋（按：鐵釬，鐵鉤），密於隱險賊所不備處，以弋拓（斬山）〔塹〕（按：此處小括號、中括號為引文原有）為緣道（意謂用鐵釬鐵鉤開鑿出可以攀緣的道），夜令潛上，乃多縣（懸）布以援下人」，將士攀援懸布而上者「百數人，四面流布，俱鳴鼓角」。突然之間，越民「夜聞鼓聲四合，謂大軍悉已得上，驚懼惑亂，不知所為，守路備險者，皆走還依眾」。因此，賀齊大軍得以順利上山，「大破僕等，其餘皆降，凡斬首七千。」然後，賀齊向孫權上表「分歙為新定、黎陽、休陽」。孫權遂以黟、歙、新定、黎陽、休陽、始新六縣，劃為新都郡（治今浙江淳安西），「齊為太守，立府於始新，加偏將軍。」[9]討越中郎將蔣欽也受命參加了鎮壓行動，《三國志·蔣欽傳》說：「賀齊討黟賊，（蔣）欽督萬兵，與齊併力，黟賊平定。」

繼而，又對豫章、丹楊兩郡內越民的武裝暴動進行了平定。這些軍事行動，既利於域內的相對穩定，也利於備兵抗曹。建安十八年（二一三），「豫章東部民彭材、李玉、王海等起為賊亂，眾萬餘人。」孫權令賀齊進討，「齊討平之，誅其首惡，餘皆降服。揀其精健為兵，次為縣戶。」[10]二十一年（二一六），毗鄰丹楊郡的鄱陽（屬豫章郡，今江西波陽）縣民尤突起事，並北聯曹操，接受曹操「印綬」，反抗孫吳統治。丹楊郡的陵陽（治今安徽青陽南）、始安（按：當為安吳，治今安徽涇縣西南）、涇縣（安徽今縣）三縣山越「皆與（尤）突相應」。史稱，賀齊與陸遜討破（尤）突，「斬首數千，餘黨震服，丹楊三縣皆降，料得精兵八千人。」[11]

第五，用呂蒙之議，預作濡須塢。史載，呂蒙「從權拒曹公於濡須，數進奇計，又勸權夾水口（今安徽無為縣東北）立塢」。[12]《三國志·呂蒙傳》注引《吳錄》說：「權欲作塢，諸將皆曰：『上岸擊賊，洗足上船，何用塢為？』呂蒙曰：『兵有利鈍，戰無百勝，如有邂逅，敵步騎蹙入，不暇及水，其得入船乎？』權曰：『善。』遂作之。」[13]可見，戰前孫權、呂蒙已經做好了以戰略防禦為主的準備，自然不為曹操的威脅所動。

第六，把戰將周泰、甘寧等調來東線聽用。根據記載看，賀齊、蔣欽鎮壓山越以後，都留在了東線。周泰、甘寧、朱然、徐盛、凌統、潘璋、宋謙、陳武、朱桓等也先後部署在了丹楊郡境。

濡須戰守與合肥失利

綜上可見，赤壁戰後，曹操、孫權均為雙方再戰積極準備，未曾稍懈。一切政治的、外交的、軍事的行動都圍繞著未來不可避免的戰爭而統籌醞釀著。但建安十五年、十六年、十七年的大部時間雙方沒有大的直接軍事行動和軍事接觸。就曹操一方來說，這是因為：第一，曹操的主要精力用在鞏固內部，先後發出了影響深遠的《求賢令》和《讓縣自明本志令》，作銅雀台，並以自己的兒子曹丕為五官中郎將、丞相副，封曹植、曹據、曹豹三子為侯，借此把「讓縣」的損失收了回來，並建起了一道從今山東平原到今河北饒陽、涿州的防線，構成了根據地鄴的屏障；第二，曹操的主要兵力用在西北方面，討張魯，伐關中，親征馬超、韓遂和關中諸將侯選、程銀、楊秋、李堪、張橫、梁興、成宜、馬玩等十部之反，並取得了重大勝利。孫權的方面，策略也做了一些調整。他除了必須籌劃如何應對必將來臨的曹操的來犯外，還必須考慮以下問題，一是對付劉備的新策略；二是鞏固和加強既得地盤的統治；三是趁北面稍安之機，向南經營，加快將嶺南置於治下的步伐。

曹操用兵西北，親征馬超、韓遂等是他總體戰略的組成部分。其中，自然也包括了避免兩面或多面作戰、將來得以分別專兵孫權和劉備的考慮。

建安十七年（二一二）正月，曹操自關中回鄴，又做了一些鞏固權力的事，得到了「贊拜不名，入朝不趨，劍履上殿」的特權待遇，擴大了自己封地魏郡的區轄範圍，為封公建國做好了最後的準備，惟缺同孫權一戰，再壯兵威。

曹操的軍隊，襄樊一線及淮南主力部隊又經過九個月的訓練備戰，士氣復振，於是冬十月，便又開始親征孫權了。

一、濡須第一戰

建安十八年（二一三）正月，曹操以號稱步騎四十萬之大軍（按：實際兵力不會有這麼多）進軍濡須口。孫權率領孫瑜、孫皎、甘寧、蔣欽、周泰、董襲、朱然、徐盛等，與曹操「相拒月餘」。

事實證明，曹操對於南向用兵的天時地利依然估計不足，接戰之初便即陷入被動。史載，曹操進軍以張遼、臧霸為先鋒，「行遇霖雨，大軍先及，水遂長，賊（按：指孫權的軍隊）船稍進」，將士們見此便想起赤壁之敗，皆不安，就連張遼也感到害怕，想撤兵，臧霸止之，對張遼說，曹公「明於利鈍」，怎麼能不管我們呢？果如臧霸所料，第二天曹操即令大軍發起攻擊。這一仗，孫權江西大營被攻破，都督公孫陽被曹操俘獲。

孫權得知江西大營有失，親率眾七萬禦操，並以甘寧領三千人為前部督。孫權密令甘寧「夜入魏軍」，甘寧乃選手下健兒百餘人，徑至曹操營下，「拔鹿角，逾壘入營，斬得數十級。」曹軍突遭襲擊，驚慌萬狀，失聲鼓噪，及至點起火把，「舉火如星」，甘寧已退還本營，將士們「作鼓吹，稱萬歲」，一片歡騰。甘寧當夜去見孫權，權也極為高興，說：「足以驚駭老子否（老子，意同老頭，指曹操）？聊以觀卿膽耳。」[14]

雙方相持月餘，但軍事上的主動權基本控制在孫權一方。不久，孫權再次發動攻勢。據《三國志・吳主傳》注引《吳歷》說：「曹公出濡須，作油船，夜渡洲上。權以水軍圍取，得三千餘人，其沒溺者亦數千人。」可見戰果相當可觀。又說：「權數挑戰，公（曹操）堅守不出。權乃自來，乘輕船，從濡須口入公軍。諸將（曹操的將領）皆以為是挑戰者，欲擊之。公曰：『此必孫權欲身見吾軍部伍也。』敕軍中皆精嚴，弓弩不得妄發。權行五六里，迴還作鼓吹。」由此可見，孫權已經掌握了相當大的主動權，竟能乘輕船而入曹軍，甚至已經撤走又突然返回對曹軍「鼓吹」一通，實在是無異於示威。《吳主傳》注引《魏略》記得更有點離譜：「權乘大船來觀軍，公使弓弩亂發，箭著其船，船偏重將覆，權因迴船，復以一面受箭，箭均船平，乃還。」前文已經指出，《魏略》記載是不可信的，一是孫權尚不至如此放肆，二是曹操亦不至如此愚鈍，三是同《吳歷》所記迥別。但不管怎麼樣，曹操吃了敗仗，致使「堅守不出」，當是真的。如果不是這樣，便不會有曹操見孫權「舟船器仗軍伍整肅，喟然歎曰：『生子當如孫仲謀，劉景升兒子若豚犬耳！』」[15]

曹操「堅守不出」，難以為功，又值春雨，再次出現了不宜於北方將士作戰的條件。孫權看準了這點，但又自知不可能把曹操擊潰，因而寫信給曹操，說：「春水方生，公宜速去。」另外又夾上一個紙條寫了八個字：「足下不死，孤不得安。」據說，曹操閱後，不僅不怒，反而很高興地對諸將說：「孫權不欺孤！」於是撤軍而還。[16]孫權亦不追。

濡須之第一戰，對於孫權意義重大，一是振奮了士氣，二是得民十餘萬戶。《三國志・吳主傳》記載，此戰之前曹操「恐江濱郡縣為權所略，徵令內移」，結果「民轉相驚，自廬江、九江、蘄春、廣陵戶十餘萬，皆東渡江，江西遂虛，合肥以南惟有皖城」。

此戰的重大損失是，偏將軍董襲所督五樓船（按：可能是為孫權或他的指揮部準備的一艘大船）遇暴風傾覆，董襲意外死亡。《三國志．董襲傳》記載：「曹公出濡須，襲從權赴之，使襲督五樓船住濡須口。夜卒暴風，五樓船傾覆」，左右都撤到小船上去，大家請董襲到小船上來。董襲憤怒地說：「受將軍（按：指孫權）任，在此備賊，何等委去也，敢復言此者斬！」於是大家都不敢再勸，「其夜船敗，襲死。」

二、征皖城

曹操自濡須口撤軍，四月回到鄴城。撤軍原因固有出師不利、春水將至、勝負難卜、不宜繼續暴師在外的一面；但另一方面，甚至是更重要的方面則是不能長時間離開政治中心。此前西征韓遂、馬超，建安十六年七月出兵，次年正月還鄴，前後近七個月；此次用兵孫權，建安十七年十月東出，次年四月還鄴，又是近七個月的時間。看似偶然，實有內在的必然因素。

曹操在其還鄴前後，通過漢獻帝實施了兩件大事，一是正月庚寅（西元二一三年二月十日）「詔併十四州，復為九州」。十四州為司、豫、冀、兗、徐、青、荊、揚、益、梁、雍、並、幽、交；復為九州，則省司、涼、幽、併四州，其中最大的要害變動是割幽、并二州及司州之河東、河內、馮翊、扶風四郡入冀州。正如胡三省所說，併十四州復為九州，「此曹操自領冀州牧，欲廣其所統以制天下耳。」[17]二是五月丙申（六月十六日）「以冀州十郡封曹操為魏公」，並以丞相領冀州牧如故。可見，曹操撤兵，如其說是軍事原因，毋寧說是出於政治大局的統籌與考慮。

曹操撤軍，非如烏林兵敗而返。他從容作了一些禦敵部署，一使張遼、樂進、李典等七千人屯合肥，一遣廬江太守朱光屯皖（今安徽潛山縣），大開稻田，三派間諜招誘鄱陽「賊帥」，使作內應。

曹操擴地晉爵、封公建國，用心完全昭示於天下，大大震動了孫權、劉備等。建安十九年（二一四）閏五月，孫權主動發起了向皖城的進攻。時之皖城雖在曹操控制之下，但實為孤城一座。孫權和大將呂蒙不失時機地利用了這一態勢。史載，「魏使廬江謝奇為蘄春典農，屯皖田鄉，數為邊寇。蒙使人誘之，不從，則伺隙襲擊，奇遂縮退，其部伍孫子才、宋豪等，皆攜負老弱，詣蒙降。」針對曹操派廬江太守朱光屯皖大開稻田的情況，呂蒙對孫權說：「皖田肥美，若一收孰，彼眾必增，如是數歲，操態見矣，宜早除之。」[18]於是，孫權決定親自征皖。從征者有呂蒙、甘寧、魯肅等。

孫權親自率軍征皖，「引見諸將，問以計策」，諸將皆勸「作土山，添攻具」，呂蒙急趨孫權面前建議速攻，指出三點：一是必須搶在敵人援軍到達之前拿下，「治攻具及土山，必歷日乃成，城備既修，外救必至，不可圖也。」二是作戰環境不允許拖延時日，「且乘雨水以入，若留經日，水必向盡，（船隻）還道艱難，蒙竊危之。」三是敵城不固，我軍氣盛，利於速戰，「今觀此城，不能甚固，以三軍銳氣，四面並攻，不移時可拔，及水以歸（借助水勢而回），全勝之道也。」[19]

孫權聽從了呂蒙的建議，即時發起進攻。呂蒙薦甘寧為升城督。甘寧「手持練，身緣城，為吏士先」，督攻在前；呂蒙以精銳繼後而進。《三國志．呂蒙傳》說，「侵晨進攻，蒙手執枹鼓，士卒皆騰踴自升，食時破之」，獲朱光及男女數萬口。果如呂蒙所謀，很快結束了戰鬥。張遼率兵來救，未至，聞皖城已失，只好返回。

曹操得知皖城失守，頓覺受辱，因而大怒，就像發了瘋似的不冷靜。時值秋雨時節，大雨綿綿，曹操決定再次親征孫權。從下面的一段記載可以看出曹操當時是何等的不冷靜：「太祖（操）欲征吳而大霖雨，三軍多不願行。太祖知其然，恐外有諫者，教曰：『今孤戒嚴，未知所之，有諫者死。』」曹操決心很大，部下多不敢言，丞相主簿賈逵接受教令後，感到實在是不具備出兵的條件，事關重大，不得不諫，因與同僚三主簿上書諫阻，曹操大怒，將賈逵等收監，問是誰的主意，賈逵坦稱是自己的主意，遂主動蹲進牢獄。曹操得知賈逵已經戴上了刑具，怒氣稍消，頭腦慢慢冷靜下來，因而不久又下了一道教令：「逵無惡意，原復其職。」[20]「原」是赦免之意。「無惡意」不等於無罪，「原」其罪，復其職，只不過是從寬處理罷了。

曹操執意征孫權，遂以兒子臨菑侯曹植守鄴，於建安十九年七月親征。時有丞相參軍傅幹再諫：「治天下之大具有二，文與武也。用武則先威，用文則先德，威德足以相濟，而後王道備矣。往者天下大亂，上下失序，明公用武攘之，十平其九。今未承王命者，吳與蜀也。吳有長江之險，蜀有崇山之阻，難以威服，易以德懷。愚以為可且按甲寢兵，息軍養士，分土定封，論功行賞，若此則內外之心固，有功者勸，而天下知制矣。然後漸興學校，以導其善性而長其義節。公神武震於四海，若修文以濟之，則普天之下，無思不服矣。」[21]這種迂闊之論，當然說服不了曹操。

曹操七月出兵，十月回鄴，前後不過三個月，戰況如何，雙方史籍均無明記，大概未曾有過重大接觸。或如傅幹所說，舉十萬之眾頓之長江之濱，「若賊負固深藏，則士馬不能逞其能，奇變無所用其權，則大威有屈而敵心未能服矣。」[22]曹軍未能得機，難逞其能，「軍遂無功。」曹操面對現實，始悟賈逵、傅幹等言有道理，亦知與其膠著於此，不如趁夏侯淵平涼得勝之威回軍而西取張魯。

孫權征皖得利和曹操出兵「無功」，使孫權基本控制住了合肥以南、長江以北的局勢。並且能夠利用曹操西顧之機，抽出兵力，對付劉備。

三、合肥失利

建安二十年（二一五），曹操西征張魯。此時，劉備已經取得益州。孫權、劉備經過一段時間的摩擦，也達成了妥協，分割荊州。孫權得到湘江以東之荊州三郡，暫時沒有理由西向用兵，但在東線卻是難得的機會，於是八月間便乘曹操在西之機率眾十萬圍合肥。參加這次戰役的有呂蒙、凌統、甘寧、蔣欽、陳武和賀齊、徐盛等。

史載，曹操西征張魯，出發前曾寫了一道祕密教令讓護軍薛悌帶給他的合肥守軍將領們，封套的邊上寫著「賊至乃發」四字。孫權兵至，張遼、樂進、李典、薛悌等一起把教令打開，教令上寫著：「若孫權至者，張、李將軍出戰，樂將軍守，護軍勿得與戰。」為什麼這樣分派呢？胡三省注《資治通鑑》云：「操以遼、典勇銳，使之戰；樂進持重，使之守；薛悌文吏也，使勿得與戰。」此說當有一定道理。看了教令以後，諸將以眾寡不敵而疑之，只有張遼領會到曹操的用心所在，因對大家說：「公（曹操）遠征在外，比（等到）救至，彼破我必矣。是以教指及其未合逆擊之，折其盛勢，以安眾心，然後可守也。」樂進等猶豫不定，張遼怒曰：「成敗之機，在此一戰，諸君何疑。」李典素與張遼不和，但為張遼的堅決赴敵精神所打動，慨然說：「此國家大事，顧君計何如耳，吾可以私憾而忘公義乎！」於是張遼「夜募敢從之士，得八百人，椎牛饗將士。明日大戰。平旦，遼被甲持戟，先登陷陣，殺數十人，斬二將，大呼自名，衝壘入，至權麾下。」史稱：「權大驚，眾不知所為，走登高塚，以長戟自守。遼叱權下戰，權不敢動，望見遼所將眾少，乃聚圍遼數重。遼左右麾圍，直前急擊，圍開，遼將麾下數十人得出，餘眾號呼曰：『將軍棄我乎？』遼復還突圍，拔出餘眾。權人馬皆披靡，無敢當者。自旦戰至日中，吳人奪氣，還修守備，眾心乃安，諸將咸服。」戰鬥很激烈，歷史的記載也頗精彩，但陳壽之筆顯然有點褒張遼而貶孫權的味道。[23]

孫權圍合肥十餘日，初戰失利，城不可拔，只好撤軍。撤軍過程中，差一點成了張遼的俘虜，「遼率諸軍追擊，幾復獲權。」[24]權賴得諸將奮戰，才免於難。

史載，孫權撤軍，前部已發，惟與呂蒙、凌統、甘寧等少部分將士尚在合肥以東之逍遙津北，張遼得知消息，立即率領步騎突襲過去。甘寧、凌統、蔣欽、陳武與呂蒙等力戰。甘寧部屬「會疫疾，軍旅皆已引出，唯車下虎士千餘人」，張遼「步騎奄至」，甘寧「引弓射敵，與統等死戰」（按：看來，經過七八年時間，此時甘、凌二人已能協同作戰了），並「厲聲問鼓吹何以不作，壯氣毅然，權尤嘉之」。[25]呂蒙「以死扞衛」，[26]凌統「率親近三百人陷圍，扶扞權出」。[27]

孫權乘馬至津橋，橋「丈餘無版」，馬不能過。幸親近監谷利跟隨，他讓孫權抱緊馬鞍，放鬆韁繩，「於後著鞭以助馬勢」，駿馬受鞭，騰躍而起，「遂得超度。」[28]

孫權過橋，得到奮武將軍賀齊的接應。《三國志·賀齊傳》說，賀齊從征合肥，「時城中出戰，徐盛被創失矛，齊引兵拒擊，得盛所失」，救了徐盛一命。既而，孫權「為張遼所掩襲於津北，幾至危殆。齊時率三千兵在津南迎權」，權入大船，始得轉危為安。

孫權過橋以後，凌統「復還戰，左右盡死，身亦被創，所殺數十人，度權已免，乃還。」據說，橋敗路絕，凌統「被甲潛行」，回到孫權所在之地，孫權已經上船，「權既御船，見之驚喜。

統痛親近無反（返）者，悲不自勝。」孫權親自用衣袖為凌統擦淚，安慰說：「公績（凌統字），亡者已矣，苟使卿在，何患無人？」[29]凌統受傷很重，孫權「遂留統於舟，盡易其衣服。其創賴得卓氏良藥，故得不死。」[30]

更不幸的是，偏將軍陳武「奮命戰死」。據說，陳武「累有戰功」，尤為孫權所「親愛」。對於陳武的死，「權哀之，自臨其葬」，並且「命以其（陳武）愛妾殉葬」，免其客二百家的賦稅和徭役。[31]（按：孫權命陳武愛妾為陳武殉葬，甚為荒唐，反映出了他暴戾的一面，因而甚為歷史所非。有的批評者甚至將這件事同孫吳國祚不永做出了必然性分析，如晉人孫盛說：「權仗計任術，以生從死，世祚之促，不亦宜乎！」）

張遼追擊孫權，幾乎把孫權捉到。《獻帝春秋》記載：「張遼問吳降人：『向有紫髯將軍，長上短下，便馬善射，是誰？』降人答曰：『是孫會稽。』遼及樂進相遇，言不早知之，急追自得，舉軍歎恨。」

孫權合肥失利，兵敗逍遙津，主觀原因是他犯了同曹操在赤壁戰爭中同樣的輕敵錯誤。他以為曹操大兵在西，合肥守軍勢單力薄，不足為懼，竟貿然進兵，甚至親臨前陣，把自己置於易於受敵的方位上。這一點，他和他的將領們在慘敗以後都有感觸。《江表傳》載，孫權回到大船上以後，宴請諸將，慶祝免遭劫難，賀齊下席涕泣而言：「至尊人主，常當持重。今日之事，幾至禍敗，群下震怖，若無天地（按：意為如同天塌地陷），願以此為終身誡。」孫權親自向前為賀齊擦淚，說：「大慚！謹以尅心，非但書諸紳也。」（按：紳，大帶。書諸紳，典出《論語》，子張問孔子，將孔子說的話寫在衣服的大帶子上，以防忘記）另外，事有湊巧，孫權的軍隊就像曹操軍隊在赤壁戰時情形一樣，染上了「疾疫」，嚴重削弱了戰鬥力。客觀原因自然是敵方張遼等英勇善戰、拒守成功，但究其根底，實乃曹操用兵謀略的勝利。晉人孫盛評論說：「至於合肥之守，縣弱無援，專任勇者則好戰生患，專任怯者則懼心難保。且彼眾我寡，必懷貪墮；以致命之兵，擊貪墮之卒，其勢必勝，勝而後守，守則必固。是以魏武（指操）推選方員，參以同異，為之密教，節宣其用；事至而應，若合符契，妙矣夫！」[32]

四、濡須第二戰

孫權利用曹操西征張魯之機，以優勢兵力攻取合肥，未能成功。然後，雙方相持經年，各自固邊備戰。建安二十年（二一五）十一月，張魯降操；十二月曹操自南鄭還；次年二月回鄴；五月晉爵為魏王；十月再次治兵，「親執金鼓以令進退」，發兵征孫權。

建安二十一年（二一六）十一月，曹操軍至譙。《三國志．吳主傳》說：「曹公次於居巢，遂攻濡須。」《資治通鑑》根據《武帝紀》，將其繫於二十二年（二一七）正月，說「魏王操軍居巢（今安徽無為），孫權保濡須」。二月，曹操進屯江西郝溪（地望在居巢以東，濡須以西），進攻拒守濡須口之孫權，「權在濡須口築城拒守，（操）遂逼攻之，權退走」；[33]三月，曹操「引軍還，留伏波將軍夏侯惇、都督曹仁、張遼等二十六軍屯居巢」。[34]

這次戰役，時間很短，也不激烈。參戰者有濡須督呂蒙，丹楊太守、綏遠將軍孫瑜，護軍校尉孫皎，折衝將軍甘寧，宜春長周泰等。

《三國志．呂蒙傳》說：「曹公又大出濡須，權以蒙為督，據前所立塢，置強弩萬張於其上，以拒曹公。曹公前鋒屯未就，蒙攻破之，曹公引退。」

《孫瑜傳》說，孫瑜「從權拒曹公於濡須，權欲交戰，瑜說權持重，權不從，軍果無功」。

《孫皎傳》說，「是時曹公數出濡須，皎每赴拒，號為精銳。」

《甘寧傳》記載：「曹公出濡須，寧為前部督，受敕出斫敵前營。……至二更時，銜枚出斫敵。敵驚動，遂退。」

《周泰傳》說：「曹公出濡須，泰復赴擊，曹公退，留督濡須。」[35]

這說明，第二次「孫權保濡須」之戰，同第一次一樣，仍然是防禦為主，打的是防禦戰，只是偶爾偷襲了一下。

曹操為什麼匆匆撤軍了呢？翻開《三國志·武帝紀》的記載，便可見其端的。二十一年五月，曹操進爵為王；然後，五至七月，抓緊時間處理北方問題，先後接待了「代郡烏桓行單于普富盧與其侯王來朝」和「匈奴南單于呼廚泉將其名王來朝」；十月，「治兵，遂征孫權」；二十二年二月，曹操進軍濡須口；三月，曹操「引軍還」；四月，「設天子旌旗，出入稱警蹕」；五月，作泮宮（學府）；六月，調整中央要職，以軍師華歆為御史大夫；八月，發布《舉賢勿拘品行令》；十月，戴上「十有二旒」的天子才能戴的冠冕，「乘金根車，駕六馬，設五時副車」；立曹丕為魏太子，有效地預防並解決了曹丕、曹植兄弟爭立的問題。由此不難發現，曹操急於出兵，實是想在取得了漢中戰略成果和晉爵為魏王以後，實施再一次的耀兵機會，自然也是想又一次給孫權一點顏色看看；急於撤軍，是耀兵目的已經達到，更是為了謀劃更大的政治行動。

濡須第二戰與第一戰不同，孫權雖然抗住了曹操的進攻，但主動權始終在敵人一方。此種情形，對於孫權以後的戰略決策產生了重要影響。

五、北抗曹操的重要意義

赤壁戰後，曹操與孫權在合肥、皖城、濡須口等地至少有四五次的軍事接觸，雙方各有小勝，但都無大的進展。有時，曹操甚或以數十萬之眾攻孫權，孫權亦以七萬或十萬之眾禦操，規模不可謂不大，但終未形成大的戰鬥，到頭來曹操只好發出「生子當如孫仲謀」之歎而罷，而孫權也沒有很大收穫，甚至差一點成了曹操的俘虜。

既然如此，那麼應當如何評價曹操和孫權的頻頻相互用兵呢？

就曹操方面說，我在《曹操傳》一書中指出：首先，必須肯定曹操布防合肥，且以重要將領張遼、李典、樂進等拒守是非常正確的決策。其一，合肥地處淮南重地，既利屯田戍守，又扼孫權北取徐、揚之路；其二，合肥、居巢遙望建業，能夠對孫權構成威脅；其三，把孫權的主要兵力長期牽制於此，可保長江一線大部分地區的平安。魏吳接壤數千里，而十數年間只是在此一隅發生戰鬥，道理概在於此。這也是曹操決策的精當所在，時而發兵打一下，把孫權的兵力和注意力牽制住，以期達到讓孫權圍繞著自己的軍事意圖轉的目的。

其次，曹操數次東擊孫權，均屬耀兵性質，而無徹底打垮孫吳的企圖，所以雖然軍無大勝，卻起到了懾敵作用，使孫權不敢北向。史載，孫權曾想乘曹操西方用兵之機北取徐州，呂蒙立即指出：「今操遠在河北，新破諸袁，撫集幽、冀，未暇東顧，徐土守兵，聞不足言，往自可克。然地勢陸通，驍騎所騁，至尊今日得徐州，操後旬必來爭。」[36]君臣躊躇再三，終不敢動。

復次，曹操對孫權用兵戰略上是可取的，但戰術上卻有得有失，頻頻失誤。其中最根本的一條是他依然不能正確地認識完全不同於北方的南方的天時地利，所以戰常失利。

總的看來，曹操赤壁戰後對孫權的諸次用兵，雖無大勝，但絕非得不償失。這是他統籌謀敵的組成部分，對鞏固長江防線、西征張魯和討伐劉備、關羽等戰略戰術的確定，都有積極的作用。因此，應該肯定曹操的戰略決策是成功的。這也是他軍事思想的成功體現，絕不可以其功少而如赤壁之戰視之。

就孫權方面說，他有效地抗住了曹操的來犯，使曹操合肥以南只有皖城、居巢等少數據點，確保了長江防線的控制和鞏固；徹底粉碎了曹操渡江而戰，進而統一全國的迷夢；得機發展並鍛鍊了軍隊，得有餘力，內平山越，近奪荊州，西窺益蜀，南撫交州。從而奠定並鞏固了鼎足江南的立國基礎。

註釋

1《三國志・吳書・吳主傳》。
2《三國志・吳書・張紘傳》。
3《三國志・魏書・司馬芝之傳》。
4《資治通鑑》卷六六，漢獻帝建安十四年。
5《三國志・魏書・張遼傳》。
6《三國志・吳書・周瑜傳》注引《江表傳》。
7《文選》卷四二。
8《資治通鑑》卷六六，漢獻帝建安十五年。
9《三國志・吳書・賀齊傳》。
10 同上。
11 同上。
12《三國志・吳書・呂蒙傳》。
13《三國志・吳書・呂蒙傳》注引《吳錄》。
14《三國志・吳書・甘寧傳》注引《江表傳》。

15《三國志・吳書・吳主傳》注引《吳歷》。
16 同上。
17《資治通鑑》卷六六，漢獻帝建安十八年注。
18《三國志・吳書・呂蒙傳》。
19《三國志・吳書・呂蒙傳》並注引《吳書》。
20《三國志・魏書・賈逵傳》注引《魏略》。
21《三國志・魏書・武帝紀》注引《九州春秋》。
22 同上。
23 參見《三國志・魏書・張遼傳》、〈李典傳〉。
24《三國志・魏書・張遼傳》。
25《三國志・吳書・甘寧傳》。
26《三國志・吳書・呂蒙傳》。
27《三國志・吳書・凌統傳》。
28《三國志・吳書・吳主傳》注引《江表傳》。
29《三國志・吳書・凌統傳》。
30《三國志・吳書・凌統傳》注引《吳書》。
31《三國志・吳書・陳武傳》並注。
32《三國志・魏書・張遼傳》注引孫盛語。
33《三國志・魏書・武帝紀》。
34《資治通鑑》卷六八，漢獻帝建安二十二年。
35《三國志・吳書・周泰傳》並注《江表傳》。
36《三國志・吳書・呂蒙傳》。

第六章　荊州借還之爭

赤壁戰前，孫劉兩家，形勢所迫，為了共同利益而各懷異志地結成了臨時聯盟。這是一種既聯合又鬥爭的聯盟。從其應對共同敵人的需要來說，他們是誠心誠意的，但從其各自的未來考慮，他們又不能不是各懷異志，所以從開始就是不鞏固的。戰爭中，周瑜對劉備之傲慢不敬，以及劉備心懷狐疑，預為自己留有後路，都說明了這一點。[1]既至戰爭結束，矛盾立時顯現出來。

限制劉備的活動空間

吳人認為曹操是他們打退的，荊州轄地理所當然地應該歸吳所有。因此在如何安置（確切地說是如何對付）劉備方面費起周折來。

一、使劉備居於狹小地區之內

《三國志．先主傳》注引《江表傳》說，周瑜為南郡太守，分南岸地給劉備，劉備立營於油江口，改名為公安（今湖北公安）。

所謂「南岸地」並不是長江以南所有荊州四郡的地盤，而是南郡的長江以南的近江地區。這一點，前人已有辨證。如盧弼在《三國志集解》中駁胡三省注通鑑所謂「荊州八郡，瑜既以江南四郡給備，備又欲得江漢間四郡」時指出，「……周瑜分南岸地給備者，即指油口立營之地，非謂江南四郡也。若已給江南四郡，又欲兼得江漢間四郡，將置周瑜、程普於何地乎（時，周、程二人分領南郡、江夏太守）！且公瑾方深忌先主，上疏以猥割土地為慮，豈肯遽給四郡乎！是南岸之地僅限於油口立營之地無疑。」

漢末，南郡轄地十七城，大部在江北，江南部分很小，只有近江之今湖北公安、宜都、秭歸等地。而宜都以西，孫權和劉備的軍隊都還沒有到達。所以，周瑜給予劉備的實際地盤是很小的。

二、試圖將劉備羈縻於吳

《三國志．周瑜傳》記載，劉備為求土地，到京（京口，今江蘇鎮江）見孫權。周瑜、呂範等一班武將紛紛建議孫權把劉備扣留下來。周瑜上疏給孫權說：「劉備以梟雄之姿，而有關羽、張飛熊虎之將，必非久屈為人用者。愚謂大計宜徙備置吳，盛為築宮室，多其美女玩好，以娛其耳目，分此二人（關、張），各置一方，使如瑜者得挾與攻戰，大事可定也。今猥割土地以資業之，聚此三人，俱在疆埸，恐蛟龍得雲雨，終非池中物也。」《三國志．呂範傳》也記載：「劉備詣京見權，範（按：這時呂範為彭澤太守）密請留備（按：留，不准離去，即扣留的意思）。」

周瑜、呂範的意見，實屬短視，缺乏政治家風度。魯肅不同意他們的想法。所以，魯肅當聽到呂範勸孫權扣留劉備的話後，立即表示「不可」，因對孫權說：「將軍（指孫權）雖神武命世，然曹公威力實重，（將軍）初臨荊州，恩信未洽，宜以借（劉）備，使撫安之。多操之敵，而自為樹黨，計之上也。」2

孫權認為魯肅的意見是對的，「以曹公在北方，當廣攬英雄，又恐（劉）備難卒制」，沒有接受周瑜和呂範的意見。[3]

據《三國志．龐統傳》注引《江表傳》說，劉備後來得知東吳曾有扣留之議，因而問龐統：「卿為周公瑾功曹，孤到吳，聞此人（指周瑜）密有白事，勸仲謀（孫權）相留，有之乎？」龐統回答：「有之。」劉備不禁後怕，驚歎說：「孤時危急，當有所求，故不得不往，殆不免周瑜之手！天下智謀之士，所見略同耳。時孔明諫孤莫行，其意獨篤，亦慮此也。孤以仲謀所防在北，當賴孤為援，故決意不疑。此誠出於險塗，非萬全之計也。」

三、「借荊州」

劉備得到暫時的喘息機會，收攏了原來劉表的部屬，發展了自己的軍隊。《江表傳》載，赤壁戰後，「劉表吏士見從北軍，多叛來投備。備以瑜所給地少，不足以安民，復從權借荊州數郡。」[4]《資治通鑑》卷六六的記載，則避開「借」字，稱：「劉表故吏士多歸劉備，備以周瑜所給地少，不足以容其眾，乃自詣京見孫權，求都督荊州。」

所謂「借」，是站在孫吳的立場上說的，不見於《蜀書》。可能是魯肅首倡其說，所以，《三國志．魯肅傳》明載：「後備詣京見權，求都督荊州，惟肅勸權借之，共拒曹公。」

「借荊州」的決策，確切地說，就是允許劉備收取江南四郡。這對於孫劉兩家都是有利的。我們可以從曹操的態度體味到它的正確性。據說，「曹公聞權以土地業備，方作書，落筆於地。」[5]

從劉備的角度看，「借荊州」的說法是不確切的，所以後人常論其非。實際上，赤壁戰中劉備也是出了力的。劉備向南拓地，是自主的軍事行動，「求取四郡」只不過是期望得到孫權的默認罷了。清人趙翼《二十二史箚記．借荊州之非》說：「借荊州之說，出自吳人事後之論，而非當日情事也。……夫借者，本我所有之物而假與人也。荊州本劉表地，非孫氏故物，當操南下時，孫氏江東六郡，方恐不能自保，諸將咸勸權迎操，權獨不願，會備遣諸葛亮來結好，權遂欲藉備共拒操。其時但求敵操，未敢冀得荊州也。亮之說權也，權即曰非劉豫州莫可敵操者，乃遣周瑜、程普等隨亮詣備，併力拒操，是且欲以備為拒操之主而己為從矣。亮又曰：『將軍能與豫州同心破操，則荊吳之勢強，而鼎足之形成矣。』是此時早有三分之說，而非乞權取荊州而借之也。……迨其後三分之勢已定，吳人追思赤壁之役，實藉吳兵力，遂謂荊州應為吳有，而備據之，始有借荊州之說。」此論很有道理。

劉備並沒有被孫權、周瑜設的限制所束縛，而是在給孫權打了招呼以後，便即開始了實際行動。

劉備先表舉劉表的兒子劉琦為荊州牧。這是明智之舉。這樣做不僅利於收納劉表之眾，更利於收服原屬劉表治下之荊州江南諸郡。然後，南征江南荊州轄地武陵、長沙、桂陽、零陵四郡。武陵（治今湖南常德西）太守金旋、長沙太守韓玄、桂陽（治今湖南郴州）太守趙範、零陵（治今湖南零陵北）太守劉度皆降。根據記載分析，劉備南征，除武陵太守金旋微有抗拒，因而「為備所攻劫死」外，基本上沒有遇到嚴重的抵抗。[6]《三國演義》中收四郡的精彩戰爭場面，大都是虛擬的。

劉備占有江南四郡之後不久，劉琦病死。劉備「在群下的推舉下」自為荊州牧，州治設在公安（湖北今縣）。劉琦的數萬之眾，順利地成為劉備直接控制的武裝力量。這樣，劉備又有了江北部分地區。

建安十四年（二〇九）十二月，劉備為了換得自領荊州牧的被承認，特意主動與孫權做了一筆交易，上表薦「（孫）權行車騎將軍，領徐州牧」。有記載說：「會劉琦卒，權以備領荊州牧。」[7]

所謂孫權「以劉備為荊州牧」出自《資治通鑑》等著作，後人因之，不見《三國志》之〈吳主傳〉與〈先主傳〉。〈吳主傳〉說：「劉備表權行車騎將軍，領徐州牧。備領荊州牧，屯公安。」這條記載，「備領荊州牧」前沒有「以」字。〈先主傳〉以及《華陽國志・劉先主志》亦無孫權對於劉備為荊州牧的態度的記述。筆者以為，孫權絕不可能同意並且主動讓劉備做荊州牧。如果那樣，吳人所謂劉備「借荊州」之說便成為荒唐了。孫權及其僚屬不會犯如此戰略性的、幼稚的錯誤。

劉備自為荊州牧，便有資格和力量建設州級機構，委署自己的官吏了。史載，「先主遂收江南，以亮為軍師中郎將，使督零陵、桂陽、長沙三郡，調其賦稅，以充軍實」；「以羽為襄陽太守、蕩寇將軍，駐江北」；「以飛為宜都太守（宜都郡為劉備分南郡而置）、征虜將軍，封新亭侯，後轉在南郡」；[8]「以偏將軍趙雲領桂陽太守」。[9]至此，劉備對東漢末年荊州七郡[10]中的大部分地區（四郡，加南郡分置出的宜都郡，江夏郡部分地區）實現了直接控制。曹操在荊州地區僅控南陽（和由南陽南部、南郡北部析置的襄陽郡、章陵郡（治今湖北棗陽市境）以及由南陽西部分置的南鄉郡），孫權僅控南郡、江夏部分地區。因此，客觀地說，劉備已是真正的荊州之主，所控荊州地盤遠較孫權為多。

表面相安，內懷疑忌

劉備征有江南四郡以後，坐地日大，勢力漸強，「跨有荊益」的目標便自然提到日程上來。劉備、諸葛亮都很清楚，如要實現這個目標，必須有一定的步驟。其中，「結好孫權」，解除後顧之憂是不可少的。然後，一旦條件成熟，西取劉璋，占有巴蜀。回過頭來，再同孫權周旋。

劉備力量的逐漸強大，頓使孫權感到威脅。但另一方面，孫權又知道，嚴重的危險依然來自北方。如此軍事態勢，孫權自然不敢兩面受敵，構惡同劉備的關係。

劉備此時既有不小的地盤和勢力，自然也覺腰板硬起來，所以也敢於再次至吳見孫權。質言之，孫權和劉備當時都認識到北有強敵而不宜將對方吃掉。固結友好成為共同的需要。

一、「進妹固好」

《三國志·先主傳》說：「先主（劉備）為荊州牧，治公安。權稍畏之，進妹固好。」這條記載說明，是孫權主動將年僅二十歲左右的同父異母妹妹嫁給年已四十九歲的劉備的。歷史上，特別喜歡突出周瑜的「徙備置吳，盛為築宮室，多其美女玩好，以娛其耳目」的計策。毫無疑問，這是孫權、周瑜計策的組成部分。是一樁雙方自願的政治婚姻。至於說劉備甘露寺招親，孫權想乘機將其殺掉，幸吳國太主婚，才成其美事云云，都是文學家的虛妄之言。其實，孫權的母親吳國太早在建安七年（一說十二年）已經死了。而孫權「進妹固好」是在建安十四年。

建安十四年（二〇九），劉備的妻子甘夫人病卒南郡。這件不幸的事，適為孫權和劉備「結好」的謀略提供了契機。據說：「先主至京（今江蘇鎮江）見權，綢繆恩紀。」[11]「綢繆恩紀」

是指劉備與孫權的關係非常融洽呢，還是指劉備與孫權的妹妹情深義重呢，史記含糊。所以，盧弼著《三國志集解》注引說：「此處必有脫文，與下文意不相屬。」我意不妨兩方面看待，一是出於相互為用的考慮，孫劉的表面關係的確很好，所以能有以後數年的和平共處；二是夫妻情深，達到了親密「綢繆」的極致。

但從歷史的記載看，這樁婚姻，自始至終都籠罩在政治的陰影中。《三國志・法正傳》說：「（權）妹才捷剛猛，有諸兄之風，侍婢百餘人，皆親執刀侍立，先主每入，衷心常凜凜。」「凜凜」是心中感到有一股陰森寒氣而恐懼的意思。為什麼這樣呢？元人胡三省注《資治通鑑》說得很對：「恐為所圖也。」《三國志・趙雲傳》注引《雲別傳》也說：「此時先主孫夫人以權妹驕豪，多將吳吏兵，縱橫不法。」據說，劉備為了壯膽，特意將趙雲安排在身邊：「先主以（趙）雲嚴重，必能整齊，特任掌內事。」不難想見，數年中，孫權時以妹妹為籌碼脅迫劉備，劉備則亦始終處在戒備之中。

孫權是什麼時候將妹妹接回去的？

《資治通鑑》卷六六說，建安十四年十二月「權以妹妻備」，十六年「孫權聞備西上，遣舟船迎妹」。這樣看來，他們的婚姻僅有兩年的時間。此說源自《趙雲傳》注引《雲別傳》。《雲別傳》說：「先主入益州，（趙）雲領留營司馬。……權聞備西征，大遣舟船迎妹，而夫人內欲將後主（劉禪）還吳，雲與張飛勒兵截江，乃得後主還。」《三國演義》「趙雲截江奪阿斗」就是據此演義而成的。

《三國志・穆皇后傳》則載：「先主既定益州，而孫夫人還吳。」劉備克蜀定益是建安十九年的事。《華陽國志・劉先主志》也說，孫夫人回吳是劉備定益以後法正勸劉備主動做的事：

「（法）正勸先主還之。」這樣，劉備與孫權妹的婚姻大約維持了六七年。

《三國志集解》注引王懋意見說，孫夫人還吳是迫不得已的：「法正已進劉瑁妻吳氏於宮中，舟船之迎，實夫人見幾（機）之哲。是歲建安二十年乙未，正（孫）權襲取長沙分界聯合之日。可想見，蜀主與夫人同牢已七年矣。」[12]竊以為，這個推斷是接近於事實的。

歷史表明，權妹返而難歸，是這樁政治婚姻的必然歷史悲劇。就孫權來說，迎妹回吳是謀略上的重大失誤，不僅暴露了自己的意圖，構惡雙方關係，而且使劉備得以解脫。就劉備來說，自然當作兩方面的分析，一是孫氏既回，劉備一身輕鬆，不僅納妾數人，並且毫無顧忌地即納劉焉兒子劉瑁的遺孀吳氏為夫人；二是加深了孫劉裂痕，在吳蜀戰爭成為不可避免時，失去了一味有利的緩衝劑。一句話，這樁政治婚姻的結束，對於雙方，都是弊大於利。同時也害苦了年輕貌美的無辜的孫氏夫人。孫夫人回吳後，寡居抑或他適，史失記載，不知所終。

二、內懷疑忌

孫劉聯姻結好，雙方都在一定程度上解除了後顧之憂，得以自謀新的進取。但他們自始至終都沒有把對方看作是可靠的朋友。荊州的擁屬，始終是雙方鬥爭的焦點。

就孫權方面來說，劉備在荊州的勢力存在，深刻地制約著他的進一步發展。因此，君臣上下總有一種「養虎貽患」的恐懼感。特別是周瑜，對於未能根除劉備，至死耿耿於懷。

為了對劉備形成半包圍形勢和建構北戰曹操的有利條件，周瑜曾提出過「取蜀（劉璋）而併張魯」的策略。周瑜對孫權說：「今曹操新敗，憂在腹心，未能與將軍（指孫權）連兵相事也。乞與奮威（奮威將軍孫瑜）俱進，取蜀而併張魯，因留奮威固守其地，與馬超結援，瑜還與將軍據襄陽以蹙操，北方可圖也。」[13]權許之。可惜，周瑜返還江陵途中，病卒於巴丘（今湖南岳陽境），其謀未行。

周瑜彌留之際，給孫權書，除述知遇之恩外，一言形勢嚴峻，坦言對劉備的疑慮，二薦魯肅自代。書謂：「……人生有死，修短命矣，誠不足惜，但恨微志未展，不復奉教命耳。方今曹公在北，疆場未靜，劉備寄寓，有似養虎，天下之事未知終始，此朝士旰食之秋，至尊垂慮之日也。魯肅忠烈，臨事不苟，可以代瑜。人之將死，其言也善。倘或可采，瑜死不朽矣。」[14]另，《三國志》魯肅本傳載文稍異，但同樣反映了周瑜對於劉備的擔心，文中說：「當今天下，方有事役，是瑜乃心夙夜所憂，願至尊（指孫權）先慮未然，然後康樂。今既與曹操為敵，劉備近在公安，邊境密邇，百姓未附，宜得良將，以鎮撫之。魯肅智略足任，乞以代瑜，瑜隕踣（ㄩㄣˇ ㄅㄛˊ，指死亡）之日，所懷盡矣。」

「劉備寄寓，有似養虎」，反映了孫權、周瑜的心理狀態。這說明，周瑜看到了孫、劉穩定局面下潛伏著危機；也反映了他對劉備必欲除之的決心。客觀地說，周瑜的意見不無道理，但失在對於相對穩定的局面對於自己一方臨時有利的一面以及鼎足形勢的必然性認識不足。

孫權和魯肅沒有按照周瑜的意見辦，魯肅堅持了將荊州部分地區「借給」劉備的策略。當然，應該看到問題的另一面，即名之為「借」，實際也是想在「借地」的名義下，把自己的勢力擴展到劉備的占領區內，從而達到制約對方的目的。《三國志・魯肅傳》說，瑜死，孫權即以魯肅為奮武校尉，代瑜領兵；令程普領南郡太守，繼領江夏太守；將已為劉備占有的長沙郡一分為二另設漢昌郡，試圖將今湘陰、岳陽及其以東地區控制在自己手裡；同時，加強荊州江南四郡以東的實際軍事控制，分揚州部之豫章郡地加設鄱陽郡。可見，孫權、魯肅也是把劉備作為潛在敵人看待的，只不過是他們看到了可以利用的一面，因而對付的手段不同於周瑜罷了。

就劉備方面來說，他自然明白孫、劉兩家在荊州問題上存在著嚴重的利害衝突，聯盟不可久恃。因而積極擴大軍事力量。他雖然不與孫權明爭，但實際不斷加強著對於已有地區的實際控制，並切實制約了孫權在荊州地區的發展。他自駐公安，而以關羽為襄陽太守駐江北，並將南郡的江南地分出來另置宜都郡讓張飛統兵駐守。這樣，便在實際上形成了對於軍事要地南郡首府江陵的包圍，從而控制了自江陵西上入蜀的長江水域和周邊軍事要地。

三、欲與劉備「共取蜀」

孫權、劉備以及曹操都想西取巴蜀。

就當時的駐軍和地理形勢看，曹操取蜀，必走北路，計在先滅馬超、韓遂和張魯，取得漢中，掌握益州北門鎖鑰，然後相機而進。

孫權取蜀，有兩條路可以考慮，一是北上今湖北房縣、上庸，經安康，西取漢中入蜀。這就是前面講的建安十五年（二一〇）十二月，周瑜要求孫權允許他與孫權的堂兄弟、奮威將軍孫瑜率兵「俱進取蜀，得蜀而併張魯」的計畫所在。但這條路是絕對走不通的，因為在軍事形勢上如同「螳螂捕蟬，黃雀在後」，曹操是不會放過他的。二是走南路，沿江西上。但此路也是難以走通的，因為他不能越過劉備在荊州的地盤而取益州。

周瑜「得蜀而併張魯」的計畫，對曹操震動很大，從而使曹操加快了既定的西取馬超、韓遂和張魯而窺蜀的步伐。建安十六年三月，曹操遣司隸校尉鍾繇討張魯，使征西護軍夏侯淵等率兵出河東，與鍾繇會師共進，擺開必將謀蜀的架式。關中諸將疑為襲己，馬超、韓遂、侯選、程銀、楊秋、李堪、張橫、梁興、成宜、馬玩等十部皆反。七月，曹操親征。不數月，破潼關，兩渡河，結營渭南，瓦解馬超、韓遂聯盟，大破十部軍，斬成宜、李堪等，馬超、韓遂西逃。曹操控制了關中地帶，既擴大了地盤，解除了西北之憂，又使孫權北路取蜀成為不可能。因此，孫權只有考慮南路，沿江而上，聯合劉備共同取蜀。

孫權聯合劉備取蜀的首要目的不在蜀，而在將劉備擠出荊州。

從地理形勢和實際控兵情況看，孫吳既然不可能越過荊州而有巴蜀，劉備亦不可卒滅，所以便有了試圖與劉備共謀伐蜀的問題。

孫權欲與劉備共取蜀，遣使對劉備說：「米賊張魯居王巴漢，為曹操耳目，規圖益州。劉璋不武，不能自守。若操得蜀，則荊州危矣。今欲先攻取璋，進討張魯，首尾相連，一統吳楚，雖有十操，無所憂也。」[15]又謂：「雅願以隆，成為一家。諸葛孔明母兄在吳，可令相並（相見）。」[16]

孫權「越荊取蜀」，陰謀若揭，自然不能為劉備所接受。但當時劉備尚不敢直接對抗孫權，因此採用了緩兵之計。有人提出「宜報聽許」，因為「吳終不能越荊有蜀，蜀地可為己有」。據載，時為荊州主簿的殷觀分析了這種同吳聯合觀點的危險，對劉備說：「若為吳先驅，進未能克蜀，退為吳所乘，即事去矣。」毫無疑問，這正是孫權的如意算盤。但當時，劉備正與孫權處於表面友好的情勢下，力又難敵吳兵，因此殷觀進一步獻策：「今但可然贊其伐蜀，而自說新據諸郡，未可興動，吳必不敢越我而獨取蜀。如此進退之計，可以收吳、蜀之利。」[17]

劉備認為殷觀的意見是對的，因而對孫權的來報「據答不聽」，並以三條理由回絕：一是條件不具備，勝負難以預料，說：「益州民富強，土地險阻，劉璋雖弱，足以自守。張魯虛偽，未必盡忠於操。今暴師於蜀、漢，轉運於萬里，欲使戰克攻取，舉不失利，此吳起不能定其規，孫武不能善其事也。」二是恐怕曹操襲於後，指出：「曹操雖有無君之心，而有奉主之名，議者見操失利於赤壁，謂其力屈，無復遠志也。今操三分天下已有其二，將欲飲馬於滄海，觀兵於吳會，何肯守此坐須老乎？」三是憂慮攻伐西蜀，給敵以可乘之機，因說：「今同盟（按：泛指同益州牧劉璋的關係）無故自相攻伐，借樞於操，使敵承其隙，非長計也。」[18]

孫權不聽，遣奮威將軍孫瑜率水軍進住夏口，蓄勢待發。

劉備既然控制了江陵周圍的水陸要衝，自然不准孫瑜的軍隊通過，因而回報孫權，一是假意為劉璋求情，說：「備與璋託為宗室，冀憑英靈，以匡漢朝。今璋得罪左右，備獨竦懼，非所敢聞，願加寬貸。」二是表明強硬態度，說：「若不獲請，備當放髮歸於山林。」同時還對孫瑜說：「汝欲取蜀，吾當被髮入山，不失信於天下也。」[19]自然，這是些威脅話，他怎麼會真的歸隱山林呢。

劉備堅決阻止孫權取蜀，迅疾調整並加強了阻抗孫權的布防，使關羽屯江陵，張飛屯秭歸，諸葛亮居南郡，自己在孱陵（今湖北公安南），構成了數百里防線。孫權知道劉備決意阻止吳軍取蜀，只好命令孫瑜撤軍。

這是建安十六年（二一一）的事。

奪三郡

孫權撤軍後，劉備立即加緊了自取西蜀的準備。一方面，調整並加強了阻抗孫權的布防，一方面積極考慮入蜀的計策，開始了前期工作。

建安十六年（二一一），曹操謀取漢中的軍事行動，震動了各方諸侯，客觀上也為劉備入蜀提供了條件。益州牧劉璋遙聞曹公將遣鍾繇等向漢中討張魯，內懷恐懼，不知如何自保。裡通劉備的張松便乘機威脅劉璋說：「曹公兵強無敵於天下，若因張魯之資以取蜀土，誰能禦之者乎？」璋說：「吾固憂之而未有計。」張松說：「劉豫州，使君之宗室而曹公之深仇也，善用兵，若使之討魯，魯必破。魯破，則益州強，曹公雖來，無能為也。」進而又對劉璋說：「劉豫州，使君之肺腑，可與交通。」劉璋然其謀，問誰可為使，張松推薦了法正。[20]

法正是另一個想讓劉璋倒楣的人，時為軍議校尉，沒有受到重用，「既不任用，又為其州邑俱僑客者所謗無行，志意不得。」法正與張松要好，政見相同。法正第一次奉命同劉備聯繫之後，便與張松一起開始了謀迎劉備的實際行動。

劉璋完全被張松、法正所說服，決意引劉備入蜀。

這樣，劉備便於建安十六年十二月開始進軍了。他留諸葛亮、關羽、張飛等鎮荊州，以趙雲領留營司馬，據守後方，以待後命，自在軍師龐統的輔助下，將步卒數萬人溯江西上，向益州進發。劉備入川，轉戰巴蜀，不僅為曹操敢於調動襄樊一線駐軍北上而用於關中戰場準備了條件；同時也因相應減弱了荊州兵力而為孫權奪回荊州提供了更多希望。

建安十七年（二一二）十月，曹操征孫權，進軍濡須口，攻破孫權江西營，獲孫權都督公孫陽。十二月，孫權曾向劉備求救。對於孫權「呼備自救」這件事，劉備的態度是：不僅沒有回兵施救，而且也不令尚在荊州的關羽等相為策應。當時，劉璋正對劉備起了疑心，這件事恰好為劉備製造急返荊州的假象提供了條件。劉備給劉璋寫信說：「曹公征吳，吳憂危急。孫氏與孤本為脣齒，又樂進（曹操將）在青泥（今襄樊西北）與關羽相拒，今不往救（關）羽，（樂）進必大克，轉侵州界，其憂有甚於（張）魯。魯自守之賊，不足慮也。」於是以此為理由，要求劉璋支援，「從璋求萬兵及資實，欲以東行。」[21]劉璋沒有完全滿足劉備的要求，劉備便即揭去面紗，正式向劉璋宣戰了。

建安十九年（二一四）五月，諸葛亮受劉備之招，留關羽守荊州，與張飛、趙雲「將兵泝流而上」入蜀，克巴東（巴東郡，轄今四川雲陽、重慶奉節等地），至江州（今重慶）。繼而，分兵略地。諸葛亮定德陽（今四川遂寧），張飛攻巴西（治今四川閬中），趙雲平江陽（治今四川瀘州）、犍為（治今四川彭山）。很快同劉備會合，完成了對成都的戰略包圍。劉璋無能，別無他途，只有投降。

一、呂蒙受命取三郡

孫權曾經想同劉備一起西取巴蜀，劉備以「放髮歸於山林」為辭加以拒絕。及至劉備西圖劉璋，據有巴蜀，孫權甚感受到愚弄，憤謂：「猾虜乃敢挾詐！」[22]短短數語，反映了孫權對劉備的憤怒。

劉備主力大部入川，荊州兵力相對減弱。孫權、呂蒙等認為，這是奪得荊州的極好機會。因此在劉備取得蜀地以後不久，孫權即利用曹操用兵西北對劉備形成壓力之機，向劉備提出了「欲得荊州」的要求。

此時，孫權屯駐陸口的橫江將軍魯肅與劉備留守荊州的關羽相鄰，「數生狐疑，疆場紛錯」，常常發生摩擦。據說，「（魯）肅常以歡好撫之。」[23]但孫權、呂蒙等一些謀奪荊州的人，心理很難平衡。因此，奪取荊州的既定決策，便隨著形勢的變化，提到了實施的日程上。

建安二十年（二一五）五月，孫權第一次命令中司馬諸葛瑾奉使去成都，「通好劉備」，試圖先用外交手段謀得荊州三郡。

諸葛瑾是諸葛亮的兄長，也是吳蜀交際中的重要人物之一。他以公使之身到蜀，受到軍師將軍、其弟諸葛亮的官方正式接待，並在諸葛亮的陪同下會見劉備。兄弟二人，各為其主。為避嫌隙，公事公辦，除了在公開場合的會晤以外，二人從不單獨見面。史家稱為「退無私面」。

諸葛瑾轉達了孫權「欲得」被劉備占領的荊州諸郡的要求。劉備自然不許，但又不便硬頂，因說：「吾方圖涼州，涼州定，乃盡以荊州與吳耳。」

孫權得到回報，看清了劉備的用意在於搪塞拖延，很憤怒地指出：「此假而不反，而欲以虛辭引歲。」（按：假，藉口。全句意為用取涼州作藉口而不歸還荊州，就是想拖延時間。）[24]因而不管劉備的態度如何，遂自置已為劉備據有的荊州南三郡長沙、零陵、桂陽長吏，建立自己的地方政權。

關羽都督荊州事，自然遵循劉備、諸葛亮的既定戰略決策，盡保荊州已有土地，所以對孫權所置三郡長吏「盡逐之」。孫權大怒，於是分遣兩路大軍，一由「呂蒙督鮮于丹、徐忠、孫規等兵二萬取長沙、零陵、桂陽三郡」；二由「魯肅以萬人屯巴丘（在今湖南岳陽東）以禦關羽」。同時，孫權自住陸口（今湖北嘉魚西南），「為諸軍節度。」[25]

據載，呂蒙趨襲三郡，兵到，致書長沙、桂陽二郡，皆服。其中，頗得劉備和諸葛亮信任的年未三十的長沙太守廖立棄城而去。歷史記謂：「（孫）權遣呂蒙奄襲南三郡，（廖）立脫身（逃）走，自歸先主。」[26]桂陽太守，本由趙雲兼領，雲已入蜀，城守力薄，自然難以抗敵。只有零陵太守郝普據城不降。

劉備得知孫權出兵奪三郡，情知形勢嚴峻，遂以諸葛亮鎮守成都，自己率兵五萬回到公安（湖北今縣），並使關羽率領三萬兵至益陽（湖南今市）境，列開了誓保三郡架式。一場大的戰爭即將不可避免。

孫權聞訊，則即重新部署軍隊，使魯肅率領萬人由巴丘趨屯益陽（今湖南益陽東），同時急召呂蒙等，「使舍零陵，急還助肅」，準備在益陽境內迎戰關羽。

呂蒙接到「急還助肅」的信後，祕而不宣，立即將一個謀劃好的利用零陵太守郝普舊友鄧玄之誘降郝普的計畫付諸實施了。呂蒙「夜召諸將，授以方略」，故作姿態，假稱明天早晨就要攻城，聲云郝普不識事務，說：「郝子太（普字）聞世間有忠義事，亦欲為之，而不知時也。」隨即煞有介事地對鄧玄之等人講了一些假的軍事情報，一說劉備遠在漢中，為夏侯淵所圍；二說關羽已經吃了敗仗：「關羽在南郡，今至尊（指孫權）身自臨之。近者破樊本屯，（關羽）救酃，逆為孫規所破。此皆目前之事，君所親見也。」結論是：「彼方（劉備）首尾倒懸，救死不給，豈有餘力復營此哉？」呂蒙讓鄧玄之進城轉達這些「情報」和威脅：「今吾士卒精銳，人思致命，至尊（孫權）遣兵，相繼於道。今子太以旦夕之命，待不可望之救，猶牛蹄中魚，冀賴江漢，其不可恃亦明矣。若子太必能一士卒之心，保孤城之守，尚能稽延旦夕，以待所歸者，可也。今吾計力度慮，而以攻此，曾不移日，而城必破，城破之後，身死何益於事，而令百歲老母，戴白受誅，豈不痛哉？度此家（指郝普）不得外問，謂援可恃，故至於此耳。君可見之，為陳禍福。」

鄧玄之見到郝普，「具宣蒙意，普懼而聽之。」既而郝普出降，「蒙迎執其手，與俱下船。」然後，呂蒙將孫權命他「急還援肅」的信給郝普看。因為計謀得逞，高興得拍手大笑。郝普見書，始知劉備已在公安而關羽兵屯益陽，形勢頗對自己有利，雖然「慚恨入地」，但為時已晚。

郝普降，呂蒙盡得三郡將守，「因引軍還，與孫皎、潘璋並魯肅兵並進，拒羽於益陽。」孫權已在實際上控制了三郡。27

二、魯肅、關羽「單刀俱會」

史載：「（魯）肅住益陽，與（關）羽相拒。肅邀羽相見，各駐兵馬百步上，但請將軍單刀俱會。」可見，魯肅雖然是主邀方，但會見地點並不是如小說家所說的在孫吳一邊，而是在兩軍之間，且各在百步之外駐有精兵。所謂「單刀赴會」也不僅是關羽，雙方是對等的。所以，對於這次相會，雙方都是「請將軍單刀俱會」，都有點緊張。相對來說，關羽傲氣十足，表現倒也坦然；魯肅一方反而心中有點打鼓。

《三國志．魯肅傳》注引《吳書》說：「肅欲與羽會語，諸將疑恐有變，議不可往。」魯肅度其大勢，認為尚不至此，因對大家說：「今日之事，宜相開譬。劉備負國，是非未決，羽亦何敢重欲干命（干命，違犯命令）！」

會見時，魯肅首先發話，責備關羽，說：「國家（按：指孫權）區區本以土地借卿家者，卿家軍敗遠來，無以為資故也。今已得益州，既無奉還之意，但求三郡，又不從命。」

話音未落，關羽一方，坐有一人說：「夫土地者，惟德所在耳，何常之有！」肅厲聲呵之，辭色甚切。羽操刀起立，說：「此自國家事，是人何知！」目使此人離開會所。此人是誰？肯定不是如《三國演義》所說的周倉，因為周倉的身分只能立後，不能與坐；且話語也不合周倉性格。

關羽對魯肅回答說：「烏林之役，左將軍（劉備）身在行間，寢不脫介，戮力破魏，豈得徒勞，無一塊壤，而足下來欲收地邪？」

魯肅說：「不然。始與豫州（劉備）觀於長阪，豫州之眾不當一校，計窮慮極（竭），志勢摧弱，圖欲遠竄，望不及此。主上（孫權）矜愍豫州之身，無有處所，不愛土地士人之力，使有所庇蔭以濟其患，而豫州私獨飾情，愆德隳好。今已藉手於西州矣，又欲翦併荊州之土，斯蓋凡夫所不忍行，而況整領人物之主乎！肅聞貪而棄義，必為禍階。吾子（指關羽）屬當重任，曾不能明道處分，以義輔時，而負恃弱眾以圖力爭，師曲為老，將何獲濟？」《左傳．僖公二十八年》有謂「師直為壯，曲為老」。「師曲為老，將何獲濟」云云，就是說，你們沒有道理地賴在這裡，賴在這裡是必定要失敗的。關羽很不善辯，竟被說得「無以答」。

當然，關羽雖督荊州事，但無權決定割讓土地這樣的大事，所以會見雖然溝通了看法，但不果而終。[28]自然，也無所謂勝利者。

三、湘水為界分荊州

歷史的結局是，這場蓄勢待發的戰爭並沒有打起來。《三國志．魯肅傳》說，魯肅與關羽會見後，「（劉）備遂割湘水為界，於是罷軍。」顯然，這樣講述事物的因果關係是不對的。真正的原因，當如〈吳主傳〉所說：「未戰，會曹公入漢中，備懼失益州，使使求和。權令諸葛瑾報，更尋盟好。遂分荊州，長沙、江夏、桂陽以東屬權，南郡、零陵、武陵以西屬備。」

可見，是曹操的進一步向西北用兵，構成了對劉備的威脅，又促使孫、劉兩家再次聯合起來。[29]

歷史的時間表亦足證明這一點。這就是：建安十九年夏，劉備定蜀；二十年五月，孫權便遣諸葛瑾使蜀，欲得荊州三郡，結果被劉備拒絕，怒而自置三郡長吏；同月，關羽盡逐孫權三郡長吏，孫權即遣呂蒙督兵二萬，以武力奪三郡，雙方進入戰爭狀態；約六月，劉備帶兵回到公安，部署部隊，為力保荊州準備同孫權決戰。此前，劉備對吳的態度是強硬的；此後，形勢突變，秋七月，曹操的軍隊到達陽平（今陝西勉縣西），打敗張魯守軍，張魯潰奔巴中，曹操占領南鄭，盡得漢中。北抗曹操，阻止魏軍入蜀，成為劉備的當務之急。

孫劉的再次聯合，同首次聯合一樣具有重要的戰略意義。對劉備來說，雖然失地，但能夠將主要兵力集中到漢中一線，從而比較好地扼住了益州「北門」，確保了益州的安全。很明顯，就當時的大局來看，劉備在東線「以土地換和平」的決策是正確的。但是，這也伏下了劉備必然全失荊州的危機。

漢末，赤壁之戰以後，荊州七郡，南陽基本在曹操的手裡，江夏、南郡屬孫劉交叉共有，其餘四郡武陵、長沙、桂陽、零陵本由劉備控制。劉備的東部防線大體在鄱陽湖、贛水一線。分荊州三郡與孫權後，即以洞庭湖、湘水為界，劉備不僅失掉了湘水以東和沿江的土地，而且孫權的勢力直接構成了對於南郡、公安、益陽等地關羽駐軍的威脅，為孫權謀擊關羽和後來夷陵之戰打敗劉備提供了地理上的優勢。所以，嚴格地說來，曹操出兵漢中，迫使劉備同孫權重新聯合，對於孫權來說，倒是有百利而無一害；而對於劉備來說，雖然得以集中兵力於漢中，但在東邊卻伏下了嚴重的危機。

註釋

1 晉人孫盛曾為劉備預留後路進行辯解，說：「劉備雄才，處必亡之地，告急於吳，而獲奔助，無緣復顧望江渚而懷後計。《江表傳》之言，當是吳人欲專美之辭。」竊以為，略考劉備為人，不難發現，《江表傳》的記載和評論，應當是可信的。

2 《三國志・吳書・魯肅傳》注引《漢晉春秋》。

3 《三國志・吳書・周瑜傳》。

4 《三國志・蜀書・先主傳》注引《江表傳》。

5 《三國志・吳書・魯肅傳》。

6 《三國志・蜀書・先主傳》注引《三輔決錄注》、〈趙雲傳〉注引《雲別傳》。

7 《資治通鑑》卷六六，漢獻帝建安十四年。

8 《三國志・蜀書・諸葛亮傳》、〈關羽傳〉、〈張飛傳〉。

9 《資治通鑑》卷六五，漢獻帝建安十四年。

10 兩漢郡置時有變化，《後漢書・地理志》載荊州七郡：南陽、南郡、江夏、長沙、武陵、零陵、桂陽，無章陵。所謂荊州八郡，注史者均據《漢官儀》加章陵。此可能是建安末年曹操將南陽之章陵諸縣析出而置。

11 《三國志・蜀書・先主傳》。

12 以上參閱《資治通鑑》卷六六；《三國志・蜀書・趙雲傳》注引《雲別傳》、《三國志・蜀書・穆皇后傳》等。

13 《資治通鑑》卷六六，漢獻帝建安十五年。奮威，指孫權堂弟、奮威將軍孫瑜。

14 《三國志・吳書・魯肅傳》注引《江表傳》。

15 《三國志・蜀書・先主傳》注引《獻帝春秋》。

16 《華陽國志・劉先主志》。

17 《三國志・蜀書・先主傳》。

18 《三國志・蜀書・先主傳》注引《獻帝春秋》。

19 以上參閱《三國志・蜀書・先主傳》注和《吳書・魯肅傳》。《華陽國志・劉先主志》記劉備對孫權說的話稍異：「益州（指劉璋）不明，得罪左右，庶幾將軍高義，上匡漢朝，下輔宗室。若必尋干戈，備將放髮於山林，未敢聞命。」

20 以上《三國志・蜀書・先主傳》、〈劉二牧傳〉。

21 《三國志・蜀書・先主傳》。

22 《三國志・吳書・魯肅傳》。

23 同上。

24 以上《三國志・吳書・吳主傳》、〈諸葛瑾傳〉。瑾傳說：

「權遣瑾使蜀通好劉備，（瑾）與其弟亮俱公會相見，退無私面。」《三國演義》所說孫權預為拘執諸葛瑾家室老小，以及諸葛瑾奔返於荊、益之間，均屬渲染，實無其事。

25 《三國志·吳書·吳主傳》。

26 《三國志·蜀書·廖立傳》。

27 以上《三國志·吳書·呂蒙傳》、〈吳主傳〉。

28 《三國志·吳書·魯肅傳》並注。

29 以上參閱《三國志》之〈先主傳〉、〈關羽傳〉、〈吳主傳〉、〈魯肅傳〉、〈呂蒙傳〉；《華陽國志·劉先主志》；《資治通鑑》卷六七，等。

第七章 把劉備的勢力趕出荊州

建安二十一年（二一六）冬，曹操出兵擊孫權，兵駐居巢。孫權保濡須（在今安徽無為境），「在濡須口築城拒守。」二十二年二月，曹操「逼攻之」，孫權後撤。孫權雖退，但並沒有受到重大損失，依然不失為一次成功的防禦。三月，曹操撤兵，留夏侯惇、曹仁、張遼等屯居巢。雙方處在對峙但並不緊張的態勢中。然而，就在此時，孫權突然做出了一項重大的戰略決定：「令都尉徐詳詣曹公請降。」曹操當即「報使修好，誓重結婚」。[1]一個以孫權「請降」為前提的各自為用的臨時同盟，戲劇性地形成了。

戰略調整

孫權和曹操都做了重大的戰略調整，形式上發其端者是孫權，實則是雙方共同的需要，也是孫、劉、曹三方軍事大勢所使然。

第一，先此，劉備順利取蜀，已入成都，宣布自領益州牧，建起了以「諸葛亮為股肱，法正為謀主，關羽、張飛、馬超為爪牙（爪牙，意謂親信武將）」[2]的地方政權。但他並不放棄荊州。史稱，劉備「復領益州牧」。「復領」云云，表明他不僅是荊州牧，而且還是益州牧，已經是兼牧荊、益二州的強大軍政集團了。他擺開的架式，就是東拒孫權，北抗曹操。況且劉備入蜀前使關羽屯江陵，張飛屯秭歸，諸葛亮據南郡的部署，已曾是一種准軍事對峙狀態了。

第二，孫權在劉備取得益州以後，令中司馬諸葛瑾赴蜀求見劉備，「欲得荊州」，遭到劉備的拒絕；令呂蒙奪取三郡，引得劉備「引兵五萬下公安」，關羽進兵益陽，孫權不得不使魯肅將萬人「屯益陽，以抗關羽」，並親臨前線，進住陸口「為諸軍節度」，幾乎釀成嚴重的軍事衝突；最後雖然以湘水為界，分得三郡，但仍然心有不甘，並甚感關羽軍事存在的威脅；孫權妹妹被遣（或接）回吳，一樁政治婚姻的結束，加深了孫劉裂痕，意味著孫劉聯盟的破裂成為不可避免；橫江將軍魯肅病死，聯劉抗曹之聲不再，奪荊州、驅關羽之議又復囂然。

第三，曹操剛剛進爵為王，正為自己「設天子旌旗」而忙碌，為確立接班人、立太子而傷腦筋，為鞏固權威而不惜誅殺功臣中尉崔琰，黜免尚書僕射毛玠，為平許都之亂而濫殺無辜；在軍事上，北需安撫烏桓、匈奴，西方雖已解決了西北馬超、韓遂的軍事存在，張魯投降，兵臨漢中，試圖入益，但遭到劉備的抵抗。曹操剛剛回鄴，劉備便聽從法正的意見，立即親自率兵進擊漢中，並派張飛、馬超等攻取曹操西北駐軍重地下辯（今甘肅成縣西），已經對曹操的漢中駐軍構成威脅。

因此，時之孫權、曹操都注目劉備。孫權知其全力抗操難獲大益，而趕走關羽奪回荊州倒是現實的需要；曹操亦知目前依然不具備徹底擊潰孫權的條件，而劉備據有蜀漢，已成鼎足之勢，因而正在考慮進一步討伐劉備的計畫。孫權派人請降，正得曹操之意，所以很爽快地就答應了。

魏、吳修好，此後，兩軍雖然遙相拒守，但除建安二十四年（二一九）七月，孫權有過一次小的行動外，較長時間基本上沒有發生大的戰鬥。

一、呂蒙主兵，戰略重點轉向

建安二十二年（二一七），年僅四十六歲、主張聯劉抗曹的代表人物魯肅病故了。周瑜死時，認為魯肅「智略足任」，薦以自代。肅先後以奮武校尉、橫江將軍主兵，督守西線。七年間，魯肅雖然對劉備、關羽也有警惕，但主張聯合抗曹，所以孫劉兩家雖有摩擦，但基本沒有發生大的軍事衝突，是相對平靜的。

魯肅是位很有頭腦的政治家、軍事家。《三國志．魯肅傳》注引韋曜《吳書》說：「肅為人方嚴，寡於玩飾，內外節儉，不務俗好。治軍整頓，禁令必行，雖在軍陳，手不釋卷，又善談論，能屬文辭，思度宏遠，有過人之明。周瑜之後，肅為之冠。」

魯肅的戰略重心是以北抗曹操為主。孫權因以論魯肅有二長一短。後來，孫權有一次與陸遜論周瑜、魯肅及呂蒙，講到魯肅時，孫權說：「公瑾昔要子敬來東，致達於孤，孤與宴語，便及大略帝王之業，此一快也。後孟德因獲劉琮之勢，張言方率數十萬眾水步俱下。孤普請諸將，咨問所宜，無適先對，至子布（張昭）、文表（秦松），俱言宜遣使修檄迎之，子敬即駁言不可，勸孤急呼公瑾，付任以眾，逆而擊之，此二快也。且其決計策，意出張（儀）、蘇（秦）遠矣。後雖勸吾借玄德地，是其一短，不足以損其二長也。周公不求備於一人，故孤忘其短而貴其長。」又說：「圖取關羽，（呂蒙）勝於子敬。子敬答孤書云：『帝王之起，皆有驅除，羽不足忌。』此子敬內不能辦，外為大言耳，孤亦恕之，不苟責也。然其作軍，屯營不失，令行禁止，部界無廢負，路無拾遺，其法亦美也。」[3]

其實，歷史地站在孫吳的角度看，魯肅和呂蒙的不同戰略主張反映著不同的歷史現實，都是應該肯定的。我在《劉備傳》和《曹操評傳》中都曾經講到，起初魯肅堅決主張聯劉抗曹，認為「以曹操尚存，宜且撫輯關羽，與之同仇，不可失也。」及至呂蒙代魯肅為督，「以為羽素驍雄，有兼併之心，且居國上流，其勢難久」，因而主張把重點轉向關羽。對此兩種主張，論者大都褒魯肅而非呂蒙，認為天下大勢，孫劉非聯合不足以抗操，如果孫劉相爭，必給曹操以漁利之機。我認為，從謀劃打敗曹操的角度說，此說不無道理，但卻明顯地表露出一種非歷史的觀點。這在客觀上是把曹操置於非正義一方，立論完全著眼於如何打敗曹操。事實上，曹操、孫權、劉備三方是相對獨立的三個實體，各自決策的出發點，均在於權衡三方關係，進而考慮自己的利益所在。三角的關係，對任何一方來說，其他兩方都是自己的敵人或潛在敵人。聯合一方對另一方，有力地抗擊或抑制、削弱了另一方，於己是有利的。但如果致使臨時聯合的一方，實即潛在的敵人乘機大大發展起來，也是於己不利的。由此看來，我們不能不注意到，就東吳的利益說，沒有孫劉聯合便沒有赤壁的勝利。但後來情況不同了。所以，起初魯肅勸孫權聯劉抗曹是正確的；後來孫權、呂蒙一變而為取援曹操、進攻關羽，亦是對的。劉備的勢力正趨迅猛發展，東取房陵、上庸，益州與荊州便在地理上從北到南聯在一起，而關羽亦在荊州諸郡坐大。不難看出，就當時的軍事形勢言，關羽對吳的威脅遠遠超過了曹操對吳的威脅。

任何軍事上的聯盟，都是利益的聯盟。當此之時，曹操要解除關羽的威脅，孫權又何嘗不是如此。他們因為有利益上的共同點，自然就比較容易地暫釋前嫌而聯合起來了。

其實，魯肅死前，也已經感到劉備、關羽威脅的來臨，戰略思想已經開始變化，如果天假數年，他目睹關羽勢力的迅速擴展，也會毅然抵抗劉備和關羽。下面的一個故事，說明了魯肅的思想正在起變化。

《三國志・呂蒙傳》載：「魯肅代周瑜，當之陸口（今赤壁市陸溪口），過蒙屯下。肅意尚輕蒙」，有人對魯肅說：「呂將軍功名日顯，不可以故意待也，君宜顧之。」魯肅便去見呂蒙。呂蒙設酒招待，蒙問肅：「君受重任，與關羽為鄰，將何計略，以備不虞？」肅順口回答：「臨時施宜。」蒙說：「今東西雖為一家，而關羽實熊虎也，計安可不豫定？」當時，呂蒙「為肅畫五策」（按：五策，史不具載，不知其詳）。魯肅於是急忙走到呂蒙跟前，手拍其背說：「呂子明，吾不知卿才略所及乃至於此也。」既而，「遂拜蒙母，結友而別。」可見，呂蒙的主張已經受到魯肅的重視，呂蒙其人也成了魯肅早已注意的人物。

魯肅死，孫權以從事中郎嚴畯代肅，督兵萬人，鎮據陸口。嚴畯前後固辭：「樸素書生，不閑軍事，非才而據，咎悔必至。」嚴畯「發言慷慨，至於流涕，權乃聽焉」。[4] 於是拜左護軍、虎威將軍呂蒙為帥代肅，「西屯陸口，肅軍人馬萬餘盡以屬蒙。又拜漢昌太守（治今湖南平江境），食下雋、劉陽、漢昌、州陵。」

據載，呂蒙此前已向孫權密陳計策說：「今令征虜（孫皎）守南郡，潘璋住白帝，蔣欽將游兵萬人，循江上下，應敵所在，蒙為國家前據襄陽，如此，何憂於操，何賴於羽？且羽君臣，矜其詐力，所在反覆，不可以腹心待也。今羽所以未便東向者，以至尊（孫權）聖明，蒙等尚存也。今不於強壯時圖之，一旦僵仆，欲復陳力，其可得邪？」孫權認為呂蒙的意見很對，「深納其策」，但又想向北擴張，「復與論取徐州意。」蒙指出：「今操遠在河北，新破諸袁，撫集幽、冀，未暇東顧。徐土守兵，聞不足言，往自可克。然地勢陸通，驍騎所騁，至尊今日得徐州，操後旬必來爭，雖以七八萬人守之，猶當懷憂。不如取羽，全據長江，形勢益張。」孫權「尤以此言為當」。

呂蒙代肅，「初至陸口，外倍修恩厚，與羽結好」，充分製造假象，把自己的真實意圖掩飾起來；內則積極謀戰，待機而動。因此想出了裝病一招。據載，關羽圍曹仁、攻襄樊時，曾經留下部分兵力駐守公安、南郡，以備孫權。呂蒙即上疏孫權說：「羽討樊而多留備兵，必恐蒙圖其後故也。蒙常有病，乞分士眾還建業，以治疾為名。羽聞之，必撤備兵，盡赴襄陽。大軍浮江，晝夜馳上，襲其空虛，則南郡可下，而羽可擒也。」於是呂蒙「遂稱病篤」，孫權發出不加密封的文書（露檄）「召蒙還」，祕密地商量征伐關羽的計謀。關羽果然上了當，「信之，稍撤兵以赴樊。」[5]

二、陸遜為督，繼用呂蒙策略

既爾，陸遜拜為偏將軍，右部督，代呂蒙，進一步對關羽施以麻痺之術。

陸遜，時年三十六歲，由定威校尉遽拔為督，是呂蒙向孫權推薦的。陸遜為督，並非偶然。他二十一歲為海昌屯田都尉，並領縣事。十數年間，政事、軍事能力都得到了鍛鍊。在縣，「開倉穀以振貧民，勸督農桑，百姓蒙賴。」在軍，敢以不多的兵力討伐叛亂，「時吳、會稽、丹楊多有伏匿（按：指藏起來的應當服兵役的人），遜陳便宜，乞與募焉。」據載，會稽有「山賊大帥潘臨，舊為所在毒害，歷年不禽」。陸遜「以手下召兵，討治深險，所向皆服」。鄱陽「賊帥尤突作亂，復往討之」，因而被授定威校尉。

據說，孫權以兄孫策的女兒許配給陸遜，引為知己，「數訪世務」，陸遜多有建策。陸遜建議重點有二：一曰「克敵寧亂，非眾不濟」。他主張通過招募與平叛的辦法，取其精銳，擴充軍隊。二曰「腹心未平，難以圖遠」。他主張嚴厲鎮壓反叛，以保後方安定。孫權接受了陸遜的建策，即以陸遜為帳下右部督，並將其建策付諸實行。歷史記載：「會丹楊賊帥費棧受曹公印綬，扇動山越，為作內應，權遣遜討棧。棧支黨多而往兵少，遜乃益施牙幢，分布鼓角，夜潛山谷間，鼓噪而前，應時破散。遂部伍東三郡，強者為兵，羸者補戶，得精卒數萬人，宿惡蕩除，所過肅清，還屯蕪湖。」僅此一戰，陸遜不僅成了手握數萬重兵的將領，而且以少勝多的軍事才幹得到體現，引起了孫權以及諸將的重視。

史載，呂蒙稱病回建業，路經蕪湖，陸遜甚知呂蒙用意，因對呂蒙說，「關羽接境，如何遠下，後不當可憂也？」呂蒙說：「誠如來言，然我病篤。」陸遜進計說：「羽矜其驍氣，陵轢於人。始有大功，意驕志逸，但務北進，未嫌於我，有相聞病，必益無備。今出其不意，自可禽制。下見至尊（按：指孫權），宜好為計。」呂蒙怕過早洩露機密，故作不然狀，說：「羽素勇猛，既難為敵，且已據荊州，恩信大行，兼始有功，膽勢益盛，未易圖也。」話雖這樣說，但呂蒙由此得知陸遜之能及其對關羽的態度，所以呂蒙至都，孫權問：「誰可代卿者？」便對孫權說：「陸遜意思深長，才堪負重，觀其規慮，終可大任。而未有遠名，非羽所忌，無復是過（意謂沒有比陸遜更好的人選了）。若用之，當令外自韜隱，內察形便，然後可克。」於是，孫權即召陸遜，「拜偏將軍，右部督，代蒙。」

陸遜至陸口，執行「外自韜隱，內察形便」的策略，針對關羽喜歡「戴高帽」的弱點，立即給了關羽一封信，將其大大吹捧了一通，並深表欽慕之情，說：「前承觀釁而動，以律行師，小舉大克，一何巍巍（按：當時自許以南，『群盜』遙應關羽，關羽所向輒克，『威震華夏』）！敵國（魏）敗績，利在同盟（吳），聞慶拊節，想遂席卷，共獎王綱。近以不敏（遜自謙），受任來西，延慕光塵（光塵，猶言風采），思稟良規。」又說什麼「于禁等見獲，遐邇欣歎，以為將軍之勳足以長世，雖昔晉文城濮之師，淮陰（韓信）拔趙之略，蔑以尚茲」。同時，假意向關羽獻策，勸其「廣為方計」，搶在曹操「增眾」之前，乘勝消滅魏將徐晃的駐軍。又致謙下自託之意，自稱「書生疏遲，忝所不堪，喜鄰威德，樂自傾盡，雖未合策，猶可懷也。倘明注仰，有以察之」。

關羽讀了陸遜的信，覺得陸遜「有謙下自託之意，意大安，無復所嫌」。陸遜察覺到時機已經成熟，遂向孫權「具啟形狀，陳其可禽之要」。6

三、聯合曹操，「乞以討關羽自效」

建安二十三年（二一八），曹操西北戰事緊張。三月，都護將軍曹洪、騎都尉曹休戰敗張飛和馬超；四月，劉備屯陽平關，征西將軍夏侯淵率張郃、徐晃等與之相拒；七月，曹操親征劉備，九月至長安；二十四年春，曹操自長安出斜谷，兵臨漢中，出師不利，「操與備相守積月，魏軍士多亡（逃）」；五月，曹操「悉引出漢中諸軍還長安，劉備遂有漢中」。歷史表明，當曹操放棄漢中，率領軍隊後撤，返回長安時，劉備、諸葛亮非常有效地利用了這一形勢，遂東西拓展地盤，很快進入今湖北境內，占領了房陵（今房縣）、上庸（今竹山），營造東進之勢，遙與關羽相呼應，給曹操南方重要據點襄陽以重大威脅；繼而，劉備自稱漢中王，退還了曹操所表授的印綬，表示徹底斷絕同曹操所控制的朝廷的聯繫，進一步表明了他堅決抗操而謀取大業的決心。

大約就在同時，即劉備稱王而頤指氣使地回成都的時候，孫權曾經乘機攻合肥。但不久他便認識到，劉備、關羽的威脅已經形成了。

關羽在劉備、諸葛亮總戰略的指導下，向曹軍發動了進攻。

建安二十四年（二一九）七月，關羽使南郡太守麋芳守江陵，將軍士仁（姓士名仁。一作傅士仁）守公安，自率主力攻曹操的征南將軍曹仁於樊城。

曹操遣左將軍于禁「督七軍三萬人救樊」。八月，大雨連綿十餘日，漢水氾濫，平地水五六丈，于禁等「七軍皆沒」。于禁與諸將「登高望水，無所回避」，關羽乘大船因水勢而攻于禁，于禁窮迫，為保數萬士兵的性命，不得已，投降了關羽。[7]

大水給關羽水軍帶來了極大方便。漢水泛溢，平地數丈，大水灌入城內，「羽急攻樊城，樊城得水，往往崩壞，眾皆失色。」有的主張棄城而走，對曹仁說：「今日之危，非力所支，可及羽圍未合，乘輕船夜走，雖失城，尚可全身。」汝南太守滿寵當時受命協助曹仁，住在城內，竭力勸阻大家。滿寵說：「山水速疾，冀其不久。聞羽遣別將已在郟下（今河南郟縣境），自許（昌）以南，百姓擾擾，羽所以不敢遂進者，恐吾軍掎其後耳。今若遁去，洪河（指黃河）以南，非復國家有也，君宜待之。」[8]曹仁聽從了滿寵的建議，曹仁、滿寵等於是沉殺白馬與軍人盟誓，同心固守。當時，城中人馬才數千，大水不斷上漲，「城不沒者數板（胡三省注通鑑云：城高二尺為一板）。」關羽「乘船臨城，立圍數重」，曹軍「外內斷絕，糧食欲盡，救兵不至」；同時，關羽又遣別將包圍曹操將軍呂常於襄陽。曹操所授之荊州刺史胡修、南鄉太守（治今河南淅川西南）傅方都投降了關羽。[9]

水淹七軍前後，關羽在南陽、潁川、弘農諸郡，招附納降，大大發展勢力，使曹魏在此地區的統治很不穩固，正如滿寵所說，「自許以南，百姓擾擾。」

先是南陽民苦於供給曹仁傜役，宛守將侯音、衛開等以宛反，曹操命曹仁討侯音等，曹仁與龐德一起破宛而屠之，斬侯音、衛開。侯音等反，即使參與鎮壓的人，如功曹宗子卿也承認造反者「順民心，舉大事，遠近莫不望風」。[10]曹仁屠宛，顯然是不得人心的。

繼而是陸渾（今河南嵩山境）民孫狼等反，殺縣主簿，南附關羽。「羽授狼印，給兵，還為寇賊。」[11]

曹操既棄關中，失利於西；又值梁、郟、陸渾「群盜」並起。不管是叛將，還是反民，又大都遙受關羽印號，為羽支黨，與羽相呼應。歷史記載說，這時自許以南，「群盜」遙應羽，因而關羽「威震華夏」，竟使曹操被迫召集重要的政治軍事會議，討論了要不要「徙許都以避其鋭」的問題。[12]

在此關鍵時刻，丞相軍司馬司馬懿和西曹屬蔣濟獻出了聯吳以制關羽的謀略。他們對曹操說：「于禁等為水所沒，非戰攻之失，於國家大計未足有損。劉備、孫權外親內疏，關羽得志，權必不願也。可遣人勸躡其後，許割江南以封權，則樊圍自解。」[13]曹操接受了司馬懿和蔣濟的意見。

對比起來，曹操對於這個問題的認識，赤壁戰後雖然有所覺悟，也曾試圖挑撥孫、劉關係，鼓勵孫權把劉備趕出荊州，但遠不及諸葛亮、魯肅的認識深刻。這是因為曹操低估了孫、劉的力量，尤其是低估了孫、劉聯合所形成的合力，自以為中原大軍數倍於孫、劉，總有一天會把他們通通收拾掉。在這種思想指導下，相當長的時間內，他始終按照兩面作戰的戰略布兵。因此，對吳用兵，不能不顧及西北方面的形勢；對西北或劉備用兵，又不能不顧及孫權屢屢犯邊的事實。現在形勢起了變化，西北軍事不利，劉備益張；荊宛關羽構難，吏民為亂；襄樊受困，許都臨險。在此形勢下，經司馬懿、蔣濟一點，以曹操之聰明自然頓時徹悟。於是他立即做出了聯吳擊關羽的正確的軍事決策。

必須指出的是，劉備、諸葛亮在沒有其他更好人選的情況下，授關羽以重任，使之鎮守荊州，雖然不能過責他們決策失當，但也不能不承認其缺乏知人善任之明。

關羽其人，高傲自負，輕視他人，都督荊州事以後，這種致命的缺點，更甚於以往。對此，劉備、諸葛亮都是非常清楚的。但他們都沒有對其施之以教，更不敢行之以約束，反而採取了放任縱容的態度。

關羽剛愎自用，妄自尊大。所以，很不善於處理同敵國、友國的關係。據載，孫權為了暫時穩定孫劉兩家關係，曾經派遣使者為兒子向關羽的女兒求婚，「羽罵辱其使，不許婚。」[14]至於是否如《三國演義》所說，孫權的使者是諸葛瑾，關羽聞瑾來意，勃然大怒說：「吾虎子安肯嫁犬子乎！不看汝弟之面，立斬汝首，再休多言！」以及「諸葛瑾抱頭鼠竄，回見吳侯」等等，歷史皆無可考。就當時的情勢看，雙方關係尚未完全破裂，出言當不至此。但關羽「不許婚」這件事，極大地激怒了孫權，當是真的。自然也使孫權進一步感到了劉備、關羽的威脅。

另，魚豢《典略》載，關羽圍樊時，孫權曾一度想站在關羽一邊，「遣使求助之。」正式的使節出發前，「又遣主簿先致命於羽。」然而，關羽不但不抓緊機會暫時穩住孫權，或利用吳軍牽制曹操的一部分軍隊，反而毫無道理地「忿其淹遲」。當時，于禁已經投降，關羽已經飄飄然，利令智昏，竟然出口不遜，大罵：「貉子（按：蔑稱孫權）敢爾，如使樊城拔，吾不能滅汝邪！」短短數語，不僅侮辱了別人，而且完全暴露了自己的野心。據說，「權聞之，知其輕己，偽手書以謝羽，許以自往。」表現出了一個戰略家的心計，表面謙遜，實則暗中加緊謀劃新的對策。[15]

當然，更重要的是關羽圍曹仁於襄樊，並且水淹于禁七軍，「以舟兵盡虜禁等步騎三萬送江陵」，[16]從而形成了北扼漢水、南控長江的形勢。如此聲威大震，直接構成了對東吳的嚴重威脅。孫權明白，第一，單靠自己的力量，尚無絕對取勝的把握；第二，兩面作戰非常危險。因此，要想同關羽較量，必須取得同曹操的暫時聯盟。《三國志・吳主傳》載，「權內憚羽，外欲以為己功，箋與曹公，乞以討羽自效。」《武帝紀》注引《魏略》說：「孫權上書稱臣，稱說天命（即勸曹操做皇帝）」。孫權此舉，計在自保，但也恰好適應了曹操準備聯吳抵抗關羽的戰略調整。

孫權「乞以討羽自效」的請求得到了曹操「許割江南以封權」的承諾，於是一種各存異心、互相利用的暫時聯盟便告成立。關羽必敗的大勢，從此也便注定了。

建安二十四年十月，曹操派平寇將軍徐晃屯宛，助曹仁，並決定親自率領大軍南救曹仁。曹操駐軍摩陂（今河南郟縣境），遙制諸軍抗援事宜。

關羽兵屯偃城（今湖北襄陽境），徐晃率兵到，「詭道作都塹，示欲截其後」（按：指繞到羽軍背後構築工事，表示要截斷羽軍後路），羽軍害怕，「燒屯走。」晃得偃城。據稱，徐晃兩面連營，稍前，距關羽的圍城兵僅有三丈，但不發動進攻。[17]

曹操命令徐晃把孫權「請以討羽自效」的消息分別射進曹仁營中和關羽的營屯中。據載，孫權派人告訴曹操，說要遣兵西上，偷襲關羽的江陵、公安二城，「江陵、公安累重，羽失二城，必自奔走，樊軍之圍，不救自解」，希望不要洩露，以免關羽有備。曹操向群臣徵求意見，大家都認為應該保密。老謀深算的董昭甚知曹操心意，卻說：「軍事尚權（崇尚權變），期於合宜。宜應（孫）權以密，而內露（暗裡洩露）之。羽聞權上，若還自護，圍則速解，便獲其利。可使兩賊相對銜持，坐待其弊。祕而不露，使權得志，非計之上。又，圍中將吏不知有救，計糧怖懼，倘有他意，為難不小。露之為便。且羽為人強梁，自恃二城守固，必不速退。」[18]曹操按照董昭所說，表面上答應孫權保密，實則故意暴露給關羽。

事態發展果如曹操、董昭所料，被圍困的曹仁軍聞之，「志氣百倍」；關羽聞之，頓起猶豫。

為什麼猶豫呢？胡三省認為，「羽雖見權書，自恃江陵、公安守固，非權旦夕可拔；又因水勢結圍以臨樊城，有必破之勢，釋之而去，必喪前功，此其所以猶豫也。」[19]做此分析，確有道理。到了口邊的肉不取而去，的確是於心不甘。關羽猶豫了，拔樊的決心動搖了，兩面抗敵的信心自然也就不足了。信心既然不足，鬥志亦自然受到影響。

曹操前後又給徐晃派去了殷署、朱蓋等十二營軍隊。徐晃兵力既增，遂趁關羽狐疑之機向關羽發起了攻擊。關羽因水而臨樊城，所以軍營大都屯駐於高阜之上。史載，關羽「圍頭有屯，又別屯四塚（當指屯住四個土丘之上）。晃揚聲當攻圍頭屯，而密攻四塚。羽見四塚欲壞，自將步騎五千出戰，晃擊之，（羽）退走，（晃）遂追陷與俱入圍，破之，（羽軍）或自投沔水死」。[20]投降關羽的荊州刺史胡修和南鄉太守傅方，亦皆被徐晃軍殺死。瞬息之間，軍事態勢發生了根本變化，本具強勁勢力的關羽軍隊，由優勢轉為劣勢，如無回天之謀，只有等待失敗了。

擒殺關羽

關羽撤樊城圍而退，但其舟船仍據沔水。曹操並沒有進一步追擊關羽。這是為什麼呢？戰爭的過程告訴我們，這是曹操欲使孫權、關羽兩存、兩戰、兩傷，最後相機而取之的計策。

孫權視關羽為嚴重威脅，必欲除之而後安，既然與曹操達成諒解，便立即開始謀劃攻取江陵的行動。孫權及其將呂蒙、陸遜等甚知關羽的弱點，而且成功地利用了關羽「意驕志逸」的弱點和「但務北進」、少備孫權的戰略錯誤。

關羽俘獲于禁等人馬數萬後，糧食乏絕，擅取孫權湘關米，為孫權發兵提供了藉口，「權聞之，遂行，先遣（呂）蒙在前。」

《三國志・孫皎傳》載，孫權發兵襲關羽，「欲令（孫）皎與（呂）蒙為左右部大督。」呂蒙對孫權說：「若至尊以征虜（孫皎）能，宜用之。以蒙能，宜用蒙。昔周瑜、程普為左右部督，共攻江陵，雖事決於瑜，普自恃久將，且俱是督，遂共不睦，幾敗國事，此目前之戒也。」孫權恍然大悟，表示歉意，當即以呂蒙獨掌都督大權，說：「以卿為大督，命皎為後繼。」

參加這次戰役的，除了虎威將軍呂蒙、征虜將軍孫皎外，還有偏將軍陸遜、朱然、潘璋，以及騎都尉虞翻等。

此時，曹操在打了一場有限的戰爭後，便擁兵不前而坐山觀虎鬥了。但曹操沒有想到孫權、呂蒙竟會那樣容易地取得南郡。

一、呂蒙潛進得江陵

史載，孫權「潛軍而上，使遜與呂蒙為前部，至即克公安、南郡」。[21]什麼是「潛軍而上」？呂蒙的行動是個很好的注腳。據說：「蒙至尋陽，盡伏其精兵䑸𦪇（按：一種本非用於戰鬥的船）中，使白衣搖櫓，作商賈人服，晝夜兼行，至羽所置江邊屯候（哨所），盡收縛之，是故羽不聞知。遂到南郡，士仁、麋芳皆降。蒙入據城，盡得羽及將士家屬。」[22]

麋芳是劉備的南郡太守、已故麋夫人的二哥、蜀安漢將軍麋竺的弟弟，其位不可謂不顯；將軍士仁，亦得劉備重視，鎮守公安。二人據守長江南北，扼住長江咽喉。然而關羽卻看不起他們。《三國志・關羽傳》載，麋芳、士仁「素皆嫌羽輕己。羽之出軍，芳、仁供給軍資，不悉相救（按：

意為數量不足，供不及時）。」關羽因此揚言回去後一定治他們的罪。麋芳、士仁很怕被治罪，「咸懷懼不安。」孫權得知情況，於是「陰誘芳、仁，芳、仁使人迎權」。《三國志．呂蒙傳》注引張勃《吳錄》和韋曜《吳書》記載有不同，但更詳細。《吳錄》說：「初，南郡城中失火，頗焚燒軍器。羽以責芳，芳內畏懼，權聞而誘之，芳潛相和。及蒙攻之，乃以牛酒出降。」《吳書》說，士仁在公安據守，呂蒙令虞翻對他說以利害，指出：「呂虎威（蒙）欲徑到南郡，斷絕陸道，生路一塞，案其地形，將軍為在箕舌上耳，奔走不得免，降則失義，竊為將軍不安，幸熟思焉。」士仁得書，「流涕而降。」然後，呂蒙帶上士仁，兵至南郡，「南郡太守麋芳城守，蒙以仁示之，（芳）遂降。」

關羽聞南郡失守，不得不立即向南撤退。這就是說，孫權幾乎是兵不血刃地奪取了南郡。

據說，曹操的將領們，深恐功勞被孫吳獨占，大都認為應該乘關羽危懼之機，追而擒之。曹操聽到關羽南走的消息，深恐諸將追擊，急令曹仁勿追。曹操的用意很清楚，就是讓孫權去消滅關羽，從而使孫、劉勢不兩立。

呂蒙入據南郡之後，積極穩定局勢，利用懷柔策略，大大瓦解了關羽的軍心。其一，「蒙入據城，盡得羽及將士家屬，皆撫慰，約令軍中不得干歷人家（不准騷擾住戶），有所求取。」據說，有「蒙麾下士，是汝南人（呂蒙亦汝南人），取民家一笠，以覆官鎧，官鎧雖公，蒙猶以為犯軍令，不可以鄉里故而廢法，遂垂涕斬之。於是軍中震栗，道不拾遺。」其二，「蒙據江陵，撫其老弱」，「旦暮使親近存恤耆老，問所不足，疾病者給醫藥，飢寒者賜衣糧。」其三，「羽府藏財寶，皆封閉以待權至。」其四，厚待關羽的人，「羽還，在道路，數使人與蒙相聞，蒙輒厚遇其使，周遊城中，家家致問，或手書示信。羽人還，私相參訊，咸知家門無恙，見待過於平時，故羽吏士無鬥心。」[23]另外，還把前時投降關羽而被關閉起來的魏將于禁釋放出來，客待之，藉以向魏示好。

二、朱然、潘璋伏兵擒關羽

關羽「自知孤窮，乃走麥城（今湖北當陽東南），西至漳鄉，眾皆委羽而降」。[24]或謂：「關羽還當陽，西保麥城，權使誘之，羽偽降，立幡旗，為象人（假人）於城上，因遁走，兵皆解散，尚十餘騎。」[25]這就是說，關羽已經眾叛親離了。

孫權料關羽必將逃走，先使朱然、潘璋在麥城周圍設伏，「斷其徑路。」關羽士卒解散，孤城難保，不得已率領僅有的十餘騎逃出麥城，結果在漳鄉（一說走到臨沮。漳鄉、臨沮均在當陽境內），被孫權的伏兵、潘璋的司馬馬忠等截獲。關羽及其養子關平、都督趙累等均被斬首。

《三國志．關羽傳》注引《蜀記》說：「權遣將軍擊羽，獲羽及子平。權欲活羽以敵劉、曹，左右曰：『狼子不可養，後必為害。曹公不即除之，自取大患，乃議徙都。今豈可生！』乃斬之。」南朝宋人裴松之認為這條記載不可靠，他說：「按《吳書》：孫權遣將潘璋逆斷羽走路，羽至即斬，且臨沮去江陵二三百里，豈容不時殺羽，方議其生死乎？又云『權欲活羽以敵劉、曹』，此之不然，可以絕智者之口。」揣度之，吳將「截獲」關羽，沒有權力擅殺，況且馬忠只不過是一位低級將領，所以需經孫權批准而殺之的情節是合理的；就兩地距離來說，孫權既臨前線，就在南郡（按，當陽屬南郡），沮漳水到孫權本營（江陵）不會超過五十公里，所以先請示而後殺之是不困難的。況且，《三國志．吳書》諸傳實際都沒有裴松之所謂關羽被捉後即為馬忠或潘璋斬首的記載，如〈吳主傳〉說，建安二十四年十二月，「璋司馬馬忠獲羽及其子平、都督趙累等於章鄉，遂定荊州。」《潘璋傳》也僅說：「權征關羽，璋與朱然斷羽走道，到臨沮，住夾石。璋部下司馬馬忠禽羽，並羽子平、都督趙累等。」前者用「獲」字，後者用「禽」字，均無「即斬」一說。而《吳範傳》更是反映了孫權離前線不遠而焦急等待消息的心情：「權使潘璋邀其徑路，覘候者還，白羽已去。範曰：『雖去不免。』問其期，曰：『明日日中。』權立表下漏以待之。及中不至，權問其故，範曰：『時尚未正中也。』頃之，有風動帷，範拊手曰：『羽至矣。』須臾，外稱萬歲，傳言得羽。」所以，「羽至」，而最終由孫權決定斬殺的記載是正確的。

關羽被殺是建安二十四年十二月的事。早在建安十九年，劉備奪得益州，將益州牧劉璋趕下臺，「盡歸其財物及故配振威將軍印綬」，安置在南郡公安。孫權殺關羽、取荊州後，為了表示對劉備的不承認，即以被劉備廢逐的劉璋再為益州牧，駐秭歸。不久，劉璋死（約在魏黃初二年，蜀章武元年，西元二二一年），孫權又以劉璋的兒子劉闡為益州刺史，「處交、益界首（界首，兩地交接的地方）。」[26]

關羽死後，孫權既感除掉大患，又感問題嚴重。從戰略上考慮，他不能不把曹操拉上。他要製造假象表明自己是奉曹操的命令而襲殺關羽的，據《三國志・關羽傳》注引《吳歷》說：孫權把關羽的首級送給了曹操，而以「諸侯禮葬其屍骸」。就這樣，一位剛愎自用、勇冠三軍而不善謀略、「善待卒伍而驕於士大夫」、甚被後世褒揚的人物便可悲地「身首異地」而葬了。

陸遜西上，把劉備餘部趕出荊州

孫權帶兵親至江陵（南郡），住都公安。在公安，孫權有喜有悲，並且甚為惶恐地度過了半年時間。

一喜消滅了關羽，武力奪取荊州成功。

二喜劉備所置荊州將吏「悉皆歸附」，說明他已經真正擁有了荊州。

三喜南平武陵成功。史載，劉備所置荊州將吏「悉皆歸附」後，只有治中從事潘濬「稱疾不見」，於是孫權令人用車子拉著床鋪去請，「濬伏面著床席不起，涕泣交橫，哀哽不能自勝。」孫權親切地「呼其字與語（按：稱字，表示尊敬），慰諭懇惻」，並且讓親近人用手巾為潘濬擦淚。潘濬很受感動，「下地拜謝。」孫權當即「以為治中，荊州軍事，一以諮之」。隨後，潘濬為孫權帶兵五千，平定了「武陵部（郡）從事樊伷」。當時樊伷正「誘導諸夷，圖以武陵附漢中王（劉）備」。有人提出需要一位都督，「督萬人往討之」，權問濬，濬認為「以五千兵往，足以擒伷」。果然成功。[27]

四喜陸遜西上，把劉備餘部全都趕出荊州。攻克公安、江陵之後，孫權即以呂蒙為南郡太守，封孱陵侯，賜錢一億，黃金五百斤；以陸遜領宜都太守，拜撫遠將軍，封華亭侯，並令其繼續西上。陸遜「別取宜都，獲秭歸、枝江、夷道，還屯夷陵，守峽口以備蜀」。劉備所置宜都太守樊友棄郡而逃，「諸城長吏及蠻夷君長皆降於（陸）遜。」陸遜即遣將軍李異、謝旌等率領三千人，斷絕險要，先攻蜀將詹晏、陳鳳，又攻蜀置房陵太守鄧輔、南鄉太守郭睦，均大破之。另，秭歸大姓文布、鄧凱等合夷兵數千人，聲援蜀軍，「（陸）遜復部（謝）旌討破布、凱。布、凱脫走，蜀以為將。遜令人誘之，布帥眾還降。」真可謂兵敗如山倒。短短的時間之內，陸遜「前後斬獲招納，凡數萬計」。[28]至此，孫權已把荊州諸郡，除了曹操控制的南陽以及江夏、上庸等部分地區外，全都置於麾下。劉備勢力被趕出了荊州，孫權因而又加封陸遜為右護軍、鎮西將軍，進封婁侯。

孫權之悲莫過於愛將呂蒙病逝。攻克公安、江陵之後，孫權在尚未取得完全勝利的情況下，急於加封呂蒙和陸遜，重要原因是呂蒙病情不穩，生死未卜之兆已顯。據載，呂蒙「固辭金錢，權不許。封爵未下，會蒙疾發」。當時，孫權在公安，將呂蒙「迎置內殿，所以治護者萬方，募封內有能愈蒙疾者，賜千金」。他守護在呂蒙的周圍，「時有針加，權為之慘慼，欲數見其顏色，又恐勞動，常穿壁瞻之，見小能下食則喜，顧左右言笑，不然則咄唶（ㄉㄨㄛˋ ㄐㄧㄝˋ，歎息），夜不能寐。病中瘳，為下赦令，群臣畢賀。後更增篤，權自臨視，命道士於星辰下為之請命。」呂蒙年四十二，卒於孫權內殿。孫權哀痛過甚，以致身體受到傷害。呂蒙遺囑，將所得金寶諸賜盡付府藏，「命絕之日皆上還，喪事務約。」孫權聞之，「益以悲慼。」[29]

註釋

1 《三國志・吳書・吳主傳》。

2 《三國志・蜀書・先主傳》。

3 《三國志・吳書・呂蒙傳》。

4 《三國志・吳書・嚴畯傳》。

5《三國志．吳書．呂蒙傳》。
6 以上《三國志．吳書．陸遜傳》。
7《三國志．魏書．于禁傳》。
8《三國志．魏書．滿寵傳》。
9《三國志．魏書．曹仁傳》；《資治通鑑》卷六八，漢獻帝建安二十四年。
10《資治通鑑》卷六八，漢獻帝建安二十三年。
11《資治通鑑》卷六八，漢獻帝建安二十四年。
12《三國志．蜀書．關羽傳》。
13《三國志．魏書．蔣濟傳》。
14《三國志．蜀書．關羽傳》。
15《三國志．蜀書．關羽傳》注引《典略》。
16《三國志．吳書．吳主傳》。
17《三國志．魏書．徐晃傳》。
18《三國志．魏書．董昭傳》。
19《資治通鑑》卷六八，漢獻帝建安二十四年注。
20《三國志．魏書．徐晃傳》。
21《三國志．吳書．陸遜傳》。
22《三國志．吳書．呂蒙傳》、〈吳主傳〉。
23《三國志．吳書．呂蒙傳》。
24 同上。
25《三國志．吳書．吳主傳》。
26《三國志．蜀書．劉璋傳》。
27《資治通鑑》卷六八，漢獻帝建安二十四年。
28《三國志．吳書．陸遜傳》、〈吳主傳〉；《資治通鑑》卷六八，漢獻帝建安二十四年。
29《三國志．吳書．呂蒙傳》。

第八章　勸曹操做皇帝　接受曹丕賜封

關羽既已授首，為了共同的利益，曹操和孫權相互利用，加緊聯繫和改善關係。

曹操明白，當前想消滅孫權已是完全不可能的，但利用他制約或削弱劉備卻是非常現實的。建安二十四年末，曹操控制的漢朝廷封孫權為驃騎將軍，假節，領荊州牧，南昌侯。這是一次帶有質變的封賞。漢制，將軍之號，分有若干等級：大將軍、驃騎將軍，「位次丞相（按：次，作相當於解，不作次於解）」；車騎將軍、衛將軍、左右前後將軍，「皆金紫，位次上卿。」[1]其他列將軍，大都是臨時設置的名號將軍，包括孫堅和孫策、孫權的破虜將軍、討逆將軍、討虜將軍都屬此類。驃騎將軍是武將的最高封級之一。假節，就是得到皇帝授權，可以代表皇帝，自主征伐。領荊州牧，使孫權第一次成為朝廷的正式的封疆大吏，並且標誌著朝廷對劉備自領荊州牧的不承認。為什麼說這是一次帶有質變的封賞呢？先此，建安五年，曹操曾「表權為討虜將軍，領會稽太守」，雖然有權越境作戰，但尚屬一般的名號將軍，無權假節，而且只給郡一級的地方官頭銜；赤壁戰爭以後，建安十四年，劉備自領荊州牧，並「表權行車騎將軍，領徐州牧」，將軍之號上升到第二等級的重號將軍，但所謂徐州牧實屬遙領而未有其地，更重要的是他們剛把曹操打敗，所以根本不可能得到曹操控制的朝廷的認可。而這一次是曹操親自決定並付諸實施的以孫權「為驃騎將軍，假節，領荊州牧」，所以，情況完全不同。

勸曹操做皇帝

孫權接到曹操的封賞，陡然間成了被朝廷承認的地方上職級最高、勢力最強的軍政集團首領，自然是非常高興（按：此時劉備雖然自稱王，但被朝廷承認的官職只是左將軍和徒具虛名的豫州牧以及自領而未被朝廷承認的荊州牧、益州牧頭銜）。

當然，更重要的是，孫權鑒於孫劉兩家戰爭的不可避免，必須穩定北方，避免兩面作戰，不得不在戰略戰術上做出根本性的轉變。從此，正當劉備大罵曹操「竊執天衡」、「窮凶極逆」、「剝亂天下，殘毀民物」起勁的時候，而首倡曹操是「託名漢相，其實漢賊」的東吳，此類的話卻不再見諸君臣上下之口，而是改變為遣使進貢，主動上書向曹操稱臣了。

一、「奉貢於漢」

孫權奪得荊州並得到朝廷賜封以後，立即加強同曹魏的聯繫。有三件事被記載在歷史上：

一是**立即進貢**。史載，孫權「遣校尉梁寓奉貢於漢」（按：實貢於操。因為漢天子已是曹操的傀儡）。梁寓其人，歷史記載很簡短，《三國志．吳主傳》注引《魏略》說，梁寓「字孔儒，吳人也。權遣寓觀望曹公，曹公因以為掾，尋遣還南」。這說明，孫權遣使進貢的目的，除了表示臣服外，更重要的是觀望曹操的動靜和對自己的態度，以便決定下一步的決策；

二是**溝通貿易**，「**令王惇市馬**」。市，是做買賣，互通有無，互利的，但歷史上國與國之間的互市常常是帶有政治目的的。孫權令人到曹操那裡買馬，既為戰爭所需，也不排除是一種示好和變相進貢的方式（按：王惇是孫權麾下一位將軍，孫權死後數年，因參與孫氏內部的權力之爭，被當權者孫綝殺死）；

三是把征皖城時俘獲的廬江太守朱光及參軍董和等「遣歸」。前面講到，建安十九年（二一四）閏五月，孫權曾主動發起了向皖城的進攻，「侵晨進攻」，「食時破之」，俘獲朱光等及男女數萬口。為了表示友好，把朱光等遣返了。但所獲之男女數萬口，並沒有一同遣返。

二、「稱說天命」

孫、劉戰爭勢所難免，吳兵主力大都調往荊州西線，扼長江兩岸或近江而紮。形勢緊迫，孫權必須確保北邊無虞，因此言不由衷地不惜向曹操稱臣。

建安二十四年十月，孫權向曹操「上書稱臣，稱說天命」。「稱臣」，是表示願意做曹操的藩屬、臣子；「稱說天命」，是勸曹操做皇帝。上書的具體內容，歷史沒有記載。既然是「稱說天命」，自然是天命所歸之類的諂媚阿諛之辭。

中國歷史上改朝換代的皇帝們，無不鼓吹天命有德，把自己說成是當之無愧的真命天子。與此相應的是，朝廷內外往往是一片歌功頌德和稱說讖語、瑞兆的聲音。竊以為，孫權「稱說天命」完全是政治的需要，不要看得太認真。但是這件事在魏國卻引起了很大波瀾，客觀上正式啟動，或者說是加速了曹氏父子代漢自立的進程。影響不可低估。

筆者曾在《曹操評傳》一書中講過，曹操封公建國以前，雖然被敵對勢力罵為漢賊，但他並沒有明顯的篡漢自立的言論和行動。朝廷內外多有言曹操有不遜之志者，曹操則盡力反覆說明自己如何屢立大功，如何忠於漢室，遂有《讓縣自明本志令》一類的文字寫出。但封公建國後不久，事物的本質便在起變化。建安十九年（二一四）正月，即魏國政權正式建立不到二個月，曹操行天子儀式「始耕籍田」；三月，以天子詔宣布「魏公位在諸侯王上，改授金璽、赤紱（紅色的官印絲帶）、遠遊冠」；十一月，殺漢獻帝皇后伏壽；十二月，以天子命「置旄頭（旄旗用犛牛尾裝飾），宮殿設鐘虡（虡，音ㄐㄩˋ，懸掛編磬、編鐘的木架。皆諸侯及天子之待遇）」；二十年（二一五）九月，「承制封拜諸侯守相」，把皇帝形式上的任命郡守、國相的權力也剝奪了；十月，為了拉攏更多的人，始置名號侯至五大夫，與舊列侯、關內侯凡六等，以賞軍功；二十一年（二一六）五月，進爵為魏王。

如果說受爵魏公還僅是「擬於天子」、「同制京師」的話，那魏王就不同了。史載，曹操假天子之命，很快便獲得如下特權：（一）「天子命王設天子旌旗，出入稱警蹕。」設天子旌旗就是打天子的旗號，用天子規格的儀仗隊、鑾駕；稱警蹕，就是如天子一樣，在出入經過的地方實行戒嚴，斷絕行人；（二）「天子命王冕十有二旒，乘金根車，駕六馬，設五時副車。」旒，指冠冕（帽子）前後的玉串。據《周禮》和《禮記》載，子、男的冠冕五旒，侯、伯七旒，上公九旒，「天子玉藻，十有二旒。」就是說曹操戴的帽子是只有天子才有資格戴的那種有十二條玉串的帽子。至於「乘金根車、駕六馬，設五時副車」亦皆天子之儀。

不難看出，不管是實際權力，還是冠冕形式、乘車策馬，曹操都已經是毫無二致的「天子」了。所謂絕無不遜之志、絕無篡漢之心一類的表示都被自己的行動揭穿了。他已經過了做天子的癮，但他不承認自己是「真正的天子」，更不篡漢稱帝。這是為什麼呢？一個重要的原因是，曹操擁漢扶漢而不篡漢的話說得太多了，實在是不便自食其言。這類話，如從興平二年（一九五）《領兗州牧表》算起到建安十八年（二一三）《上書謝策命魏公》，講了近二十年；直到建安十九年「位在諸侯王上」以後，才不再說了。不再說了，說明他的內心深處正在起變化。再就是，他不願把自己同劉備、孫權擺在同等地位上。天下三分之勢已成，但漢天子仍是漢室的象徵、統一的象徵，如果遽為天子而廢漢，不僅給劉備、孫權等以口實，成為眾矢之的，而且在客觀上無異於承認了劉備、孫權割據政權的合法性，無異於把自己同他們置於同等地位。

其實，曹操的內心深處正在準備著這一步的來臨。我認為，建安二十四年曹操在洛陽構築建始殿，是他準備走向最後一步的明顯表現。至於這一步是由自己還是由兒子去完成，那是要看形勢來定的。可以斷言，如果身體健康，天假數年之壽，他會親自完成這一步的。

孫權「上書稱臣，稱說天命」，啟發並促進了魏國上下勸曹操代漢自立的積極性。正如《三國志・武帝紀》注引《魏略》所說，「孫權上書稱臣，稱說天命」，曹操當即特意將孫權的上書向大家展示，並且不由詼諧地說：「是兒欲踞吾著爐火上邪。」話雖這樣說，但大家從曹操準備以魏代漢的諸多表現中，甚明曹操展示孫權上書的用意，於是侍中陳群、尚書桓階等即以孫權上書為由乘機勸進：

> 漢自安帝已來，政去公室，國統數絕，至於今者，唯有名號，尺土一民，皆非漢有，期運久已盡，歷數久已終，非適今日也。是以桓、靈之間，諸明圖緯者，皆言「漢行氣盡，黃家當興」。殿下應期，十分天下而有其九，以服事漢，群生注望，遐邇怨歎，是故孫權在遠稱臣，此天人之應，異氣齊聲。臣愚以為虞、夏不以謙辭，殷、周不吝誅放，畏天知命，無所與讓也。

夏侯惇說得更乾脆俐落：

天下咸知漢祚已盡，異代方起。自古已來，能除民害為百姓所歸者，即民主也。今殿下即戎三十餘年，功德著於黎庶，為天下所依歸，應天順民，復何疑哉！

據載，曹操聽了陳群、桓階、夏侯惇的話以後，先是引用孔子的話「施於有政，是亦為政」（按：意為重要的是掌握實權，不必看重名號），自我解嘲；進而根據當時的形勢，可能還有自己身體的原因，更可能是為了明確表態「魏將代漢」而故意為之，說：「若天命在吾，吾為周文王矣！」（按：周文王生前未能滅商，其子武王姬發抱著他的牌位伐紂，終將殷商滅掉而代之）。對於曹操的表態，論者常常重視曹操生前無意做皇帝，而忽視了曹操已經很明確地表示「魏將代漢」。只是這最後的一步，「就讓自己的兒子去完成吧！」[2]

毋庸諱言，正是曹操在現實和輿論上都已做好了充分的準備，也正由於是孫權的勸進書使曹操做出了明確的表態，所以曹操死後，曹丕僅僅用了幾個月的時間就順利地逼漢禪位了。

很明顯，孫權上書稱臣，稱說天命，客觀上就像一副催化劑，在曹魏代漢的過程中產生了重大的歷史作用。

向曹丕稱藩，受封吳王

建安二十五年（二二〇）正月，曹操死了，曹丕代為漢丞相、魏王，改（漢）建安年號為（漢）延康，不久逼禪成功，改為（魏）黃初元年。

曹丕稱帝對於當時的軍事態勢沒有產生重大影響，但促進了孫劉兩家各自稱帝的步伐。如史所載，曹丕十月稱帝，次年四月劉備便在成都祭告天地自稱蜀漢皇帝了。此時的孫權，剛被封為驃騎將軍，荊州牧，南昌侯，且面臨一場必不可免的大的戰爭，尚未稱王，自然是不具備遽為皇帝的條件。但他很明白，自己不能長時間在這種非均衡的、等而下之的名義下鼎足於兩個皇帝之間，必須積極謀劃既利戰爭又利迅速進階的策略。

一、向魏稱藩

曹丕為王以後，為了代漢自立的需要，除了內修政事、大造天命所歸的輿論，還要廣建武功，以示聖明。所以，不久便遣使宣威四方。五月間，「山賊」鄭甘、王照及盧水胡「率其屬來降」；派兵鎮壓了酒泉黃華和張掖張進的叛亂；七月間，蜀將孟達率眾投降、武都氐王楊僕率種人內附。對此，曹丕很是得意，高興地說：「以此而推，西南將萬里無外，（孫）權、（劉）備將與誰守死乎？」[3]就在這種形勢下，曹丕決定，治兵南征，耀武吳疆。

前已講到，曹操在世時，孫權已經上書稱臣，「稱說天命」，所以南部邊場基本安定。曹丕六月辛亥治兵，草草準備了四十天，便於庚午南征。七月，曹丕率軍到譙。八月，大饗六軍及譙父老百姓於邑東。

這時，孫權正積極備戰西線，甚知絕對不能同曹丕打起來。因此，又一次「遣使奉獻」。送了些什麼東西，史無記載。但曹丕不久便撤軍了。就當時的情勢看，曹丕撤軍的重要原因應當是急於回去加緊逼漢禪位的活動，但孫權「遣使奉獻」也確實給了他一個很好的下臺階。

曹丕做皇帝以後，孫權立即做出兩點反映，即如《三國志·吳主傳》所載：「自魏文帝踐阼，權使命稱藩，及遣于禁等還。」

「使命稱藩」，就是向曹丕稱臣。歷史或謂，「孫權遣使稱臣，卑辭奉章。」[4] 謙恭卑辭當屬事實。但應該看到的是，孫權「稱藩」的實質並非是一般地方諸侯向中央表示隸屬關係，而是表示自己非同普通地方州牧史守，是不受制於對方的、自主征伐的一方獨立政權。他的戰略意義當是首位的。

「遣于禁等還」，是一種主動改善關係的積極行動。于禁是曹操名將，建安二十四年，關羽攻曹操的征南將軍曹仁於樊城。曹操遣左將軍于禁、立義將軍龐德助援曹仁，駐屯於樊北。遭遇大水，「禁等七軍皆沒」，被迫投降關羽。孫權征關羽，呂蒙「據江陵，撫其老弱，釋于禁之囚」。因此，于禁為吳所得。于禁在吳，受到孫權的禮遇。史載：「魏將于禁為羽所獲，繫在城中，權至釋之，請與相見。」由於禮遇太過，以致引起騎都尉虞翻等人的反對。據說，有一天，「權乘馬出，引禁並行」，虞翻向于禁大吼：「爾降虜，何敢與吾君齊馬首乎！」隨即「欲抗鞭擊禁，權呵止之」。後來孫權召集群臣飲酒，于禁「聞樂流涕」，虞翻又呵斥于禁是故作姿態，「欲以偽求免」，使得孫權頗為尷尬，「悵然不平。」及至孫權欲遣于禁「還歸北」，虞翻更是反對，急忙諫阻，說：「禁敗數萬眾，身為降虜，又不能死。北（按：指魏）習軍政，得禁必不如所規。還之雖無所損，猶為放盜，不如斬以令三軍，示為人臣有二心者。」孫權沒有聽從虞翻的說教，即令群臣為于禁送行。在送行的時候，虞翻不無感慨地對于禁說：「卿勿謂吳無人，吾謀適不用耳。」據說，于禁「雖為翻所惡，然猶盛歎翻」。[5]

歷史地看，孫權稱藩，並把于禁送回魏國，絕不是表示投降。他的見解，遠非虞翻者流所能比擬。虞翻乃一儒者，看問題不離儒家道德規範；孫權是一位有作為的政治家，處理問題著眼於

了曹丕的回應。

孫權所為，適應了形勢的發展，有利於吳的根本利益，也迎合了曹魏的需要，因而很快得到

政治和軍事大局。

二、封吳王

黃初二年（二二一），曹丕順利完成了逼禪代立的程序以後，有效地穩定了自己的統治。四月，劉備在蜀自立為（蜀）漢皇帝。嗣後，立即加緊部署對孫權的戰爭。七月，劉備「自率諸軍擊孫權」，孫權遣使求和，遭到拒絕。八月，吳蜀戰爭迫在眉睫，形勢嚴峻。孫權為了避免兩面作戰，不得不「卑辭奉章」，向曹丕稱臣。對於孫權的動機，《三國志·吳主傳》注引《魏略》說：「權聞魏文帝受禪而劉備稱帝，乃呼問知星者，己分野中星氣何如，遂有僭意。而以位次尚少，無以威眾，又欲先卑而後踞（傲）之，為卑則可以假寵，後踞則必致討，致討然後可以怒眾，眾怒然後可以自大，故深絕蜀而專事魏。」實則問題沒有那麼複雜，最重要最現實的是孫權的戰略重點必須如此定位：媾和魏國，專力對蜀。當時，許多事情都是圍繞著這個重點進行的。

面對孫權稱臣，曹魏朝廷出現了兩種不同的意見。《三國志·劉曄傳》記載，曹丕下詔令群臣討論一下劉備會不會出兵為關羽報仇？大多數人認為：「蜀，小國耳，名將唯羽。羽死軍破，國內憂懼，無緣復出。」侍中劉曄則認為，劉備必定出兵報仇：「蜀雖狹弱，而備之謀欲以威武自強，勢必用眾以示其有餘。且關羽與備，義為君臣，恩猶父子，羽死不能為興軍報敵，於終始之分不足。」及至劉備出兵擊吳，「吳悉國應之，而遣使稱藩」，魏國「朝臣皆賀」。據說，只有劉曄大唱反調。劉曄講了很長一段話，要點略為：第一，揭開了孫權「求降」的實質：「權無

故求降，必內有急。權前襲殺關羽，取荊州四郡，備怒，必大興師伐之。外有強寇，眾心不安，又恐中國（按：魏居中原，因稱中國）承其釁而伐之，故委地求降，一以卻中國之兵，二則假中國之援，以強其眾而疑敵人。權善用兵，見策知變，其計必出於此。」第二，應該乘機亡吳：「今天下三分，中國十有其八，吳蜀各保一州，阻山依水，有急相救，此小國之利也。今還自相攻，天亡之也。宜大興師，徑渡江襲其內。蜀攻其外，我襲其內，吳之亡不出旬月矣。吳亡則蜀孤。若割吳半，蜀固不能久存，況蜀得其外，我得其內乎！」6

我在《曹操評傳》一書所附《曹丕評傳》中曾指出，曹丕對於自己的軍事才能很自負，但算不上是軍事家，更不是軍事戰略家，他的諸多軍事行動，大都沒有建樹。所以，他看不到長遠，只看到共同制蜀一點，失去了一次極好的伐吳機會。曹丕認為：「人稱臣降而伐之，疑天下欲來者心，必以為懼，其殆不可！孤何不且受吳降，而襲蜀之後乎？」劉曄針對曹丕之問，當即回答：「蜀遠吳近，又聞中國伐之，便還軍，不能止也。今備已怒，故興兵擊吳，聞我伐吳，知吳必亡，必喜而進與我爭割吳地，必不改計抑怒救吳，必然之勢也。」曹丕不僅不聽，而且決定封孫權為吳王。劉曄急忙阻止：「不可。」隨即陳述了三點理由，第一，王位太崇。指出：「不得已受其降，可進其將軍號，封十萬戶侯，不可即以為王也。夫王位，去天子一階耳，其禮秩服御相亂也。」第二，為虎添翼。指出：「我信其偽降，就封殖之，崇其位號，定其君臣，是為虎傅翼也。」第三，增加了將來對吳用兵的困難。指出，孫權「既受王位，卻蜀兵之後，外盡禮事中國，使其國內皆聞之，內為無禮以怒陛下。陛下赫然發怒，興兵討之」，孫權即可告知其民說「我委身事中國，不愛珍貨重寶，隨時貢獻，不敢失臣禮也，（魏）無故伐我，必欲殘我國家，俘我民人子女以為僮隸僕妾」，如此吳民「信其言而感怒，上下同心，戰加十倍矣」。曹丕依然不聽。

黃初二年八月丁巳，魏文帝曹丕正式策命孫權為吳王。十一月，遣太常邢貞將策書送達到吳。策書寫得很長很隆重。先講套話，表明自己繼承「聖王之法」，以「君臨萬國」之尊，「秉統天機」，進行封賞。然後，讚揚孫權「天資忠亮」、「深睹歷數，達見廢興」、「忠肅內發，款誠外昭，信著金石，義蓋山河」。

最後講述賜封的實質內容：

> 今封君為吳王，使使持節太常高平侯（邢）貞，授君璽綬策書、金虎符第一至第五、左竹使符第一至第十，以大將軍使持節督交州，領荊州牧事，錫君青土（錫，通賜；青土，指東方土地），苴（ㄐㄩ，包裹）以白茅，對揚朕命，以尹東夏。其上故驃騎將軍南昌侯印綬符策。今又加君九錫，其敬聽後命。以君綏安東南，綱紀江外，民夷安業，無或攜貳，是用錫君大輅、戎輅各一，玄牡二駟。君務財勸農，倉庫盈積，是用錫君袞冕之服，赤舄副焉。君化民以德，禮教興行，是用錫君軒縣之樂。君宣導休風，懷柔百越，是用錫君朱戶以居。君運其才謀，官方任賢，是用錫君納陛以登。君忠勇並奮，清除奸慝，是用錫君虎賁之士百人。君振威陵邁，宣力荊南，梟滅凶醜，罪人斯得，是用錫君鈇鉞各一。君文和於內，武信於外，是用錫君彤弓一、彤矢百、玈弓十、玈矢千。君以忠肅為基，恭儉為德，是用錫君秬鬯一卣，圭瓚副焉。欽哉！敬敷訓典，以服朕命，以勖相我國家，永終爾顯烈。

這是曹丕第一次，也是惟一的一次顯示天子威風的重封異姓王的行動，所以顯得特別自豪和大方。次年，所封曹彰、曹植等諸兄弟之同姓王，統統等而下之，不可同日而語。

應該特別指出的是，這份策書除了封王、加九錫，最為現實的是以下三點：第一，由驃騎將軍升為大將軍。東漢以來，「大將軍，位丞相之上。」[7]第二，假節變為持節。節是天子授予的權力憑證，持節就是持有天子給予的這種憑證，假節是假持節，就是憑節行使權力，帶有某種臨時性質。第三，增大封疆，不僅領荊州牧事，而且得到督領交州的許可。

對於是否接受魏封，孫權君臣多有不甘者。史載：「權群臣議，（群臣）以為宜稱上將軍九州伯，不應受魏封。」孫權不同意大家的意見，首先指出：「九州伯，於古未聞也。」然後道出受封實質：「昔沛公（劉邦）亦受項羽拜為漢王，此蓋時宜耳，復何損邪？」「時宜耳」三字，生動地刻畫出他的深謀遠慮和受封時的實用主義心情。主動稱藩和接受封王，統統是謀取更大事業的權宜之計。[8]後來，孫權做皇帝以前，曾把接受封王的戰略考慮告訴大臣們：「往年孤以玄德（劉備）方向西鄙，故先命陸遜選眾以待之。聞北（指魏）部分，欲以助孤，孤內嫌其有挾，若不受其拜，是相折辱而趣其速發，便當與西（指蜀）俱至，二處受敵，於孤為劇，故自抑按，就其封王。低屈之趣，諸君似未之盡，今故以此相解耳。」[9]短短數語，一個善謀大略的政治家形象，被他自己生動地刻畫出來了。

歷史還記載了一些相關故事，說明孫權君臣「誠心不款」和不願把吳置於藩屬地位的態度。《三國志·張昭傳》載：「魏黃初二年，遣使者邢貞拜權為吳王。貞入門，不下車。昭謂貞曰：『夫禮無不敬，故法無不行。而君敢自尊大，豈以江南寡弱，無方寸之刃故乎！』貞即遽下車。」〈徐盛傳〉說：「權為魏稱藩，魏使邢貞拜權為吳王。權出都亭候貞，貞有驕色，張昭既怒，而盛忿憤，顧謂同列曰：『盛等不能奮身出命，為國家併許、洛，吞巴、蜀，而令吾君與貞盟，不亦辱乎！』因涕泣橫流。」邢貞聽此話，不由感歎地對屬下們說：「江東將相如此，非久下人者也。」

三、遣使謝封，再獻方物

孫權接受封王后，即擢拔「博聞多識，應對辯捷」的知識分子、南陽人趙咨為中大夫，使魏，謝封。趙咨不辱使命，在曹丕面前把孫權和吳國上下人等大大吹噓了一番。

曹丕問：「吳王何等主也？」趙咨回答說：「聰、明、仁、智、雄、略之主也。」曹丕問何以見得，趙諮說：「納魯肅於凡品，是其聰也；拔呂蒙於行陳，是其明也；獲于禁而不害，是其仁也；取荊州而兵不血刃，是其智也；據三州虎視於天下，是其雄也；屈身於陛下，是其略也。」[10]曹丕很欣賞趙咨的回答。

在曹丕眼裡，孫權乃一武夫，因而頗帶不屑的神情又問：「吳王頗知學乎？」趙咨非常巧妙地回答：「吳王浮江萬艘，帶甲百萬，任賢使能，志存經略，雖有餘閒，博覽書傳歷史，藉采奇異，不效諸生尋章摘句而已。」元人胡三省注《資治通鑑》時指出了這幾句話的內涵本質：魏文帝「好文章，故趙咨以此言譏之。」

曹丕又問：「吳可征不？」趙咨借用《管子》之語，坦然回答：「大國有征伐之兵，小國有備禦之固。」

曹丕又問：「吳難魏不？」（按：意思是說吳是不是怕同魏為敵？）趙咨曰：「（吳）帶甲百萬，江漢為池，何難之有？」

趙咨的機警、談吐頗使曹丕驚異，曹丕因問：「吳如大夫者幾人？」趙咨虛張聲勢地說：「聰明特達者八九十人，如臣之比，車載斗量，不可勝數。」

嗣後，趙咨「頻載（多年次）使北，〔魏〕人敬異」。趙咨為吳爭了光，孫權「聞而嘉之」，升了他的官，「拜騎都尉。」

趙咨頻使魏國，通過觀察，知道魏吳之盟不可長久，因而對孫權說：「觀北方終不能守盟，今日之計，朝廷承漢四百之際，應東南之運，宜改年號，正服色，以應天順民。」無疑，此說對於孫權早在醞釀之中的稱帝活動起到了一定的促進作用。[11]

由此可以看出，北方魏國固然「終不能守盟」，南方孫吳又何嘗不是呢？雙方都很明白，臨時結盟只能是一種相互利用的關係。

曹丕繼承了曹操常令地方藩鎮送子為質的政策，為了制約孫權，是年十二月，便想用封孫權兒子孫登為萬戶侯的辦法，令孫登入京受封，從而將其作為人質控制起來。孫權自然明白，即以四招應對：第一，以孫登「年幼，上書辭封」；第二，即立孫登為王太子，從而表明不便送出為質；第三，再次遣使「陳謝」；第四，再「獻方物」。

前兩項，詳見本書第十一章。後兩項，歷史也有比較詳細的記載。《三國志．吳主傳》說，孫權「重遣西曹掾沈珩陳謝」。沈珩同趙咨一樣，不辱使命。韋曜《吳書》記載，沈珩「少綜經藝，尤善《春秋》內外傳。權以珩有智謀，能專對，乃使至魏。」是年十二月，曹丕剛剛「東巡」，因而見到沈珩便問：「吳嫌（按：意為不滿）魏東向乎？」珩答：「不嫌。」問：「為什麼？」沈珩以誠信守盟相答：「信恃舊盟，言歸於好，是以不嫌。」曹丕又問：「聽說太子會來受封，有這回事嗎？」沈珩不作正面回答，婉轉推說不知此事：「臣在東朝，朝不坐，宴不與，若此之議，無所聞也。」據說，曹丕「引珩自近，談語終日。珩隨事響應，無所屈服」。

沈珩回吳覆命時，同趙咨一樣著重申述了聯盟不可久恃的問題，並獻強國之策。他對孫權說：「臣密參（按：密參，指祕密考察）侍中劉曄，數為賊設奸計，終不久愨（音ㄑㄩㄝˋ，誠實）。」

因而提醒孫權：「臣聞兵家舊論，不恃敵之不我犯，恃我之不可犯。」並獻議四則，一曰「省息他役，惟務農桑以廣軍資」；二曰「修繕舟車，增作戰具，令皆兼盈」；三曰「撫養兵民，使各得其所」；四曰「攬延英俊，獎勵將士」。沈珩認為，只要這四條做到了，「則天下可圖矣。」沈珩所論，雖屬儒、法、兵家「教條」，但必定有所針對，因而對於孫權內圖強盛，外謀周旋，自然會發生一定影響。沈珩「以奉使有稱」，被封永安鄉侯，後來官至吳國少府。

再獻方物事，《三國志·吳主傳》和注引《江表傳》記載不同。〈吳主傳〉的記載是，「遣使陳謝」和「獻方物」都是孫權同時付諸實施的主動行動。《江表傳》的記載則認為是曹丕「遣使索求」而孫權不得不「與之」。抑或是兩回事，先有孫權主動奉獻，繼而又有曹丕的「點名」索求「珍玩之物」。看來，無需細究。《江表傳》是這樣記載的：「是歲魏文帝遣使求雀頭香、大貝、明珠、象牙、犀角、玳瑁、孔雀、翡翠、鬥鴨、長鳴雞。」對此，群臣都很惱火。大家說：「荊揚二州，貢有常典，魏所求珍玩之物非禮也，宜勿與。」孫權很冷靜地向大家剖析孰輕孰重的問題，說：「昔惠施尊齊為王，客難之曰：『公之學去尊，今王齊，何其倒也？』惠子曰：『有人於此，欲擊其愛子之頭，而石可以代之，子頭所重而石所輕也，以輕代重，何為不可乎？』方有事於西北（按：指抵抗劉備），江表元元，恃主為命，非我愛子邪？彼所求者，於我瓦石耳，孤何惜焉？彼在諒闇之中，而所求若此，寧可與言禮哉！」孫權一番以「瓦石」代兒子「腦袋」（不送質）的道理，說服了大家。因此，照單奉獻，「皆具以與之。」表現出一個善度輕重緩急的軍事戰略家的胸懷。

註釋

1《後漢書．百官志》劉昭補注引蔡質《漢儀》；《通典》卷二八。

2 參見《三國志．魏書．武帝紀》注引《魏略》、《魏氏春秋》。

3《三國志．魏書．文帝紀》注引《魏略》。

4《資治通鑑》卷六九，魏文帝黃初二年。

5《三國志．吳書．吳主傳》、〈呂蒙傳〉、〈虞翻傳〉並注，及《三國志．魏書．于禁傳》。

6《三國志．魏書．劉曄傳》注引《傅子》。

7《漢官儀》。

8《三國志．吳書．吳主傳》注引《江表傳》。

9 同上。

10《三國志．吳書．吳主傳》。

11 以上參閱《三國志·吳書·吳主傳》，並注韋曜《吳書》。

第九章　夷陵—猇亭之戰

對於夷陵—猇亭之戰，筆者曾在《劉備傳》一書中做過較為詳細的論述。戰爭主體相同，因此本章內容亦大體相略。

夷陵（亦作彝陵）—猇亭之戰（簡稱夷陵之戰或猇亭之戰）是同官渡、赤壁兩大戰役齊名的重大戰役。戰爭的結局都是以主動發起戰爭者的失敗而告終。

戰前的戰略調整

關羽敗死麥城後，蜀、吳都在為一場不可避免的復仇與反復仇的戰爭積極準備。魏國也因此而調整著自己的戰略。

曹操亟望通過戰爭削弱蜀、吳的力量，因而鼓勵戰爭的爆發，特表孫權為驃騎將軍，假節，領荊州牧。曹丕繼位後，利用兩敵相持的時機，加速並實現了稱帝的活動，拓展、鞏固了西北邊防，遏制劉備北向涼州地區的發展，同時不在魏、吳邊境示兵，封孫權為吳王，鼓勵孫權備戰抗蜀。

孫權的一切內政、外交措施以及軍事部署都圍繞著應對未來的戰爭而大動腦筋。

一、「卑辭奉章」，謀求北方邊境的暫時穩定

建安二十四年以後，孫權為了專力對付關羽和劉備，不惜「卑辭奉章」，北結曹魏。這是具有重大遠見的政治和軍事謀略。用今天的話說，他在外交上取得了重大收穫。不僅獲得封王，而且獲得了北方邊境的相對暫時穩定，得以專力向西。具體內容前面大多已經述及，不再重複。僅列一個時間表如下，便可看出夷陵戰前孫權的心態和謀略調整重點。

（一）建安二十四年（二一九）七月，關羽攻曹將曹仁於樊；八月，曹將于禁以及荊州刺史胡修、南鄉太守傅方等投降關羽；十月，許昌以南，亂民「遙應關羽，羽威震華夏」。曹操感到威脅，「議徙許都以避其銳」，並且遣人勸孫權出兵抄關羽的後路，事成之後，「許割江南以封權。」

（二）關羽北上、東向，得志猖狂，孫權深感關羽對吳已經構成了威脅。「關羽得志，權不願也。」呂蒙獻策，與其北拒曹操取徐州，「不如取羽，全據長江，形勢益張，易為守也。」孫權同意呂蒙的主張，因即響應曹操的出兵之約，開始部署對關羽的戰爭。十月，孫權正式做出重大決策，由聯劉抗曹轉變為聯曹制劉，上書曹操，「請以討羽自效。」

（三）十一月，孫權乘關羽被曹操打敗之機，以左護軍、虎威將軍呂蒙兵出尋陽，直搗關羽老巢江陵；以右護軍、鎮西將軍陸遜取宜都，屯夷陵，守西陵峽口，斷關羽西竄之路。

（四）十二月，關羽「自知孤窮，西保麥城」，孫權伏兵獲關羽及其子關平於章鄉，斬之，遂定荊州。孫權雖然獲得勝利，但又感到了問題的嚴重，於是將關羽的首級送給曹操，以諸侯禮葬其屍骸。

（五）奪得荊州以後，孫權即以被劉備軟禁在南郡公安的劉璋繼為益州牧，駐秭歸，以示對劉備自領益州牧的不承認。

（六）同月，孫權向曹操上書稱臣，「稱說天命」，勸曹操做皇帝。曹操以漢朝廷的名義封孫權為驃騎將軍，假節，領荊州牧，南昌侯。曹孫兩家的政治交易暫趨完成。

（七）建安二十五年（延康元年，黃初元年，西元二二〇年）一至七月，曹丕繼為魏王，掌漢政。孫權遣校尉梁寓入貢；派人入魏「市馬」；遣返前時（建安十九年閏四月）所獲魏廬江太守朱光；再次「遣使奉獻」。

（八）黃初元年十月，曹丕稱帝。對於曹丕廢漢獻帝自立為魏帝的這樣大事，西蜀反應強烈，大罵曹丕「載其凶逆，竊居神器」，而孫吳不作片言的公開反映。

（九）黃初二年（蜀漢章武元年，西元二二一年）四月，劉備自稱蜀漢皇帝，自謂修漢社稷，「嗣武二祖（劉邦、劉秀），龔行天罰」，以漢家正統自居。孫權坦然處之，不作祝賀，也不公開譴責。

（十）八月，孫權遣使向曹丕稱臣，並禮送前被關羽所獲而後歸吳的于禁回魏。在魏、（蜀）漢兩個皇帝之間，選擇了曹魏，把政治籌碼放到了曹丕一邊。

（十一）十一月，孫權坦然地接受曹丕所給的吳王封號。

（十二）同月，孫權受封之後，立即派人「入謝」，並且再獻方物。他用簡單的話語表達了他對曹丕求索方物的戰略考慮：「方有事於西北，江表元元，恃主為命，……彼所求者，於我瓦石耳，孤何惜焉？」

（十三）十二月，曹丕欲封孫權子孫登為萬戶侯，試圖引以為質，孫權則即立登為太子，「以登年幼，上書辭封。」這是惟一沒有按照曹魏要求辦的事，因此被魏認為，孫權外託事魏，而「誠心不款」。[1]

實踐證明，孫權的決策，總的來看，是非常正確的，即以卑下之態，在一段不長的時間裡有效地穩住了曹丕，從而得以專力對付劉備。

二、向蜀請和，做好戰和兩手準備

吳蜀戰爭勢所難免，而且戰爭的前景堪憂。因此，孫權曾經試圖和平解決，向蜀請和。

孫劉之間每有糾葛，孫權往往利用諸葛兄弟的特殊關係，讓諸葛瑾出面交涉。史載，諸葛亮的兄長諸葛瑾「從討關羽」有功，被孫權封為宣城侯，領南郡太守，住公安，直接與蜀軍相拒。黃初二年（蜀章武元年）四月，劉備稱帝於蜀，七月便即發兵東向。戰爭之箭已在弦上，孫權做了最後的和平努力，向劉備求和，授意諸葛瑾給劉備寫信說：

> 奄聞旗鼓（按：指劉備）來至白帝，或恐議臣以吳王侵取此州（按：指荊州），危害關羽，怨深禍大，不宜答和，此用心於小，未留意於大者也。試為陛下論其輕重，及其大小。陛下若抑威損忿，暫省瑾言者，計可立決，不復咨之於群后也。陛下以關羽之親何如先帝？荊州大小孰與海內？俱應仇疾，誰當先後？若審此數，易於反掌。[2]

此信內容，除了求和本意外，有兩點特別應該注意：第一，稱劉備為「陛下」。這等於是正式宣布，承認劉備自稱漢皇帝的合法性（按：實際也是為孫權自立皇帝伏筆）；第二，所謂「以關羽之親何如先帝？荊州大小孰與海內？俱應仇疾，誰當先後？」云云，實際是要劉備明白，曹魏才是吳蜀首先應該共同對付的敵人。這充分表露了孫權首鼠兩端的態度。這種話，當時自然不能由孫權直接、公開地表述出來。

孫權的良苦用心，諸葛瑾的說教，不能說動劉備。對於諸葛瑾的這封信，歷史評論家有兩種意見。南朝宋人裴松之認為，在劉備的眼裡，時之孫權，「潛包禍心，助魏除害，是為翦宗子勤王之師（按：指殺關羽，奪荊州），行曹公移都之計（按：意謂幫助曹氏父子篡漢得逞）」，「義旗所指，宜其在孫氏矣」。況且自己與關羽，「有若四體，股肱橫虧，憤痛已深，豈此奢闊之書所能回駐哉？」因此，完全是一篇廢話，「載之於篇，實為辭章之費」。[3] 元人胡三省則認為：「諸葛瑾之言，天下之公也，使漢主因此與吳解仇繼好，魏氏其旰食乎（按：旰食，晚食。此謂寢食不安，不能按時吃飯）！」[4]

劉備的大兵已達白帝，孫權此舉實屬知不可為而為之。說準確點，只不過是一種姿態而已。當時，他的軍事部署已經到位了。

戰前的軍事備戰和戰爭過程

蜀是戰爭的發動者，但相對來說，劉備忙於稱帝，很少戰略的考慮。對魏，他固然難謀進取，但也不思暫時緩和的策略，反使其得機平定了西北地方叛亂，從而構成了北面的後顧之憂；用人失誤，孟達被迫降魏，丟失了東出的戰略要地房陵、上庸、西城三郡；借稱帝之機，大罵曹魏，將其置於「篡盜」的位置上，進一步構惡雙方的關係。因此，劉備面臨著兩面備兵的軍事局面。

從戰略上說，劉備即已先輸一著。從戰術上說，劉備雖為主攻一方，但並未充分準備，從開始之時起，便即伏下了必敗的因素。

吳國君臣在戰爭問題上的認識比較一致，因而能夠上下同心，協力備戰。

一、移都武昌，以利督戰

孫吳本都建業（今南京），征戰關羽期間，孫權親臨前陣至公安；此時又自公安徙都鄂（今湖北武昌）。史載，黃初二年四月，「劉備稱帝於蜀，權自公安都鄂，改名武昌。」並即下達兩項措施加強武昌的地位，先是宣布「以武昌、下雉（治今湖北陽新東南）、尋陽（治今湖北黃梅西南）、陽新（湖北今縣）、柴桑（治今江西九江西南）、沙羨（在今湖北武漢市境）六縣為武昌郡」，擴大武昌的直接統轄地區；繼而，八月「城武昌」，修築武昌城防，作長期抵抗蜀漢的準備。誠如胡三省注《資治通鑑》所說，「既城石頭，又城武昌，此吳人保江之根本也。」

同時，孫權命令諸將提高警惕，加強武備。他在命令中告誡說：

> 夫存不忘亡，安必慮危，古之善教。昔雋不疑漢之名臣，於安平之世而刀劍不離於身，蓋君子之於武備，不可以已。況今處身疆畔，豺狼交接，而可輕忽不思變難哉？頃聞諸將出入，各尚謙約，不從人兵，甚非備慮愛身之謂。夫保己遺名，以安君親，孰與危辱？宜深警戒，務崇其大，副孤意焉。[5]

孫權把指揮部自公安東撤至鄂，有兩大意義，一是後撤可避蜀軍之鋒；二是武昌形勢險要，都武昌而不返建業，不僅便於督戰和臨事決議，而且必給三軍全力抗蜀以重大鼓舞。

孫權「宜深警戒，務崇其大」的告誡令，強調了「存不忘亡，安必慮危」的古訓和形勢的嚴峻，讓上下人等都把準備戰爭的這根弦繃緊起來。

二、重地部兵

《三國志·陸遜傳》載，「劉備率大眾來向西界，權命遜為大都督，假節，督朱然、潘璋、宋謙、韓當、徐盛、鮮于丹、孫桓等五萬人拒之。」

具體部署是：

大都督、右護軍、鎮西將軍陸遜駐守夷陵（今湖北宜昌東南），以為本營；

第一道防線，振威將軍、固陵太守潘璋守秭歸，將軍李異、郎將劉阿等守巫山（今重慶巫山）、巴山（今四川巴東東北）、興山（今湖北興山南）等地；

第二道防線，安東中郎將孫桓守夷道（今湖北枝城西北），將軍宋謙屯枝江（今湖北枝江東北），建武將軍、廬江太守徐盛屯當陽；

第三道防線，昭武將軍朱然與偏將軍領永昌太守韓當共守江陵，綏南將軍領南郡太守諸葛瑾則屯守南岸公安，興業都尉周胤（周瑜次子）率兵千人助守，建忠中郎將駱統屯孱陵（今湖北公安南）；

另以平戎將軍步騭率交州義士萬人出長沙守益陽，武陵郡都尉鮮于丹守武陵，遙相策應。

同時，將本屯柴桑的平南將軍呂範改拜為建威將軍，封宛陵侯，領丹楊太守，治建業，鎮守大本營；調濡須督、平虜將軍周泰為漢中太守，拜奮威將軍，封陵陽侯，固防西北，以防蜀軍另路來犯；以裨將軍朱桓代周泰為濡須督、安東將軍賀齊「出鎮江上」和相對較弱的力量，備邊防魏於東線，以防不測。

其餘諸將，如建忠中郎將駱統等大都隨孫權駐守武昌，枕戈待命。[6]

無疑，這是一個立足於防禦和後發制人、而且為實踐所證明了的行之有效的軍事戰略部署，從而保證了吳兵處亂不驚，穩步後撤，最終消滅了來犯之敵。

三、主動後撤

劉備的稱帝活動草草結束後，便於章武元年（魏黃初二年，西元二二一年）六月調動軍隊，七月正式率兵「東伐」。但相對來說，主攻一方的劉備並沒有做好充分的準備。

首先，蜀漢內部對於這場復仇戰爭的認識上下很不統一。

謀臣諸葛亮態度曖昧，明知難以取勝，卻懷有冒險之思，所以不予切諫，客觀上支持了劉備的錯誤行動。

宿將趙雲持反對態度。《三國志・趙雲傳》注引《雲別傳》說趙雲力諫，「國賊是曹操，非孫權也，且先滅魏，則吳自服。操身雖斃，子丕篡盜，當因眾心，早圖關中，居河、渭上流以討凶逆，關東義士必裹糧策馬以迎王師。不應置魏，先與吳戰。兵勢一交，不得卒解也。」劉備不聽，不讓趙雲隨征，而將其留督江州。

從事祭酒秦宓試圖阻兵，陳說天時不利，被抓進了監獄。《華陽國志・劉先主志》載：「廣漢秦宓上陳天時必無其利，先主怒，縶之於理（理，指獄官）。」

其次，劉備過高地估計了自己的力量。此前劉備不僅獲得了據有巴蜀的全面勝利，而且在對魏戰爭中也取得了許多成功，如張飛大破魏將張郃於宕渠（今四川渠縣）；自率兵進屯陽平關，

「南渡沔水，緣山稍前，營於定軍山」，破斬魏將夏侯淵；趙雲設伏擊魏兵，「魏兵驚駭，自相蹂殘，墮漢水中死者甚多。」一時間，劉備的心氣甚足，甚至對於一向很怕的曹操也不放在眼裡了，竟說「曹操雖來，無能為也」，結果如願以償，「操與備相守積月，魏軍士多亡（逃走）」，曹操被迫率領諸軍返回長安，劉備遂有關中。如此諸多勝利，不僅使他敢於稱王稱帝，而且敢於指使關羽攻取襄樊，對魏吳同時用兵。關羽雖然失敗被殺了，但他仍認為自己的兵力遠超於吳，無須做更多的準備，也無須進行必要的整軍練兵活動，從而也不嚴肅地考慮周密的布兵、進軍規劃。

第三，兵未動，張飛被部下殺死。史載，劉備將東征以復關羽之恥，命張飛率巴西兵萬人，自閬中（今四川閬中）會江州（今重慶），「臨發，其帳下將張達、范強殺飛，持其首，順流而奔孫權。」張飛、關羽都是劉備的心腹猛將，但他們各有一個突出的優點和缺點，即「羽善待卒伍而驕於士大夫，飛愛敬君子而不恤小人」。劉備常常告誡張飛說：「卿刑殺既過差，又日鞭撾健兒，而令在左右，此取禍之道也。」但張飛始終不知覺悟。據說，劉備忽聞有人報告，「（張）飛營軍都督有表」，即知張飛出了事，驚歎說：「噫！飛死矣。」[7]當時，張飛為蜀漢車騎將軍領司隸校尉，鎮守巴西，是劉備的最高軍事將領，亦當是伐吳的主將。無疑，張飛之死，使劉備不僅失去了一位人稱「萬人之敵」的將領、削弱了軍事力量，而且也會極大地影響三軍士氣。

張飛死了，趙雲又不重用，戰將魏延、馬超防魏於北，可用之兵和善戰之將便可想而知了。

章武元年七月，劉備自率兵四萬餘人，以將軍吳班、馮習為左右領軍，張南為前部，趙融、廖淳、傅肜各為別督，杜路、劉寧等各以所部隨領軍吳班及將軍陳式等東征。尚書令劉巴，偏將軍黃權，侍中馬良，太常賴恭，光祿勳黃柱，少府王謀，大鴻臚何宗，太中大夫宗瑋，從事祭酒程畿（繼秦宓為從事祭酒），從事王甫、李朝等亦均隨軍出征。[8]

首戰，劉備自江州至白帝（今重慶奉節東），指揮所設在白帝，督令將軍吳班、馮習攻吳將李異、劉阿所守巫及興山，進而向秭歸進發。《三國志·先主傳》說：「將軍吳班、馮習自巫攻破異等，軍次秭歸（次，到達，駐留）。」形勢對劉備來說，不可謂不好。

實際上，吳之諸將並沒有積極抵抗，而是按照既定方略，既然不能攖其鋒，兩兵相接，即主動後撤，引敵深入。

吳黃武元年（蜀章武二年，魏黃初三年，西元二二二年）正月，劉備進駐秭歸，繼而大進。偏將軍黃權深恐長驅有失，試圖勸劉備穩紮穩打，因諫劉備說：「吳人悍戰，又水軍順流，進易退難，臣請為先驅以嘗寇（試探敵人），陛下宜為後鎮。」劉備不僅不聽黃權的意見，而且以為黃權阻軍，即「以權為鎮北將軍，督江北軍以防魏師」，而「自在江南」。[9] 劉備命令吳班、陳式水軍攻夷陵。「將軍吳班、陳式水軍屯夷陵，夾江東西岸」，控制了長江兩岸和水道。並且「自很山（今湖北長陽西。很，音ㄏㄣˇ）通武陵，遣侍中馬良安慰五溪蠻夷」，賜以金錦，授以官爵，因而五溪蠻夷「咸相率響應」，從而增強了力量。

二月，劉備自秭歸渡江東進，「率諸將進軍，緣山截嶺，於夷道猇亭駐營」，而以「鎮北將軍黃權督江北諸軍，與吳軍相拒於夷陵道」。[10] 雙方展開了戰略與戰術的角逐。

五月，劉備已從巫峽、建平（吳分宜都郡置建平郡，治今重慶巫山）連營至夷陵界，立數十屯，綿延七百里。陸遜大步後撤，堅守不戰。劉備「先遣吳班將數千人於平地立營，欲以挑戰」；陸遜的將領們見吳班兵少，「皆欲擊之」，陸遜以為不可，對大家說：「此必有譎，且觀之。」並向大家闡述不戰則已，戰則必勝的重要性：「備舉軍東下，銳氣始盛，且乘高守險，難可卒攻，攻之縱下，猶難盡克，若有不利，損我大勢，非小故也。今但且獎厲將士，廣施方略，以觀其變。

若此間是平原曠野，當恐有顛沛交馳之憂，今緣山行軍，勢不得展，自當罷（罷，通疲）於木石之間，徐制其弊耳。」大家還是不理解，以為陸遜怯懦畏敵，「各懷憤恨。」劉備的誘敵之計不能得逞，遂將埋伏在山谷中的八千伏兵調出。陸遜借此因對諸將說：「所以不聽諸君擊班者，揣之必有巧故也。」[11]諸將始服。

劉備在攻奪猇亭的同時，另以將軍張南為先鋒，自秭歸南岸長驅東南，將孫權的族侄、安東中郎將孫桓所部萬餘人包圍在夷道。試圖引陸遜出戰。孫桓求救於陸遜。陸遜說：「未可。」諸將說：「孫安東公族，見圍已困，奈何不救？」陸遜回答說：「安東得士眾心，城牢糧足，無可憂也。待吾計展，欲不救安東，安東自解。」據說，後來陸遜得計，劉備大潰，孫桓見到陸遜說：「前實怨不見救，定至今日，乃知調度自有方耳。」[12]

吳兵與劉備的主力部隊，自正月至六月相拒於夷陵、猇亭間，數月不決。吳軍，以逸待勞，養精蓄銳，枕戈待發；蜀兵，師老兵疲，士氣低落，懈於再戰。一種新的戰爭對比形勢正在起變化。

四、重拳出擊

《三國志・吳主傳》載：「蜀軍分據險地，前後五十餘營，（陸）遜隨輕重以兵應拒。」

陸遜先以輕兵試敵，派部將宋謙等攻劉備五屯，「皆破之，斬其將。」陸遜逐步認清了劉備的弱點，一個完整的破敵計畫漸趨完成。因而給孫權上疏，剖析敵我形勢說：「夷陵要害，國之關限，雖為易得，亦復易失。失之非徒損一郡之地，荊州可憂。今日爭之，當令必諧。備干天常，不守窟穴而敢自送。臣雖不材，憑奉威靈，以順討逆，破壞在近。尋備前後行軍，多敗少成。推此論之，不足為戚。臣初嫌之水陸俱進，今反舍船就步，處處結營，察其布置，必無他變。伏願至尊高枕，不以為念也。」陸遜所言，要在三不：一為夷陵不可失，失之荊州難保；二為劉備不可怕，因為他既違天時地利之宜，又乏用兵之能。的確是這樣，劉備一生置身軍旅，名氣也不小，但打勝仗的時候很少，臨戰敗走的時候很多。現在又舍船就步，處處結營，而且所置營寨，缺乏應戰之變，破之不難；三為安定孫權，讓他高枕無憂，「不以為念。」

閏六月，陸遜決定反攻。諸將感到困惑，表示疑義，齊聲說：「攻備當在初，今乃令入五六百里，相銜持經七八月，其諸要害皆以固守，擊之必無利矣。」陸遜對大家說：「備是猾虜，更嘗事多，其軍始集，思慮精專，未可干也。今住已久，不得我便，兵疲意沮，計不復生，掎角此寇，正在今日。」陸遜先令部隊攻劉備一營，試其兵力虛實，觀其營寨設施，結果「不利」。諸將皆表示不滿說：「空殺兵耳。」（意謂白白讓士兵送死）但陸遜卻從戰鬥中得到了有益的啟發，因而高興地對大家說：「吾已曉破之之術。」於是命令士兵「各持一把茅，以火攻拔之」，結果獲得大勝。

歷史記載，吳振威將軍潘璋與陸遜併力拒劉備，「部下斬備護軍馮習等，所殺傷甚眾」；昭武將軍朱然，先督五千人與陸遜併力拒備於宜都，繼而別攻，「破備前鋒，斷其後道，備遂破走」；

偏將軍韓當，配合陸遜、朱然，「共攻蜀軍於涿鄉（今湖北枝城西北），大破之」；

安東中郎將孫桓，年僅二十五歲，「與陸遜共拒劉備。備軍眾甚盛，彌山盈谷，桓投刀奮命，與遜戮力，備遂敗走」；

建武將軍徐盛「攻取諸屯，所向有功」；

綏南將軍諸葛瑾、建忠郎將駱統、興業都尉周胤亦皆率其所部自公安、孱陵（今湖北公安南）

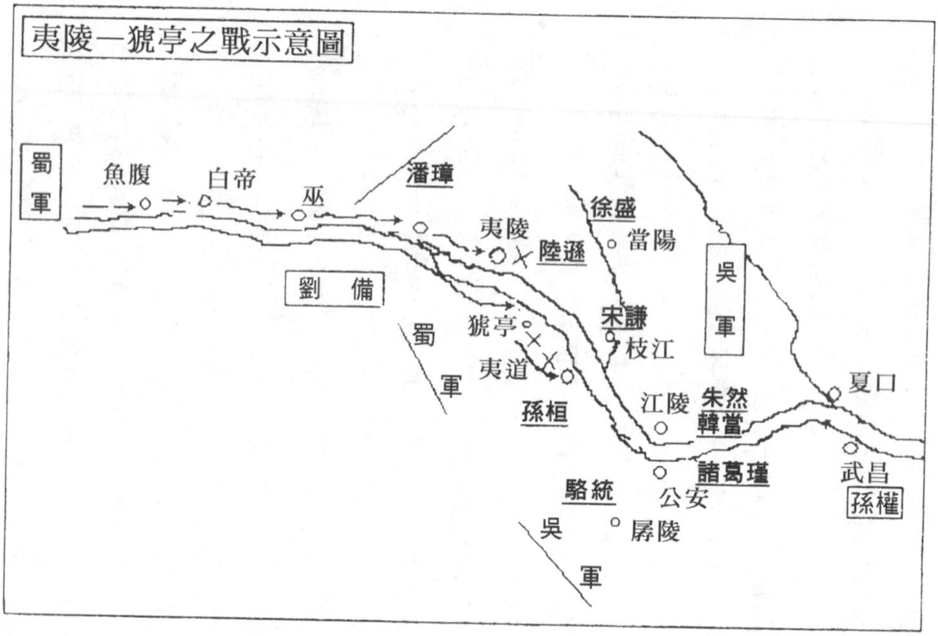

進擊猇亭。

吳軍主力在陸遜的號令下，齊集猇亭，大戰劉備，「一爾勢成，通率諸軍同時俱攻，斬張南、馮習及胡王沙摩柯等首，破其四十餘營」，劉備之將軍杜路、劉寧等窮途末路投降了東吳。[13]

劉備猇亭大敗，退守馬鞍山（今湖北宜昌西北。一說在宜都西、長陽南），「陳兵自繞」（意為周圍布兵設防）。陸遜緊逼山下，將其團團圍住。《三國志・陸遜傳》載：「遜督促諸軍四面蹙之，（劉備）土崩瓦解，死者萬數。」劉備自知難於在馬鞍山立足，即趁夜黑率輕騎突圍，向西北方向遁逃。士兵潰散，幸得「驛人自擔燒鐃鎧斷後」，有效地阻滯了吳軍的前進的步伐，劉備才得脫身，回到白帝城。[14] 劉備當時大概只有部分近衛跟隨，敗狀之慘，史謂：「其舟船器械，水步軍資，一時略盡，屍骸漂流，塞江而下。」[15]

劉備敗得如此慘重，大為慚恚，不禁長

吁：「吾乃為遜所折辱，豈非天邪！」

另，《三國志．孫桓傳》載，孫桓率部，奮力直追，竟繞過劉備，斷其歸路，「斬（斷）上夔道（指長江三峽，秭歸、巴東、奉節一線），截其徑要。」要塞被吳占有，近路為吳所截，劉備只有帶著很少的人「逾山越險」，狼狽之狀可見。因此他又不禁忿恚而說：「吾昔初至京城（今江蘇鎮江），桓尚小兒（孫桓戰劉備時年齡僅二十五歲），而今迫孤乃至此也！」

據載，蜀軍在敗退過程中，將軍傅彤、從事祭酒程畿都表現了英勇的精神。傅彤殿後，「兵眾盡死，彤氣益烈。吳人諭之使降，彤罵曰：『吳狗，安有漢將軍而降者！』遂死之。」程畿溯江而退，吳兵即將追及，「眾曰：『後追將至，宜解舫輕行。』畿曰：『吾在軍，未習為敵之走也。』亦死之。」[16]

劉備敗退，黃權軍在江北，道路隔絕，不得西還，不得已率其所部投降於魏。侍中馬良所督五溪蠻眾亦為吳將軍步騭所敗，馬良戰死。

五、適時而止

《三國志．先主傳》說，劉備「自猇亭還秭歸，收合離散兵，遂棄船舫，由步道還魚復，改魚復縣曰永安」。永安，治所在白帝城。吳遣將軍李異、劉阿等緊追其後，進屯白帝南面的南山。

劉備急召留督江州的趙雲。趙雲勒兵到達永安，遏住頹勢，使永安周圍的軍事態勢發生了變化。劉備由絕對的軍事劣勢變為可以重新組織新的進攻；孫權則因深入過急，而後需難繼。一種新的局部地區的軍事平衡，又在特定條件下形成了。

正是在上述情況下，而且更重要的是曹魏伐吳的徵兆已經表現出來，因此孫權又做出了富有重大意義的戰略調整。

〈陸遜傳〉載：「備既住白帝，徐盛、潘璋、宋謙等各競表言備必可禽，乞復攻之。」就當時的情況看，諸將聯合，遽取白帝而擒劉備不是沒有可能。但孫權明白，如果這樣，大軍必然膠著於西，而無力對抗曹魏來犯。這是非常危險的。因此，孫權徵求陸遜等人的意見，「遜與朱然、駱統以為曹丕大合士眾，外託助國（指吳）討備，內實有奸心，謹決計輒還。」孫權、陸遜決策既定，即命劉阿等自南山撤兵，駐守巫縣（今重慶巫山）。秋八月，劉備「收兵還巫」。蜀吳相拒於巫。自巫而東，荊州全境，蜀漢不復再有。

吳勝蜀敗的必然性分析

劉備失敗，自謂：「吾之敗，天也。」[17]這是不願從自我檢討的角度去總結戰爭。很清楚，兩家勝敗既有客觀的因素，也有主觀的因素，而其主觀方面又當是最為主要的。戰爭的結局，證明了孫權的用兵之得。

第一，**戰備充分**。孫權擊殺關羽以後，深知劉備必然發兵復仇，雖然試圖謀和，但不抱幻想，因此在戰備上做了充分的準備，已如前述，不贅。

第二，**戰略正確**。一是避免兩面作戰，同魏修暫時之好，得以集中兵力對付劉備。非如此，他不能，也不敢將其主力部隊和諸多重要將領置於夷陵前線。也正為此，劉備兵有後顧，既要置兵漢中，又要防魏側擊，兵力本來不多，竟然又需遣黃權率八千兵防魏，大大分散了兵力，削弱了戰鬥力。二是先取戰略防禦，不惜大步後撤，迫使劉備拉長戰線、分散兵力，從而使戰鬥力量的對比不斷向有利於自己的方面發展，時機成熟，一舉殲敵。正如毛澤東在《中國革命戰爭的戰略問題》中所指出的：「楚漢成皋之戰、新漢昆陽之戰、袁曹官渡之戰、吳魏赤壁之戰、吳蜀彝陵之戰、秦晉淝水之戰等等有名的大戰，都是雙方強弱不同，弱者先讓一步，後發制人，因而戰勝的。」18

第三，選帥得人。孫權重用陸遜，足見其很有知人善任之明。當時，歷有戰功，且職爵或年資高於陸遜的宿將如朱然、呂範、韓當、凌統、徐盛等俱在，但是不三年，卻將相對年輕的陸遜由校尉遽拔為偏將軍，撫邊將軍，右護軍，鎮西將軍，封侯，進而臨變受命為大都督，假節，督兵抗敵。升遷之快，世所少有。因而諸將多有不服者。實踐證明，陸遜是當之無愧的帥才。一是打敗關羽以後，他在不長的時間裡有效地控制了新得荊州之地：他領宜都太守，迫使劉備的宜都太守樊友「委郡走」，並致「諸城長吏及蠻夷君長皆降」；他從孫權那裡請得權力，可以代表孫權以金銀銅印「假授初附」，從而很快地變敵為友，穩定了地方秩序；他遣將軍李異、謝旌等率三千人繼破蜀將詹晏、陳鳳，「又攻房陵太守鄧輔、南鄉太守郭睦，大破之」，又破降已經歸蜀為將的秭歸大姓文布、鄧凱等，「前後斬獲招納，凡數萬計。」他連打勝仗，拓展了土地，獲得了地方勢力和「蠻夷」君長的支持，同時也得到了下級將吏的信任和愛戴。二是他熟悉兵法，甚通謀略，能屈能伸，善知制敵而不制於敵的策略。屈能卑辭而下之，麻痹敵人，蓄勢待發，被人視為畏進怯敵；伸能統兵長驅，「一爾勢成，通率諸軍同時俱攻」，前後不及兩月，即全收失地，把劉備趕回到了東征的出發點上。三是他尤知御將之要，剛柔相濟，最終能夠把資深老將團結在自己周圍，全力對敵。陸遜大步後退、堅守不出的方針，被部下諸將視為怯敵，紛紛表示不滿。

據載，「當禦備時，諸將軍或是孫策時舊將，或公室貴戚，各自矜恃，不相聽從。遜案劍曰：『劉備天下知名，曹操所憚，今在境界，此強對也。諸君並荷國恩，當相輯睦，共剪此虜，上報所受，而不相順，非所謂也。僕雖書生，受命主上。國家所以屈諸君使相承望者，以僕有尺寸可稱，能忍辱負重故也。各在其事，豈復得辭！軍令有常，不可犯矣。』及至破備，計多出遜，諸將乃服。」後來，孫權聽說這件事，因問陸遜：「君何以初不啟諸將違節度者邪？」陸遜回答：「受恩深重，任過其才。又此諸將或任腹心，或堪爪牙，或是功臣，皆國家所當與共克定大事者。臣雖駑懦，竊慕（藺）相如、寇恂相下之義（按：春秋趙國相藺相如，東漢光武時潁川太守寇恂，都以善處同僚關係著稱），以濟國事。」表現出了一位智勇兼備的統帥的風範：容眾、果斷、知己知彼、剛柔相濟、善謀大局。孫權對於陸遜的回答非常高興，「大笑稱善，加拜遜輔國將軍，領荊州牧，即改封江陵侯。」[19]

第四，地勢之利。歷史表明，自劉備謀蜀起兵之日起，孫權也同時加緊了謀得荊州的行動。及至關羽敗死，孫權已完全控制了長江水域及其臨江諸郡、沿岸戰略要地，迫使劉備只能沿江布兵，連營向前。七百里布兵，自然兵力嚴重分散，後方既遠，又乏兩廂策應，蜿蜒如同長蛇，一旦頭部遭到致命打擊，全身立即癱瘓。

戰爭是雙方的，勝敗自有兩方面的因素。就劉備方面說，表現出來的弱點非常突出。

（一）從戰略上說。

第一，他早此支持關羽伐吳，構惡雙方關係，即已違背了「西和諸戎，南撫夷越，外結好孫權，內修政理」的總的戰略方針，在自己力量尚未豐實的情況下，促使孫吳在一段時間內改變策略，向魏稱臣，提前了謀取荊州全境的行動；

第二，關羽失敗，他沒有預為防範和及時支援，隨使自巫以下沿江戰略要地盡失，吳方控制了夔道及沿江地區，蜀軍如果深入，自然便有被夾於狹窄地帶和被切斷後路之虞，因而他不得不連營向前；

第三，由於自己失誤，孟達降魏，失掉荊州北三郡，從而失去了可派另部自漢江而下、進而威脅武昌的軍事態勢；

第四，兩面作戰，兵力分散。這一點，他遠不及孫權聰明。孫權為了對付劉備，不惜上書曹操「稱說天命」，進而向魏稱臣。而劉備卻始終處在兩面作戰的態勢中。此時，曹操雖從漢中撤兵了，但魏軍仍控陳倉一線，具有再出漢中的威懾力量。因此，他不能更多地集中兵力，不敢把據守益州北部、漢中地區的驃騎將軍馬超、鎮北將軍魏延、偏將軍吳壹所部調往荊州前線。

順便說一下，劉備發動討吳戰爭犯有戰略性錯誤，諸多蜀臣都清楚地認識到這一點，所以有「先主東伐，群臣多諫，不納」[20]和「先主既即尊號，將東征孫權以復關羽之恥，群臣多諫，一不從」[21]一類的記載。

值得注意的是諸葛亮對於這場戰爭態度模糊，並沒有強烈反對。戰爭失敗後，諸葛亮不禁歎息：「法孝直（法正，字孝直）若在，則能制主上，令不東行；就復東行，必不傾危矣。」諸葛亮所以這樣說，自然是因為自己沒有做到這一點，同時也透露了他對戰爭的態度。

那諸葛亮為什麼不能力諫呢？揣度之，第一，他對戰爭形勢估計不足，未曾料到戰爭結局會如此之慘；第二，一時間他對戰爭首鼠兩端。從根本上說，他一直主張「外結孫權」。況且，「群臣多諫」和老兄諸葛瑾時領吳國南郡太守直接與蜀軍相持及其代表孫權向劉備求和的行動與意見，對他自然產生影響。因此，他不會積極主張東征，或有少諫，亦屬可能。但早期史著，沒有這方面的記載，可見影響不大。直到元明清時代，為了樹立諸葛亮的形象，開脫諸葛亮的責任，演義作品和官方史作才有了諸葛亮諫阻東征的內容。如：《三國演義》第八十一回記諸葛亮自言「苦諫數次不聽」及上表救秦宓，其中有謂：「……竊謂魏賊若除，則吳自賓服。願陛下納秦宓金石之言，以養士卒之力，別作良圖，則社稷幸甚！天下幸甚！」細品其文，託作之義甚明。這樣說來，諸葛亮豈不是支持了劉備東征嗎？竊以為，客觀上的確是這樣的。因為諸葛亮戰略總目標的重要內容之一是跨有荊、益以制曹魏。荊州既失，吳扼夔門，魏據三郡，蜀漢用兵只有北出秦川一途，諸葛亮的戰略目標落空了。他深知，僅靠北出漢中，不可能制魏，更不可能滅魏。他試圖能得荊州數郡之地，與魏接壤，以利待機東出擊魏。所以，他雖知東擊孫吳有危險，但卻覺得稍有拓地以取吳數郡是可能的，更未想到慘敗。所以，他既不贊成出兵，也不堅決阻諫，客觀上默認、支援了劉備的錯誤決策和行動。因此，作為蜀漢丞相、軍師將軍，諸葛亮對於夷陵—猇亭戰爭的失敗不能不負有一定責任。論者或謂劉備缺乏遠略，不明諸葛亮隆中決策之遠大，致有此敗。這樣分析，固然不錯，但尚需看到諸葛亮在其「跨有荊益」的目標落空之後的思想感受和變化。所以，如果換個角度看問題，也可以說，劉備東征，正是謀求對於諸葛亮隆中決策目標的實現。

（二）從戰術上說，關鍵在於劉備不善指揮戰爭。陸遜給他「前後行軍，多敗少成」的評價是非常確切的。

第一，軍未熟練。歷史的時間表說明，建安二十四年（二一九）十一月，關羽失敗被殺，劉備「忿孫權之襲關羽」，即要起兵東征，但當聞知曹丕稱帝後，便緊鑼密鼓地開始籌劃並實施自己的稱帝活動；章武元年（魏黃初二年，西元二二一年）四月，劉備登基為漢皇帝，並按漢代禮制設官立制，備後宮，立太子，改元，大赦，兩三月間草草地完成了必要的諸多程序之後，便即移躍江州了；在江州，劉備迅速地調動軍隊，粗粗地按照一相情願的原則作了初步的戰爭規劃，任命了左右大督、先鋒及各部將領，七月便出兵了。可見，他集中起來的以步兵為主的軍隊並沒有經過認真的訓練，特別是沒有經過乘船水上作戰的訓練，從素質上說，雖非烏合，但乏機動作戰的能力。

第二，將無英才。帥（指劉備）本不明，又加軍謀乏人，將無良才，後果自然可知。法正已死，孔明留蜀，軍中幾乎無人能夠對劉備的戰略戰術指導思想和戰爭部署提出不同意見，更不用說建設性的良計。只有黃權通達軍謀，但得不到信任，難展其能。黃忠先此而亡，[22]張飛死難，趙雲留守江州，馬超、魏延北拒魏軍，竟然沒有一位名宿大將隨征，所用督鋒諸將大都是一些名氣不大或無名之輩。這些人是否能夠服眾，是否具有指揮作戰的能力，姑且不論，但其自然為敵方所輕、反長敵人的志氣。所以，負面作用是非常明顯的。至於小說家言關興、張苞大展乃父雄風，興斬仇人潘璋，苞刃仇人范強、張達，二人護駕救主，均屬無稽。因為張苞早夭，未及戰爭；關興年少，未預戰事；潘璋死於吳嘉禾三年（二三四），那已經是戰爭十年以後的事了。

第三，自恃其力。劉備兵本不眾，漢中必須布以重兵防魏，又失荊州北三郡，牽涉了一些兵力；本要張飛率巴西兵萬人，自閬中會江州，張飛被殺，這萬餘人是否調到了夷陵前線，不得而知。權算其數，可用兵力，傾其所有，大約也只能調集四萬餘人，最多不超過五萬人。[23]所以，僅就兵力而言，同陸遜都督五萬人相比，並不占優勢。況且陸遜守勢待敵，兵力容易集中；劉備長驅而進，沿途設防，兵力自然分散。但劉備卻自恃其力，少有自知之明，認為以此足以敗敵復仇；既得武陵「蠻夷」願為己用，遙為策應，更覺得勝利指日可待了。實際上，劉備可用於陣前的兵力是非常有限的。相反，陸遜在猇亭決戰前，則已把所督諸將各部大都集中到作戰前陣，相對兵力超過了劉備，具備了集中兵力打擊敵人的能力。

第四，不善知彼。劉備出兵，只是激於義憤，沒有對魏蜀吳三方基本形勢做出應有的分析。他對魏吳能夠達成諒解，暫時媾和，從而使孫權可以將主要精力和兵力用於對付蜀軍的形勢估計不足，此其一。其二，他沒有認識到魏國曹丕仍在忙於鞏固地位，特別是著力對付自己的弟弟曹植、曹彰等，暫時不可能在秦川舉兵，從而使自己不敢把備戰於漢中的具有戰爭經驗的將領和富有戰鬥力的主力部隊調動一部到荊州前線。其三，最為重要的是，他沒有把年輕的陸遜、孫桓等人放在眼裡。他低估了孫吳的軍事勢力和軍事指揮者的能力。時，吳名將魯肅、呂蒙、甘寧先後死去，陸遜雖在打敗關羽時起了重要作用，但在劉備眼裡，年已三十八歲的陸遜仍被看作是不諳軍旅的年輕人。這從前引「吾之敗，天也」、「吾乃為遜所折辱，豈非天邪」以及「吾昔初至京城，（孫）桓尚小兒，而今迫孤乃至此也」的話語中，清楚地看到了這種最初的情緒。其四，他不善因時因地具體分析敵我雙方的力量對比，錯把劣勢當優勢，缺乏應有的應敵之變。

第五，舍船就步。蜀軍居水上游，乘船作戰，順水而下，易於成勢，是其有利條件。戰爭開始時，最使陸遜擔心的也是蜀軍「水陸俱進」。但劉備沒有有效地利用這一條件，而是「舍船就步」，跋涉並屯兵於「苞原隰險」之地，其結果便是士卒疲敝，立營難固，最終給敵人以可乘之機。當然，有一點是我們應該注意到的，即劉備並非完全不知「水陸俱進」的好處，但客觀條件使他不得不如此。因為他急急調集起來的軍隊絕大部分是步兵，陸戰猶未熟練，水戰自然不行。況且，他已沒有耐性去考慮籌建、訓練水師的問題了。

第六，連營向前。劉備長驅深入數百里，連營數十座，聲勢雖然很大，但卻伏下了嚴重的危機。善治兵者皆知其誤。陸遜既知劉備舍船就步、處處結營，便得出了正確的結論：「察其布置，必無他變。」的確，這樣布兵是沒有辦法變化應敵的。所以，他便覺得勝券在握了，滿有把握地給孫權上書：「伏願至尊高枕，不以為念也。」《三國志・文帝紀》載，曹丕「聞（劉）備兵東下，與（孫）權交戰，樹柵連營七百餘里，謂群臣曰：『備不曉兵，豈有七百里營可以拒敵者乎！「苞原隰險阻而為軍者為敵所禽」，此兵忌也。孫權上事今至矣。』後七日破備書到。」連曹丕這種略通兵法但並不深知治軍用兵之要的人都看到了這一點，而劉備卻如此布兵，一是七百里連營大大分散了兵力，二是「苞原隰險阻而為軍」，將軍隊駐紮在不利作戰的地方，三是樹柵成營易被火攻。由此可見，劉備之失，失在制軍之誤。但是，客觀地說，還應該看到劉備如此布兵亦屬大勢使然。他長驅深入，只控長江沿線，兩廂大都為敵方領地，不能不擔心敵人斷其後路。連營向前，正是為此。

第七，師老不振。蜀軍東出，利在速決。但陸遜大步後撤，避免接觸，以待敵疲而戰的方針，使劉備無法得到這種條件。劉備曾試圖誘致吳軍出戰，但所用之法，形同兒戲，善用兵者一看便知，所以始終不能成功。因此，「自正月與吳相拒，至六月不決。」正如前引陸遜所分析的那樣「其軍始集，思慮精專，未可干也。今住已久，不得我便，兵疲意沮，計不復生」。師老兵疲，劉備熟視無睹，抑或雖知而乏復振之策，客觀效果都一樣。因此一敗塗地，不堪收拾。

第八，不虞後路。說劉備完全沒有考慮後路，自然不是這樣。他沿江設營四五十座，目的不外：一保軍需可繼；二禦兩廂敵人，防斷後路；三利大兵進退。但他沒有考慮戰爭或有大失的可能，因此也就沒有慮及戰略退卻和撤兵安全的問題。所以，其一，他立營雖多，但卻沒有選擇有利地勢建立幾個可資戰守的據點；其二，由於自上而下沒有兵敗退卻的思想準備，設營不固，人員分散，不能形成有戰鬥力的獨立作戰單位。俗謂「兵敗如山倒」。預為戰敗之謀尚且如此，況無如此準備者。

另外，還要講一點的是，三國時代，任何一方的軍事行動，都受鼎足之勢的制約。因此，曹魏的政策不能不對吳蜀戰爭及其最終結果產生間接或直接的影響。無疑，曹操接受孫權「討關羽自效」是正確的，已如前述。但曹丕不乘蜀吳爭戰之機用兵，反而接受孫權稱臣，封權為王，這對曹魏來說，是失掉了一次極好的「蹙吳」機會；而對吳、蜀來說，客觀上等於支持了孫權，制約了劉備。

曹丕謀作「壁上觀」的策略，使吳得以暫釋後顧之憂，而蜀則不得不再從僅有的四萬兵力中分出八千重兵，以備不虞，從而削弱了戰鬥力。

註釋

1 以上參閱《三國志·魏書·武帝紀》、〈文帝紀〉和《三國志·吳書·吳主傳》、〈呂蒙傳〉，《三國志·蜀書·劉璋傳》等。

2《三國志·吳書·諸葛瑾傳》。

3《三國志·吳書·諸葛瑾傳》裴注。

4《資治通鑑》卷六九，魏文帝黃初二年，胡三省注。

5《三國志·吳書·吳主傳》。

6 以上據《三國志》中吳國諸將本傳；參考《中國歷代戰爭史》（四），軍事譯文出版社。

7 參見《三國志·蜀書·張飛傳》；《華陽國志·劉先主傳》。

8 參閱《三國志·蜀書·先主傳》、《華陽國志·劉先主傳》；《中國歷代戰爭史》（四），軍事譯文出版社一九八三年版，頁一九二。

9《三國志・蜀書・黃權傳》。

10《三國志・蜀書・先主傳》。

11《三國志・吳書・陸遜傳》並注引《吳書》。

12《三國志・吳書・陸遜傳》。

13以上參見《三國志・吳書・陸遜傳》、〈潘璋傳〉、〈朱然傳〉、〈孫桓傳〉、〈徐盛傳〉等。

14胡三省注《資治通鑑》卷六九說：「漢主初連兵入夷陵界，沿路置驛，以達於白帝。及兵敗，諸軍潰散，惟驛人自擔所棄鐃鎧，燒之於隘以斷後，僅得脫也。」《水經注》說：「燒鎧斷道處，地名石門，在秭歸縣西。」杜佑《通典》說：「歸州巴東縣有石門山，劉備斷道處。」

15《三國志・吳書・陸遜傳》。

16《資治通鑑》卷六九，魏文帝黃初三年。傅彤，《華陽國志・劉先主志》作傅肜。

17《華陽國志・劉先主志》。

18《毛澤東選集》第一卷，人民出版社一九九一年版，頁二〇四。

19以上《三國志・吳書・陸遜傳》。

20《華陽國志・劉先主志》。

21《三國志・蜀書・法正傳》。

22黃忠死於建安二十五年。《三國演義》說黃忠於章武元年被任命為先鋒，戰死疆場。這是完全不可能的。

23劉備出兵多少，記載不一。《三國志・魏書・文帝紀》注引《魏書》載孫權上魏文帝書說「劉備支黨四萬人，馬二三千匹，出秭歸，請往掃撲，以克捷為效」。《中國歷代戰爭史》（四）和《中國軍事史・兵略（上）》均取此說，謂劉備率兵四萬人。《三國志・魏書・劉曄傳》注引《傅子》說「權將陸議（遜）大敗劉備，殺其兵八萬餘人，備僅以身免」，亦可備一說。《三國演義》第八十一回說劉備有「川將數百員，並五溪番將等，共兵七十五萬」，顯然是個被非常誇大了的數字。

第十章　決策新變

吳黃武元年（蜀章武二年，魏黃初三年）[1]八月，劉備敗歸白帝，吳蜀戰爭基本結束。而時之曹丕已經甚明孫權「外託事魏，而誠心不足」，後悔不聽劉曄乘機伐吳之言，正在醞釀新的行動。為適應新的形勢，孫權應付魏蜀兩國的決策又有了新的變化。

兩手對曹魏

歷史表明，孫權為了獲得西抗劉備的支持和封王，實際上曾經假意答應過送子為質等許多條件。只是每到動真格的時候，便「多設虛辭」而虛與委蛇。既然「誠心不款」，便給曹魏提供了藉口，最終也就脫不了兵戎相見的結果。

一、虛與委蛇

孫權大敗劉備，陸遜「臨陳所斬及投兵降首數萬人。劉備奔走，僅以身免」。[2]然後，立即遣使向曹丕報告。《三國志・吳主傳》注引《吳歷》說：

權以使聘（聘，修好）魏，具上破備獲印綬及首級、所得土地，並表將吏功勤宜加爵賞之意。

曹丕為了表示慶賀，特派使者贈送鼲子裘、明光鎧、騑馬，並且用白色帛絹抄寫自己的著作《典論》及詩賦與權。同時，還特下詔文，讚揚孫權的功勞，鼓勵其以前人為鑒，窮追敵人，「務全獨克。」詔文說：

老虜（按：指劉備）邊窟，越險深入，曠日持久，內迫罷弊，外困智力，故見身於雞頭（按：山名，在今湖北荊門境），分兵擬西陵（按：即夷陵），其計不過謂可轉足前跡以搖動江東。根未著地，摧折其支，雖未刳備五臟，使身首分離，其所降誅，亦足使虜部眾凶懼。昔吳漢先燒荊門，後發夷陵，而子陽（按：公孫述字）無所逃其死；來歙始襲略陽，文叔（按：劉秀字）喜之，而知隗囂無所施其巧。[3] 今討此虜，正似其事，將軍勉建方略，務全獨克。

孫權決策已定，自然不會聽曹丕的。吳兵後撤，曹丕完全明白了孫權不惜稱臣、納貢的本意及其戰略重點的新變（實為逐步回復到原來的聯蜀抗魏立場）。魏三公（按：時魏之三公應當是太尉鐘繇、司徒華歆、司空王朗）聯名上奏，數孫權罪十五條，鼓動曹丕立即「移兵進討，亦明國典」。三公奏文很長，其要略為：

第一，陳述削藩之要：

臣聞枝大者披心，尾大者不掉，有國有家之所慎也。昔漢承秦弊，天下新定，大國之王，臣節未盡，以蕭（何）、張（良）之謀不備錄之，至使六王前後反叛，已而伐之，戎車不輟。又文、景守成，忘戰弭役，驕縱吳、越，養虺（音ㄏㄨㄟˇ，小蛇）成蛇，既為社稷大憂，蓋前事之不忘，後事之師也。

第二，概述孫權之詭詐和罪過：

吳王孫權，幼豎小子，無尺寸之功，遭遇兵亂，因父兄之緒，少蒙翼卵昫伏之恩（昫伏，鳥孵卵），長含鴟梟反逆之性，背棄天施，罪惡積大。復與關羽更相覘伺，逐利見便，挾為卑辭。先帝（按：指曹操）知權奸以求用，時以于禁敗於水災，等當討羽，因以委權。先帝委裘下席，權不盡心，誠在惻怛（憂傷），欲因大喪，寡弱王室，希託董桃傳先帝令（按：董桃其人，未詳），乘未得報許，擅取襄陽，及見驅逐，乃更折節。邪辟之態，巧言如流，雖重譯累使，發遣禁等，內包隗囂顧望之奸，外欲緩誅，支仰蜀賊。聖朝含弘，既加不忍，優而赦之，與之更始，猥乃割地王之，使南面稱孤，兼官累位，禮備九命（周禮爵分九等，稱九命，九命最高），名馬百駟，以成其勢，光寵顯赫，古今無二。權為犬羊之姿，橫被虎豹之文，不思靖力致死之節，以報無量不世之恩。

第三，指出孫權必叛：

臣每見所下權前後章表，又以愚意采察權旨，自以阻帶江湖，負固不服，狃狀累世，詐偽成功，……終非不侵不叛之臣。

第四，請免孫權官爵：

臣謹考之周禮九伐之法，平（衡量）權凶惡，逆節萌生，見罪十五。昔九黎亂德，黃帝加誅；項羽罪十，漢祖不舍。權所犯罪釁明白，非仁恩所養，宇宙所容。臣請免權官，鴻臚削爵土，捕治罪。敢有不從，移兵進討，以明國典好惡之常，以靜三州（按：指荊、揚、交三州）元元之苦。[4]

曹丕甚悔不用劉曄之謀，因而決定重施軟硬兩手，再次遣使與盟，要求孫權送子為質。孫權自然「辭讓不受」。

其實，孫權在為王之前表面上是曾答應過送子為質的。《三國志·吳主傳》注引《魏略》說，于禁投降關羽的時候，護軍浩周、軍司馬東里袞也投降了，以後他們又一起為吳所得。孫權在謀聯曹魏的時候，放回浩周、東里袞，利用他們向剛即王位的曹丕「自陳誠款」。後人司馬光說，孫權「自陳誠款，辭甚恭愨」。孫權在給曹丕的信中說：

昔討關羽，獲于（禁）將軍，即白先王（按：指曹操），當發遣之。此乃奉款之心，不言而發。先王未深留意，而謂權中間復有異圖，愚情慺慺（音ㄌㄡˊ，恭謹之意），用未果決。遂值先王委離國祚，殿下承統，下情始通。公私契闊，未獲備舉，是令本誓未即昭顯。梁寓傳命，委曲周至，深知殿下以為意望。權之赤心，不敢有他，願垂明恕，保權所執。謹遣浩周、東里袞，至情至實，皆周等所具。

又說：

權本性空薄，文武不昭，昔承父兄成軍之緒，得為先王所見奬飾，遂因國恩，撫綏東土。而中間寡慮，庶事不明，畏威忘德，以取重戾。先王恩仁，不忍遐棄，既釋其宿罪，且開明信。雖致命虜廷，梟獲關羽，功效淺薄，未報萬一。事業未究，先王即世。殿下踐阼，威仁流邁，私懼情願未蒙昭察。梁寓來到，具知殿下不遂疏遠，必欲撫錄，追本先緒。權之得此，欣然踴躍，心開目明，不勝其慶。權世受寵遇，分義深篤，今日之事，永執一心，惟察慺慺，重垂含覆（包容）。

然後，對東線摩擦進行辯解：

先王以權推誠已驗，軍當引還，故除合肥之守，著南北之信，令權長驅不復後顧。近得守將周泰、全琮等白事，過月（按：當指黃初元年六月。是月，曹丕「南征」）六日，（魏）有馬步七百，徑到横江，又督將馬和（人名）復將四百人進到居巢，琮等聞有兵馬渡江，視之，為兵馬所擊，臨時交鋒，大相殺傷。卒得此問，情用恐懼。權實在遠，不豫聞知，約敕無素，敢謝其罪。

最後，婉斥曹丕不講信用：

又聞張征東（按：張遼為征東將軍）、朱横海（按：未詳，或謂朱靈）今復還合肥，先王盟要，由來未久，且權自度未獲罪釁，不審今者何以發起，牽軍遠次？事業未訖，甫當為國討除賊備，重聞斯問，深使失圖。凡遠人所恃，在於明信，願殿下克卒前分，開示坦然，使權誓命，得卒本規。凡所願言，周等所當傳也。

曹丕當即召見浩周、東里袞。浩周「以為權必臣服」，而東里袞則「謂其不可必服」。是歲冬，曹丕稱帝，遣使封孫權為吳王，使浩周與持節使者邢貞一同前往。公事完後，浩周赴孫權私宴，對孫權說：「陛下未信王遣子入侍也，周以闔門百口明之。」孫權很感動，當即表示：「浩孔異（浩周字），卿乃以舉家百口保我，我當何言邪？」遂流涕沾襟。及與周別，又指天為誓，表示一定送子為質。

浩周回去以後，「權不遣子而設辭，帝（曹丕）乃久留其使。」孫權善為託辭，於下可見其妙：黃武元年（魏黃初三年）八月，孫權再次上書表示送子為質，並與浩周書說：「昔君之來，欲令遣子入侍，於時傾心歡以承命，徒以登年幼，欲假年歲之間耳。而赤情未蒙昭信，遂見討責，常用慚怖。自頃國恩，復加開導，忘其前愆，取其後效，喜得因此尋竟本誓。前以有表具說遣子之意，想君假還，已知之也。」但同時提出了不能即行的理由，希望同夏侯氏聯姻，等兒子成了曹魏宗室女婿之後再送，說：「今子當入侍，而未有妃耦，昔君念之，以為可上連綴宗室若夏侯氏，雖中間自棄，常奉弭在心（按：事指建安二十二年孫權向曹操請降，曹操「報使修好，誓重結婚」）。當垂宿念，為之先後，使獲攀龍附驥，永自固定。其為分惠，豈有量哉！」孫權明知這是不可能的，於是故作姿態，進一步表示「誠意」：「如是欲遣孫長緒（按：孫邵字長緒，黃武初曾為吳丞相）與小兒俱入，奉行禮聘，成之在君。」又表示：「小兒年弱，加教訓不足，念當與別，為之緬然，父子恩情，豈有已邪！又欲遣張子布（昭）追輔護之。孤性無餘，凡所欲為，今盡宣露。惟恐赤心不先暢達，是以具為君說之，宜明所以。」

從記載看，曹丕似乎有點被說服了，於是下詔說：「權前對浩周，自陳不敢自遠，樂委質長為外臣，又前後辭旨，頭尾擊地，此鼠子自知不能保爾許地也。又今與周書，請以十二月遣子，復欲遣孫長緒、張子布隨子俱來，彼二人皆權股肱心腹也。又欲為子於京師求婦，此權無異心之明效也。」曹丕「既信權甘言，且謂周為得其真，而權但華偽，竟無遣子意」。曹丕想派侍中辛毗、尚書桓階為使，「往與盟誓，並徵任子」，孫權「辭讓不受」。至此，曹丕完全明白了孫權答應送子為質純屬權宜之計，因而大怒，「自是之後，帝（曹丕）既彰權罪，周亦見疏遠，終身不用。」[5]

二、頑抗曹魏三路兵

曹丕對吳，與盟不得，徵質不至，感到了對自己權威的挑戰。《三國志・劉曄傳》說：「備軍敗退，吳禮敬轉廢，帝（曹丕）欲興眾伐之。」劉曄認為：「彼新得志，上下齊心，而阻帶江湖，必難倉卒。」曹丕不聽。

黃初三年（吳黃武元年，西元二二二年）九月，曹丕兵分三路征吳。一路：命征東大將軍曹休、前將軍張遼、鎮東將軍臧霸出洞口（在今安徽和縣江邊）；二路：大將軍曹仁出濡須；三路：上軍大將軍曹真、征南大將軍夏侯尚、左將軍張郃、右將軍徐晃圍南郡。十月，曹丕親駕南征，十一月至宛，就近督軍。

孫權亦分三路兵相對，派建威將軍呂範等督五軍，以舟軍拒曹休等；裨將軍朱桓為濡須督拒曹仁；左將軍諸葛瑾、平北將軍潘璋、將軍吾粲救南郡。

雙方軍隊部署到位，孫權感到形勢嚴重。面對魏軍來勢洶洶，又加「時揚、越蠻夷多未平集，內難未弭」，孫權內外交急，再次主動求和，「卑辭上書，求自改厲。」孫權在上書中假意說：

若罪在難除，必不見置，當奉還土地民人，乞寄命交州，以終餘年。

曹丕也知，完全征服孫權非常困難，所以也想迂迴一步。於是給孫權回了一封很長的信，一讚孫權事功：「君生於擾攘之際，本有縱橫之志，降身奉國，以享茲祚。自君策名已來，貢獻盈路。討備之功，國朝仰成。」二責孫權所為，引起朝臣疑慮，說：「三公上君過失，皆有本末。朕以不明，雖有曾母投杼之疑，猶冀言者不信，以為國福。故先遣使者犒勞，又遣尚書、侍中踐修前言，以定任子。君遂設辭，不欲使進，議者怪之。又前都尉浩周勸君遣子，乃實朝臣交謀，以此卜君，君果有辭。」最後，再次強調指出如要解疑，必須送質：「今省上事，款誠深至，心用慨然，悽愴動容。即日下詔，敕諸軍但深溝高壘，不得妄進。若君必效忠節，以解疑議，（孫）登身朝到，夕召兵還。此言之誠，有如大江！」

孫權當然不答應，隨即改年號為黃武，不用曹魏正朔，以示不服，「臨江拒守。」

一路戰況：

吳方記載，《三國志．吳主傳》說：「冬十一月，大風，（呂）範等兵溺死者數千，餘軍還江南。曹休使臧霸以輕船五百、敢死萬人襲攻徐陵（在洞口對岸），燒攻城車，殺略數千人。將軍全琮、徐盛追斬魏將尹盧，殺獲數百。」〈呂範傳〉說：「曹休、張遼，臧霸等來伐，範督徐盛、全琮、孫韶等，以舟師拒休等於洞口。……時遭大風，船人覆溺，死者數千，還軍。」〈徐盛傳〉說：「曹休出洞口，盛與呂範、全琮渡江拒守。遭大風，船人多喪，盛收餘兵，與休夾江。休使兵將就船攻盛，盛以少禦多，敵不能克，各引軍退。」〈吾粲傳〉說：「值天大風，諸船綆紲斷絕，漂沒著岸，為魏軍所獲，或覆沒沉溺，其大船尚存者，水中生人皆攀緣號呼，他吏士恐船傾沒，皆以戈矛撞擊不受。粲與黃淵獨令船人以承取之，左右以為船重必敗，粲曰：『船敗，當俱死耳！人窮，奈何棄之。』粲、淵所活者百餘人。」〈全琮傳〉說：「魏以舟軍大出洞口，權使呂範督諸將拒之，軍營相望。敵數以輕船抄擊，琮常帶甲仗兵，伺候不休。頃之，敵數千人出江中，琮擊破之，梟其將軍尹盧。」〈賀齊傳〉說，安東將軍賀齊出鎮江上（今南京以上至皖），「魏使曹休來伐。齊以道遠後至，因住新市為拒。會洞口諸軍遭風流溺，所亡中分，將士失色，賴齊未濟，偏軍獨全，諸將倚以為勢。」

魏方記載，〈曹休傳〉說：此前「孫權遣將屯歷陽，休到，擊破之，又別遣兵渡江，燒賊蕪湖營數千家」。此次「帝（曹丕）征孫權，以休為征東大將軍，假黃鉞，督張遼等及諸州郡二十餘軍，擊權大將呂範等於洞浦（口），破之」。〈張遼傳〉說：「孫權復叛，帝遣遼乘舟，與曹休至海陵，臨江。權甚憚焉，敕諸將：『張遼雖病（按：遼剛病癒），不可當也，慎之！』是歲，遼與諸將破權將呂範。」〈臧霸傳〉說，臧霸與曹休討吳，「破呂範於洞浦。」

這說明，孫權的兵馬在洞口對曹休等進行了頑強抵抗，雖有所得，但呂範等被打敗，損失慘重。所以有關魏方的記載，數稱「破」敵；《資治通鑑》卷六九說，「會暴風吹吳呂範等船，綆纜悉斷，直詣休等營下」，魏軍「斬首獲生以千數，吳兵迸散」；《三國志‧文帝紀》注引《魏略》載曹丕詔書，甚至誇張地說「斬首四萬，獲船萬艘」（按：當時，吳不可能集這樣多的兵力於此）。吳方記載則沒有那麼嚴重，但也相當可觀，謂：「遭遇大風」，溺死者數千；被殺者數千；失蹤、逃亡者「過半」；惟賀齊「偏軍獨全」。戰後，孫權對有功者給予封賞，對出戰不利者進行了處罰，包括異母弟孫朗。《江表傳》載，曹休出洞口，孫朗（原書作匡，裴松之辨證：匡已早故，當為朗）為定武中郎將，孫朗隨呂範禦敵，「違令放火，燒損茅芒，以乏軍用」，隨被呂範遣送回吳，孫權不再稱其為兄弟，「別其族為丁氏，禁錮終身。」

二路戰況：

吳方，〈朱桓傳〉比較詳細地記錄了朱桓抗敵過程，說：朱桓為濡須督，「魏使大司馬曹仁步騎數萬向濡須，仁欲以兵襲取州上，偽先揚聲，欲東攻羨溪（在濡須東）。」朱桓當即「分兵將，赴羨溪」，隊伍開拔以後，偵察兵報告說曹仁已「進軍拒濡須七十里」。朱桓隨即「遣使追還羨溪兵」，結果晚了一步，「兵未到而仁奄至。」當時，朱桓「手下及所部兵，在者五千人，諸將業業（按：業業，謂非常驚慌），各有懼心」，朱桓給大家鼓氣，說：「凡兩軍交對，勝負在將，不在眾寡。……今仁既非智勇，加其士卒甚怯，又千里步涉，人馬罷困，桓與諸軍，共據高城，南臨大江，北背山陵，以逸待勞，為主制客，此百戰百勝之勢也。雖曹丕自來，尚不足憂，況仁等邪！」據說，朱桓「因偃旗鼓，外示虛弱，以誘致仁」。曹仁果然被朱桓牽著鼻子走，分兵三支：（一）「遣其子泰攻濡須城」，（二）「分遣將軍常雕督諸葛虔、王雙等，乘油船別襲中洲（江中小島）。中洲者，（桓）部曲妻子所在也」，（三）「仁自將萬人留橐皋（在濡須西），復為泰等後拒。」朱桓以部分兵攻取油船，以部分兵別擊常雕等，親自拒曹泰，燒營而退，「遂梟（常）雕，生虜（王）雙，送武昌，臨陳斬溺，死者千餘。」取得了重大勝利。

魏方，〈曹仁傳〉諱記此役。大概是因為曹仁戰而無功隨後鬱病而死、史諱其短的緣故。〈文帝紀〉注引《魏略》所載曹丕詔卻又作誇張地說：「大司馬（按：黃初二年十月，曹仁被授大司馬）據守濡須，其所禽獲亦以萬數。」

顯然，二路戰役吳方取得了決定性勝利。

三路戰況：

吳方記載，〈朱然傳〉說，魏遣曹真、夏侯尚、張郃等攻江陵，魏文帝自住宛，為其勢援，連屯圍城。孫權「遣將軍孫盛督萬人備州上，立圍塢，為然外救。郃渡兵攻盛，盛不能拒，即時卻退，郃據州上圍守，然中外斷絕」。孫權「遣潘璋、吾粲等解〔圍〕而圍不解」，而此時江陵城中「兵多腫病，堪戰者裁五千人」。曹真等「起土山，鑿地道，立樓櫓臨城，弓矢雨注，將士皆失色」，但朱然「晏如而無恐意，方厲吏士，伺間隙攻破兩屯」。魏軍攻圍朱然「凡六月日」，曹真、夏侯尚等「不能克，乃徹攻退還」。〈諸葛瑾傳〉並注引《吳錄》記載，諸葛瑾遷左將軍，督公安，「曹真、夏侯尚等圍朱然於江陵，又分據中州，瑾以大兵為之救援。……兵久不解，權以此望之。及春水生，潘璋等作水城於上流，瑾進攻浮橋，真等退走。雖無大勳，亦以全師保境為功。」〈潘璋傳〉說：「魏將夏侯尚等圍南郡，分前部三萬人作浮橋，渡百里洲上。諸葛瑾、吾粲並會兵赴救，未知所出，而魏兵日渡不絕。」潘璋認為「魏勢始盛，江水又淺，未可與戰」，於是便帶著人馬「到魏上流五十里，伐葦數百萬束，縛作大筏，欲臨流放火，燒敗浮橋」。據說，剛剛縛作葦筏完畢，夏侯尚便退軍了，潘璋重演周瑜的「火燒」計謀，沒有派上用場。

魏方記載，〈曹真傳〉說，曹真為上軍大將軍，都督中外諸軍事，假節鉞，「與夏侯尚等征孫權，擊牛渚屯，破之。」〈夏侯尚傳〉說，尚為征南大將軍，「孫權雖稱藩，尚益修攻討之備，權後果有貳心」，曹丕幸宛，「使尚率諸軍與曹真共圍江陵。權將諸葛瑾與尚軍對江，瑾渡入江中渚，而分水軍於江中。尚夜多持油船，將步騎萬餘人，於下流潛渡，攻瑾諸軍，夾江燒其舟船，水陸並攻，破之。城未拔，會大疫，詔敕尚引諸軍還。」據載，曹丕所以讓夏侯尚主動撤軍是因為聽了侍中董昭的話。

這說明，此路兵，魏雖小勝而無大獲，吳雖不利而無大失。

總之，曹丕三路伐吳的戰爭，雙方互有所得，互有所失，誰也沒有占到很大便宜。但從戰略上看，曹丕沒有取得預期成果，是「失敗」；孫權頑抗敵人來犯，使曹魏不能逞其志，是「成功」。

三、再抗魏軍

如果說，曹丕在黃初三年（吳黃武元年）九月三路伐吳和十一月至次年三月御駕南征算是兩次用兵的話（按：從作戰實體看，也可算做一次），那麼黃初五年（吳黃武三年，西元二二四年）八月，曹丕又第三次興兵伐吳。

此期間，魏蜀吳三方形勢又發生了新的變化，其中最重要的是劉備亡故，諸葛亮遣使修好於吳，吳蜀復通，孫權又可全力對魏，如史所載，「遂絕魏，專與漢（蜀）連和。」[6]甚至還主動向北示兵，如《三國志・賀齊傳》載，起初孫權戲口（今地不詳）守將晉宗「以眾叛如魏，還為蘄春太守」，此時孫權「出其不意，詔（賀）齊督糜芳、鮮于丹等襲蘄春，遂生虜宗」。

對於曹丕此次「興軍伐吳」，侍中辛毗竭力諫阻。他認為：「吳楚之民，險而難禦，……方今天下新定，土廣民稀。夫廟算（按：行兵前朝廷中的謀劃）而後出軍，猶臨事而懼，況今廟算有缺而欲用之，臣誠未見其利也。先帝（曹操）屢起銳師，臨江而旋。今六軍不增於故，而復循之，此未易也。」曹丕不聽，遂於「八月，為水軍，親御龍舟，循蔡、潁，浮淮如壽春。九月，至廣陵（治今江蘇揚州東北）」。[7]

《三國志・徐盛傳》、《資治通鑑》卷七〇記載，「魏文帝大出，有渡江之志」，吳安東將軍徐盛建計，「植木衣葦，為疑城假樓（按：胡三省注云，植木於內，以葦席遮其外），自石頭至於江乘（今江蘇句容），連綿相接數百里，一夕而成；又大浮舟艦於江。」曹丕到廣陵，「望圍愕然，瀰漫數百里，而江水盛長，便引軍退。」不由長歎：「魏雖有武騎千群，無所用之，未可圖也。」[8]

此次戰役，秋汛未過，「帝（曹丕）御龍舟，會暴風漂蕩，幾至覆沒。」孫權知曹丕不能有所作為，所以沒有親臨前線。《三國志・劉曄傳》記載，曹丕「幸廣陵泗口，命荊、揚州諸軍並進」。丕問群臣：「權當自來不？」許多人都說：「陛下親征，權恐怖，必舉國而應。又不敢以大眾委之臣下，必自將而來。」只有劉曄認為不可能。果然如此，曹丕「大駕停住積日，權果不至」，於是退兵。

黃初六年（吳黃武四年，西元二二五年）三月，曹丕第四次伐吳。三月「辛未，帝為舟師東征」，五月至譙。御史中丞鮑勳諫阻，說：「王師屢征而未有所克者，蓋以吳、蜀唇齒相依，憑阻山水，有難拔之勢故也。往年龍舟飄蕩，隔在南岸，聖躬蹈危，臣下破膽，此時宗廟幾至傾覆，為百世之戒。今又勞兵襲遠，日費千金，中國虛耗，令黠虜玩威，臣竊以為不可。」曹丕大怒，給了鮑勳以降職處分並於兵罷之後找個理由將其殺死。[9] 八月，曹丕「遂以舟師自譙循渦入淮，從陸道幸徐。九月，築東巡臺」。十月，軍至廣陵故城，「臨江觀兵，戎卒十餘萬，旌旗數百里。」一時間，曹丕躊躇滿志，詩興大發，於馬上留下名詩一首：

觀兵臨江水，水流何湯湯，戈矛成山林，玄甲耀日光。猛將懷暴怒，膽氣正從橫。誰云江水廣，一葦可以航？不戰屈敵虜，戢兵稱賢良。古公（按：指周人祖先古公亶父）宅岐邑，實始翦殷商。孟獻營虎牢，鄭人懼稽顙（按：《左傳》襄公二年，孟獻子「請城虎牢以逼鄭」）。充國務耕植（按：指漢趙充國屯田），先零自破亡。興農淮、泗間，築室都徐方。量宜運權略，六軍咸悅康；豈如《東山詩》，悠悠多憂傷。

但是，面對吳人嚴兵固守，水面結冰，船隻不得入江，曹丕又一次眼望大江不由驚歎：「嗟乎，固天所以隔南北也！」遂歸。據載，歸時，吳兵將其截殺了一頓。吳揚威將軍孫韶「遣將高壽等率敢死之士五百人，於徑路（小路）夜要之，帝大驚。壽等獲副車、羽蓋以還」。[10]可見其狀，相當狼狽。魏軍戰船數千統統擱淺動不了，幸蔣濟想法「遏斷湖水」，船隻才駛入淮中，得脫而還。黃初七年正月，曹丕回到洛陽，開始認識到自己不是善於用兵的人，對蔣濟說：「自今討賊計畫，善思論之。」[11]

總的來看，曹丕對於三國鼎立的形勢一直缺乏清醒的認識，因而在軍事和處理同吳、蜀的關係上都出現了錯誤。該出兵時不出兵，錯過戰機；不該出兵時出兵，構惡關係。孫權利用了曹丕的錯誤和弱點，對魏外卑而內亢，從來不抱幻想；用得著時，借魏脅蜀，用不著時，考慮到自身的長遠利益，則聯蜀抗魏，縱橫捭闔真還有點自如。

不再向魏稱藩

魏黃初七年（吳黃武五年，西元二二六年）五月，年僅四十歲的魏文帝曹丕死了，兒子曹叡繼位。魏明帝曹叡忙於內務，一時無暇西征南討。

一、「叡不如丕」

孫權在曹丕死後，對曹氏祖孫三人做過長篇分析，基本的結論很正確：丕不如操，叡不如丕（按：就文才論曹叡的確不如曹丕，但其武略似不亞之）。

據說，曹丕死後，陸遜曾向孫權上表，「以為曹丕已死，毒亂之民，當望旌瓦解，而更靜然。聞皆選用忠良，寬刑罰，布恩惠，薄賦省役，以悅民心，其患更深於操時。」這說明，陸遜把曹叡的能力估計得很高，從而對魏吳間的形勢預測得也過於悲觀。孫權不同意陸遜的觀點，「以為不然。」

首先，孫權對操、丕、叡三人作了對比，認為：「操之所行，其惟殺伐小為過差，及離間人骨肉，以為酷耳。至於御將，自古少有。丕之於操，萬不及也。今叡之不如丕，猶丕不如操也。」用「曹丕萬不及操，叡又萬不及丕」一類的語言刻畫曹叡，可見鄙視之甚。

其次，對於曹叡上臺後推行的惠民政策也極貶抑，以為只是一些「欲以自安」的屑小舉措，不足以興邦定國：「其所以務崇小惠，必以其父新死，自度衰微，恐困苦之民一朝崩沮，故強屈曲以求民心，欲以自安住耳，寧是興隆之漸邪！」

第三，指出曹叡「威柄不專」，必致後患，理由有二：（一）他說：「聞任陳長文（群）、曹子丹（真）輩，或文人諸生，或宗室戚臣，寧能御雄才虎將以制天下乎？夫威柄不專，則其事乖錯（按：曹丕死前，召中軍大將軍曹真、鎮軍大將軍陳群、征東大將軍曹休、撫軍大將軍司馬懿四人，『並受遺詔輔嗣主』）。如昔張耳、陳餘（按：張、陳均漢初人），非不敦睦，至於秉勢，自還相賊，乃事理使然也。」（二）他認為，陳群之徒，過去「畏操威嚴，故竭心盡意，不敢為非耳」，後來，曹丕繼業，「年已長大，承操之後，以恩情加之，用能感義」，現在，「叡幼弱，隨人東西」，曹真、曹休、陳群、司馬懿等輩，「必當因此弄巧行態，阿黨比周，各助所附。如此之日，奸讒並起，更相陷懟，轉成嫌貳。一爾已往，群下爭利，主幼不御，其為敗也焉得久乎？」進而指出，「自古至今，安有四五人把持刑柄，而不離刺轉相蹄齧者也！強當陵弱，弱當求援，此亂亡之道也。」

第四，孫權認為陸遜對曹丕死去以後魏國形勢的認識，是其一生中的一次失誤，因對諸葛瑾說：「子瑜，卿但側耳聽之，伯言常長於計校，恐此一事小短也。」[12]

孫權的話，實是抓住由頭大做輿論上的準備，自然有一定道理。沒有這樣的認識，就不會有主動向北耀兵，就不會有不久以後自立為皇帝的大舉，也就不會有不斷加強絕魏睦蜀的新舉措，從而也就不會出現真正意義的三個帝國的鼎立局面。

二、主動示兵

正是基於以上認識，所以曹丕死後不久，孫權便主動出兵了。但成效不好。

（一）《三國志·吳主傳》說，黃武五年「秋七月，權聞魏文帝崩，征江夏，圍石陽（在今湖北應城境），不克而還」。對於這次戰役，主攻方因為無功而還，所以歷史記載較少，相反被動方的記載卻相對較多。〈文聘傳〉說：「孫權以五萬眾自圍（文）聘於石陽，甚急。聘堅守不動，權住二十餘日乃解去。聘追擊破之。」〈明帝紀〉說：「八月，孫權攻江夏郡，太守文聘堅守。」一朝議的時候眾大臣「欲發兵救之」，曹叡則認為：「權習水戰，所以敢下船陸攻者，幾掩不備也。今已與聘相持，夫攻守勢倍，終不敢久也。」曹叡分析得對，魏吳兩軍「相持」，魏方僅增小股兵力，便將吳兵趕走了：「先時遣治書侍御史荀禹慰勞邊方，禹到，於江夏發所經縣兵及所從步騎千人乘山舉火，權退走。」[13]戰爭中，吳國的江夏太守孫奐表現比較突出，受到封賞。〈孫奐傳〉說：「權攻石陽，奐以地主，使所部將軍鮮于丹帥五千人先斷淮道。自帥吳碩、張梁五千人為軍前鋒，降高城，得三將。大軍引還。」孫權見奐軍陣整齊，高興地說：「初吾憂其遲鈍，今治軍，諸將少能及者，吾無憂矣。」

（二）派諸葛瑾、張霸等寇襄陽，瑾敗霸死。《三國志・明帝紀》說，魏以撫軍大將軍司馬懿對付諸葛瑾，「討破之，斬霸。」《晉書・宣帝紀》說：「及孫權圍江夏，遣其將諸葛瑾、張霸並攻襄陽，帝（司馬懿）督諸軍討權，走之。進擊，敗瑾，斬霸，並首級千餘。」司馬懿因功被升遷為驃騎大將軍。

（三）以別將侵擾尋陽（治今湖北黃梅西南），一將被殺，兩將投敵。《三國志・明帝紀》載，魏以征東大將軍曹休「又破其別將於尋陽」。〈曹休傳〉載：「吳將審德屯皖，休擊破之，斬德首，吳將韓綜、翟丹等前後率眾詣休降。」

孫權主動發兵數股擾魏，大都失利。但其重要意義不容忽視。這標誌著雙方關係發生了新的轉折。他不再向魏稱藩，而是完全結束了稱臣的歷史，謀稱尊號，積極把自做皇帝的目標提到了日程上。

三、大戰曹休

黃武七年（魏太和二年，蜀建興六年，西元二二八年），孫權與曹休大戰。

從整體戰略看，黃武以來孫權的所有軍事行動，都是準備大戰曹魏的組成部分。除了上述主動示兵外，為了便於用兵和解除北戰曹魏的後顧之憂，孫權還先後出兵收拾了叛投魏國的將領晉宗和陰與魏國相呼應的鄱陽大帥彭綺。

史載，「先是（吳）戲口守將晉宗殺將王直，以眾叛如魏，魏以為蘄春（治今湖北蘄春西北）太守，數犯邊境」，並向孫權的駐蹕地武昌騷擾，「圖襲安樂（在今武漢市境），取其保質。」孫權「以為恥忿」，黃武二年（魏黃初四年）六月，令後將軍賀齊率領糜芳、鮮于丹、劉邵、胡綜等「出其不意」襲蘄春，活捉了晉宗。[14]

黃武四年（魏黃初六年）十二月，鄱陽人彭綺「自稱將軍，攻沒諸縣，眾數萬人」，並「自言舉義兵，為魏討吳」。曹魏朝臣都很高興，以為「因此伐吳，必有所克」。魏明帝曹叡問中書令孫資，孫資不同意，認為鄱陽宗人前後數有舉義者，「眾弱謀淺，旋輒乖散」，孫權肯定有辦法對付他們，所以彭綺也靠不住。[15] 果然，黃武六年（魏太和元年）春，孫權派解煩督胡綜和鄱陽太守周魴出兵將其生擒了。

孫權決定發動大戰曹休的對魏戰爭，絕非貿然行動，而是考慮了當時的形勢。就自己一方說：（一）鎮撫山民近年又取得了成功；（二）鞏固內部統治和南撫交阯的「柔遠」舉措都有成效；（三）稱帝活動正在加緊進行，對於提高孫權的威望和軍民團結產生了積極影響；（四）經過夷陵之戰，士氣旺盛。就客觀形勢說，最為重要的是魏蜀吳三方態勢的新變化，更容易讓孫權迅速做出策略上的新調整。這種新變化表現在：（一）吳蜀復通（後詳），減輕了西面的軍事壓力；（二）魏文帝曹丕死了，明帝曹叡初登帝位，忙於人事、政務、軍務的新調整；（三）諸葛亮率軍伐魏，已經「北駐漢中」了。諸葛亮第一次出祁山（今甘肅西和西北），雖然是先勝後敗，但對魏國產生了重大影響。《三國志・諸葛亮傳》載：「建興六年（魏太和二年，吳黃武七年，西元二二八年）春，（諸葛亮）揚聲由斜谷道（今陝西眉縣西南）取郿（治今眉縣北），使趙雲、鄧芝為疑軍，據箕谷（今陝西漢中北）。魏大將軍曹真舉眾拒之。亮身率諸軍攻祁山，戎陣整齊，賞罰肅而號令明，南安（今甘肅隴西東）、天水（今甘肅通渭西北）、安定（今甘肅定西）三郡叛魏應亮，關中響震。」曹魏對於諸葛亮來犯，很感突然，《資治通鑑》說：「始，魏以漢昭烈（劉備）既死，數歲寂然無聞，是以略無備豫；而卒聞亮出，朝野恐懼，於是天水、南安、安定皆叛應亮。」因此，曹叡不得不親率重大兵力對付蜀兵來犯。

諸此，都是孫權發動一次大的戰爭的有利條件。

孫權考慮了這些條件後，便即開始了他的具體行動。

第一步是引曹休出兵。《三國志·周魴傳》記載，黃武七年五月，孫權特命鄱陽太守周魴「密求山中舊族名帥為北敵所聞知者」，用假情報引誘魏大司馬、揚州牧曹休出兵。周魴提出，「恐民帥小醜不足仗任，事或漏泄，不能致休」，因而請求以自己的名義派人送信給曹休，誘其出兵。孫權批准了周魴的誘敵計畫和誘敵信。周魴給曹休的信，共七條，很長，近兩千言，重要內容略為：（一）願意棄暗投明，「惟明公君侯（曹休）垂日月之光，照遠民之趣，永令歸命者有所戴賴」；（二）盡述歸降之誠，「敢緣古人，因知所歸，拳拳輸情，陳露肝膈。乞降春天之潤，哀拯其急，不復猜疑，絕其委命」；進而假意請求「保密」並表示積極響應曹休的軍事行動：「事之宣洩，受罪不測，一則傷慈損計，二則杜絕向化者心，惟明使君遠覽前世，矜而愍之，留神所質，速賜祕報。魴當候望舉動，俟須響應」；（三）歷陳自己處境危險，並致「情報」，真真假假，誘曹休上鉤，說孫權眾兵在外，武昌空虛：「東主（孫權）頃者潛部分諸將，圖欲北進。呂範、孫韶等入淮，全琮、朱桓趨合肥，諸葛瑾、步騭、朱然到襄陽，陸議（遜）、潘璋等討梅敷

（人名）。東主（孫權）中營自掩石陽，別遣從弟孫奐治安陸城（今湖北安陸），修立邸閣，輦貲運糧，以為軍儲，又命諸葛亮進指關西，江邊諸將無復在者，才留三千所兵守武昌耳。」表示，「若明使君（曹休）以萬兵從皖南首江渚，魴便從此率厲吏民，以為內應」；（四）再明精誠、惶恐、懸命西望之意；（五）具言內外配合必獲全勝之機，煞有介事地說：「今使君若從皖道進住江上，魴當從南對岸歷口為應。」並鼓動曹休趕快發兵：「魴生在江、淮，長於時事，見其便利，百舉百捷，時不再來，敢布腹心。」（六）假說孫權此次用兵「內幕」，東主「當以新羸兵置前，好兵在後，攻城之日，云欲以羸兵填塹，使即時破，雖未能然，是事大趣也」。（七）請備好印信數百，「得以假授諸魁帥，獎厲其志」，請備幢麾數十，「以為表幟，使山兵吏民，目瞻見之，知去就之分。」最後，為了讓曹休相信，再次煞有介事地請求保密，說什麼「今之大事，事宜神密，若省魴箋，乞加隱祕」。周魴七條，貌似情意真切，孫權之誤歷歷在目，曹魏必勝的結局已躍然紙上。

曹休果然上當，「休聞之，率步騎十萬向皖以應魴」；曹叡「又使司馬懿向江陵，賈逵向東關（今安徽含山境），三道俱進」。[16]《三國志・曹休傳》記載略異，說：「太和二年，帝為二道征吳，遣司馬宣王從漢水下，督休諸軍向尋陽。」根據《三國志・賈逵傳》看，三道俱進的說法是對的：「太和二年，帝使（賈）逵督前將軍滿寵、東莞太守胡質等四軍，從西陽（今安徽桐城東北）直向東關，曹休從皖，司馬宣王從江陵。」

第二步，集中布兵，決戰曹休。《三國志・陸遜傳》說：「（黃武）七年，權使鄱陽太守周魴譎魏大司馬曹休。休果舉眾入皖，（權）乃召（陸）遜假黃鉞，為大都督，逆休。」當時的授權儀式很隆重。後來，陸遜的孫子陸機為其祖寫墓誌銘的時候很以為榮。陸機說：「魏大司馬曹休侵我北鄙，乃假公（陸遜）黃鉞，統御六師及中軍禁衛而攝行王事，主上執鞭，百司屈膝。」張勃《吳錄》也記載：「假遜黃鉞，吳王親執鞭以見之。」[17]

陸遜為帥自統中部，令朱桓、全琮為左右督，各督三萬人擊休，三道俱進。朱桓、全琮皆吳國名將。

至此，曹休已經知道受騙，然而「恥見欺誘，自恃兵馬精多」，遂與吳戰。

曹休深入，在魏引起震動。尚書蔣濟上表以為：「深入虜地，與權精兵對，而朱然等在上流，乘休後，臣未見其利也。」曹休軍隊至皖，吳出兵安陸，蔣濟又上疏說：「今賊示形於西，必欲并兵圖東，宜急詔諸軍往救之。」[18]前將軍滿寵也上疏說：「曹休雖明果而希用兵，今所從道，背湖旁江，易進難退，此兵之窪地也（按，窪當作掛。《孫子兵法·地形篇》：『可以往，難以返，曰掛。』）」[19]

第三步，決戰曹休於石亭。黃武七年「秋八月，權至皖口，使將軍陸遜督諸將大破（曹）休於石亭（在今安徽潛山境）」。[20]陸遜、朱桓、全琮三路並進，「衝休伏兵，因驅走之，追亡逐北，徑至夾石（在今安徽桐城境），斬獲萬餘，牛馬騾驢車乘萬輛，軍資器械略盡。休還，疽發背死。」[21]曹休損兵萬餘，當是真的，《三國志·周魴傳》也這樣記載：「休果信魴，帥步騎十萬，輜重滿道，徑來入皖。魴亦合眾，隨陸遜橫截休，休幅裂瓦解，斬獲萬計。」

曹休倖免於被擒，全賴賈逵相救。《三國志·賈逵傳》載：「逵至五將山，休更表賊有請降者，求深入應之。詔宣王駐軍，逵東與休合進。」賈逵覺察到，孫權實無東關之備，必然是「并軍於皖」，所以「休深入與賊戰，必敗」，於是「部署諸將，水陸並進，行二百里」，得知「休戰敗，權遣兵斷夾石」。一時間，「諸將不知所出，或欲待後軍。」賈逵對大家說：「休兵敗於外，路絕於內，進不能戰，退不得還，安危之機，不及終日。賊以軍無後繼，故至此；今疾進，出其不意，此所謂先人以奪其心也，賊見吾兵必走。若待後軍，賊已斷險，兵雖多何益！」於是兼程進軍，多設旗鼓為疑兵，吳兵見狀，遂退。賈逵據夾石，以兵糧給休，曹休得免全軍覆沒之災。因此，史家評論說，如果沒有賈逵，「休軍幾無救也。」

此次戰役，吳軍雖有大獲，但惜未聽從朱桓的意見，預伏軍隊於夾石。朱桓曾向孫權進計說：「休本以親戚見任，非智勇名將也。今戰必敗，敗必走。走當由夾石、掛車（掛車嶺，在今安徽桐城北），此兩道皆險阨，若以萬兵柴路（按：柴路，謂設置路障），則彼眾可盡，而休可生虜，臣請將所部以斷之。若蒙天威，得以休自效，便可乘勝長驅，近取壽春，割有淮南，以規許、洛，此萬世一時，不可失也。」事實證明，朱桓的意見是非常正確的。然而，孫權、陸遜都沒有看到這一點，關鍵的時候，用兵過於保守。孫權徵求陸遜的意見，陸遜「以為不可，故計不施行」。[22] 曹休失敗，果由夾石而還。孫權、陸遜急忙派兵追擊，但晚了一步，賈逵已到夾石，據守險要，設伏待敵，吳兵只得作罷。

孫權大戰曹休的勝利，對三國形勢產生了很大影響，給了蜀漢以重大鼓舞。此前，曹丕死，孫權率兵攻江夏郡，繼則以左將軍諸葛瑾攻襄陽。諸葛亮認為是北伐曹魏的好機會，所以便率軍出發，進行了第一次伐魏戰爭。但馬謖失街亭，戰爭失利。此時，諸葛亮聞曹休敗，魏兵東下，關中虛弱，認為又是一次出兵機會，因即出散關（今陝西寶雞西南），圍陳倉（今陝西寶雞東），進行了第二次伐魏戰爭，並且取得小勝。

吳蜀復通

夷陵戰後，劉備退據白帝，孫權沒有窮追，而是決計撤兵，以應來自北方的侵犯。果然，沒有多久，「魏軍果出，（吳）三方受敵。」同時，轄境以內也極不平靜。在此情況下，孫權除了武裝應敵以外，同時展開了兩方面的外交活動，一是卑辭向曹丕上書，「求自改厲」（前已述及），二是謀求復與蜀通。

劉備聞魏軍出，給陸遜送去一封信，說：「賊今已在江陵（按：指曹魏軍隊進入南郡界），吾將復東，將軍謂其能然不？」實際上，這是虛張聲勢。劉備根本沒有重新振兵再戰的能力。陸遜看得很清楚，所以回信說：「但恐軍新破（按：指劉備軍），創痍未復，始求通親，且當自補，未暇窮兵耳。若不惟算，欲復以傾覆之餘，遠送以來者，無所逃命。」把劉備的毫無勢力依託的恐嚇頂了回去。[23]

一、主動向劉備請和

魏兵壓境，戰事失利，劉備雖敗，尚有威脅之虞。此種形勢，對吳極為不利。《三國志・先主傳》說：「孫權聞先主（劉備）住白帝，甚懼。」為了避免兩面作戰，孫權即於呂範等失利後不久，黃武元年十二月，主動派遣太中大夫鄭泉到白帝城見劉備，謀求「復通」。並且公開表現一種新的姿態，特意對群下說：「近得玄德書，已深引咎，求復舊好。前所以名西為蜀者，以漢帝尚存故耳，今漢已廢，自可名為漢中王也。」[24]

據《三國志・吳主傳》注引《江表傳》載，夷陵戰爭之前，劉備曾致書孫權，要孫權支持、承認他的稱帝行動，孫權沒有理睬。劉備因而問鄭泉說：「吳王何以不答吾書，得無以吾正名不宜乎？」（按：意為是不是認為我稱皇帝是不應該的？）鄭泉回答說：「曹操父子陵轢漢室，終奪其位。殿下既為宗室，有維城之責，不荷戈執殳為海內率先，而於是自名，未合天下之議，是以寡君未復書耳。」據說，劉備聽了鄭泉的話後「甚慚恧（音ㄋㄩˋ，慚愧）」。顯然，這是站在吳國的立場上說話。劉備自認稱帝是理所當然的，怎麼會感到慚愧呢！

劉備在白帝，心情頹唐，漸悟用兵之誤。十一月，染疾在身，不能自振。十二月，境內出現不穩，「漢嘉太守黃元，素（諸葛）亮所不善，聞先主有疾，慮有後患，舉郡拒守。」[25]同時，曹魏軍隊遠臨江漢，不僅嚴重威脅東吳，而且如果勢成，對蜀亦將形成壓力。諸此，都迫使劉備不能不重新考慮對吳策略。因此，他響應了孫權的請和行動，即遣同等級別的官員、太中大夫宗瑋「報命」。所謂「報命」，就是回覆孫權的請和要求。此後，三四個月中，孫權的使節又多次到達白帝。《三國志・鄧芝傳》載，劉備死前也「累遣宋瑋（按：即宗瑋）、費禕等相與報答」。劉備死的時候，孫權特遣立信都尉馮熙聘於蜀，「弔備喪。」[26]從此，蜀吳「復通」，蜀漢邊場又獲得了相對平靜。

二、響應諸葛亮，絕魏聯蜀

黃武二年（蜀章武三年，魏黃初四年）四月，劉備死了。劉禪繼位，「政事無巨細，咸決於亮。」用劉禪的話說，就是「政由葛氏，祭則寡人」。

諸葛亮已知劉備伐吳之失，因而堅定了聯吳拒魏的戰略。當時，蜀地不穩，「南中諸郡，並皆叛亂，亮以新遭大喪，故未便加兵。」鑒此形勢，諸葛亮以丞相「開府治事」後，對外首先想到的是「遣使聘吳，因結和親，遂為與國（與國，友好交往的國家）」，[27]與吳通好。而對曹魏則完全是另一種態度。據載，曹魏曾經想乘諸葛亮初秉蜀政之機，把蜀漢拉到自己一邊。魏司徒華歆、司空王朗、尚書令陳群、太史令許芝、謁者僕射諸葛璋等分別寫信給諸葛亮，「陳天命人事，欲使舉國稱藩。」諸葛亮一律不復，而公開作《正議》一文以示回答，其中有云：「及至孟德（曹操），以其譎勝之力，舉數十萬之師，救張郃於陽平，勢窮慮悔，僅能自脫，辱其鋒銳之眾，遂喪漢中之地，深知神器不可妄獲，旋還未至，感毒而死。子桓（曹丕）淫逸，繼之以篡。縱使二三子多逞蘇（秦）、張（儀）詭靡之說，奉進驩兜（傳說唐堯時代的惡人）滔天之辭，欲以誣毀唐帝（按：以唐堯喻劉備），諷解禹、稷（按：以禹、稷自喻），所謂徒喪文藻煩勞翰墨者矣。夫大人君子之所不為也。」又說，從前軒轅氏「整卒數萬，制四方，定海內」，勢不可當，況且蜀「以數十萬之眾，據正道而臨有罪，可得干礙者哉（干礙，阻礙）！」[28]

正當諸葛亮「深慮（孫）權聞先主殂隕，恐有異計，未知所如」的時候，尚書鄧芝建議「宜遣大使重申吳好」，並主動請纓為使。諸葛亮即遣鄧芝固好於吳。是年十月，鄧芝至吳。據載，當時孫權尚懷狐疑，「不時見芝，芝乃自表請見權」，說：「臣今來亦欲為吳，非但為蜀也。」於是孫權與鄧芝相見，首先發話：「孤誠願與蜀和親，然恐蜀主幼弱，國小勢逼，為魏所乘，不自保全，以此猶豫耳。」鄧芝之說：「吳、蜀二國四州之地，大王命世之英，諸葛亮亦一時之傑也。蜀有重險之固，吳有三江之阻，合此二長，共為唇齒，進可併兼天下，退可鼎足而立，此理之自然也。大王今若委質於魏，魏必上望大王之入朝，下求太子之內侍，若不從命，則奉辭伐叛，蜀必順流見可而進，如此，江南之地非復大王之有也。」孫權覺得鄧芝的分析有道理，「默然良久」，說：「君言是也。」[29]

孫權本來已經準備「與蜀和親」，因而響應蜀漢，「遂自絕魏，與蜀連和」，即遣輔義中郎將張溫回訪蜀漢。史載，孫權對張溫說：「卿不宜遠出（按：當時張溫為太子太傅，所以說不宜遠出），恐諸葛孔明不知吾所以與曹氏通意，故屈卿行。若山越都除，便欲大搆於丕（按：意謂山越平定後，便想與曹丕大戰）。行人（即使者）之義，受命不受辭也。」溫對曰：「臣入無腹心之規，出無專對之用，懼無張老延譽之功（按：春秋時晉國大夫張孟元出使，『延君譽於四方。』見《國語．晉語》），又無子產（按：春秋鄭國大夫）陳事之效。然諸葛亮達見計數，必知神慮屈申之宜，加受朝廷天覆之惠，推亮之心，必無疑貳。」張溫至蜀，並沒有完全表達出孫權的意思。他給後主劉禪上書，把劉禪比作殷代武丁、周代成王，並吹捧說：「今陛下以聰明之姿，等契（意同相等，合契，相合）往古，總百揆於良佐，參列精之炳耀（列精，泛指日月星辰），遐邇望風，莫不欣賴。」孫權對於張溫的這次使蜀及其對劉禪的吹捧很不滿意，「既陰銜溫稱美蜀政，又嫌其聲名大盛，眾庶炫惑，恐終不為己用，思有以中傷之」，不久便藉故罷了張溫的官。[30]

自是之後，吳、蜀「聘使往來以為常」，「信使不絕」。其中，最多的是經陸遜同諸葛亮聯繫。據載：「時事所宜，吳主常令陸遜語諸葛亮，又刻印置遜所，王（孫權）每與漢主（劉禪）及諸葛亮書，常過示遜，輕重、可否有所不安，每令改定，以印封之。」[31]

鄧芝多次赴吳。因此，留下了不少有趣故事。如，鄧芝再次至吳，孫權在與鄧芝之間談話時說：「若天下太平，二主分治，不亦樂乎！」鄧芝反應很快，立即說：「天無二日，土無二王，如併魏之後，大王未深識天命者也，君各茂其德，臣各盡其忠，將提枹鼓，則戰爭方始耳。」孫權聞言，不禁大笑說：「君之誠款，乃當爾邪！」[32]還有，先此劉備的益州太守張裔被少數族帥雍闓「縛送於吳」。諸葛亮令鄧芝同孫權會談時請求把張裔放回。《三國志．張裔傳》載：「裔自至吳數年，流徙伏匿，權未之知也，故許芝遣裔。」張裔臨行，孫權引見，問裔：「蜀卓氏寡女，亡奔司馬相如，貴土風俗何以乃爾乎？」張裔很不客氣地回答：「愚以卓氏之寡女，猶賢於買臣之妻（按：朱買臣，吳人）。」孫權又對張裔說：「君還，必用事西朝（按：指蜀漢），終不作田父於閭里也，將何以報我？」張裔回答說：「裔負罪而歸，將委命有司。若蒙徼倖得全首領，五十八已前父母之年也，自此已後大王之賜也。」張裔談吐，引起了孫權的注意，「言笑歡悅，有器裔之色。」會見後，張裔「深悔不能陽愚，即便就船，倍道兼行」。據說，「權果追之，裔已入永安界數十里，追者不能及。」

鄧芝之後，蜀漢出使吳國最多的是費禕。劉禪繼位後，以費禕為黃門侍郎。諸葛亮南征後，以費禕「為昭信校尉使吳」。《三國志・費禕傳》說：「孫權性既滑稽，嘲啁（按：意指調笑）無方，諸葛恪，羊衜等才博果辯，論難鋒至，禕辭順義篤，據理以答，終不能屈。權甚器之，謂禕曰：『君天下淑德，必當股肱蜀朝，恐不能數來也。』」實際上，費禕回蜀後的確升了官，但仍然因為「奉使稱旨，頻煩至吳」。

為表友好，兩國之間還互贈禮物，蜀贈吳「馬二百匹，錦千端，及方物」，吳「亦致方土所出，以答其厚意焉」。[33]

吳蜀重新聯合所以取得成功，固然是由於兩國領導人都認識到聯合的重要。但還有一個原因也應注意，這就是魏國皇帝曹丕犯了戰略性錯誤。正當吳蜀謀求聯合的時候，他傾全國主力，向吳國發起新的進攻，吳國邊境吃緊，再次感到了曹魏的威脅。諸葛亮則感受到北上用兵的機會。因此，雙方願意互為犄角，不僅「信使不絕」，而且在軍事上遙相策應。

註釋

1 是年孫權四十一歲，雖未稱帝，但毅然改元，以示自己不奉曹魏和蜀漢正朔。他改元黃武，同魏改元黃初含有同樣意思。胡三省說：「吳改元黃武，亦以五德之運承漢為土德也。」以五德終始論，漢為火德。

2《三國志・吳書・吳主傳》。

3 見《後漢書・吳漢傳》和〈來歙傳〉。建武十一年，後漢大將吳漢，破公孫述於荊門；建武八年，來歙突襲略陽，斬隗囂守將。

4《三國志・吳書・吳主傳》注引《魏略》。

5 以上見《三國志・吳書・吳主傳》並注引《魏略》、《三國志・魏書・文帝紀》。

6《資治通鑑》卷七〇，魏文帝黃初四年。

7《三國志・魏書・辛毗傳》。

8《資治通鑑》卷七〇，魏文帝黃初五年。

9《三國志・魏書・鮑勳傳》。

10《三國志・吳書・吳主傳》注引《吳錄》。

11《三國志・魏書・蔣濟傳》。

12 以上《三國志・吳書・諸葛瑾傳》。按：南朝宋人裴松之不同意孫權的見解，認為：「魏明帝（曹叡）一時明主，政自己出，孫權此論，竟為無徵，而史載之者，將以主幼國疑，威柄不一，亂亡之形，有如權言，宜其存錄以為鑒戒。」

13《三國志・魏書・明帝紀》。

14《三國志・吳書・吳主傳》、〈賀齊傳〉、〈胡綜傳〉；《資治通鑑》卷七〇，魏文帝黃初四年。

15《三國志・吳書・吳主傳》；《資治通鑑》卷七〇，魏文帝黃初六年。

16《資治通鑑》卷七一，魏明帝太和二年。

17《三國志・吳書・陸遜傳》注。

18《三國志・魏書・蔣濟傳》。

19《三國志・魏書・滿寵傳》。

20《三國志・吳書・吳主傳》。

21《三國志・吳書・陸遜傳》。

22《三國志・吳書・朱桓傳》。

23《三國志・吳書・陸遜傳》注引《吳錄》。

24《三國志・吳書・吳主傳》注引《江表傳》。

25《華陽國志・劉先主志》。

26《三國志・吳書・吳主傳》注引《吳書》。

第十一章 做皇帝

謀大業，做皇帝，是孫氏父子早已確定的目標。孫堅入洛陽，一枚傳國玉璽，促使他即刻南下謀創自己的事業。孫堅此一行動，受到注史者、南朝宋人裴松之的批評：「孫堅於興義之中最有忠烈之稱，若得漢神器而潛匿不言，此為陰懷異志，豈所謂忠臣者乎？吳史欲以為國華，而不知損堅之令德。……匹夫懷璧，猶曰有罪，而況斯物哉！」[1]孫堅死後，孫策自稱是想「收合流散，東據吳會，報仇雪恥，為朝廷外藩」。張紘甚知孫策心志，把話挑明，說：「若投丹楊，收兵吳會，則荊揚可一，仇敵可報。據長江，奮威德，誅除群穢，匡輔漢室，功業侔於桓、文，豈徒外藩而已哉？」孫策當即明確表示，自己的想法「一與君同符合契」。[2]

及至孫權繼業，上上下下謀取帝業的決心，一般說來是不再隱諱了。周瑜對魯肅說：「承運代劉氏者，必興於東南，推步事勢，當其曆數，終構帝基，以協天符。」魯肅初見孫權，即言可乘曹操忙於北方戰爭的機會，「剿除黃祖，進伐劉表，竟長江所極，據而有之，然後建號帝王以圖天下。」孫權表面謙虛，說「此言非所及也」，而內心實然其說。[3]

積極準備

事實證明，自從劉備自稱漢帝於蜀，孫權亦即加緊準備，把做皇帝的活動提到了日程上。外部準備，已如前述，大戰曹魏，不再向魏稱藩，不堅決反對劉備稱帝，都是其重要戰略組成部分。

內部準備，除了程序問題，重在兩個方面，一是在自己的統轄範圍內積極構建有利環境，一是大造輿論。

一、構建有利環境

孫權明白，要想平穩地登上皇帝寶座，域內的相對穩定是很重要的。當時，他必須解決好兩個問題，一是平撫山越，二是寬息安民。

《三國志》作者陳壽說：「山越好為叛亂，難安易動，是以孫權不遑外禦，卑詞魏氏。」孫權稱帝前夕，進行了又一次的鎮撫山越行動。就當時的形勢看，目的自然不僅是為了禦魏，而更重要是為了自己做皇帝。

黃武四年（二二五），鄱陽大帥彭綺作亂，自稱將軍，攻沒屬城，有眾數萬人。六年，孫權以周魴為鄱陽太守，與建武中郎將胡綜一起戮力攻討，遂將彭綺生擒，穩定了鄱陽周圍局勢。

黃武五年，「丹楊、吳（郡）、會（稽）山民復為寇賊，攻沒屬縣」，孫權立即把這三郡中的「險地」劃出來，另置東安郡，以綏南將軍全琮領太守。全琮到達事發地點後，「明賞罰，招誘降附，數年中，得萬餘人。」事情略定，孫權即召全琮回來，並罷東安郡。4

寬息安民是穩定廣大百姓的重要措施。黃武五年春，孫權下令說：「軍興日久，民離農畔，父子夫婦，不聽相恤，孤甚愍之。今北虜縮竄，方外無事，其下州郡，有以寬息。」[5]是時，陸遜因為駐地「所在少穀」，上表請求「令諸將增廣農畝」。孫權以「甚善」回覆，遂廣屯田。

孫權的諸多措施，效果明顯。儘管沒有明確的記載，但我們從馮熙對曹丕的一番有所誇張的談話中，可見一斑。立信都尉馮熙使蜀弔劉備喪後被提升為中大夫。孫權稱帝前，又派他到魏觀察動靜。曹丕問：「吳王若欲修宿好，宜當厲兵江關，懸旌巴蜀，而聞復遣（使與蜀）修好，必有變故。」熙答：「臣聞西使直報問，且以觀釁，非有謀也。」曹丕又問：「聞吳國比年災旱，人物凋損，以大夫之明，觀之何如？」熙答：「吳王體量聰明，善於任使，賦政施役，每事必咨，教養賓旅，親賢愛士，賞不擇怨仇，而罰必加有罪，臣下皆感恩懷德，惟忠與義。帶甲百萬，穀帛如山，稻田沃野，民無饑歲，所謂金城湯池，強富之國也。以臣觀之，輕重之分，未可量也。」[6]

二、大造輿論

孫權的臣下同曹丕、劉備的臣下一樣，為了讓孫權心安理得地做皇帝，也做了不少輿論準備。雖然不及曹魏那樣「天瑞紛呈」，但也足見「天命所在」。

黃武二年，「曲阿（今江蘇丹楊）言甘露降」，群臣勸孫權「即尊號」，孫權「不許」。孫權辭讓說：「漢家堙替（已亡），不能存救，亦何心而競乎？」意思是，漢室剛滅，不忍自為。實際上，一是魏兵壓境，剛謀通蜀，未便遽為；二是輿論造得還不夠火候。群臣再次稱說「天命符瑞，固重以請」。黃武四年，「皖口（在今安徽懷寧西）言木連理。」黃龍元年（二二九），稱帝之前，武昌、夏口都有「黃龍、鳳凰見」，公卿百司再一次勸孫權「正尊號」。同時，把三十年前漢獻帝興平年間流行的童謠傳唱開來：「黃金車，班蘭耳，闓昌門（按：吳西門），出天子。」7

孫權因黃龍見於夏口，便即籌備「因瑞改元」，並做黃龍大旗，立於中軍帳，「諸軍進退，視其所向。」同時，命解煩右部督、建武中郎將胡綜作《黃龍大牙》長賦，其中有云：

明明大吳，實天生德，神武是經，惟皇之極。……應期受命，發跡南土，……四靈（此指龍、鳳、龜、麟）既布，黃龍處中，周制日月，實曰太常（按：《書·君牙》孔安國傳說：「王之旌旗畫日月，曰太常」），桀然特立，六軍所望。仙人在上，鑒觀四方，神實使之，為國休祥（吉祥）。軍欲轉向，黃龍先移，金鼓不鳴，寂然變施，暗謨若神，可謂祕奇。在昔周室，赤烏銜書，今也大吳，黃龍吐符。合契河洛（按：指《河圖》《洛書》），動與道俱，天贊人和，僉曰惟休（意謂大家都說是美好的事）。8

很明顯，賦的中心就是一句話，黃龍吐符，大吳當有天下，孫權應該做皇帝。

這時，曹魏已經稱帝二代八年六個月，蜀漢也已稱帝二代八年了。況且，不久前他大破曹休於石亭，取得了對魏戰爭的重大勝利；蜀漢諸葛亮已經是第三次兵出祁山，也給曹魏構成了一定威脅。鼎足三分的形勢已固。時機成熟，東吳君臣自然不願再以不對等的稱謂面對魏蜀。因此，孫權稱帝的大典便順理成章地在武昌舉行了。

「正尊號」

黃龍元年（魏太和三年，蜀建興七年）四月丙申（西元二二九年五月二十三日），孫權在武昌城南舉行郊祀大典，即皇帝位，改年號黃武為黃龍（黃武是稱帝前、為王時的年號；黃龍是稱帝後的第一個年號）。

孫權即位做皇帝，吳人稱之為「正尊號」。這是因為他們覺得，孫權從建元黃武之時已經是「皇帝」了，只不過是沒有使用「皇帝」的稱號罷了。現在是補行大典，予以「正名」，所以稱「正尊號」。

一、秉承漢統

魏蜀吳三國都自稱是漢朝的繼統者，互不奉行另兩方的正朔。西元二二〇年，漢禪於魏，曹丕建號黃初；劉備繼續用建安年號，直至次年（二二一）稱帝，改用章武年號；孫權也是繼續用建安年號，到西元二二二年，雖未稱帝，但毅然建號黃武。

孫權稱帝，按照歷朝慣例，發表告天文書，說明自己做皇帝是天命所歸，不得不為，希望得到天帝的庇護。全文如下：

皇帝臣權敢用玄牡（黑色公牛）昭告於皇皇后帝：漢享國二十有四世，歷年四百三十有四，行氣數終，祿祚運盡，普天弛絕，率土分崩。孽臣曹丕遂奪神器，丕子叡繼世作慝，淫名亂制。權生於東南，遭值期運，承乾秉戎，志在平世，奉辭行罰，舉足為民。群臣將相，州郡百城，執事之人，咸以為天意已去於漢，漢氏已絕祀於天，皇帝位虛，郊祀無主。休徵嘉瑞，前後雜沓，歷數在躬，不得不受。權畏天命，不敢不從，謹擇元日，登壇燎祭，即皇帝位。惟爾有神饗之，左右有吳，永終天祿。9

孫權的告天文書雖然不長，但有四個特點很突出，一是直承漢統，說「漢氏已絕祀於天，皇帝位虛，郊祀無主」，自己畏天命，不得不為。二是不承認魏承漢統。這一點，只要把孫權、曹丕二者的告天文加以對照，便即赫然。曹丕說，漢「歷年四百二十有六」；孫權說，漢「歷年四百三十有四」。兩者相差八年。這八年就是曹氏已經稱帝的八年。三是明確表示了同曹魏徹底決裂，直稱「孽臣曹丕遂奪神器，丕子叡繼世作慝，淫名亂制」。四是沒有對蜀漢政權表態，實際承認了劉備政權的合法性，所以隨後有了願意與蜀「中分」天下之舉。

同時，孫權還按照慣例，「追尊父破虜將軍（孫）堅為武烈皇帝，母吳氏為武烈皇后」，「吳王太子登為皇太子」。另，追封兄長討逆將軍孫策為長沙桓王，並封孫策的兒子孫紹為吳侯。

二、爵賞將吏

重量級歷史人物爵級的變動和升遷，必然標誌著歷史的重大變易，也體現著諸多歷史人物的淹沉與泛起。

孫權做皇帝時，已經四十八歲。先此，他已歷職漢討虜將軍，領會稽太守（建安五年，西元二〇〇年，曹操表舉）；行車騎將軍，領徐州牧（建安十四年，西元二〇九年，劉備表舉）；驃騎將軍，領荊州牧，南昌侯（建安二十四年，西元二一九年，曹操表舉）；吳王（黃初二年，西元二二一年，曹丕策命）。每次職攀爵變，他都不忘記僚屬的升賞，使大家同享榮譽，從而更好地把文武大臣團結在自己周圍，加強政治和軍事權力的控制。

孫權宣告：

輔國將軍、領荊州牧陸遜，授上大將軍，領牧如舊，「輔太子，並掌荊州及豫章三郡事，董督軍國。」[10]

左將軍諸葛瑾，授大將軍、左都護，領豫州牧。

右將軍、左護軍步騭，授驃騎將軍，領冀州牧。

昭武將軍朱然，授車騎將軍、右護軍，領兗州牧。

奮武將軍朱桓，授前將軍，領青州牧。

綏南將軍全琮，授衛將軍，左護軍，領徐州牧。

安南將軍、交州刺史呂岱，進拜鎮南將軍，繼領交州刺史。

平北將軍、襄陽太守潘璋拜右將軍。

奮威將軍潘浚，拜為少府。

偏將軍、省尚書事、外總平諸官兼領辭訟是儀，「復拜侍中、中執法，平諸官事、領辭訟如舊。」

解煩左右部督徐詳、胡綜，並為侍中，兼左右領軍。

另，宗室、揚威將軍孫韶授鎮北將軍。建義校尉朱據，娶公主，授左將軍。西曹掾闞澤拔為尚書。

孫權很重視太子孫登的培養，遴拔一些嶄露頭角、頗具才幹的年輕人予以輔佐。先此，孫登為王太子的時候，即「選置師傅，銓簡秀士，以為賓友」。於是諸葛瑾的兒子諸葛恪、張昭的兒子張休、陳武的兒子陳表，以及顧雍的孫子顧譚等「選入，侍講詩書，出從騎射」。黃龍元年，孫權立登為皇太子，「以恪為左輔，休右弼，譚為輔正，表為翼正都尉，是為四友。而謝景、范慎、刁玄、羊衜（衜，古道字）等皆為賓客，於是東宮號為多士。」[11]

孫權稱帝之後，惟一沒有得到爵賞的，只有老臣張昭。前面講到，孫策臨死之前，「以弟權託昭，昭率群僚立而輔之。」張昭對於孫權地位的確立卓有功勳。然而不久以後，特別是經過赤壁之戰，因為政見不同，加以張昭慣以長者自居，常使孫權下不了臺，二人關係裂縫日深。孫權封王，張昭以顧命老臣，「與孫紹（邵）、滕胤、鄭禮等，采周、漢（制度），撰定朝儀」，有功。當時，大家都以為丞相之職非張昭莫屬，然而孫權只「拜昭為綏遠將軍，封由拳侯」。孫權冠冕堂皇地說，不忍心讓張昭負擔太重：「方今多事，職統者責重，非所以優之也。」而用了一位業績並不顯赫的孫邵為丞相。據《江表傳》載：「權既即尊位，請會百官，歸功周瑜。」張昭有點不識相，「舉笏欲褒贊功德，未及言，權曰：『如張公之計（按：赤壁之戰時，張昭主張迎操）今已乞食矣。』」張昭聞言，「大慚，伏地流汗。」[12]隨後，張昭「以老病，上還官位及所統領」。孫權當即答應張昭的請求，更拜為「輔吳將軍，班亞三司，改封婁侯，食邑萬戶」。自此，張昭「在里宅無事，乃著《春秋左氏傳解》及《論語注》」，做學問去了。[13]雖然時有咨問，但已經沒有實際權力，失去了昔日輔政大臣的風采。

吳蜀「中分天下」

孫權四月稱帝，五月即派出兩路使節，一是派校尉張剛、管篤出使遼東，回應魏揚烈將軍、遼東太守公孫淵聲言來附（後詳）；二是派出使節「以並尊二帝之議往告於（蜀）漢」。[14]「並尊二帝」是孫權稱帝時的重大戰略決策。這意味著吳、蜀共有天下，而把魏國排斥在外。據載，此事在蜀引起了不小震動。《三國志．諸葛亮傳》注引《漢晉春秋》說：「是歲，孫權稱尊號，其群臣以並尊二帝來告。」蜀國大臣們討論這件事，都以為「交之無益，而名體弗順」，一致主張，應該「顯明正義，絕其盟好」。諸葛亮力排眾議，剖析形勢，講明利害，指出：

權有僭逆之心久矣，國家所以略其釁情者，求掎角之援也。今若加顯絕，仇我必深，便當移兵東伐，與之角力，須併其土，乃議中原。彼賢才尚多，將相緝穆，未可一朝定也。頓兵相持，坐而須老，使北賊得計，非算之上者。昔孝文卑辭匈奴，先帝（指劉備）優與吳盟，皆應權通變，弘思遠益，非匹夫之為忿者也。今議者咸以（孫）權利在鼎足，不能併力，且志望以滿，無上岸之情，推此，皆似是而非也。何者？其智力不侔，故限江自保；權之不能越江，猶魏賊之不能渡漢，非力有餘而利不取也。若大軍致討，彼高當分裂其地以為後規，下當略民廣境，示武於內，非端坐者也。若就其不動而睦於我，我之北伐，無東顧之憂，河南之眾不得盡西（按，指魏兵因要備吳而不能全力抗蜀），此之為利，亦已深矣。權僭之罪，未宜明也。[15]

不難看出，這是夷陵之戰以後，諸葛亮處理蜀吳關係的一次綱領性的談話，完全是一種戰略的考慮：一是明確了聯吳的目的在「求掎角之援」，深刻地指出，如果與吳絕盟，吳蜀立即又成敵國，對方「仇我必深」，我方則當「移兵東伐，與之角力」，但條件很不成熟，一旦出兵，必「頓兵相持，坐而須老」，給曹魏以可乘之機，反之，吳蜀盟好則可給曹魏以壓力；二是講清了「應權通變」之宜，要學習先人，遇事想得遠一點，不能感情用事；三是進一步分析形勢，指出當前均勢狀態下，吳國孫權不能越江，就像曹魏之不能渡漢（水）一樣，「非力有餘而利不取」，而是「智力不侔，故限江自保」，但是，如果對其用兵，他們必將動員起來，全力對我；四是透露了「和吳」對於即將北伐曹魏的重大意義，指出「若就其不動而睦於我，我之北伐，無東顧之憂」。

諸葛亮說服了大家，對孫權稱帝不僅沒有明確表示反對，而且特派衛尉陳震赴吳「慶權踐位」。兩月後，黃龍元年（蜀建興七年）六月，陳震到達武昌。於是，孫權與漢（蜀）人盟，宣告「參分天下」（按：兩家把地盤全分了，何來三分？所以《資治通鑑》卷七一改做「中分天下」），將魏國地盤「豫、青、徐、幽屬吳，兗、冀，并、涼屬蜀。其司州之土，以函谷關為界」。這份由吳方起草而通過的盟文寫得很長，因很重要，全文錄下：

> 天降喪亂，皇綱失敘，逆臣乘釁，劫奪國柄，始於董卓，終於曹操，窮凶極惡，以覆四海。至令九州幅裂，普天無統，民神痛怨，靡所戾止。及操子丕，桀逆遺醜，薦作奸回，偷取天位。而叡么麼（按：意為小人物），尋丕凶跡，阻兵盜土，未伏厥誅。昔共工亂象而高辛行師，三苗干度而虞舜征焉。今日滅叡，禽其徒黨，非漢與吳，將復誰任？夫討惡翦暴，必聲其罪，宜先分裂，奪其土地，使士民之心，各知所歸。是以春秋晉侯伐衛，先分其田以畀（音ㄅㄧˋ，給，給予）宋人，斯其義也。且古建大事，必先盟誓，故《周禮》有司盟之官，

《尚書》有告誓之文，漢之與吳，雖信由中，然分土裂境，宜有盟約。諸葛丞相德威遠著，翼戴本國，典戎在外，信感陰陽，誠動天地，重復結盟，廣誠約誓，使東西士民咸共聞知。故立壇殺牲，昭告神明，再歃加書，副之天府。天高聽下，靈威棐諶（棐諶，即棐忱，輔助誠信的人），司慎司盟，群神群祀，莫不臨之。自今日漢、吳既盟之後，戮力一心，同討魏賊，救危恤患，分災共慶，好惡齊之，無或攜貳。若有害漢，則吳伐之；若有害吳，則漢伐之。各守分土，無相侵犯。傳之後葉，克終若始。凡百之約，皆如載書，信言不豔，實居於好。有渝此盟，創禍先亂，違貳不協，慆慢天命，明神上帝是討是督，山川百神是糾是殛，俾墜其師，無克祚國。於爾大神，其明鑒之！16

這篇盟文，不僅是把曹操及其子孫痛罵一頓，重要的是把「戮力一心，同討魏賊」、「若有害漢，則吳伐之；若有害吳，則漢伐之」以及「各守分土，無相侵犯」這樣的重要內容，亦即共同對敵、相互支援、互不侵犯這樣的原則，用盟約的形式確定下來，奠定了吳蜀兩國終世不再戰爭的基礎，反映了孫權、諸葛亮兩個戰略家謀求「掎角」而應對曹魏的正確決策。據載，赤烏年間，國內曾颳起了一股蜀漢將要毀盟之風，像步騭、朱然等這樣一些重量級人物也分別上疏，言說蜀漢將要叛吳聯魏，講了兩條「根據」：一謂「自蜀還者，咸言（蜀）欲背盟與魏交通，多作舟船，繕治城郭」；二謂不配合吳國的軍事行動，「蔣琬（按：諸葛亮的繼承人，時掌蜀政）守漢中，聞司馬懿南向，不出兵乘虛以掎角之，反委漢中，還近成都。」結論是「事已彰灼，無所復疑，宜為之備」。孫權力排眾議，以為事情不會這樣，指出四點：（一）「吾待蜀不薄，聘享盟誓，無所負之，何以致此？」（二）「司馬懿前來入舒，旬日便退，蜀在萬里，何知緩急而便出兵乎？」（三）過去魏欲入漢川，我們準備策應，但沒有「舉動」，「會聞魏還」，準備活動就停止了，蜀難道可以以此懷疑我們嗎？（四）「人家治國，舟船城郭，何得不護？」就像現在我們這裡「治軍」，難道是想對付蜀嗎？最後，孫權斷然說：「人言苦不可信，朕為諸君破家保之。」[17]事實正如孫權所說，蜀漢根本沒有叛盟的打算。

註釋

1《三國志·吳書·孫堅傳》裴注。
2《三國志·吳書·孫策傳》注引《吳歷》。
3《三國志·吳書·魯肅傳》。
4《三國志·吳書·全琮傳》。
5《三國志·吳書·吳主傳》。
6《三國志·吳書·吳主傳》注引韋曜《吳書》。
7《三國志·吳書·吳主傳》。
8《三國志·吳書·胡綜傳》。
9《三國志·吳書·吳主傳》注引《吳錄》。
10《三國志·吳書·陸遜傳》。
11《三國志·吳書·孫登傳》。
12《三國志·吳書·張昭傳》注引《江表傳》。
13《三國志·吳書·張昭傳》。
14《資治通鑑》卷七一，魏明帝太和三年。
15《三國志·蜀書·諸葛亮傳》注引《漢晉春秋》。
16《三國志·吳書·吳主傳》。按：此盟文為孫權授意建武中郎將胡綜寫成。陳壽在〈胡綜傳〉中評說：「綜為盟文，文義甚美」。
17《三國志·吳書·吳主傳》。

第十二章　固土拓疆

黃龍元年秋九月，孫權由武昌遷都建業。同時，「徵上大將軍陸遜輔太子登，掌武昌留事。」[1]

孫權既做皇帝，便試圖以天子之威，君臨神州之半。當時，諸葛亮已經三次出兵戰魏，雖然軍無大功，但牽制了曹魏的主力部隊。這一客觀有利形勢，為孫權抓緊固土拓疆的行動提供了新的契機。

加強交州的控制

前面講到，東漢末年，交州刺史朱符被地方「夷人」所殺，州郡擾亂。朱符死後，幾方勢力都想把交州置於自己的控制之下。

他們爭奪交州控制權的歷程，可以簡述如下：一、交阯太守士燮，上報朝廷以自己的三個弟弟分別為合浦太守（治今廣東雷州）、九真太守（治胥浦，今越南清化）、南海太守。從此，士燮兄弟「並為列郡，雄長一州，偏在萬里，威尊無上」，基本控制了交州局面。但士燮兄弟沒有得到刺史之封。二、曹操控制的漢廷在建安二年（一說八年）派遣南陽人張津為交州刺史。張津上任後不久為其將區景所殺。三、荊州牧劉表聞知張津死，即「遣零陵賴恭代津」，並遣吳巨為蒼梧太守。四、曹操後劉表一步得知張津死訊，既聞劉表已派賴恭代津，立即以皇帝的名義加封士燮「為綏南中郎將，董督七郡，領交阯太守如故」。「董督七郡」就是把交州七郡（南海、蒼梧、鬱林、合浦、交阯、九真、日南）全部軍政置於其控制之下。並「賜燮璽書」，稱：「逆賊劉表又遣賴恭窺看南土。」自此，雖天下喪亂，道路斷絕，但「燮不廢貢職」，漢廷特復下詔拜士燮為安遠將軍，封龍度亭侯。這說明，士燮雖然不曾對孫權構成威脅，而且對吳相對友好，但交州並非吳有，名義上依然是朝廷直屬州。[2]

一、爭奪嶺南治權

建安十五年（二一〇），孫權開始直接染指交州。此時，劉表派出的交州刺史賴恭和蒼梧太守吳巨火拚，吳巨「舉兵逐恭，恭走還零陵」。孫權得知賴恭被逐，遂以鄱陽太守步騭為交州刺史、立武中郎將。步騭得到命令，即「領武射吏千人，便道南行」。第二年，孫權又追拜步騭「使持節，征南中郎將」。

步騭到達交州後，一是果斷地誘殺了吳巨，二是較好地處理了同士燮兄弟的關係，從而使士燮兄弟成為吳國封官。史載：「劉表所置蒼梧太守吳巨陰懷異心，外附內違。騭降意懷誘，請與相見，因斬徇之，威聲大震。」士燮兄弟，「相率供命」，孫權加燮為左將軍。建安末年，「燮遣子廞入質，權以為武昌太守，燮、壹（燮弟）諸子在南者，皆拜中郎將。」士燮積極效命，「又誘導益州豪姓雍闓等，率郡人民使遙東附」，孫權「益嘉之」，升授士燮為「衛將軍，封龍編侯，弟壹偏將軍，都鄉侯」。從此，士燮不斷向孫權貢獻，「每遣使詣權，致雜香細葛，輒以千數，明珠、大貝、流離、翡翠、瑇瑁、犀、象之珍，奇物異果，蕉、邪（按：即椰子）、龍眼之屬，無歲不至。（士）壹時貢馬凡數百匹。權輒為書，厚加寵賜，以答慰之。」士燮兄弟，相率供命，標誌著孫權基本上用非武力的方式解決了交州問題，「南土之賓（賓服，歸順），自此始也。」[3]

二、加強直接控制

延康元年（魏黃初元年，西元二二〇年），孫權遣呂岱代騭。從此，孫權對於交州開始了新的方略。他要加強自己對交州的控制，削弱士氏家族的勢力。黃武五年（二二六），年已九十歲的士燮死去，孫權以士燮的兒子士徽為安遠將軍，領九真太守，而以校尉陳時代燮為交阯太守，試圖動搖士氏在交阯的根基。呂岱則以「交阯絕遠」，表請孫權分割交州，海南三郡（交阯、九真、日南）為交州，以將軍戴良為刺史，海東四郡（蒼梧、南海、鬱林、合浦）為廣州，岱自為刺史。史載，呂岱駐留南海，戴良與陳時俱前行，到達合浦。士徽知道孫權、呂岱的目的，不聽所命，「自署交阯太守，發宗兵拒良」（或謂「徽不承命，舉兵戍海口以拒良等」）。呂岱於是上疏孫權「請討徽罪」，孫權即予批准。呂岱出士徽不意，「潛軍輕舉，掩其無備」，督兵三千人晨夜浮海，「自廣州將兵晝夜馳入，過合浦，與良俱前。」據說，呂岱還派士壹的兒子、中郎將士匡「移書交阯，告喻禍福」，勸士徽投降，假說只要服罪，「雖失郡守，保無他憂。」徽聞岱至，大為震怖，不知所出，即率兄弟六人肉袒迎岱。呂岱令士徽等穿好衣服，陽示寬宏。第二天，呂岱「早施帳幔，請徽兄弟以次入，賓客滿坐。岱起，擁節讀詔書，數徽罪過，左右因反縛以出，即皆伏誅，傳首詣武昌」。隨後，孫權剷除士氏勢力的目的既已達到，又即撤銷廣州建制，仍以呂岱為交州刺史，統交州七郡如故。士燮之兄弟及質子廞等，皆免為庶人。[4]

黃龍初，呂岱「既定交州，復進討九真，斬獲以萬數」。又派出使節中郎康泰、宣化從事朱應「南宣國化」。據說，徼外扶南（今泰國）、林邑（在今越南中南部）、堂明（今柬埔寨）諸王，「各遣使奉貢。」[5]

黃龍三年，孫權已經完全控制了交州，「以南土清定」，把呂岱召回，還屯長沙附近，會討「武陵蠻夷」。[6]

孫權稱帝前後，結束了交州地方勢力的統治，割斷了交州與魏的政治聯繫，真正地把交州置於自己的控制之下，擴大了版圖，使之成為吳國的有機組成部分。

這裡順便要說的是，黃龍二年孫權在「浮海求夷洲（今臺灣）」（後詳）的時候，曾經準備另遣偏師取珠崖（亦作珠厓、朱厓，治今海南海口），受到陸遜的阻止。陸遜說：「珠崖絕險，民猶禽獸，得其民不足濟事，無其兵不足虧眾。」「求夷洲」的軍事行動沒有收到預期的效果，「取珠崖」的計畫也遂擱置。

十二年後，赤烏五年（二四二）七月，孫權在取得一次對魏戰爭的勝利後，遂將征討珠崖的計畫付諸實施。《三國志・吳主傳》說，孫權派遣將軍聶友、校尉陸凱「以兵三萬討珠崖、儋耳（今海南儋州）」。用兵取得相當成功，控制了兩郡，然後將珠崖郡治移至徐聞（廣東今縣），從而更為相對有效地將海南置於交州刺史的統治之下。

赤烏十一年（二四八），交阯、九真「夷賊」攻沒城邑，交州「騷動」。孫權以衡陽督軍都尉陸胤為交州刺史、安南校尉，率兵南向。陸胤率部進入交州，「喻以恩信，務崇招納」，高涼（今廣東陽江西）渠帥黃吳等支黨三千餘家皆出降。然後，繼續引軍而南，到達交阯、九真郡，「重宣至誠，遺以財幣。賊帥百餘人，民五萬餘家，深幽不羈，莫不稽顙。」騷亂平定後，陸胤因功加授安南將軍，又隨即回師交州北部諸郡，「復討」蒼梧（今廣西梧州）反叛，前後虜獲八千餘人，「以充軍用。」7

謀有幽燕之地

孫權用兵交州，加強了對嶺南的直接控制，謀略是成功的。但試圖擁有幽燕之地，聯合公孫淵，掎角曹魏，則完全是建立在戰略幻想之上，所以失敗了。

公孫淵，魏遼東太守。其祖公孫度，父公孫康都先後為漢朝遼東太守。漢末，公孫康歸附曹操，繼領遼東，封左將軍。公孫康死的時候，淵尚年幼，群下擁立康弟公孫恭為太守。魏文帝曹丕承認事實，遣使授恭車騎將軍，並追認康為大司馬，以示優待。公孫恭「劣弱不能治國」。太和二年，公孫淵先斬後奏，強奪恭位，然後報告魏廷。此事在魏引起了震動和特別注意，不少大臣主張乘機根除公孫氏在遼東的勢力。《三國志・劉曄傳》載：「遼東太守公孫淵奪叔父位，擅自立，遣使表狀。曄以為公孫氏漢時所用，遂世官相承，水則由海，陸則阻山，故胡夷絕遠難制，而世權日久。今若不誅，後必生患。若懷貳阻兵，然後致誅，於事為難。不如因其新立，有黨有仇，先其不意，以兵臨之，開設賞募，可不勞師而定也。」魏明帝曹叡沒有聽取劉曄等人的意見，而是繼續奉行懷柔政策，封淵為揚烈將軍、遼東太守。

一、公孫淵稱臣

公孫淵雖受魏封，但知朝中人對自己很不信任。在此情況下，公孫淵「遣使南通孫權，往來賂遺」。[8]不久，曹叡即令幽州刺史王雄與東萊太守（失名）由陸路、汝南太守（一作平州刺史）田豫督青州諸軍自海道進討公孫淵。據《三國志．蔣濟傳》注引司馬彪《戰略》說，明帝命田豫、王雄「並攻遼東」，蔣濟不同意，認為：「凡非相吞之國，不侵叛之臣，不宜輕伐。伐之而不制，是驅使為賊。」並進而指出，即使一舉便克，「得其民不足益國，得其財不足為富；倘不如意，是為結怨失信也。」曹叡不聽，豫等果然無功而退。

孫權稱帝後，即派校尉張剛、管篤為使向公孫淵通報。繼而，嘉禾元年（魏太和六年，西元二三二年）三月，又派將軍周賀、校尉裴潛、都尉葛某（按：失名。《魏略》作中郎將萬泰）曉諭「聖意」。九月，周賀返回時，在今山東半島之端的成山，遭到魏軍伏擊，被殺。據《三國志．田豫傳》載，「豫度賊（吳）船垂還，歲晚風急，必畏漂浪，東隨無岸，當赴成山。……賊還，果遇惡風，船皆觸山沉沒，波蕩著岸，無所蒙竄，盡虜其眾。」十月，公孫淵回應孫權，即派校尉宿舒、郎中令孫綜「稱藩於權，並獻貂、馬」。[9]《三國志．公孫度傳》注引韋曜《吳書》記錄了公孫淵向孫權稱臣的表文。表文表露了得不到魏國朝廷信任而不知應該依附於誰的鬱悒心情，說：「自先人以來，歷事漢、魏，階緣際會（攀附交往），為國效節，繼世享任，得守藩表」，然而「猶知符命未有攸歸」。然後，為孫權大唱讚歌，卑辭承命，願意為臣：

> 每感厚恩、頻辱顯使，退念人臣交不越境，是以固守所執，拒違前使。雖義無二信，敢忘大恩！陛下（按：承認孫權為皇帝）鎮撫，長存小國，前後裴校尉、葛都尉等到，奉被敕

> 誠，聖旨彌密，重紈累素（按：意謂聖旨寫得很長，密密麻麻寫在多塊白絹上），幽明備著，所以申示之事，言提其耳。臣晝則謳吟，宵則發夢，終身誦之，志不知足。……今魏家不能采錄忠善，褒功臣之後，乃令讒訛得行其志。聽幽州刺史、東萊太守誑誤之言，猥興州兵，圖害臣郡。臣不負魏，而魏絕之。蓋聞人臣有去就之分：……伏惟陛下德不再出，時不世遇，是以慺慺懷慕自納，望遠視險，有如近易。誠願神謨蚤定洪業，奮六師之勢，收河、洛之地，為聖代宗。天下幸甚！

孫權接到公孫淵的上表，陡然有點利令智昏了，覺得擁有中原的日子不遠了，「大悅」，連例行的冬日郊祀也不進行了，說什麼「郊祀當於土中（土中，即中土，指中原），今非其所，於何施此」。當即決定「加淵爵位」。[10]

二、封淵為王

嘉禾二年（魏青龍元年，西元二三三年）正月，孫權封公孫淵為燕王。送達的詔書有幾點內容特別引人注意：

第一，完全是真命天子君臨天下的口氣。

> 朕以不德，肇受元命，夙夜兢兢，不遑假寢（按：意謂連打盹的時間都沒有）。思平世難，救濟黎庶，上答神祇，下慰民望。是以眷眷（一心一意），勤求俊傑，將與戮力，共定海內。苟在同心，與之偕老。

第二，不僅立淵為燕王，而且擴大其封疆，將其統治地盤由遼東擴展到幽州、青州（今河北、山東境）。

今使持節督幽州領青州牧遼東太守燕王，久脅賊虜，隔在一方，雖乃心於國，其路靡緣。

第三，毫不掩飾即將「普天一統」的欣喜之情。

今因天命，遠遣二使（按：指公孫淵派來的使節），款誠顯露，章表殷勤，朕之得此，何喜如之！雖湯遇伊尹，周獲呂望，世祖未定而得河右（按：指劉秀天下未定，張掖屬國都尉竇融以河西五郡內附），方之今日，豈復是過？普天一統，於是定矣。書不云乎：「一人有慶，兆民賴之。」其大赦天下，與之更始，其明下州郡，咸使聞知。特下燕國，奉宣詔恩，令普天率土備聞斯慶。

隨後，是年三月，孫權派太常張彌、執金吾許晏、將軍賀達等將兵萬人，「金寶珍貨，九錫備物，乘海授淵」，並護送宿舒、孫綜等還遼東。同時，孫權讓張彌等又給公孫淵帶去一道長詔。詔文首述即將平一天下的前景，然後，大讚公孫淵識時務，「天姿特達，兼包文武，觀時睹變，審於去就」，功勞比周公、姜太公還大，理應受到重賞。最後，臚列賞格。第一項，授土地：「今以二州十七郡〔百〕七十縣，封君為燕王」；第二項，授璽綬策書、符節，金虎符五、竹使符十，並賜「玄土」、「白茅」，用以祭祀社稷；第三項，授兵權，可用大將軍儀仗：「方有戎事，典統兵馬，以大將軍曲蓋麾幢、督幽州、青州牧遼東太守如故」；第四項，加九錫：其中有大輅、玄牡、袞冕之服、軒縣之樂、虎賁之士百人、鈇鉞各一、彤弓一、彤矢百、旅（音ㄌㄨˊ，黑色）弓十、㳄矢千、秬鬯（酒之一種）一卣（酒器），等等。[11]

孫權此舉，引起群臣反對，「舉朝大臣，自丞相（顧）雍已下皆諫，以為淵未可信，而寵待太厚，但可遣吏兵數百護送舒、綜，權終不聽。」[12]老臣張昭力諫說：「淵背魏懼討，遠來求援，非本志也。若淵改圖，欲自明於魏，兩使不反，不亦取笑於天下乎？」君臣二人爭執不下，「權不能堪，案刀而怒曰：『吳國士人入宮則拜孤，出宮則拜君（指張昭），孤之敬君，亦為至矣，而數於眾中折孤，孤嘗恐失計。』」張昭「忿言之不用，稱疾不朝」。[13]騎都尉虞翻，雖然已經充軍交州，仍不忘國事，「常憂五溪宜討，以遼東海絕，聽人使來屬，尚不足取，今去人財以求馬，既非國利，又恐無獲」，欲諫不敢，作表請呂岱轉報，呂岱不敢轉達。[14]孫權皆不聽。

三、徒送使者和萬人性命

魏國很快便知公孫淵通吳，因而即採兩種措施予以應對。一是布兵今山東半島東端陸上並海域，攔擊吳兵和使者（如前所述）。二是加緊對公孫淵和遼東吏民的威脅利誘。《魏略》載：「國家（魏明帝）知淵兩端，而恐遼東吏民為淵所誤。」因而向遼東發出了公開信，「告遼東、玄菟（郡名，轄今遼寧東部、吉林南部等地）將校吏民。」重點有三：一把孫權痛罵一頓，說：「逆賊孫權遭遇亂階，因其先人劫略州郡，遂成群凶，自擅江表，含垢藏疾。冀其可化，故割地王權，使南面稱孤，位以上將，禮以九命。權親叉手，北向稽顙。假人臣之寵，受人臣之榮，未有如權者也。狼子野心，告令難移，卒歸反覆，背恩叛主，滔天逆神，乃敢僭號。恃江湖之險阻，王誅未加。比年已來，復遠遣船，越渡大海，多持貨物，誑誘邊民。」二斥公孫淵背義，說公孫淵此舉是：「厭安樂之居，求危亡之禍，賤忠貞之節，重背叛之名。」三赦所有「反邪就正」者，說：

「朕為天下父母，加念天下新定，既不欲勞動干戈，遠涉大川，費役如彼，又悼邊陲遺餘黎民，迷誤如此。……若股肱忠良，能效節立信以輔時君，反邪就正以建大功，福莫大焉。……其諸與賊使交通，皆赦除之，與之更始。」

公孫淵果然害怕了，又恐孫權「遠不可恃，且貪貨物」，於是又叛吳歸魏。他非常凶殘地誘致吳使，悉斬張彌、許晏、裴潛、萬泰等，「送其首於魏，沒其兵資。」當時，吳軍號稱萬人，實約七八千人，除張彌等「將吏兵四百餘人」外，其餘皆由軍將賀達、虞咨率領，駐紮沓津（約在今遼寧遼陽境）。公孫淵襲殺張彌等後，將其他「面縛乞降」的「吏從兵眾」數百人，「徙充邊城。」同時遣將韓起率將三軍，馳行至沓津，誘殺賀達、虞咨及其兵眾三百餘人。另，「吳兵被創赴水沒溺者可二百餘人，其散走山谷，來歸降及藏竄飢餓死者，不在數中。」

公孫淵殺吳使、屠吳軍，即時向魏明帝上報，並為自己辯護，詭稱前遣校尉宿舒、郎中令孫綜赴吳是「甘言厚禮，以誘吳賊。幸賴天道福助大魏，使此賊虜暗然迷惑，違戾群下，不從眾諫，承信臣言，遠遣船使，多將士卒，來致封拜」。

孫權失利，痛心疾首，大怒，決定親征，對臣下說：「朕年六十，世事難易，靡所不嘗，近為鼠子所前卻（擺布），令人氣湧如山。不自截鼠子頭以擲於海，無顏復臨萬國。就令顛沛，不以為恨。」[15]

但大臣們多不同意。上大將軍陸遜上疏「以小不忍則亂大謀」之意勸孫權，指出：「……今不忍小忿，而發雷霆之怒，違垂堂之戒（按：古訓『坐不垂堂』，意為堂屋簷下容易受到墜落物的傷害），輕萬乘之重，此臣之所惑也。……強寇在境，荒服未庭（按：指轄區之邊遠地方還沒有歸附），陛下乘桴遠征，必致窺覦（按：指曹魏必乘機興兵），慼至而憂，悔之無及。若使大事時捷，則淵不討自服；今乃遠惜遼東眾之與馬，奈何獨欲捐江東萬安之本業而不惜乎？乞息六師，以威大虜，早定中夏，垂耀將來。」[16]

尚書僕射薛綜上疏說：「水火之險至危，非帝王所宜涉也。……今遼東戎貊小國，無城池之固，備禦之術，器械銖鈍，犬羊無政，往必禽克」，然而有「三不可」。他說：「其方土寒埆（土地溫度低而瘠薄），穀稼不殖，民習鞍馬，轉徙無常。卒聞大軍之至，自度不敵，鳥驚獸駭，長驅奔竄，一人匹馬，不可得見，雖獲空地，守之無益，此不可一也。」「海行無常，風波難免，倏忽之間，人船異勢。雖有堯舜之德，智無所施，賁育之勇（賁，孟賁；育，夏育。皆古之勇士），力不得設，此不可二也。」「鬱霧冥其上，鹹水蒸其下，善生流腫，轉相洿染，凡行海者，稀無斯患，此不可三也。」薛綜最後勸孫權先把注意力集中到中原，說：「中國一平，遼東自斃，但當拱手以待耳。今乃違必然之圖，尋至危之阻，忽九州之固，肆一朝之忿，既非社稷之重計，又開闢以來所未嘗有，斯誠群僚所以傾身側息，食不甘味，寢不安席者也。惟陛下抑雷霆之威，忍赫斯之怒，遵乘橋之安，遠履冰之險，則臣子賴祉，天下幸甚。」[17]

選曹尚書陸瑁連上兩篇長疏，其中有「陛下不忍悁悁之忿，欲越巨海，身踐其土，群臣愚議，竊謂不安」之句，主要理由有：（一）吳國的主要危險是曹魏，「北寇（指魏）與國，壤地連接，苟有間隙，應機而至」，如果為了眼前利益，「而更棄本追末，捐近治遠，忿以改規，激以動眾」，是危險的，是「猾虜（指魏）所願聞」，而「非大吳之至計也」；（二）兵勢不利，「兵家之術，以功役相疲，勞逸相待」，現在吳兵到海岸以後，離淵「道里尚遠」，因此必然是「兵勢三分，使強者進取，次當守船，又次運糧，行人雖多，難得悉用；加以單步負糧，經遠深入，賊地多馬，邀截無常」；（三）魏國會支援公孫淵，「若淵狙詐，與北（指魏）未絕，動眾之日，脣齒相濟」；（四）士兵有恐怖情緒，軍隊「若實孑然無所憑賴，其畏怖遠迸，或難卒滅」；（五）山越會乘機起事，「使天誅稽於朝野（稽，延遲。此指征伐拖的時間很長），山虜承間而起，恐非萬安之長慮也。」陸瑁進而懇請孫權，「願陛下抑威任計，暫寧六師，潛神嘿規，以為後圖，天下幸甚。」[18]

經過群臣力諫，孫權終於取消了渡海北伐公孫淵的軍事行動。

非常有趣的是，四年後，赤烏元年（魏景初二年，西元二三八年）正月，公孫淵再次「遣使稱臣」。公孫淵反覆無常、首鼠兩端，最終落得個國破家亡、身首異處的下場。據載，公孫淵絕吳後，魏明帝封他為大司馬、樂浪公，「持節，領郡如故。」但始終兩相疑慮。魏景初元年（二三七），魏遣幽州刺史毌丘儉等帶著皇帝的璽書徵召公孫淵入朝，「淵遂發兵」，逆戰毌丘儉於遼隧（今遼寧海城西）。毌丘儉等敗而歸，公孫淵「遂自立為燕王，置百官有司」，並再次向吳稱臣。晉人習鑿齒《漢晉春秋》記載：「公孫淵自立，稱紹漢元年。聞魏人將討，復稱臣於吳，乞兵北伐以自救。」當時，吳人對公孫淵的反覆無常很氣憤，「欲戮其使」，只有羊衜認為「不可」。羊衜勸孫權發兵，說：「不如因而厚之，遣奇兵潛往以要其成。若魏伐淵不克，而我軍遠赴，是恩結遐夷，義蓋萬里；若兵連不解，首尾離隔，則我虜其傍郡，驅略而歸，亦足以致天之罰，報雪曩事矣。」孫權認為羊衜意見很對，「乃勒兵大出。」對公孫淵的使者說，願與公孫淵「同休戚，共存亡」，就是死在中原，「吾所甘心也。」結果，又是毫無所獲。次年，魏遣太尉司馬懿征淵，歷經數戰，終於「斬淵父子」，並「斬相國以下首級以千數，傳淵首洛陽」。[19]

孫權試圖將公孫淵納為藩屬的行動，謀在擴大帝業，動機不可為非，但就當時形勢言，純屬貿然行動。

孫權失算了，但有一個意外的收穫，被歷史記錄了下來，這就是溝通了同朝鮮的聯繫。據載：「初，張彌、許晏等俱到襄平（遼東郡治襄平，今遼寧遼陽北），官屬從者四百許人。淵欲圖彌、晏，先分其人眾，置（於）遼東諸縣，以中使秦旦、張群、杜德、黃疆等及吏兵六十人，置（於）玄菟郡。」秦旦等謀襲玄菟郡太守王贊，失敗，旦、疆到達句驪，假傳（孫權）聖旨，「因宣詔於句驪王宮及其主簿」，宣稱吳帝賞賜的東西，已被遼東公孫淵搶走。「宮等大喜，即受詔。」其年，「宮遣皂衣二十五人送旦等還，奉表稱臣，貢貂皮千枚，鶡雞皮十具。」嘉禾四年（二三五），孫權又「遣使者謝宏、中書陳恂拜宮為單于，加賜衣物珍寶」。此時，「宮受魏幽州刺史諷旨」，令他把吳使捉起來。王宮派遣主簿笮咨、帶固等出安平，與謝宏相見。謝宏先發制人，「即縛得三十餘人質之」，王宮「於是謝罪，上馬數百匹」。謝宏讓笮咨、帶固二人回去「奉詔書賜物與宮」。是時宏船小，載馬八十匹而還。[20]不過，從《三國志・明帝紀》記載看，吳同高句驪的這種關係僅僅維持了很短時間，是年七月，高句驪把孫權的新來使者胡衛殺了，將其首級送到幽州。

遣將浮海求夷洲

黃龍二年（魏太和四年，西元二三〇年），孫權派遣將軍衛溫、諸葛直率領甲士萬人，「浮海求夷洲及亶洲。」

夷洲（一作夷州），即今臺灣。

亶洲（一作澶洲）指什麼地方？史無定論。有謂日本者，有謂琉球者，有謂呂宋者，有謂對於東海島嶼的稱呼者，甚至還有認為是指美洲者。竊以為，既然兵出一路求兩洲，必然是或大體是同一方向，如有其地，當在東海外域之大洋中。《後漢書．東夷列傳》和《三國志．吳主傳》都記載，亶洲在海中，傳言秦始皇遣方士徐福將童男女數千人入海，求蓬萊神仙（山）及仙藥不得，徐福畏誅不敢還，遂止此洲。世世相承，有數萬家。其人民，常有到會稽交易者，會稽東冶縣人海行，亦有遭風流移至亶洲者。所在絕遠，不可往來。這些記載，寫明了亶洲的方位，但並不是肯定的，而是將「傳言」的故事記錄在「傳言」的地方上。事實上，直到孫權時代，人們並不知道傳說中的亶洲在什麼地方。所謂「求」亶洲，即有尋找它的意思。值得注意的是，從東冶（今福州）船行東向，「流移」所至，似乎只能到琉球群島南端諸島，只有遇颶風而折向北上，才有可能性抵達現在的日本本土。所以，我認為，亶洲是傳說中的地理概念，「其人民常有到會稽交易者」，可能是泛指東海外域大洋中列島，其中主要是琉球群島南端諸島之民。論者，特別是討論徐福為秦始皇求仙藥而不敢回來的論者，多謂亶洲是日本。如果是那樣，既然倭人早已同漢有所聯繫，甚至倭人女王還向魏「遣使奉獻」，居地已很明確（如：《後漢書．東夷列傳》所說「倭在韓東南大海中，依山嶴（音ㄠ）為居，凡百餘國。自武帝滅朝鮮，使譯通於漢者三十餘國，國皆稱王，世世傳統，……建武中元二年，倭奴國奉貢朝賀，……光武賜以印綬」），而《後漢書》作者就不會又在同傳中把日本再說成是一個「所在絕遠，不可往來」的「亶洲」。況且，那時候，既然人們已知「東倭重譯納貢」[21]於魏的事實存在，孫權怎麼又會把日本稱作亶洲呢。

孫權遣將「浮海求夷洲及亶洲」的決策，上大將軍陸遜和衛將軍全琮等都提出異議。《三國志．陸遜傳》載，孫權「欲遣偏師取夷州及朱崖（今海南海口，此處泛指海南），皆以諮遜」，陸遜上疏說：「臣反覆思惟，未見其利，萬里襲取，風波難測，民易水土，必致疾疫，今驅見眾，經涉不毛，欲益更損，欲利反害。」又說：「珠崖絕險，民猶禽獸，得其民不足濟事，無其兵不足虧眾。」進而講述應當「畜力而後動」的道理，說「治亂討逆，須兵為威，農桑衣食，民之本業，而干戈未戢，民有飢寒。臣愚以為宜育養士民，寬其租賦，眾克在和，義以勸勇，則河渭可平，九有（州）一統矣。」〈全琮傳〉說：「權將圍珠崖及夷州，皆先問琮。」全琮認為：「以聖朝之威，何向而不克？然殊方異域，隔絕障海，水土氣毒，自古有之，兵入民出，必生疾病，轉相污染，往者懼不能反，所獲何可多致？猥虧江岸之兵，以冀萬一之利，愚臣猶所不安。」

陸遜、全琮的意見，從軍事的角度看，自然很有道理。但他們沒有理解或沒有注意到孫權用兵的動機不在所獲多少，而在於拓展封疆。因此，孫權沒有聽從武將們的勸阻。不幸的是，結局被陸遜、全琮言中。「衛溫、諸葛直軍行經歲，士眾疾疫死者什八九，亶洲絕遠，卒不可得至，得夷洲數千人還。」[22]所謂「亶洲絕遠，卒不可得至」，不外兩種可能，一是船隊繞過夷洲後沒有把握好方向，迷途了，駛入夷洲以東、琉球以南的曠洋中，找不到陸地可靠；二是以亶洲命名的地方不存在。

此次出兵，得不補失，孫權「深悔之」，怒將衛溫、諸葛直「以違詔無功」的罪名，殺了。[23]「違詔」，自然不是因為病死了許多人。這是非人為的因素。而是因為違背了孫權的出兵本意，沒有達到預期的目的。歷史記載很明確，孫權的目的是「求夷洲及亶洲」。「求」，乃尋求之意，是求得其地，建立聯繫，求其內附。用陸遜的話說，是「遠規夷洲」。「遠規夷洲」就是試圖將遠方的夷洲納入自己的統治範圍之中。詔用「求」字，而不用「征」、「伐」或「討」字。因為兩者的意思，迥然不同。衛溫、諸葛直，第一沒有到達（說得確切些是沒有找到）亶洲，是「違詔」；

第二，他們雖然開通了大陸與夷洲的水上交通，並在實際上把夷洲納入了吳國版圖，但沒有建立起永久性政權，也沒有有效地建立和加強同地方勢力或民人的聯繫，是「違詔」；第三，孫權用兵雖然常常帶有「強者為兵，羸者補戶」的功利主義，但夷洲用兵並不為此，他們擄掠了夷洲數千人，不符合孫權的本意，同樣也是「違詔」。

孫權此次用兵，從軍事上說，失多得少，不足為訓。

平「蠻夷」、討山越

孫權統事以來，始終重視域內安定，尤其注意夷越的武裝反抗勢力。若有動亂，常即發兵鎮撫。稱帝前夕，因為忙於吳蜀媾和與對魏的戰事，對內著重於「撫」；稱帝後，為了鞏固統治和域內形勢穩定，又加強了兵力鎮壓，發動了數次平「蠻夷」、討山越的軍事行動。

一、潘濬「討五溪蠻夷」

黃龍三年（二三一）二月，孫權「遣太常潘濬率眾五萬，討武陵蠻夷」。

潘濬，武陵漢壽（湖南今縣）人，曾為荊州牧劉表的江夏從事、湘鄉令；劉備領荊州牧時，以濬為治中從事；孫權殺關羽，併荊土，「拜濬輔軍中郎將，授以兵。遷奮威將軍，封常遷亭侯。」孫權稱帝後，「拜（濬）為少府。進封劉陽侯，遷太常。」潘濬是武陵郡人，熟悉武陵情況。剛被孫權所用時，即以五千人平定過武陵境內五溪蠻夷叛亂立功。以善撫蠻夷著名。

武陵蠻夷，久不順服。吳、蜀夷陵戰爭的時候，「諸縣及五溪民皆反為蜀」，全都投到劉備方面去，聽從馬良的調遣。

從潘濬第一次平定五溪蠻夷（建安二十四年，西元二一九年），到黃龍三年（二三一），已有十數年了。此期間，五溪蠻夷不僅曾經幫助過劉備，而且又有了新的集結和組合。

史載：「五溪蠻夷叛亂盤結，權假濬節，督諸軍討之。」潘濬歷時四年，付出了很大努力，殺了不少人，「信賞必行，法不可干，斬首獲生，蓋以萬數」，從此，「群蠻衰弱，一方寧靜。」直到嘉禾三年（二三四）冬，潘濬才算是「平武陵蠻夷，事畢」，回到武昌，與陸遜繼續輔太子，「共掌留事。」

鎮南將軍呂岱參加了會討武陵蠻夷的軍事行動。呂岱本交州刺史，黃龍三年，「以南土清定」，召還長沙。史稱：「會武陵蠻夷蠢動，岱與太常潘濬共討定之。」[24]

二、全琮征六安、諸葛恪平丹楊

嘉禾二年（二三三），衛將軍全琮率領步騎五萬征六安（安徽今市），「六安民皆散走。」據說，諸將想分兵追捕。全琮不同意，認為：「分兵捕民，得失相半」，「縱有所獲，猶不足以弱敵而副國望也。如或邂逅，虧損非小，與其獲罪，琮寧以身受之，不敢徼功以負國也。」[25]

嘉禾三年（二三四）秋，孫權以諸葛恪為撫越將軍、丹楊太守，討山越。

諸葛恪，諸葛瑾的長子，「少知名，弱冠拜騎都尉，與顧譚、張休等侍太子登講論道藝，並為賓友。」孫權稱帝後，諸葛恪「從中庶子轉為左輔都尉」。孫權異其才捷，「欲試以事，令守節度」，因授以實職。

諸葛恪認為，「丹楊山險，民多果勁，雖前發兵，徒得外縣平民而已。其餘深遠，莫能禽盡」。他屢次自求去完成這件事，並說「三年可得甲士四萬」。朝臣都不同意，理由有三：（一）丹楊地勢險阻，說丹楊「與吳郡、會稽、新都、鄱陽四郡鄰接，周旋數千里，山谷萬重」；（二）民無反叛跡象，認為「其幽邃民人，未嘗入城邑，對長吏，皆仗兵野逸，白首於林莽」；（三）民人善戰，越民「俗好武習戰，高尚氣力，其升山赴險，抵突叢棘，若魚之走淵，猿狖之騰木也。時觀間隙，出為寇盜，每致兵征伐，尋其窟藏。其戰則蜂至，敗則鳥竄，自前世以來，不能羈也」。據說，他的父親諸葛瑾也不支持，認為無故興兵，「事終不逮。」恪則力排眾議，力言必能取得勝利。

然而，孫權支持他。諸葛恪到丹楊後，沒有採取屠殺政策，但手段也是非常殘酷的。他首先通知四部屬城長吏，「各保其疆界」（按：四部長吏指四部都尉。胡三省注《資治通鑑》說：四部當作四郡，即丹楊相鄰之吳郡、會稽、新都、鄱陽。山越依阻出沒，故令其各保其疆界也。亦通），命令山民集中，「其從化平民，悉令屯居。」然後，部署諸將對付不肯「從化」的山民，「羅兵幽阻，但繕藩籬，不與交鋒，候其穀稼將熟，輒縱兵芟刈，使無遺種。」山民的莊稼被官軍收割光了，「舊穀既盡，新田不收，平民屯居，略無所入，於是山民飢窮，漸出降首。」

諸葛恪對於投降的山民，採取懷柔策略。他下令說：「山民去惡從化，皆當撫慰」，徙出外縣者，「不得嫌疑，有所執拘。」據說，對於不遵從他命令的人，處罰很嚴厲。有一位臼陽（治今安徽當塗東北小丹楊鎮）長胡伉，「得降民周遺，遺舊惡民，困迫暫出，內圖叛逆，伉縛送諸府。」恪沒有殺周遺，卻「以伉違教，遂斬以徇，以狀表上」。這一手很見效，「民聞伉坐執人被戮，知官惟欲出之而已，於是老幼相攜而出。」三年的任務，一年就完成了，「歲期，人數皆如本規（按：指可得甲士四萬）。恪自領萬人，餘分給諸將。」

孫權表彰諸葛恪的功勞，特派尚書僕射薛綜勞軍。薛綜其人，頗善文辭，喜歡引經據典，將孫權的意思表述得淋漓盡致，不無誇張地說：

> 山越恃阻（憑靠地勢險阻），不賓歷世（不服很久），緩則首鼠，急則狼顧。皇帝赫然，命將西征，神策內授，武師外震。兵不染鍔，甲不沾汗。元惡既梟，種黨歸義，蕩滌山藪，獻戎十萬。野無遺寇，邑罔殘奸。既掃凶慝，又充軍用。藜蓨稂莠（泛指有害雜草），化為善草。魑魅魍魎，更成虎士。雖實國家威靈之所加，亦信元帥臨履之所致也。……故遣中臺近官，迎致犒賜，以旌茂功，以慰劬勞（ㄑㄩˊ ㄌㄠˊ，勞苦）。

嘉禾六年冬，諸葛恪平山越事畢，北屯廬江。[26]

三、呂岱討李桓、羅厲，鎮壓廖式

嘉禾三年（二三四）冬，廬陵（治今江西吉水東北）等地爆發了以李桓、羅厲等為首的叛亂。勢頭迅速蔓延，次年，「廬陵賊李桓、路合、會稽東冶賊隨春、南海賊羅厲等一時並起。」孫權命呂岱率領將軍劉纂、唐咨、中郎將吾粲等分部討擊。隨春很快投降了，呂岱給予優待，「拜春偏將軍，使領其眾，遂為列將。」五年二月，中郎將吾粲獲李桓，將軍唐咨獲羅厲等。李桓、羅厲是被捉獲的，待遇就不同了，所以《三國志·呂岱傳》說，李桓、羅厲等「皆見斬獲，傳首詣都」。

孫權大嘉呂岱的功勞，下詔說：

（羅）厲負險作亂，自致梟首；（李）桓凶狡反覆，已降復叛。前後討伐，歷年不禽，非君規略，誰能梟之？忠武之節，於是益著。元惡既除，大小震懾，其餘細類，掃地族矣。自今已去，國家永無南顧之虞，三郡晏然，無怵惕之驚，又得惡民以供賦役，重用歎息。

同時，對呂岱未經朝廷同意擅給投降者以重大封賞的行動，不僅不以為過，而且給予充分肯定，說：「賞不逾月，國之常典，制度所宜，君其裁之。」27

繼而，呂岱領荊州文書，與陸遜並在武昌，督蒲圻（今湖北赤壁市）。赤烏二年（二三九）十月，孫權派遣將軍蔣祕南討蠻夷。不久，蔣祕所部一個都督廖式，「殺臨賀（今廣西賀州）太守嚴綱等，自稱平南將軍，與弟潛共攻零陵、桂陽，及搖動交州、蒼梧、鬱林諸郡，眾數萬人。」對於這股同蠻夷有著密切聯繫的叛軍。史載，呂岱「自表輒行，星夜兼路」。為了給呂岱以權力，孫權「遣使追拜」呂岱為交州牧，並且即遣左將軍唐咨等「駱驛相繼」，配合作戰。呂岱、唐咨力戰，「一年破之，斬式及遣諸所偽署臨賀太守費楊等，並其支黨，郡縣悉平。」當時，呂岱年已八十，史讚「體素精勤，躬親王事」。

四、陸遜討彭旦、吳遽

嘉禾六年（二三七），鄱陽地方爆發了分別以彭旦和吳遽為首的叛亂。是年二月，「陸遜討彭旦等，其年，皆破之。」其中吳遽叛亂完全是因為強徵兵役所致。《三國志．陸遜傳》說：「中郎將周祗乞於鄱陽召募，事下問遜。遜以為此郡民易動難安，不可與召。恐致賊寇。」然而，周祗不聽，強行徵召，「郡民吳遽等果作賊殺祗，攻沒諸縣」，鄰近豫章、廬陵兩郡「惡民」，起而響應，「應遽為寇。」陸遜採取各個擊破的辦法，吳遽等力所不敵，相繼投降，「遜料得精兵八千餘人，三郡平。」

五、周魴誘殺董嗣

嘉禾六年，山民董嗣率眾暴動，「負阻劫鈔，豫章、臨川（按：臨川郡是孫亮在太平二年時所設，此時仍屬豫章）並受其害。」昭義中郎將吾粲、左將軍唐咨曾經合力「以三千兵攻守，連月不能拔」。武力攻伐不能奏效，鄱陽太守加裨將軍周魴上表，請求罷兵，讓自己相機而動，「得以便宜從事」。據載，「魴遣間諜，授以方策，誘狙殺嗣。」董嗣被殺後，他的弟弟害怕了，跑到武昌向陸遜投降，「乞出平地，自改為善。」從此，數郡平靜，「無復憂惕。」[28]

六、鍾離牧平五郡

赤烏年間，會稽山陰（今浙江紹興）人鍾離牧先後為南海太守、丞相長史、中書令。他在南海（今廣東廣州）任上，「越界撲討」，先後平息高涼（今廣東陽江西）、揭陽（廣東今市）兩股「叛亂」。《會稽典錄》記載：「高涼賊率（帥）仍弩等破略百姓，殘害吏民，牧越界撲討，旬日降服。」又，「揭陽縣賊率（帥）曾夏等眾數千人，歷十餘年」，朝廷「以侯爵、雜繒千匹，下書購募，絕不可得」，鍾離牧「遣使慰譬」，曾夏等人「皆首服，自改為良民」。在任職中樞期間，建安（今福建福州境）、鄱陽（今江西波陽）、新都（今浙江淳安）三郡「山民作亂」，牧為監軍使者，一舉平定，「賊帥黃亂、常俱等，出其部伍，以充兵役。」[29]

註釋

1 《三國志・吳書・吳主傳》。

2 《三國志・吳書・士燮傳》。

3 《三國志・吳書・步騭傳》、〈士燮傳〉。

4 《三國志・吳書・呂岱傳》、〈士燮傳〉。

5 參見《梁書・諸夷・扶南國》。

6 《三國志・吳書・呂岱傳》。

7 《三國志・吳書・陸凱傳》附〈陸胤傳〉。

8 《三國志・魏書・公孫度傳》。

9 《三國志・吳書・吳主傳》。

10 《三國志・吳書・吳主傳》並注引《江表傳》。

11 同上。

12 《三國志・吳書・吳主傳》。

13 《三國志・吳書・張昭傳》。

14 《三國志・吳書・虞翻傳》注引《吳書》。

15 以上《三國志・魏書・公孫淵度》並注、《三國志・吳書・吳主傳》並注引《江表傳》。

16 《三國志・吳書・陸遜傳》。

17 《三國志・吳書・薛綜傳》。

18 《三國志・吳書・陸瑁傳》。

19 《三國志・魏書・公孫度傳》。

20 《三國志・吳書・吳主傳》注引韋曜《吳書》。

21 《晉書・宣帝紀》。

22 《資治通鑑》卷七二，魏明帝太和五年。

23 《三國志・吳書・吳主傳》。

24 以上見《三國志・吳書・潘濬傳》、〈吳主傳〉、〈呂岱傳〉。按：五溪蠻，《水經・沅水注》說，武陵有五溪，謂雄溪、樠溪、無溪、酉溪、辰溪，「蠻夷」（今苗、瑤族祖先）居此者，「故謂此蠻五溪蠻也。」

25 《三國志・吳書・全琮傳》。

26 以上見《三國志・吳書・諸葛恪傳》、〈吳主傳〉。

27 以上見《三國志・吳書・呂岱傳》、〈吳主傳〉。

28 《三國志・吳書・周魴傳》。

29 《三國志・吳書・鍾離牧傳》。

第十三章　吳魏邊境的攻防戰爭

孫權稱帝，迄止辭世，歷時二十二年。二十多年中，吳魏之間沒有發生過如建安十三年（二〇八）赤壁之戰、黃武元年（魏黃初三年，西元二二二年）頑抗曹丕三路兵和黃武七年（魏太和二年，西元二二八年）大戰曹休那樣的大規模的戰爭，但中小規模的軍事接觸和邊境的攻防戰役始終不斷。有史可稽的戰役，約近二十次。其中有些戰例也是非常精彩的。

主動進攻

孫權稱帝後吳魏的軍事衝突和邊境戰爭，大都是吳方發動的。他所以在此期間屢屢發動對魏戰爭，原因有四：一是蜀漢丞相諸葛亮屢出漢中，對曹魏西北邊防構成了威脅，吳蜀協同，易獲成功；二是邊境緊張，使軍旅時常處在備戰、待戰狀態中，利於邊境鞏固和向敵示兵；三是武將在邊，關注邊防戰爭，利於內部統治的穩定；四是他已擁有了一支可資發動局部軍事行動的軍事力量。正如《三國志．齊王紀》注引習鑿齒《漢晉春秋》所說：「孫權自十數年以來，大畋江北，繕治甲兵，精其守禦，數出盜竊，敢遠其水，陸次平土。」

然而，孫權發動的戰役大都收效不大，甚至是嚴重失利的。

一、黃龍、嘉禾年間的戰役

（一）黃龍三年（魏太和五年，西元二三一年）二月，孫權派中郎將孫布詐降，試圖誘致魏建武將軍、揚州刺史王凌。王凌其人，甚知用兵之要，但他上了孫權的當，準備派出軍隊迎接孫布來降。是年十月，孫權將大量兵力潛伏在阜陵（今安徽全椒東南），試圖在王凌軍隊經過的時候一鼓殲之。結果，王凌在即將進入伏擊圈之前發覺了孫權的意圖，迅即將軍隊撤回。孫權無獲而罷。這是孫權作為吳國皇帝第一次向魏示兵，也是向魏傳達的一個新的即將開始軍事周旋的信號。

（二）嘉禾元年（魏太和六年，西元二三二年）三月，孫權遣將軍周賀、校尉裴潛等由海路到遼東。是年九月，回來路上遭到魏將田豫伏擊，周賀被殺於成山，所部全軍覆沒。（已詳前章）

（三）同年，孫權以陸遜「引兵向廬江」。此舉在魏引起震動，朝臣大都以為應該急救，征東將軍滿寵則認為，「廬江雖小，將勁兵精，守則經時。又賊舍船二百里來，後尾空縣（懸），尚欲誘致，今宜聽其遂進，但恐走不可及耳。」滿寵遂「整軍趨楊宜口（今安徽霍丘境）」，陸遜聞魏「大兵東下，即夜遁」。[1]

（四）嘉禾二年（魏青龍元年，西元二三三年）正月，孫權向合肥新城示兵（按：魏於太和四年，西元二三〇年，建合肥新城），「權自出，欲圍新城，以其遠水，積二十日不敢下船。」魏將滿寵「潛遣步騎六千，伏肥城隱處以待之」。孫權上岸耀兵，滿寵「伏軍卒起擊之，斬首數百，或有赴水死者」。[2] 吳兵失利，「不克而還」。

（五）嘉禾三年（魏青龍二年，西元二三四年）五月，孫權再次親自掛帥，率眾十萬「圍合肥新城」。同時派上大將軍陸遜、大將軍諸葛瑾等分別屯兵江夏、沔口，示兵北取襄陽，遙為聲援；派鎮北將軍孫韶、奮威將軍張承等分別向廣陵、淮陽，以為掎角之勢。當時，諸葛亮兵出武功，孫權認為，魏西北軍事緊張，魏明帝曹叡不能遠出，是攻取合肥新城的好機會。然而，曹叡把西北戰事交給了司馬懿，居然親率水軍「東征」。曹叡的行動，出乎孫權意外。孫權知難相抗，便在曹叡尚未到達壽春的時候，即把軍隊撤了回來，孫韶也罷軍而回。圍城時，魏將滿寵「馳往赴，募壯士數十人，折松為炬，灌以麻油，從上風放火」，燒毀了吳軍的攻城器具，射死了孫權的侄子（四弟孫匡的兒子）、長水校尉孫泰。[3]

曹叡對於此次戰役的勝利，頗為自得。《三國志．明帝紀》做如下記述：「五月，太白晝見，孫權入居巢湖口，向合肥新城，又遣將陸議（遜）、孫韶各將萬餘人入淮、沔。六月，征東將軍滿寵進軍拒之。」滿寵建議放棄新城，把敵人引到壽春消滅之。曹叡不聽，說：「先帝東置合肥，南守襄陽，西固祁山，賊來輒破於三城之下者，地有所必爭也。縱權攻新城，必不能拔。敕諸將堅守，吾將自往征之。」七月，曹叡「親御龍舟東征」，孫權攻新城，魏將張穎等「拒守力戰」。但當曹叡大軍距離合肥新城還有數百里的時候，「權遁走，議、韶等亦退。」曹叡「遂進軍幸壽春，錄諸將功，封賞各有差。八月己未，大曜兵，饗六軍，遣使者持節犒勞合肥、壽春諸軍」。

（六）嘉禾四、五年（魏青龍三、四年，西元二三五—二三六年），魏吳間雖有小的戰事，如孫權北征，未至而還，派遣陸遜、諸葛瑾攻襄陽，取得小勝，但基本上是一段不長的平和時期，甚至還有官方交易發生。《三國志．吳主傳》載，「魏使以馬求易珠璣、翡翠、玳瑁」，有人主張不與交易，孫權說：「此皆孤所不用，而可得馬，何苦而不聽其交易？」兩年間，雙方都把主要精力轉向內部。孫權開始注意域內經濟政策的調整與越民的再反抗。魏則想乘諸葛亮死後，蜀軍後退，西北戰場緩和之機，大興土木，新建洛陽宮，起昭陽殿、太極殿和總章觀等。一時間搞得「百姓失農事」，群臣紛紛進諫。殯葬皇太后、立太子的事也都切實忙了一陣子。

（七）嘉禾六年（魏景初元年，西元二三七年）戰事又開始了。七月，孫權派遣車騎將軍朱然率領二萬餘人圍魏國江夏郡（按：當時吳江夏郡治鄂城，魏江夏郡治樊城），魏荊州刺史胡質等「擊之」。《三國志・胡質傳》說：「吳大將朱然圍樊城，質輕軍赴之。」許多人認為「賊盛不可迫」，胡質認為：「樊城卑下，兵少，故當進軍為之外援；不然，危矣。」胡質「勒兵臨圍」，朱然不戰，主動退走。

二、赤烏年間的戰役

赤烏年間，孫權試圖軍事大為。《漢晉春秋》記載，一位名叫殷禮的零陵太守分析形勢，上書為孫權劃策：「今天棄曹氏，喪誅累見，虎爭之際而幼童涖事（按：曹叡死，年幼的養子齊王曹芳繼位）。陛下身自御戎，取亂侮亡，宜滌荊、揚之地，舉強羸之數，使強者執戟，羸者轉運，西命益州軍（指蜀軍）於隴右，授諸葛瑾、朱然大眾，指事襄陽，陸遜、朱桓別征壽春，大駕（指孫權）入淮陽，歷青、徐。（魏國）襄陽、壽春困於受敵，長安以西務對蜀軍，許、洛之眾勢必分離；掎角瓦解，民必內應，將帥對向，或失便宜；一軍敗績，則三軍離心，便當秣馬脂車，陵蹈城邑，乘勝逐北，以定華夏。」殷禮認為，不應再搞小打小鬧的軍事行動，「若不悉軍動眾，循前輕舉，則不足大用，易於屢退。民疲威消，時往力竭，非出兵之策也。」孫權雖然沒有完全聽殷禮的，即行大舉，但受其影響頗深。

（一）赤烏二年（魏景初三年，西元二三九年）三月，公孫淵再次叛魏，請求吳援，孫權即派遣賓客羊衜、宣信校尉鄭冑、將軍孫怡為使，率兵到達遼東，擊魏守將張持、高慮等。不久，聞知魏將發重兵討伐公孫淵，隨即收兵，僅僅虜得男女若干，小勝而還。

（二）赤烏四年（魏正始二年，西元二四一年），孫權兵發四路，對魏進行了一次較大規模的戰爭。

第一路，遣衛將軍全琮略淮南。全琮以數萬之眾戰魏征東將軍王凌和揚州刺史孫禮於芍陂，「決芍陂（按：意謂決芍陂堤。芍陂在今安徽壽縣南），燒安城（在今安徽壽縣境）邸閣（糧庫），收其人民。」[4]王凌「率諸軍逆討」，雙方展開爭奪塘壩高地的戰鬥，力戰連日，魏軍乘勝攻陷吳軍五營，吳兵不敵而退，中郎將秦晃等十餘人戰死。

第二路，遣威北將軍諸葛恪攻六安。雙方軍隊沒有大的接觸，諸葛恪無獲而罷。

第三路，遣車騎將軍朱然、將軍孫倫等率五萬人圍樊城。騎都尉朱異和安東中郎將呂據「破城外圍」。[5]魏皇帝（齊王）曹芳以太傅司馬懿「率眾拒之」。干寶《晉紀》說，當時形勢緊急，吳將全琮寇芍陂，朱然、孫倫圍樊城，諸葛瑾、步騭寇柤中（按：柤，音ㄓㄚ，柤中，在今襄陽南，或宜城西）。司馬懿給皇帝上言：「柤中民夷十萬，隔在水南，流離無主，樊城被攻，歷月不解，此危事也，請自討之。」據說，司馬懿「以南方暑濕，不宜持久，使輕騎挑之，（朱）然不敢動」。於是，司馬懿虛張聲勢，「乃令諸軍休息洗沐，簡精銳，募先登，申號令，示必攻之勢。」朱然等「聞之，乃夜遁」。司馬懿追至三州口（在今湖北襄樊境），「斬獲萬餘人，收其舟船軍資而還。」[6]

第四路，遣大將軍諸葛瑾、驃騎將軍步騭取柤中（在今襄陽南，或宜城西）。瑾等與朱然等屬於同一地區作戰，朱然既敗，瑾等亦退。

孫權此次用兵，初有小勝，繼而受挫，基本上是失利的。

（三）赤烏五年（魏正始三年，西元二四二年），孫權派朱然征柤中，魏將蒲忠、胡質分別率領數千人迎擊，「忠要遮險隘，圖斷然（朱然）後，質為忠繼援。」當時，朱然所督兵將已經數路先發，沒有辦法收攏回來，「便將帳下見兵八百人逆掩」，結果，「忠戰不利，質等皆退。」朱然獲得一次小的勝利。[7]

（四）赤烏六年（魏正始四年，西元二四三年）正月，孫權再次以諸葛恪征六安。諸葛恪攻破魏將謝順的營地，「收其民人。」此前，恪屯廬江皖口（今安徽懷寧境），曾以輕兵襲舒（今安徽舒城），亦「掩得其民而還」；並且派出偵探，觀察地勢，「欲圖壽春」，沒有得到孫權的批准。諸葛恪在六安、舒城一線構成了對魏的威脅。魏太傅司馬懿率軍入舒，「權方發兵應之，望氣者以為不利」，於是令恪率兵西移，自皖口徙屯於柴桑（今江西九江西南）。」[8]《晉書・宣帝紀》的記載略有不同，但明顯是為司馬懿張目，說：「帝（司馬懿）督諸軍擊諸葛恪，車駕（指魏皇帝）送出津陽門。軍次於舒，恪焚燒積聚，棄城而遁。」

（五）赤烏七、八年（魏正始五、六年，西元二四四—二四五年），孫權積極備戰，虛張聲勢而未作大的行動。赤烏九年，孫權做了重大人事調整，以驃騎將軍步騭為丞相（按：陸遜已卒），車騎將軍朱然為左大司馬，衛將軍全琮為右大司馬，鎮南將軍呂岱為上大將軍，威北將軍諸葛恪為大將軍。同時分荊州為二部，以呂岱督右部，自武昌以西至蒲圻；諸葛恪督左部，代陸遜鎮守武昌。

是年二月，朱然再征柤中。史稱，朱然「復征柤中，魏將李興等聞然深入，率步騎六千斷然後道」，朱然處亂不驚，夜出迎敵，斬獲千餘（按：一說數千），「軍以勝反。」這一勝利頗使孫權高興。因此，歷史記下了一個有趣故事：先此，赤烏八年七月，已被重用的投降魏將馬茂謀刺孫權，陰謀暴露，孫權雖然已經「夷其三族」，但忿不能平。朱然臨行前上表說：「馬茂小子，敢負恩養。臣今奉天威，事蒙克捷，欲令所獲，震耀遠近，方舟塞江，使足可觀，以解上下之忿。惟陛下識臣先言，責臣後效。」當時，孫權實無必勝的信心，所以「抑表不出」，沒有表示態度。不久，接到朱然捷報，「群臣上賀，權乃舉酒作樂」，把朱然的表章向大家展示，說：「此家前初有表，孤以為難必，今果如其言，可謂明於見事也。」於是，立即派遣使者「拜然為左大司馬、右軍師」於軍前。[9]

朱然的軍事勝利，引起了沔水以南魏國居民的恐慌，致使「柤中民吏萬餘家」棄家渡沔，到沔水以北避難。這是孫權對魏用兵損失最小、收穫最大的一次戰役。此後，孫權的對魏戰爭便逐步轉向被動了。

（六）赤烏十年（魏正始八年，西元二四七年），孫權派遣將軍諸葛壹偽叛，試圖引誘魏揚州刺史、鎮東將軍諸葛誕來降。諸葛誕「以步騎一萬迎壹於高山（在今安徽滁州境）」。孫權「出塗中（今江蘇六合境），遂至高山，潛軍以待之」。諸葛誕在進入伏擊圈之前發覺了吳軍意向，隨即收兵而退。權亦無果而還。[10]

同年末，孫權大集兵眾於建業，揚言準備北犯揚州。魏揚州刺史諸葛誕讓安豐太守王基規劃應敵之策，王基認為，孫權兩次至合肥，一次至江夏，繼而全琮出廬江，朱然寇襄陽，皆無功而還，今陸遜等已死，而權年老，內無賢嗣，中無謀主，他「自出則懼內釁卒起，癰疽發潰；遣將則舊將已盡，新將未信。此不過欲補定支黨，還自保護耳」。[11]王基看得很準，孫權果然沒有出兵。然而，另一面確實是真的，兩年間，孫權始終在為同魏再戰而積極準備著。

（七）赤烏十一年前後（約在西元二四七—二四九年間），派偏將軍朱異掩襲魏廬江太守文欽於六安，是一小勝。《三國志・朱桓傳》附〈朱異傳〉說：「魏廬江太守文欽營住六安，多設屯寨，置諸道要，以招誘亡叛，為邊寇害。異乃身率其手下二千人，掩破欽七屯，斬首數百。」朱異因此被提升為揚武將軍。

被動受敵

赤烏後期數年，東吳天災人禍不斷。廢立太子的事，大傷元氣；謀臣名將諸葛瑾、陸遜、步騭、全琮、朱然相繼亡故；地震、洪水、雨雹、大風、山崩、江海湧溢、天文異象頻頻而至。再加數十年中，內外用兵不斷，人力物力消耗極大。至此，年屆古稀的孫權不僅缺乏主動出兵的能力，而且也沒有了規劃、指揮再次戰爭的精力。

與此同時，魏國政局發生了劇變，司馬懿最終扳倒大將軍曹爽，盡誅曹爽及其弟兄、親信，自己做了丞相，獨掌軍政大權，重新調整軍事人選，開始謀劃新的軍事行動以立威。

由此，歷史開始了孫吳被動受敵的局面，除了幾次小勝，大多戰役是失利的。戰略上，明顯地表現出逐步由戰略進攻轉向戰略防禦。

（一）赤烏十三年（魏嘉平二年，西元二五〇年）冬十月，已經成為魏揚州刺史、前將軍的文欽詐降，偽稱要叛魏降吳，密書給朱異，引誘朱異出來接應。朱異把文欽求降書送達孫權，並且指出實為偽降，「不可便迎。」孫權有點猶豫，下詔說：「方今北土未一，欽云欲歸命，宜且迎之。若嫌其有譎者，但當設計網以羅之，盛重兵以防之耳。」於是，孫權加派偏將軍呂據「督二萬人，與異併力，至北界」。文欽見「異等持重」，不敢冒進，詐降之謀未能得逞。孫權的防範性軍事調動，雖然沒有收到實效，但不能不承認他是正確的。[12]

（二）同年，孫權開始重視防禦工事的建築。最明顯的事例是，「遣軍十萬，作堂邑（在今江蘇六合境）塗塘以淹北道。」[13] 塗塘，即堤堰。修築堤堰的目的，如唐人杜佑《通典》所說，「淹北道以絕魏之窺建業。」說得通俗點，就是魏如來犯，放水淹之。

（三）同年十二月，孫權遣將軍朱績、戴烈、陸凱等，往拒魏征南將軍、都督荊豫諸軍事王昶和荊州刺史王基。史載，是年王昶對魏帝說：「孫權流放良臣，嫡庶分爭，可乘釁而制吳、蜀；白帝、夷陵之間，黔、巫、秭歸、房陵皆在江北，民夷與新城郡接，可襲取也。」魏相司馬懿接受王昶的意見，於是「遣新城太守南陽（治今湖北房縣）州泰襲巫、秭歸、房陵，荊州刺史王基詣夷陵，昶詣江陵」。王昶至江陵，「兩岸引竹絙（音ㄍㄥ，竹絙，用竹子做的大繩）為橋，渡水擊之。」吳軍急趨，奪得南岸陣地，「鑿七道並來攻。」王昶「使積弩同時俱發」。吳將「施績（按：朱績，朱然子，本姓施）夜遁入江陵城」，吳兵數百人被追兵所殺。歷史記載，王昶想把吳軍引到平地「合戰」，於是製造假象，「先遣五軍案大道發還（後撤）」，使吳兵「望見以喜之」，並將所獲鎧馬甲首，在城外周圍展示，以激怒吳軍，誘其出城，實則「設伏兵以待之」。朱績果然上當，出兵追襲魏軍，大敗。朱績遁走，其將鍾離茂、許旻被殺。王昶「收其甲首旗鼓珍寶器仗，振旅而還」。對於此一戰役的失敗，《三國志・吳書》的記載多有隱諱和曲護。〈吳主傳〉說，諸軍「皆引還」；〈朱績傳〉則把責任推到後被滅門的諸葛恪、諸葛融的頭上，說戰前朱績與奮威將軍諸葛融約定：「昶遠來疲困，馬無所食，力屈而走，此天助也。今追之力少，可引兵相繼，吾欲破之於前，足下乘之於後，豈一人之功哉，宜同斷金之義。」諸葛融答應了，朱績「便引兵及䢂於紀南（在江陵西北），紀南去城三十里，績先戰勝而融不進，績後失利」。[14]

（四）太元元年（魏嘉平三年，西元二五一年）正月，隨王昶南征的魏荊州刺史王基、新城太守州泰等別襲吳撫軍將軍步協於夷陵，步協「閉門自守」。王基「示以攻形，而實分兵取雄父（在今湖北宜昌境）邸閣（按：囤積糧食的處所），收米三十餘萬斛，虜安北將軍譚正，納降數千口。於是移其降民，置夷陵縣」。[15] 孫權再次遭到大的失利。

三十年前，孫權在夷陵大敗劉備（二二二），劉備鬱憤死去；三十年後，孫權守將在同一地區敗於被司馬懿控制下的曹魏政權，失敗以後的第二年，神鳳元年（魏嘉平四年，西元二五二年）四月，孫權便死去了。

孫權死後，新皇帝年少，宗室孫峻、孫綝相繼專權，起用少壯派，又曾抵抗或主動發動過對魏戰爭，並且取得些許勝利。諸葛恪執政，一度打敗魏將王昶、毌丘儉、諸葛誕的來犯，但他被勝利沖昏了頭腦，繼而以二十萬之眾（按：實數不會有這樣多）進犯淮南。結果連一個僅有三千人把守的合肥新城也沒有打下來。當其不得不撤兵的時候，「士卒傷病，流曳道路，或頓仆坑壑，或見略獲，存亡忿痛，大小呼嗟」，其狀慘不忍睹。總的來說，基本上是勝少敗多，沒有取得什麼新的進展。及至蜀亡，晉興，孫吳內訌不斷，末日便到了。此是後話。

註釋

1《三國志・魏書・滿寵傳》。
2 同上。
3《三國志・吳書・吳主傳》、《三國志・魏書・滿寵傳》。
4《三國志・吳書・吳主傳》。
5《三國志・吳書・朱桓傳》附〈朱異傳〉、〈呂範傳〉附〈呂據傳〉。
6《晉書・宣帝紀》。
7《三國志・吳書・朱然傳》。按：此戰不見《三國志・魏三少帝紀》和〈吳主傳〉，裴松之認為是歲無事，是陳壽「誤以嘉禾六年為赤烏五年耳」。然而，嘉禾六年，朱然是出兵樊城，並沒有到柤中。可備一說。
8《三國志・吳書・諸葛恪傳》、〈吳主傳〉。
9《三國志・吳書・朱然傳》、〈吳主傳〉。
10《三國志・吳書・吳主傳》注引《江表傳》。
11《三國志・魏書・王基傳》。
12《三國志・吳書・朱桓傳》附〈朱異傳〉、〈呂範傳〉附〈呂據傳〉。
13《三國志・吳書・吳主傳》。
14《三國志・吳書・吳主傳》、〈朱然傳〉附〈朱績傳〉、《三國志・魏書・齊王紀》、〈王昶傳〉。
15《三國志・魏書・王基傳》。

第十四章　鞏固權力

孫權年未弱冠而統事東吳，封王稱帝，直至彌留，自專軍政，未嘗稍懈。他善於用人，既樂從諫，又固己見，重用宗室，優賞武將，峻刑苛法，果於殺戮，不容任何人對於自己的權力挑戰。因此，他的地位是鞏固的。但他始終保持警惕，從未鬆懈或放棄過鞏固權力的鬥爭。尤在後期，吳魏戰爭漸少，吳蜀聯盟關係平穩，他更是把更多的注意力轉移到內部和鞏固權力上。

自專軍政，不給丞相實權

孫權於魏黃初二年（二二一）被曹丕封為吳王，次年自改年號為黃武，並且按照漢初制度自置丞相。

丞相之制，始自於秦。漢承秦制，並在王侯封國置相。丞相的職責是「掌承天子，助理萬機」。[1]漢初，丞相權力很大，《史記．陳丞相世家》說：「宰相者，上佐天子理陰陽，順四時，下育萬物之宜，外鎮撫四夷諸侯，內親附百姓，使卿大夫各得任其職焉。」及至漢武，權力自專，丞相既是最高官職，又是一個非常危險的差使。據載，漢武帝時十三相，或罷或殺或自殺，善終病死者僅四人。成帝時，為了削弱丞相的權力，「改御史大夫為司空，與大司馬、丞相是為三公，皆宰相也。」（《通典．職官一》）丞相的職權被一分為三。東漢初年延用西漢官制，但「政不任下，雖置三公，事歸台閣（尚書）」，「三公之職，備名而已」（《後漢書．仲長統傳》）。建安十三年（二〇八），曹操罷三公，復置丞相、御史大夫，而且自為丞相，把僅有一點名義權力的三公罷置，而成為獨攬大權的最高行政、軍事長官。蜀漢，劉備稱帝，用諸葛亮為丞相，但國之大事的決定權，仍由劉備說了算；不久，劉備死了，情況大變，諸葛丞相「開府治事」，「政事無巨細，咸決於亮」。孫權設相，不同於曹操，也不同於諸葛亮。用現代語言做個不盡恰當的比喻：曹操、諸葛亮搞的是「內閣制」，君主是名義上的國家元首，甚至是丞相股掌之中的傀儡；孫權搞的是獨裁「君主制」，大事的決定權完全掌握在自己手中，丞相職掌僅在「助理」而已。

一、不用鯁臣為相

孫權的第一位丞相叫孫邵。孫邵名不見《三國志》列傳，姓孫，但非宗室。《三國志．吳主傳》注引張勃《吳錄》說，孫邵，字長緒，北海（治今山東壽光東南）人，曾為漢末北海相孔融的功曹，孔融很欣賞他，稱其為「廊廟才也」。後來，跟隨揚州刺史劉繇到江東。劉繇死後，附孫策，孫權統事以後，他「數陳便宜」，提過一些好的建議，例如勸孫權向曹操控制的朝廷「應納貢聘」，對孫權的戰略決策產生過重要影響。被授廬江太守，繼為車騎長史，成為孫權的近臣。黃武初年，孫權遽拔他為丞相，威遠將軍，封陽羨侯。為相數年，史籍除記其因受張溫、暨豔案（按：後詳）牽連而主動「辭位請罪」和曾參與「撰定朝儀」及孫權曾打算派他陪兒子為質於魏外，寸功未及，足見他沒有做出過有什麼重大影響的事情來。

孫權為什麼要啟用車騎將軍府（按：孫權時為車騎將軍）的這位「祕書長」而不用「眾議所

歸」的張昭呢？除了前面講到的張昭在赤壁之前曾主張降曹等政治原因外，很重要的一條就是為了免用鯁臣，防止掣肘。據載，「昭每朝見，辭氣壯厲，義形於色，曾以直言逆旨，」常常使得孫權很不舒服。例如，孫權喜歡狩獵，「每田獵，常乘馬射虎，虎嘗突前攀持馬鞍。」張昭「變色而前」說：「將軍何有當爾？夫為人君者，謂能駕御英雄，驅使群賢，豈謂馳逐於原野，校勇於猛獸者乎？」孫權考慮到張昭的輔政地位，不得不當即檢討：「年少慮事不遠，以此慚君。」孫權喜歡飲酒，在武昌釣臺與群臣共飲，令群臣說：「今日酣飲，惟醉墮臺中，乃當止耳。」張昭怒氣沖沖，「正色不言，出外車中坐。」孫權派人把張昭叫進來，對他說：「為共作樂耳，公何為怒乎？」張昭當即將其比作商紂，說：「昔紂為糟丘酒池長夜之飲，當時亦以為樂，不以為惡也。」孫權無言以對，「有慚色，遂罷酒。」因此，孫權考慮到自專權力的需要，便把張昭排斥在丞相的人選之外。然而，群臣共議，認為丞相之職應該「歸昭」。孫權詭稱，丞相責任繁重，不忍心給老臣壓這樣重的擔子。不久孫邵死了，「百寮」再次推舉張昭，孫權不得不對大家說實話：「孤豈為子布（張昭字）有愛乎？領丞相事煩，而此公性剛，所言不從，怨咎將興，非所以益之也。」[2]於是啟用了太常顧雍為丞相。

為什麼選顧雍為丞相呢？學界有一種觀點似乎認為，這是孫權由依靠北方世族支持向依靠南方世族的重大轉變。誠然，孫權統治時期，江南本土世族勢力得到了發展，如《吳錄·士林》所說：「吳郡有顧、陸、朱、張四姓，三國之間四姓盛焉。」[3]而且自顧雍以後為相者除步騭為江北淮陰人外，都是江南吳郡人。實則不能這樣分析問題。固然，隨從孫權打天下的江北名將周瑜、魯肅、呂蒙等人的後代因為各種原因沒有得到很好的重用，但諸葛瑾、諸葛恪父子、張昭兒子，以及呂範等江北來的許多人還是得到相當重視的。因此，我認為主要是顧雍有幾個很突出的特點，一是「不飲酒，寡言語」。不飲酒，孫權不太喜歡。因為宴飲歡樂的時候，大家都怕有「酒失」被顧雍看見而「不敢肆情」。場面不熱鬧，所以孫權常說「顧公在坐，使人不樂」。「寡言語」，則正是孫權所需要的。話說得少，就容易說到重點上，容易符合孫權的心意，因此孫權高興地說：「顧君不言，言必有中。」二是不爭己功，善於維護皇帝的威信。史載，顧雍「時訪逮民間，及政職所宜，輒密以聞。若見納用，則歸之於上，不用，終不宣洩。權以此重之。」三是不做出頭的椽子，很會顧及孫權的面子，「於公朝有所陳及，辭色雖順而所執者正。」有一次，孫權「咨問得失」，顧雍不言，張昭「因陳聽采聞，頗以法令太稠，刑罰微重，宜有所蠲損」。權問顧雍：「君以為何如？」雍即回答：「臣之所聞，亦如昭所陳。」於是孫權「乃議獄輕刑」。《江表傳》載，顧雍遇事從不輕易表示自己的意見，「軍國得失，行事可不，自非面見，口未嘗言之。」孫權有事，常令中書郎到顧雍家裡「咨訪」。所談事情，顧雍如果覺得合意，「事可施行」，便即「與相反覆，究而論之」，並且設酒食招待來者。如不合意，便「正色改容，默然不言」，自然也不設酒招待，來者一無所獲，只好回去報告。孫權根據顧雍的態度，即可做出判斷，說：「顧公歡悅，是事合宜也；其不言者，是事未平也，孤當重思之。」可見，顧雍是一個非常善於保護自己的順臣，不爭權，不凌主，甚得孫權放心、歡心，所以平平安安地做了十九年的丞相。4

赤烏六年十一月，顧雍卒。次年正月，孫權用上大將軍陸遜為丞相。陸遜戰功顯赫，又是文武全才，時在武昌，受命「輔太子，並掌荊州及豫章三郡事，董督軍國」。歷史記載，陸遜「雖身在外，乃心於國」，經常上疏陳述時事利弊，孫權謀劃重大的軍事決策時，也常徵求陸遜的意見。陸遜的許多意見被孫權採納了，比如諫阻孫權親征公孫淵等；有些意見，因為不合孫權之意，如不同意派兵取夷州和朱崖，以及勸孫權「施德緩刑，寬賦息調」等，不被採用，陸遜也從不堅持。無疑，這樣既有能力，又很謙遜的人，是專權君主非常喜歡的人才。啟用陸遜為丞相時，孫權特別下達了詔書：

> 朕以不德，應期踐運，王塗未一，奸宄充路，夙夜戰懼，不遑鑒寐。惟君天資聰睿，明德顯融，統任上將，匡國弭難。夫有超世之功者，必應光大之寵，懷文武之才者，必荷社稷之重。昔伊尹隆湯，呂尚翼周，內外之任，君實兼之。今以君為丞相，使使持節守太常傅常授印綬。君其茂昭明德，修乃懿績，敬服王命，綏靖四方。於乎！總司三事，以訓群寮，可不敬與，君其勖之！其州牧都護領武昌事如故。

從詔書的內容看，孫權用陸遜為相的理由：一是因為功勞大，「有超世之功者，必應光大之寵」；二是看中其才能，「懷文武之才者，必荷社稷之重。」而且想一改過去丞相沒有實權的狀況，提出「內外之任，君實兼之」、「敬服王命，綏靖四方」以及「總司三事（按：指三公之事），以訓群寮」。按此內容，丞相便擁有了軍政大權。然而，他並沒有讓這些詔書上的內容切實付諸實施，而是讓陸遜繼續「領武昌事如故」。陸遜遠離朝廷，不居廟堂，自然是難以「總司三事」、身兼「內外之任」了。所以，陸遜沒有成為「助理萬機」的真正意義上的丞相，大權依然完全獨掌在孫權手中。

陸遜剛剛做了丞相便因廢立太子事同孫權發生了嚴重分歧（後詳），只做了一年名義上的丞相，便憤恚而死了。[5]

歷史對於顧雍、陸遜兩位丞相評價頗高。王夫之《讀通鑑論》卷一〇說：「三代以下之材，求有如顧雍者鮮矣。……雍既秉國，陸遜益濟之以寬仁，自漢末以來，數十年無屠掠之慘，抑無苛繁之政，生養休息，唯江東也獨。惜乎吳無漢之正，魏之強，而終於一隅耳。不然，以平定天下而有餘矣。」實則，成就首先應該記在孫權帳上。

此後一年半的時間裡，孫權沒有置相。直到赤烏九年九月，才又任命驃騎將軍步騭為丞相。當時，步騭「都督西陵（即夷陵），代陸遜撫二境」，是又一個遠離首都而且是上了年紀的被任命為名義上「總司三事」的丞相之人。步騭算得上是東吳數得著的名臣之一，既有戰功，又有為政之能，經常上書薦舉才能，也曾上書斥責奸佞，提些合理化建議。孫權「雖不能悉納，然時采其言，多蒙濟賴」。步騭「在西陵二十年，鄰敵敬其威信。性寬弘得眾，喜怒不形於聲色，而外內肅然」。他的突出特點被當時人概括為「恭而安，威而不猛」。因而很適合孫權的丞相人選。然而，步騭甚知孫權為人，為相以後反而很少過問朝廷大事。歷史記載說，步騭「代陸遜為丞相，猶誨育門生，手不釋書，被服居處有如儒生」。6

步騭做丞相不到八個月就死了。兩年後，赤烏十二年四月，孫權以新任驃騎將軍朱據「領丞相」。朱據，字子範，吳郡吳人，頗受孫權器重。據載，孫權「咨嗟將軍，發憤歎息，追思呂蒙、張溫，以為據才兼文武，可以繼之」；並且嫁給公主。然而，剛剛受命不久便即牽涉到太子與魯王之爭中，他「擁護太子，言則懇至，義形於色」。孫權一怒之下，將其先貶為新都郡丞，隨後又賜死於赴任途中。7

二、臨兵設督，不置長久性軍帥

孫權同曹操、劉備一樣，為王為帝，從不放棄總統軍事的權力。他雖然沒有曹操認識得那樣深刻，明確表示決不放棄兵權，也沒有像劉備那樣直接具體指揮大規模的決定性的戰爭，但頭腦清醒，始終把軍事的最高、最終權力牢牢地掌握在自己手中。

第一，各將軍互不相統，直接向孫權負責。

孫權封王以後，廣設名號將軍、雜號將軍，並對稍有戰功者即予一般將軍的稱號；及至稱帝，則比照漢制，頻以最高最好的名號加封各將軍，如上大將軍（陸遜、呂岱），大將軍（諸葛瑾、諸葛恪），驃騎將軍（步騭、朱據），車騎將軍（朱然），前將軍（朱桓），衛將軍（全琮），右將軍（潘璋），等等。這都是漢代軍事制度中高等級的將領：大將軍、驃騎將軍，「位次丞相」；車騎將軍、衛將軍、前後左右將軍，「皆金紫，位次上卿。」但孫權並沒有給他們「專征伐」的權力。因而，他們不像衛青、霍去病那樣是全軍統帥，「諸將皆以兵屬。」[8] 而是直接聽命孫權。各將軍，包括各種名號將軍、裨將軍、偏將軍、雜號將軍，甚至都尉、校尉，都不固定地直屬於某一高級將軍，而是聽從孫權的調遣，直接向孫權負責。

第二，臨兵設督，戰役結束帥職自銷。

孫權自己直接指揮過幾次戰役，有的是成功的，但大多數不算成功。一些大的著名戰役，都是臨戰命帥取得的。他的突出貢獻是，選人得當，既付實權，絕不掣肘。所以，軍帥雖為臨授，但有實權，非常利於發揮主將的積極性、主觀能動性。戰事結束，或調離，帥職自銷，避免了「尾大不掉」的毛病，確保了軍權的集中。下面的例子可以說明這些問題。

（一）建安十一年，以中護軍周瑜為督，督率綏遠將軍孫瑜等，討麻、保二屯；

（二）建安十三年春，以中護軍周瑜為前部督，督率都尉呂蒙、凌統、偏將軍董襲等討黃祖；

（三）建安十三年秋冬，命中護軍周瑜為右督，蕩寇中郎將程普為左督，率領都尉黃蓋、中郎將韓當、別部司馬周泰、橫野中郎將呂蒙等，大戰曹操於赤壁、烏林；

（四）建安十八年，以偏將軍呂蒙為濡須督，以折衝將軍甘寧為前部督，拒曹操於濡須；
（五）建安二十年，以蕩寇將軍蔣欽領濡須督；
（六）建安二十一年，以周泰為濡須督；
（七）周瑜死後，先後以魯肅、呂蒙為督，領周瑜兵，屯陸口，備戰關羽；
（八）建安二十四年，以呂蒙為大督，督兵襲南郡，擒殺關羽；
（九）黃武元年，以裨將軍朱桓代周泰為濡須督，督諸將，戰敗魏大司馬曹仁；
（十）同年，命右護軍、鎮西將軍陸遜為大都督，假節，督領昭武將軍朱然、振威將軍潘璋、安東中郎將孫桓、將軍宋謙、建武將軍徐盛、偏將軍韓當、將軍鮮于丹等部五萬人，大敗劉備於夷陵。這些將領中，不少人資歷比陸遜老，年齡比陸遜大，但陸遜被授為督，假節，有了絕對的權力，所有人不管資格多老，儘管有意見，也只好服從；
（十一）同年，命建威將軍呂範為督，督率建武將軍徐盛、奮武將軍全琮、揚威將軍孫韶等五軍，以舟軍拒曹休等於洞口；這些將領，職級是相等的，誰被授為督，誰就被授予了統率權；
（十二）同年，以左將軍諸葛瑾為督，假節，督公安；
（十三）嘉禾二年，以衛將軍全琮為督，督步兵和騎兵五萬征六安；
（十四）嘉禾三年，孫權準備聯合蜀漢征魏，車騎將軍朱然、衛將軍全琮各受節鉞（按：各受節鉞，意謂各自對上負責，互不相統），為左右督；
（十五）赤烏四年，又以全琮為督，略淮南；以威北將軍諸葛恪為督，攻六安；以車騎將軍朱然督兵五萬圍樊城；
（十六）嘉禾、赤烏年間，以張昭的兒子，奮威將軍張承為濡須督，侍中張休為羽林都督，任子、將軍張奮為平州（今江西九江西）都督。

孫權臨兵設督或因地置帥，不考慮資職的局限，根據形勢的需要調撥部屬，給主將以駕馭形勢和全權指揮作戰的實際權力，已被事實證明，效果明顯。

當然，這種做法也有毛病，難免產生一些新的矛盾。但大都由於選帥得人而最終化解了。比如，程普、周瑜為左右督，「普頗以年長，數陵侮瑜。瑜折節容下，終不與校。」後來，程普對周瑜「自敬服而親重之」，因對人說：「與周公瑾交，若飲醇醪，不覺自醉。」[9]再如，孫權以周泰為濡須督，朱然、徐盛等都被編在周泰部下，朱然、徐盛等「以泰寒門」，「並不伏（服）也」。[10]復如，陸遜為大都督，諸將軍「或是孫策時舊將，或公室貴戚，各自矜恃，不相聽從」，[11]並不斷對陸遜的布兵決策質疑。陸遜以一位智勇兼備的統帥的風範，把大家團結起來，得到諸將信服和孫權好評。正因為容易產生此類問題，所以在征關羽的時候，呂蒙不同意孫權命他與宗室孫皎同為左右部大督的決定。最後，孫權同意讓呂蒙獨掌都督大權，命孫皎為後繼，配合行動。

地方上實行軍事統制政策

漢代，決定全國性的征伐和跨越地方行政區域作戰的權力原則上概歸中央，具體的軍事行動則由朝廷任命的將軍、都督、中郎將、校尉、騎都尉等實施。地方上實行軍政統一制度，行政長官就是這一區域的軍事長官。他們非受特命或應鄰境之約，原則上沒有越境作戰的權力。如兩漢時代的郡縣，郡太守和縣令長，分別都以自己的行政官職統率本地區的軍事力量，以政主軍，以政統軍。郡縣中雖然都設置由中央任命或認可的軍職，但他們都是行政長官的屬官，均應接受郡守或縣令的領導。在郡，《漢書·百官公卿表》說，郡尉，秦官，漢景帝時更名都尉，輔佐太守「典武職甲卒」；《漢官解詁》說，「都尉將兵，副佐太守」。在縣，《後漢書·百官志》說，縣尉主管緝捕盜賊。

孫權施行的是一種不完全相同的體制。他改變了地方上傳統的以政統軍的制度而實行由中央任命的高級將領統制地方。這是一種軍管性質或準軍管性質的體制。這種體制，在他的兄長孫策時候已經開始了。孫策本人就是以折衝校尉、行殄寇將軍的身分進軍江東，然後自領會稽太守（按：領是兼職的意思，通常指本官兼任低級官職。下同）。次年，朝廷也是授他軍職，以騎都尉領會稽太守。他自己便讓其舅吳景以揚武將軍領丹楊太守，伯父孫賁以征虜將軍先後領九江太守、豫章太守，叔父孫輔以揚武校尉領廬陵太守，督軍校尉朱治領吳郡太守。後來又以周瑜行建威中郎將、中護軍，先後領春谷長、江夏太守，以程普行蕩寇中郎將，領零陵太守。孫權繼承、推廣了這一做法，成為吳國制度。

吳國轄揚州（部分）、荊州（部分）、交州，有郡三十幾個。其中有些郡是嗣主孫亮、孫休、孫晧（音ㄏㄠˋ，俗作皓）分舊郡而增置的，孫權時候沒有那麼多。《後漢書·郡國志》記載，東漢三州全境不過二十一郡，其中揚州轄九江、廬江、丹楊、吳郡、會稽、豫章六郡；荊州轄南陽、南郡、江夏、長沙、武陵、零陵、桂陽七郡；交州轄南海、蒼梧、鬱林、合浦、交阯、九真、日南、高涼八郡。《晉書·地理志》等記載，三國期間吳、魏分治揚州、荊州。魏揚州刺史治壽春，設淮南、廬江兩郡。吳揚州刺史治建業，但更多時候是直轄，不另設牧（刺史），孫策分豫章立廬陵郡，孫權再分豫章立鄱陽郡，計八郡。荊州，魏刺史治新野，設南陽、南鄉、江夏、襄陽、新城、上庸、魏興七郡；吳刺史治江陵，孫權除南陽外，其他各郡均照置，又分江夏立武昌郡，分蒼梧立臨賀郡，分長沙立衡陽郡、湘東郡，共十一郡。交州，孫權曾分割為廣州和交州，並置珠崖郡。

孫權是用什麼樣的人擔任這些地方的郡守的呢？遍檢《三國志》全書，記載很不全面。書中提到的郡守，大略如下：

揚州八郡：

丹楊——初承孫策時的安排，以揚武將軍吳景領太守；繼而先後以綏遠將軍孫瑜、偏將軍孫翊、建威將軍呂範、撫越將軍諸葛恪領太守。老年，「追錄舊恩」，封舊臣之後滕胤為侯，嫁公主，做丹楊太守（按：是否兼有軍職，不詳。從孫權臨終遺詔輔政，孫亮即位，加胤為高級將軍衛將軍看，當有軍職）。

吳郡——初承孫策時的安排，以行扶義將軍朱治領太守，朱治的將軍稱號屢變，但領郡如故，在郡三十一年。後來，滕胤由丹楊轉吳郡太守，又有名叫殷祐者做過太守（按：未詳此人是否兼有軍職）。

會稽——初孫策以殄寇將軍自領太守，孫權以討虜將軍自領太守（按：因為很少到郡，曾以郡丞顧雍行太守事），後來淳于式（按：歷史沒有提到他是否兼有軍職）、五官中郎將濮陽興、參軍校尉吾粲都做過會稽太守。末年，又命吳郡太守滕胤轉會稽太守。

豫章——初承孫策時的安排，以征虜將軍孫賁領太守；賁死，其子孫鄰襲軍代領太守達二十年。後來，顧雍的兒子顧邵以父和娶孫策女為妻故，「起家為豫章太守」。邵死，呂蒙薦後將軍、江夏太守蔡遺為豫章太守。還有一位南陽人謝景，甚得太子孫登賞識，由張昭兒子張承薦舉，做過豫章太守（按：未詳此人是否兼有軍職）。

九江——曾以綏南將軍全琮假節領太守，後以征西將軍馬茂為太守。

廬江——曾以建武將軍徐盛領太守。

廬陵——初承孫策時的安排，以揚武校尉孫輔領太守，後以偏將軍孫韶、昭信中郎將呂岱為太守。

鄱陽——初以車騎將軍東曹掾步騭出領太守，後來又以廣陵人王靖（按：靖欲投魏，謀泄，誅及滿門）、會稽人魏滕、丹楊都尉周魴為太守。

另，曾以建安縣（今福建建甌）為建安郡，用沛國人鄭胄為太守。鄭胄「有文武姿局，少知名，舉賢良，稍遷建安太守」。從其後來為「宣信校尉，往救公孫淵，……還遷執金吾」看，當有軍職。[12]

荊州十一郡，查到七郡的曾任郡守名字：

南郡——赤壁戰後，偏將軍周瑜領太守，後來左護軍、虎威將軍呂蒙領太守。蒙死後，綏南將軍（後遷左將軍、大將軍）諸葛瑾，長期領郡。瑾死，其子奮威將軍諸葛融「代父領攝」。

江夏——初承孫策時的安排，以中護軍周瑜領太守；赤壁戰後，裨將軍程普兩度領太守；以後將軍蔡遺、揚武中郎將孫奐、昭武中郎將孫承均曾領太守；嘉禾年間，刁嘉曾為太守（未詳擔任什麼軍職）。

宜都——曾以撫遠將軍陸遜領太守。

長沙——呂岱先後以昭信中郎將和鎮南將軍兩度領太守。

武陵——曾以武鋒中郎將黃蓋領太守。後來，還有一位名叫衛旌的人做過武陵太守（未詳是否兼有軍職）。

零陵——郎中殷禮和廣陵人劉略曾先後為太守。（按：郎中是比較低級別的軍職、近侍官。史載，孫權為王，召殷禮為郎中，「後與張溫俱使蜀，諸葛亮甚稱歎之。稍遷至零陵太守。」[13]「稍遷」是逐漸升遷的意思，說明殷禮必定是由郎中而為更高級別的軍職，然後出為太守的。他在太守任上，曾勸孫權對魏大舉用兵。劉略做太守前官居何職，歷史沒有記載。）

桂陽——曾以車騎將軍長史全柔為太守。

交州九郡，漢末，朝廷曾以士燮兄弟分別為交阯、合浦、九真、南海太守，後拜士燮為綏南中郎將「董督（交州）七郡，領交阯太守如故」，繼授安遠將軍，封亭侯。孫權承認士氏家族的地位，加封士燮為左將軍，又升衛將軍，封縣侯；弟士壹為偏將軍，鄉侯；燮、壹「諸子在南者，皆拜中郎將」。父子兄弟均以軍職領州郡事，中郎將士武為南海太守，中郎將士䵋（音ㄨㄟˇ）為九真太守，偏將軍士壹為合浦太守。

孫權與劉表爭交州時，以征南中郎將步騭持節領交州刺史。士燮死後，孫權加緊削弱士氏勢力，分交州為廣州、交州，分別以安南將軍呂岱和將軍戴良為刺史，以士燮子士徽為安遠將軍，領九真太守，校尉陳時代燮為交阯太守。士徽不服，自為交阯太守，呂岱「假節」，盡殺士氏兄弟。呂岱兩度為交州刺史。末年，遣安南校尉陸胤為交州刺史。

除此，還曾以偏將軍陸續為鬱林太守，偏將軍殷基為蒼梧太守，輔義都尉鍾離牧為南海太守，建武都尉陸凱為儋耳太守。

另外，還有一些臨時領郡或遙領郡國者。如：偏將軍（後升昭武將軍）韓當先後遙領永昌（今雲南保山）、冠軍（治今河南鄧州西北）太守；

蕩寇中郎將凌統領沛相；

奮武將軍朱桓領彭城相；

奮威將軍周泰遙領漢中太守；

將軍甘寧為西陵太守（按：此西陵非夷陵改名之西陵，是孫權析武昌郡而置，轄縣陽新、下雉，夷陵改名西陵後，此西陵罷）；

潘璋先後以振武將軍、平北將軍分領臨時所置固陵太守（轄巫與秭歸）和襄陽太守；

朱然早期曾以折衝校尉領臨川太守（按：分丹楊郡而置，非今江西之臨川，尋罷）；

呂範在赤壁戰後以裨將軍領彭澤太守（按：分豫章郡而置，不久廢罷）；

威武中郎將賀齊討伐山越成功，孫權特割黟、歙等六縣為新都郡，以齊為太守，加偏將軍；

孫權還一度分吳郡、會稽、丹楊「三郡險地」為東安郡，以綏南將軍全琮領太守。

又，一度將吳郡之曲阿更名為雲陽（今江蘇丹楊），設郡，以陽羨（治今江蘇宜興南）人張秉為太守。一度分蒼梧為臨賀郡（今廣西賀州），任命一位名叫嚴鋼的人做太守。此二人，任前和在職期間是否兼有軍職，不得而知。

由上可見，除個別特例史籍沒有記載郡守是否同時擁有軍職以外，大都明確記載是以重要軍職兼領郡國守相的。所以，我說他是「以軍統政」，實行的是一種軍事統制制度。這種制度，有很大的危險性，極易形成軍事割據，削弱中央權力，釀成地方武裝衝突。但孫權沒有讓它形成這種局面，而是靠其相對高超的馭將能力，讓它發揮了積極作用。這種作用，可以概括為三：

第一，可以較快、較好、較穩地控制地方，平叛制亂。比如，分割黟、歙為六縣，設新都郡，讓賀齊以軍職領太守，就是為了這種需要；

第二，便於越行政區界作戰，追殲敵人。比如，黃蓋為武陵太守，得知鄰郡長沙之益陽縣有亂，便即驅兵平討；陸遜為宜都（今湖北宜都）太守，既可西破沿江蜀將和秭歸夷帥之叛，又可北攻蜀置房陵、南鄉兩郡；

第三，便於軍事的大規模或較大規模的調動。比如，陸遜為大都督抵抗劉備，孫權便可將已經做了太守的諸將軍朱然、潘璋等調到前線，成為陸遜的屬下；呂範以建威將軍為督抵抗曹休，而同級的建武將軍、廬江太守徐盛，以及偏將軍全琮和宗室、偏將軍、廬陵太守孫韶等都無條件地受其節制。

峻刑苛法

晉人陳壽認為，孫權「性多嫌忌，果於殺戮，暨臻末年，彌以滋甚」。這是有事實根據的。然而，這只是問題的一方面。治史者不應不注意到封建時代一切有作為的獨裁者往往都是善於恩威兼用的人。孫權也算得上是這樣的人物。他善於施恩，文武大臣願為其用，甘為其死；他善於用威，統治東吳五十餘年，沒有權臣當政，也少有亂臣賊子窺其位，大權始終掌握在自己手裡。所以，峻刑苛法、果於殺戮固然不可提倡，但它對於鞏固孫權的權力是非常重要的。當然，由於他「性多嫌忌」，的確是錯判、冤殺了一些人；法網過密，使普通小吏和黎民百姓長期處在高壓政策之下。

一、立法嚴峻

孫權時期的具體立法，史記甚少，大都無從查究。但立法嚴峻、刑辟重切、請求寬刑一類的議論，不絕於書。諸如：

（一）黃武五年，陸遜上奏，勸孫權「施德緩刑」。並說：「忠讜之言，不能極陳，求容小臣，數以利聞。」孫權不完全同意陸遜的意見，用「以刑止刑」的道理和「不得已而為之」相辯，回答說：

夫法令之設，欲以遏惡防邪，儆戒未然也。焉得不有刑罰以威小人乎？此為先令後誅，不欲使有犯者耳。君以為太重者，孤亦何利其然，但不得已而為之耳。

對於陸遜「忠讜之言，不能極陳」之謂，孫權很不高興，說：

今承來意，當重諮謀，務從其可。且近臣有盡規之諫，親戚有補察之箴，所以匡君正主明忠信也。……孤豈不樂忠言以自裨補邪？而云「不敢極陳」何得為忠讜哉？若小臣之中，有可納用者，寧得以人廢言而不采擇乎？但諂媚取容，雖暗亦所明識也。

實際上，孫權還是在一定程度上接受了陸遜的建議，「於是令有司盡寫科條」，派郎中褚逢送給陸遜及諸葛瑾，「意所不安，令損益之。」[14]

（二）黃龍元年，陸遜再次上奏，深言峻法嚴刑之不可取。歷史家稱讚，陸遜「雖身在外，乃心於國，上疏陳時事」。陸遜疏文，第一，指出「科法嚴峻，下犯者多」；第二，請求「恩貸」

輕罪，呈說「頃年以來，將吏罹罪，雖不慎可責，然天下未一，當圖進取，小宜恩貸，以安下情。且世務日興，良能為先，自非奸穢入身，難忍之過，乞復顯用，展其力效」。第三，深刻闡述寬刑的意義，指出「此乃聖王忘過記功，以成王業。昔漢高舍陳平之愆，用其奇略，終建勳祚，功垂千載」，並特別強調「夫峻法嚴刑，非帝王之隆業；有罰無恕，非懷遠之弘規也」。[15]

（三）嘉禾年間，孫權「咨問得失」，張昭、顧雍等彙報了所知情況，然後指出「法令太稠，刑罰微重，宜有所蠲損」。[16]

（四）赤烏四年，太子孫登臨終上疏說：「竊聞郡縣頗有荒殘，民物凋弊，奸亂萌生，是以法令繁滋，刑辟重切。」因而勸孫權「為政聽民，律令與時推移，誠宜與將相大臣詳擇時宜，博采眾議，寬刑輕賦，均息力役，以順民望」。[17]

這些議論，足以證明其法網過密、執法酷烈的嚴重。而且是自黃武至赤烏，前後一貫五十年。但嚴重到什麼程度呢？缺少資料，難知其詳，只能從一些記載不太詳細的個別立法和個案處理以及出土簡牘中略窺一斑。

下面是一些已知的立法和依律判罰的實例：

（一）長吏在官，不得奔父母之喪，違者，判死刑。史載，嘉禾六年正月，孫權下詔徵求意見，欲嚴官吏奔喪之法。其詔首先說明天下無事「君子不奪人情」以及天下有事「則殺禮以從宜」的道理。

> 夫三年之喪，天下之達制，人情之極痛也。賢者割哀以從禮，不肖者勉而致之。世治道泰，上下無事，君子不奪人情，故三年不逮孝子之門（不逮，不及）。至於有事，則殺禮以

從宜（殺禮，撤開禮制），要經（要，古腰字。要經，居喪時束在腰間的麻帶）而處事。故聖人制法，有禮無時則不行。遭喪不奔非古也，蓋隨時之宜，以義斷恩也。

然後說明舊的立法已不適用：

前故設科，長吏在官，（如有奔喪）當須交代，而故犯之，雖隨糾坐，猶已廢曠。方事之殷，國家多難，凡在官司，宜各盡節，先公後私，而不恭承，甚非謂也。中外群僚，其更平議，務令得中，詳為節度。

大臣們甚知孫權意欲嚴法之思。輔正都尉顧譚提出，可以根據不同情況區別對待，一般不作追究，只對那些前後任官員交接沒有辦妥而擅自奔喪，並且被告發者判死刑。顧說：「奔喪立科（立法），輕則不足以禁孝子之情，重則本非應死之罪，雖嚴刑益設，違奪必少。若偶有犯者，加其刑則恩所不忍，有減則法廢不行。愚以為長吏在遠，苟不告語，勢不得知。比選代之間（到了新舊官員交替時。比，到了），若有傳者，必加大辟（死刑），則長吏無廢職之負，孝子無犯重之刑。」將軍胡綜則認為，忠孝不能兼得，當此之時必須嚴格立法執法，絕對不允許官吏「奔喪」。他說「方今戎事軍國異容，而長吏遭喪，知有科禁」而公然違反，都是因為「科防本輕所致」。因此，他完全支持孫權的「以殺止殺」主張，說：「忠節在國，孝道立家，出身為臣，焉得兼之？故為忠臣不得為孝子。宜定科文，示以大辟。若故違犯，有罪無赦。以殺止殺，行之一人，其後必絕。」丞相顧雍是個善於迎合孫權的人，也「奏從大辟」。據說，後來只有一例因為自首和得到重要人物的陳請，才得到減刑一等的優待：「吳令孟宗喪母奔赴，已而自拘於武昌以聽刑。陸遜陳其素行，因為之請，權乃減宗一等。」但同時明令下不為例：「後不得以為比。」[18]的確如此，孫權「遂用胡綜言，由是奔喪乃斷」，[19]嗣後再無「奔喪」和減免刑罰的事情發生。

（二）違詔無功者，殺。黃龍三年，將軍衛溫、諸葛直皆以「浮海求夷洲及亶洲」的軍事行動「違詔無功，下獄誅」。這是「朕即法律」的歷史反映，說明違詔就是違法，違詔就應「依法殺頭」。

更有甚者，有時有人惹他不高興，也會「罪至不測」。《三國志・諸葛瑾傳》載，孫權「怪校尉殷模，罪至不測。群下多為之言，權怒益甚」，幸得諸葛瑾婉言相勸，才免一死。

（三）榷酤障管之法，嚴至「纖介」必究。嘉禾年間，中書呂壹、秦博「典校諸官府及州郡文書。壹等因此漸作威福，遂造作榷酤障管之利（按：盧弼《三國志集解》注引梁章鉅說：蕭常《續後漢書》謂王莽設六管之利，酤酒、賣鹽、鐵器、鑄錢、名山大川也，此即榷酤障管之利）」，其法甚厲，「舉罪糾奸，纖介必聞，重以深案醜誣，毀短大臣，排陷無辜。」此法甚得孫權之意。丞相顧雍等看不下去，據實向上報告情況，受到孫權的斥責。[20]

又，《吳主傳》載，嘉禾五年春，鑄大錢，一當五百，「詔使吏民輸銅，計銅畀直。設盜鑄之科。」

（四）督將亡叛，士兵逃匿，殺其妻、子。這項立法，直到赤烏年間，才有所鬆動。《三國志・吳主傳》注引《江表傳》載，赤烏七年，孫權下詔：「督將亡叛而殺其妻子，是使妻去夫，子棄父，甚傷義教，自今勿殺也。」

（五）圖逆不軌者，夷三族。《三國志・吳主傳》載，赤烏八年七月，將軍馬茂等「圖逆」，被夷三族。馬茂本魏淮南鍾離長，叛歸吳，孫權封他為征西將軍、九江太守、外部督，封侯，領千兵。此人很可能是魏國奸細。《吳歷》記載，孫權經常「出苑中，與公卿諸將射」，馬茂與兼符節令朱貞、無難督虞欽、牙門將朱志等合計，「伺權在苑中，公卿諸將在門未入，令貞持節稱詔，悉收縛之；茂引兵入苑擊權，分據宮中及石頭塢，遣人報魏，事覺，皆族之。」

（六）誇大戰功者，罪徙邊遠。《三國志·顧譚傳》載，顧雍的孫子顧承與張昭的兒子張休隨從大都督全琮北征壽春，「與魏將王淩戰於芍陂，軍不利，魏兵乘勝陷沒五營將秦晃軍，休、承奮擊之，遂駐魏師（按：意為阻止住魏軍繼續前進）。」全琮的兒子全緒、全端亦並為將，乘敵剛剛駐足的機會，「乃進擊之」，王淩軍退。戰後論功行賞，「以為駐敵之功大，退敵之功小，休、承並為雜號將軍，緒、端偏裨而已（偏，偏將軍；裨，裨將軍）。」全琮父子不服。《吳錄》載，全琮父子不斷向孫權進言，說：「芍陂之役為典軍陳恂詐增張休、顧承之功，而休、承與恂通情。」按律，顧承、張休俱因「與典軍陳恂通情，詐增其伐（功），並徙交州」。

（七）誣罔大不敬者，「罪應大辟。」《三國志·顧譚傳》注引《吳錄》說，張休、顧承獲罪之後，孫權因為顧承是死去不久的顧雍的孫子，又是現任太常、平尚書事顧譚的弟弟，曾想讓顧譚出面「謝罪」，給個臺階，赦了顧承的罪。顧譚不僅「不謝」，而且竟說：「陛下，讒言其興乎！」這無疑是說孫權聽信讒言，不是明君。於是「有司奏譚誣罔大不敬，罪應大辟」。[21]據說，孫權看在已故老丞相顧雍的分上，沒有殺顧譚的頭，減罪一等，令其與顧承、張休等一併流放交州。兩年後，顧譚憂憤而死於流放地。

（八）重連坐之罪。《三國志·胡綜傳》載有一個生動故事，很能說明問題：青州人隱蕃有口才，被魏明帝派到吳國做間諜，一天隱蕃向孫權上書，自比為殷之微子、漢之陳平，說自己剛二十二歲，「委棄封域，歸命有道，賴蒙天靈，得自全致」，然而來到吳以後，主事的人將自己「同之降人，未見精別，使臣微言妙旨，不得上達」。孫權接到隱蕃的上書，立即召見。據說，「蕃謝答問，及陳時務，甚有辭觀（意謂很善談，說話有道理）」，使得孫權很高興。當時在座的有建武中郎將胡綜等。接見後，孫權問胡綜的感覺，胡綜認為：「蕃上書，大語有似東方朔，巧捷詭辯有似禰衡，而才皆不及。」權又問可授什麼官職，胡綜說：「未可以治民，且試以都輦小職（都輦，指京城之內）。」孫權因為接見時隱蕃大談「刑獄」之事，所以用為廷尉監。左將軍朱據、廷尉郝普則覺得「蕃有王佐之才」，郝普「尤與之親善，常怨歎其屈（才）」。後來隱蕃「謀叛，事覺伏誅」。事本出自孫權的安排，但他把責任加到了郝普、朱據頭上。《吳歷》載，孫權責問郝普：「卿前盛稱蕃，又為之怨望朝廷，使蕃反叛，皆卿之由。」郝普本漢末零陵太守，先附劉備，後降孫權，官至九卿廷尉，掌管刑獄。郝普執掌所在，自然明白該當何罪，於是「見責自殺」。同時，孫權把高級將領左將軍、駙馬朱據囚禁起來，關押了好長時間，「歷時乃解」。

又，太子太傅吾粲，「遭二宮之變（按：指孫權的兩個兒子，太子孫和與魯王孫霸爭權），抗言執正，明嫡庶之分」，「坐數與遜交書，下獄死。」[22]

（九）公務失誤者，行「自坐」之法。一九九六年十月，長沙走馬樓出土三國吳簡十四萬枚。研究專家們指出，三國吳簡數量龐大，內容豐富，涵蓋了基層人民的社會生活、經濟關係、土地制度、賦稅制度等史料，考古價值十分重大；這是中國二十世紀繼殷墟甲骨卜辭、敦煌文書之後，在古文獻資料方面的又一重大考古成果。其中兩枚，侯旭東先生分別釋文[23]如下：

簡一

東鄉勸農掾殷連被書條列州吏父兄人名、年紀為簿。輒科核鄉界，州吏三人，父兄二人刑踵叛走。以下戶民自代。謹列年紀，以（已）審實，無有遺脫。若有他官所覺，連自坐。嘉（禾）四年八月二十六日破莂（音ㄅㄧㄝˊ）保據。

簡二

廣成鄉勸農掾區光言：被書條列州吏父兄子弟伏處、人名、年紀為簿。輒隱核鄉界，州吏七人，父兄子弟合廿三人。其四人刑、踵、聾、歐病；一人被病物故；四人其身已送及，隨本主在官；十二人細小；一人限佃；一人先出給縣吏。隱核人名、年紀相應，無有遺脫，若後為他官所覺，光自坐。嘉禾四年八月二十六日破莂保據。

兩簡說明：第一，吳國鄉一級地方政權設勸農掾一職，管理農事和戶口；第二，戶口分類造冊（為簿），詳記各類人等住處、人名、年紀等項，以便隨時查核；第三，特別重視對州吏及其父兄子弟的管理，按時核對，並反映了州吏動輒被刑的普遍情況；第四，主管者要對所報情況負責，如有差錯或遺漏，當依律判罪。

「莂」是契約文書的一種形式，「破莂保據」同後代契約文書在中縫編號蓋章後各執一聯及人們所說的「立字為證」的意思相近。兩鄉勸農掾都保證「無有遺脫」，如果以後他官發覺有遺漏，甘願「自坐」。這說明官吏「公事失誤」，必須受到制裁，是有法律依據的。所以，辦事人每立一份文書，都要在文書的最後發一次誓，以示願意承擔法律責任。「自坐」是法律術語，「自坐」是什麼樣的罪，兩簡都沒有提到，大概在當時是「不言而喻」的。

二、果於殺戮

「果於殺戮」是殺人果斷、從嚴、從快的意思。

陳壽所謂孫權「果於殺戮」，主要是針對孫權親自決定的一些誅殺朝廷大員的事。這一點，嘉禾、赤烏年間比較嚴重。其中影響很大的典型案例有：

殺吾粲。吾粲，字孔休，吳郡烏程人，曾是孫權的得力心腹，甚受重用。小吏起步，累官車騎將軍、主簿、參軍校尉、會稽太守、屯騎校尉、少府、太子太傅，僅因在太子與魯王爭權中「抗言執正，明嫡庶之分」，不合孫權意，便被投進監獄，殺死。

殺朱據。朱據本是孫權晚年又一得力心腹，五官郎中起步，不數年，便擢升為左將軍、驃騎將軍、丞相，還娶了公主為妻，亦因擁護太子，觸犯孫權，先是遽降為新都郡丞，既而中書令孫弘誇大其罪過，被賜死。

殺張純。張純，「少厲操行，學博才秀，切問捷對，容止可觀」，初拜郎中，授廣德令，「治有異績，擢為太子輔義都尉。」他在二宮之變中「盡言極諫」，觸怒了孫權，便被作為典型抓起來，「棄市」，殺頭示眾。

殺張休。張休是張昭的兒子，官居揚武將軍，因為擁護太子，被以「詐增」戰功的罪名，流放交州，不久中書令孫弘又在孫權面前說張休的壞話，孫權便即下詔，賜張休死。

這是一些擁護太子孫和的人。及至魯王孫霸賜死，又殺了楊竺、全寄、吳安、孫奇等一些「圖危太子，陰附孫霸」的人。

其實，相對來說，孫權誅殺大臣並不很多。他與曹操不同。曹操用人，用得著時不講資歷，不拘品行，不疑歸從，大膽用降，拔將才於卒伍之間，惟才是舉。但是，當其大功將成、權威日隆之後，便特別重視順逆之別。重如荀彧、崔琰等那樣建過大功的勳臣和心腹，亦因政見不同或言有不順而難免一死。孫權則始終堅持優賞為主，除迫於社會和輿論壓力殺了品級不太高的選曹尚書暨豔和中書呂壹（後詳），以及上述幾個涉案二宮之爭的大臣外，基本上不採取極端的手段，不殺大臣和上將。正是因為這個緣故，所以我覺得，孫權用人，特別是御將方面有許多高於曹操的地方。

至於根據其嚴酷的立法和長官意志，各級政府罪殺、刑處的一般官吏和平民百姓的事，具體記載雖然很少，但我們稍事分析，便也不能不得出用刑嚴厲、被罪者眾的結論。諸如：（一）前述諸大臣請求減刑、寬刑，說明法令「太稠」，刑殺過多；（二）赤烏後期，由於法網過密，監獄爆滿，孫權開始注意到問題的嚴重，因而連年頒令大赦或單令「赦死罪」。他的兒子孫亮繼位後，為了平獄，又連連大赦，為帝六年竟四次大赦。這也說明孫權時期受刑的人是非常多的。否則，不會一段時間內這樣幾乎年年大赦（當然，對此也可作另外的分析：「犯罪」的人雖多，但孫權通過經常大赦的方式將他們放了）；（三）前述長沙走馬樓出土三國吳簡，其中兩枚講到嘉禾四年州吏及其父兄受刑情況，有的地方（東鄉）竟高達三分之二；有的地方（廣成鄉）州吏父兄子弟除小孩子和外出在官以及病死者外，也有四分之一。諸此刑殺之多，雖然不是孫權親自決定的，但同他法網過密是密不可分的。

三、罪流、廢罷大臣

罪流、廢罷大臣是孫權除掉「貳臣」或懲罰、驅走那些感到不滿意的近侍的一個重要手段，情近於殺而不同於殺。比較典型的案例，略如：

流放虞翻。虞翻是孫策的得力遺臣，孫權用為騎都尉，但終生未得升遷，兩次流放，終死於邊。原因很簡單，孫權不太喜歡他。先是因其「犯顏諫爭」，「又性不協俗，多見謗毀」，將其流放到丹楊涇縣；後因「數有酒失」，多有觸鱗之語，孫權「積怒非一」，將其遠放交州。

罪徙顧譚、顧承。顧譚、顧承是老丞相顧雍的孫子。赤烏六年顧雍死，顧譚代雍平尚書事，實為代理丞相，尚受重用。但他在太子和魯王的爭權中站在太子一邊，為太子說話，惹怒了孫權，很快就失寵了。顧承與張昭的兒子張休隨從大都督全琮北征壽春，被全琮父子誣陷「詐增」戰功。孫權不僅流放了顧承和張休，而且借機把顧譚也流放到交州。二、三年間，兄弟二人先後死於流放地。一個四十二歲，一個三十七歲。

至於對於一般臣僚和功臣子弟的懲處、流放，公平地說，見諸史籍者，大都量刑從寬，近距離流放，處理比較適當。例如，他曾一度狠狠地處治了一批功臣的「無行」子弟。其中，周瑜的兒子、興業都尉周胤，依仗父親的功勳，「酗淫自恣」，孫權對其多次告誡，仍然不思悔改，被流放到廬陵郡；甘寧的兒子甘瓌和潘璋的兒子潘平都以行為不端「罪徙會稽」。

張溫被貶是廢罷大臣的典型事例。張溫字惠恕，吳郡吳人，「少修節操，容貌奇偉。」孫權聽說後曾問公卿：「溫當今與誰為比？」據說，大司農劉基認為「可與全琮為輩」；太常顧雍認為「當今無人能比」。於是，孫權下令徵召，及見，「文辭占對，觀者傾竦（按：肅然起敬的意思）。」孫權「改容加禮」，即拜議郎、選曹尚書，尋授太子太傅，「甚見信重。」前文講到，黃武初年孫權曾派張溫以輔義中郎將使蜀，與蜀通好。溫自負甚高，誇口一定把事辦好，但卻沒有完全表達孫權的意思。張溫受到劉禪、諸葛亮的接見，言談過分自卑，並與亮結為「金蘭之好」；回來以後又大唱蜀漢的讚歌，使得孫權很不舒服。史載，孫權「陰銜溫稱美蜀政，又嫌其聲名大盛，眾庶炫惑，恐終不為己用，思有以中傷之」。不久便找到了機會。暨豔改革失敗，賜死。暨豔是張溫的同鄉，是張溫推薦上來的，由選曹郎而官至尚書，二人常有書信往來。於是，孫權下令把張溫捉了起來，數其三大罪狀：一謂張溫是暨豔同黨，說「昔令召張溫，虛己待之，既至顯授，有過舊臣，何圖凶醜，專挾異心。昔暨豔父兄，附於惡逆，寡人無忌，故進而任之，欲觀豔何如。察其中間，形態果見。而溫與之結連死生，豔所進退，皆溫所為頭角，更相表裡，共為腹背，非溫之黨，即就疵瑕，為之生論」。二謂貽誤軍機，說「前任溫董督三郡，……（溫）到豫章，表討宿惡，寡人信受其言。特以繞帳、帳下、解煩兵五千人付之。後聞曹丕自出淮、泗，故豫敕溫有急便出。而溫悉內諸將，布於深山，被命不至。賴丕自退。不然，已往豈可深計」。三謂培植私人勢力，其一安排殷禮為尚書戶曹郎，「殷禮者，本占候召，而溫先後乞將到蜀，扇揚異國，為之譚論。又禮之還，當親本職，而令守尚書戶曹郎，如此署置，在溫而已」；其二，封官許願，「溫語賈原，當薦卿作御史。語蔣康，當用卿代賈原。專衒賈國恩（按：意謂專好炫耀皇恩並以皇恩作交易），為己形勢。」結論是：「揆其奸心，無所不為。」處治意見是：「不忍暴於市朝（按：免死罪），今斥還本郡，以給廝吏。」孫權此舉，引起很大震動。將軍駱統上了一千多字的長表為張溫辯護，幾乎等於逐條反駁孫權加在張溫頭上的罪狀。孫權俱不聽。張溫的兩個弟弟「亦有才名，與溫俱廢」；姊妹三人「皆有節行」，為了張溫事，已經出嫁者「皆見錄奪」，由官府另嫁，其中一妹已嫁顧承，「官以許嫁丁氏，成婚有日，遂飲藥而死。」據說，諸葛亮「初聞溫敗，未知其故，思之數日，曰：『吾已得之矣，其人於清濁太明，善惡太分。』」24

兩次吏治改革及其失敗

孫權在黃武年間（二二二—二二八）和嘉禾（二三二—二三七）至赤烏初年進行過兩次改革，一次是由暨豔、徐彪主持的針對「貪污在位」及中央機構「混濁淆雜，多非其人」的吏治改革，一次是由呂壹、秦博主持的以「榷酤障管」等經濟問題為由針對官吏營私舞弊以及「吏多民煩」的反腐敗改革。兩次改革都以失敗告終，孫權不得不殺了主持人以平眾憤。

一、暨豔改革

暨豔，字子休，吳郡人，選曹尚書；徐彪，字仲虞，廣陵人，選曹郎。選曹是主管重要官員選授的中央機構。暨豔其人，性情激進，好為清議，是一位想幹大事但沒有什麼政治鬥爭經驗的人物。據說，他見「郎署混濁淆雜，多非其人」，「疾貪污在位，欲沙汰之」，便向孫權提出了「臧否區別，賢愚異貫」的辦法（按：評定好壞，分別登記在案，以做任命官員的依據）。暨豔的改革方案，得到了孫權的支持。實踐證明，暨豔、徐彪試圖改革弊政的出發點雖然沒有什麼不對，但其指導思想和辦法都是錯誤的。情緒激進，脫離實際；手段過烈，樹敵太多。史載，豔等

「彈射百僚，覈選三署，率皆貶高就下，降損數等，其守故者十未能一，其居位貪鄙，志節汙卑者，皆以為軍吏，置營府以處之（按：約當後世之集中營）。」這種「貶高就下」或「置營府以處之」的辦法，打擊面高達百分之九十以上，焉能不敗。

據載，陸遜、陸遜弟陸瑁、朱據等都出來阻止。〈陸遜傳〉載：「暨豔造營府之論，遜諫戒之，以為必禍。」〈陸瑁傳〉載：「時尚書暨豔盛明臧否，差斷三署，頗揚人暗昧之失，以顯其謫。」陸瑁與暨豔書說：「夫聖人嘉善矜愚，忘過記功，以成美化。加今王業始建，將一大統，此乃漢高棄瑕錄用之時也，若令善惡異流，貴汝潁月旦之評，[25]誠可以厲俗明教，然恐未易行也。宜遠模仲尼之汎愛，中則郭泰之弘濟，[26]近有益於大道也。」〈朱據傳〉載：「是時選曹尚書暨豔，疾貪污在位，欲沙汰之。據以為天下未定，宜以功覆過，棄瑕取用，舉清厲濁，足以沮勸，若一時貶黜，懼有後咎。」暨豔皆不聽。行之不久，便「怨憤之聲積，浸潤之譖行矣」，紛紛「競言豔及選曹郎徐彪，專用私情，愛憎不由公理」。

暨豔、徐彪的人事改革失敗了，孫權為了穩定大局，沒有承擔責任，暨豔、徐彪「皆坐自殺」。什麼叫「坐自殺」呢?吳三省注通鑑說得很對：「坐自殺，謂賜死也。」[27]

二、呂壹改革

呂壹改革是孫權統治時期最為轟動的政治大案。反響之大，遍記於孫權、孫休及顧雍、步騭、陸遜、朱據等諸多重臣列傳中。

呂壹改革的具體內容是什麼，歷史沒有明確記錄。但可以肯定，這是孫權在暨豔失敗改革後，試圖以經濟問題為突破口的又一次吏治整頓。手段之厲，朝野震動。

《三國志・顧雍傳》說：「呂壹、秦博為中書，典校諸官府及州郡文書。壹等因此漸作威福，遂造作榷酤障管之利，舉罪糾奸，纖介必聞，重以深案醜誣，毀短大臣，排陷無辜。」〈步騭傳〉記載，中書呂壹典校文書，多所糾舉，騭上疏說：「伏聞諸典校擿抉細微，吹毛求瑕，重案深誣，輒欲陷人以成威福。無罪無辜，橫受大刑，是以使民跼天蹐地（跼，音ㄐㄩˊ，彎腰；蹐，音ㄐㄧˊ，小步走路；跼蹐，用以形容恐懼害怕的樣子），誰不戰慄？」

呂壹等職級並不甚高，但卻掀起了如此浩大的政治風浪。這是為什麼呢？因為他們是在實施孫權的意旨，得到了孫權的支持，有恃無恐，再加小人得志，猖狂無度，便把事情搞糟了，做過了頭，使得局面不可收拾了。

太子孫登帶頭反對。〈吳主傳〉說：「權信任校事呂壹，壹性苛慘，用法深刻。太子登數諫，權不納，大臣由是莫敢言。」

〈顧雍傳〉說：「雍等皆見舉白，用被譴讓。」

〈朱據傳〉說，左將軍、公主丈夫朱據的「部曲」的軍餉三萬緡（按：時孫權鑄大錢，一當五百，約合六十緡）被鑄錢工王遂侵吞，「典校呂壹疑（朱）據實取，考問主者，死於杖下」，朱據哀主事者「無辜」，特為「厚棺斂之」。呂壹向孫權打報告說，朱據的屬吏為朱據掩蓋，朱據「故厚其殯」。因此，孫權「數責問據」。朱據「無以自明，藉草待罪（意謂坐在草墊上等待降罪）」。數月後，典軍吏劉助發現錢被王遂所取。因此，孫權「大感悟」，說：「朱據見枉，況吏民乎？」於是「窮治壹罪，賞（劉）助百萬」。

做過了頭的政治舉措，即使出發點無可非議，最終失敗是不可避免的。這次改革行動，特別是到了赤烏初年，弊端已經充分顯現，被壓抑的朝廷重臣終於又紛紛出來說話了。

〈陸遜傳〉說：「時中書典校呂壹，竊弄權柄，擅作威福。遜與太常潘濬同心憂之，言至流涕。」

〈潘濬傳〉說，潘濬與陸遜俱駐武昌，共掌留事，「時校事呂壹操弄威柄，奏按丞相顧雍、左將軍朱據等，皆見禁止。……濬求朝，詣建業，欲盡辭極諫。」潘濬到了建業後，「聞太子登已數言之而不見從」，於是「大請百寮，欲因會手刃殺壹，以身當之，為國除患」。呂壹密聞消息，「稱疾不行。」據說，「濬每進見，無不陳壹之奸險也。由此壹寵漸衰，後遂誅戮。」

〈步騭傳〉載，驃騎將軍步騭連上疏，全面極論改制之非。

一言「輕忽人命，為國速怨」，疏稱：

> 今之小臣，動與古異，獄以賄成，輕忽人命，歸咎於上，為國速怨。夫一人吁嗟，王道為虧，甚可仇疾。明德慎罰，哲人惟刑，書傳所美。

二言政令有失，天地示變，人主應該有所警悟，疏稱：

> 天子父天母地，故宮室百官，動法列宿。若施政令，欽順時節，官得其人，則陰陽和平，七曜循度。至於今日，官寮多缺，雖有大臣，復不信任，如此天地焉得無變？故頻年枯旱，亢陽之應也。又嘉禾六年五月十四日，赤烏二年正月一日及二十七日，地皆震動。地陰類，臣之象，陰氣盛故動，臣下專政之故也。夫天地見異，所以警悟人主，可不深思其意哉！

三為顧雍、陸遜、潘濬辯護，勸說孫權誠待股肱重臣，疏稱：

丞相顧雍、上大將軍陸遜、太常潘濬，憂深責重，志在謁誠，夙夜兢兢，寢食不寧，念欲安國利民，建久長之計，可謂心膂股肱，社稷之臣矣。宜各委任，不使他官監其所司，責其成效，課其負殿（按：古代考試成績最後一位稱負殿）。此三臣者，思慮不到則已，豈敢專擅威福欺負所天乎？

四言吏多民煩之弊，疏稱：

縣（懸）賞以顯善，設刑以威奸，任賢而使能，審明於法術，則何功而不成，何事而不辨，何聽而不聞，何視而不睹哉？若今郡守百里，皆各得其人，共相經緯，如是，庶政豈不康哉！竊聞諸縣並有備吏，吏多民煩，俗以之弊。但小人因緣銜命，不務奉公而作威福，無益視聽，更為民害，愚以為可一切罷省。

另，晉人荀綽《襄陽記》還記載，有一位名叫李衡的人，本襄陽「卒家子」，漢末入吳為武昌庶民，有口辯之才，後投羊衜。「是時，校事呂壹操弄權柄，大臣畏逼，莫有敢言。」羊衜等共薦李衡為郎，李衡「口陳壹奸短數千言，權有愧色」。

朝野上下一片反對聲，名義上直刺呂壹，實則指向孫權的吏治改革。這樣，折騰了近十年的時間，儘管目的本無可議，但終於不能再搞下去了。據說，孫權「亦覺悟，遂誅呂壹」，[28]並且「深以自責」、[29]「引咎責躬（自責）」，因誚讓（譴責）大臣」。[30]

註釋

1 《漢書．百官公卿表》。
2 《三國志．吳書．張昭傳》。
3 《世說新語．賞譽篇》劉孝標注。
4 《三國志．吳書．顧雍傳》。
5 《三國志．吳書．陸遜傳》。
6 《三國志．吳書．步騭傳》。
7 《三國志．吳書．朱據傳》。
8 《漢書．衛青傳》。
9 《三國志．吳書．周瑜傳》注引《江表傳》。
10 《三國志．吳書．周泰傳》並注《江表傳》。
11 《三國志．吳書．陸遜傳》。
12 《三國志．吳書．吳主傳》注引《文士傳》。
13 《三國志．吳書．顧邵傳》注引殷基《通語》。
14 以上《三國志．吳書．吳主傳》。
15 《三國志．吳書．陸遜傳》。
16 《三國志．吳書．顧雍傳》。
17 《三國志．吳書．孫登傳》。
18 《三國志．吳書．吳主傳》。
19 《三國志．吳書．胡綜傳》。
20 《三國志．吳書．顧雍傳》。
21 《三國志．吳書．顧譚傳》注引《江表傳》。
22 《三國志．吳書．吾粲傳》、〈陸遜傳〉。
23 侯旭東：〈長沙走馬樓三國吳簡兩文書初探〉，《歷史研究》二〇〇一年第四期。
24 《三國志．吳書．張溫傳》並注。
25 東漢，汝南人許劭善評人物，每月初一日，即與一些有名氣的人共同「核論鄉黨人物」，稱之為「月旦評」。參見拙作《曹操傳》第二章。
26 漢末，介休人郭泰以「性明知人，好獎訓士類」著稱。參見《後漢書．郭太傳》。胡三省概括郭太（泰）所為，在《資治通鑑》卷七〇中注謂「郭泰善人倫，而不為危言覈論。獎拔士人，成名者甚眾」。
27 以上見《三國志．吳書．張溫傳》、〈陸遜傳〉、〈陸瑁傳〉、〈朱據傳〉；《資治通鑑》卷七〇，黃初五年。
28 《三國志．吳書．步騭傳》。
29 《三國志．吳書．陸遜傳》。
30 《三國志．吳書．潘浚傳》。

第十五章　開發經濟

吳國據有長江中下游及江南以至交州的廣大地區。

江南經濟的開發，相對較晚。通常認為，東晉南北朝以後，北方戰亂頻仍，士庶南流，政治和經濟中心南移，江南經濟獲得較快發展，以致超越北方。從發展總體來看，這樣分析無疑是對的。然而，極易使人產生錯覺，好像此前江南經濟沒有得到相應開發，從而貶低了此前江南人民及其統治者對於江南經濟開發所做的貢獻。其實，發展是有一個漸進過程的。

歷史表明，春秋吳、越、荊楚，以及漢代吳王劉濞等均對江南有過點的局部性的開發。所以司馬遷《史記》中才得出如下結論：

> 夫吳自闔盧、春申、王濞三人招致天下之喜遊子弟，東有海鹽之饒，章山之銅，三江、五湖之利，亦江東一都會也。
>
> 衡山、九江、江南、豫章、長沙、是南楚也。……郢之後徙壽春，亦一都會也。番禺亦其一都會也，珠璣、犀、玳瑁、果、布之湊。

班固《漢書．地理志》也說：

> 江陵，故郢都，西通巫、巴，東有雲夢之饒，亦一都會也。

吳東有海鹽章山之銅，三江五湖之利，亦江東之一都會也。

今之蒼梧、鬱林、合浦、交阯、九真、南海、日南，皆粵分也。……處近海，多犀、象、毒冒（玳瑁）、珠璣、銀、銅、果、布之湊，中國往商賈者多取富焉。番禺，其一都會也。

這些記載和分析，為我們描繪了一幅江南經濟的現實圖景。因此，我們不能不承認江南經濟已有一定發展，而且同北方一樣形成了若干具有相當規模的經濟中心城市。什麼叫都會？都會就是比較大的城市，就是一個地區的經濟中心。如果沒有周圍經濟的發展作為依託，這樣的中心何以能夠形成呢？

固然，司馬遷和班固也都看到了江南相對落後的一面。司馬遷說：

楚、越之地，地廣人希，飯稻羹魚，或火耕而水耨，果隋（隋通隋，果實）蠃（螺）蛤，不待賈而足，地勢饒食，無饑饉之患，以故呰窳（呰，音ㄗˇ；窳，音ㄩˇ；呰窳，意為懶惰）偷生，無積聚而多貧。是故江、淮以南無凍餓之人，亦無千金之家。

班固說：

楚有江漢川澤山林之饒，江南地廣，或火耕水耨。民食魚稻，以漁獵山伐為業，果蓏（音ㄌㄨㄛˇ）蠃（螺）蛤，食物常足，故呰窳婾生，而亡積聚，飲食還給，不憂凍餓，亦亡千金之家。

及至東漢末年，戰亂不斷，北方經濟遭受嚴重破壞，人口大幅度減少，或謂：「天下戶口減耗，十裁一在」，[1]「大魏奄有十州之地，而承喪亂之弊，計其戶口不如往昔一州之民」，[2]「喪亂之後，人民至少，比漢文景之時，不過一大郡。」[3]北方人口銳減，原因很多，戰亂、災荒、瘟疫，以及蔭戶不報，是最重要的，但大量人口流向南方也是一個重要因素。

吳國同樣也受戰爭不斷、災異頻仍的影響，人口銳減，生產力不足，經濟發展自然受到制約，只是不像魏國那樣嚴重罷了。《文獻通考・戶口一》載：「吳赤烏三年（二四〇），戶五十二萬，男女口二百三十萬，吳亡時（二八〇），戶五十三萬，吏三萬二千，兵二十三萬，男女口二百三十萬（按：《晉書・地理志》謂『赤烏五年，其戶五十二・三萬，男女口二百四十萬』。）」這可能是一些被縮小了的數字。根據《後漢書・郡國志》和《晉書・地理志》兩書對比看出：揚州，後漢盛時有戶一百零二萬餘，口四百三十三萬餘；晉平吳後，戶三十一萬餘（口未詳），戶減六九・七%。荊州，後漢盛時（不計南陽郡。因為三國時大部屬魏）戶八十七萬餘，口三百八十二萬餘；晉平吳後，戶三十五萬餘（口未詳），戶減六四・四%。另，晉平吳後，還得交州戶二・五六萬。這樣的數字，可能更近事實。相比較：東漢桓帝永壽二年（一五六），全國有戶約一、六〇七萬，口約五、六四八萬；至西晉太康元年（二八〇），全國戶約二百四十六萬，口約一、六一六萬。百餘年間，戶存二十五・三%，減少八十四・七%；口存二十八・六%，減少七十一・四%（按：這些數字，也不一定準確，主要是在社會動盪情勢下，一些隱戶、依附戶，往往不能計入）。孫權時期吳國人口之減，顯然少於平均之數。所以，情況應該較魏為好。

吳國經濟的發展是我國南方經濟發展的重要一環。相對來說，吳國經濟比魏國經濟獲得了較好發展，論其原因，要在三點：第一，漢末人口南流，不僅增加了南方的勞動力，而且將北方的相對先進的生產技術帶到了南方；第二，長江流域以及江南的優越的利於農作物生長的地理環境，為吳國經濟的發展提供了有利條件；第三，孫權後期的諸多經濟措施發揮了一定作用。一、二兩點，非本書專論範圍，這裡僅就孫權統治時期的經濟措施以及經濟發展的狀況，略為述論。

寬賦息調

孫權自漢建安五年（二〇〇）受政統事至吳神鳳元年（二五二）死去，為政五十餘年。五十年時間，大體可以分作前後兩半。其前半時間，約黃武四年（二二五）前，主要精力都放在軍事上，強調經濟對軍事的保障，實行酷烈的強制經濟政策，基本上不問或很少重視經濟的改善措施，雖然也曾有過因為大疫而「盡除荊州民租稅」[4]一類的事，但比較忽視民間疾苦，徵賦繁重，少有寬貸。因此，江南經濟雖有一定開發，但不夠顯著。中大夫馮熙出使魏國時對曹丕所言「帶甲百萬，穀帛如山，稻田沃野，民無饑歲，所謂金城湯池，強富之國也」，顯然是大大誇張了的，是有違事實的說辭。後半時間，大規模的戰爭相對少了，朝臣們請求減賦輕役、勿奪民時的呼聲高了，雖然役繁賦多的情況沒有根本改變，但黃武五年孫權終於下令「寬息」、「增廣農畝」。這標誌著他思想和經濟政策上的一些重要建樹和轉變。

一、黃武年間「寬息」令

孫權統治時期，經濟方面的問題始終比較嚴重。史籍雖然沒有具體論述，也沒有量化記載，但大臣們的奏章和孫權的令文為我們提供了分析問題的可靠根據。

《三國志・駱統傳》記載，黃武年間，「徵役繁數，重以疫癘，民戶損耗。」建忠中郎將駱統上疏，先是講了一番「民以君安，君以民濟」的道理。然後，盡述現實的嚴重性。

第一，言說徵賦繁多帶來「田疇蕪曠，民戶浸寡」的問題：

今強敵未殄，海內未乂（未乂，意為尚未治理好），三軍有無已之役，江境有不釋之備，徵賦調數，由來積紀，加以殃疫死喪之災，郡縣荒虛，田疇蕪曠，聽聞屬城，民戶浸寡，又多殘老，少有丁夫，聞此之日，心若焚燎。

第二，論說問題的形成及其後果：

思尋所由，小民無知，既有安土重遷之性，且又前後出為兵者，生則困苦無有溫飽，死則委棄骸骨不反，是以尤用戀本畏遠，同之於死。每有徵發，羸謹居家重累者先見輸送。小有財貨，傾居行賂，不顧窮盡。輕剽者則迸入險阻，黨就群惡。百姓虛竭，嗷然愁擾，愁擾則不營業，不營業則致窮困，致窮困則不樂生，故口腹急，則奸心動而攜叛多也。又聞民間，非居處小能自供，生產兒子，多不起養，屯田貧兵，亦多棄子。天則生之，而父母殺之，既懼干逆和氣，感動陰陽。

第三，勸說孫權考慮長遠利益，「與民消息」：

且惟殿下開基建國，乃無窮之業也。強鄰大敵非造次所滅，疆場常守非期月之戍，而兵民減耗，後生不育，非所以歷遠年，致成功也。夫國之有民，猶水之有舟，停則以安，擾則以危，愚而不可欺，弱而不可勝，是以聖王重焉，禍福由之，故與民消息（按：指給老百姓一段休養生息時間），觀時制政。方今長吏親民之職，惟以辨具為能，取過目前之急，少復以恩惠為治，副稱殿下天覆之仁，勤恤之德者。官民政俗，日以凋弊，漸以陵遲，勢不可久。夫治疾及其未篤，除患貴其未深，願殿下少以萬機餘閒，留神思省，補復荒虛，深圖遠計，育殘餘之民，阜人財之用，參曜三光（日月星），等崇天地。

據載，孫權感駱統所言，開始「加意」考慮寬賦減役。約略同時，大都督陸遜也在兵餘之時，上書「陳便宜，勸以施德緩刑，寬賦息調」。[5]有感於經濟形勢的嚴峻與內外軍事形勢的相對緩和，以及大臣們的勸諫，孫權在黃武五年（二二六）春，下達了第一個寬賦息調的命令：

軍興日久，民離農畔，父子夫婦，不聽相恤，孤甚愍之。今北虜縮竄，方外無事，其下州郡，有以寬息。

令文很簡短，沒有涉及「寬息」的具體內容或指標，實施的情況和成果也不得其詳。但可以肯定的是，以孫權當時的統治權威，州郡及其以下地方政權都會很好地對待他的第一個「寬息令」。

同時，他針對「寬賦息調」的言論，又做了一些辯解：

至於發調者，徒以（只是因為）天下未定，事以衆濟。若徒守江東，修崇寬政，兵自足用，復用多為？顧坐自守可陋耳。若不豫調，恐臨時未可便用也。

總之，由於有過一定程度的「寬賦息調」，便有了自黃武五年，經黃龍，至嘉禾初六七年間的相對穩定。6

二、嘉禾年間「勿復督課」詔

孫權做皇帝以後，同蜀漢已經媾和，北方曹魏也很少發動對吳戰爭，但他謀建宏業，不甘寂寞，又屢屢用兵，誘戰魏將，求夷洲，取海南，征遼東，人力財力消耗很大，因而徵役賦調再度嚴重起來。再加連年災荒，收成不好，百姓無以為生，紛紛逃役、拒徵。社會治安問題也日益嚴重。《三國志·孫登傳》說，「時年穀不豐，頗有盜賊，（登）乃表定科令所以防禦，甚得止奸之要。」

嘉禾三年（二三四）春，孫權為了緩和社會矛盾，頒布了第二次有關減免徵役賦調的詔令：

> 兵久不輟，民困於役，歲或不登。其寬諸逋（諸逋，指各種拖欠），勿復督課。

這一詔令，對於穩定社會局面，起到了一定作用。但也沒有解決根本問題，所以，嘉禾六年，陸遜借孫權徵求關於「興利改作」的意見時，再次上書言說民富才能國強的道理：「國以民為本，強由民力，財由民出。夫民殷國弱，民瘠國強者，未之有也。故為國者，得民則治，失之則亂，若不受利，而令盡用立效，亦為難也。」

三、赤烏年間「勿奪民事」和「開倉賜貧」詔

赤烏元年（二三八），孫權在殺了校事呂壹以後，曾經迫於形勢，一面「引咎責躬」，一面

又為自己辯護：

> 自孤興軍五十年，所役賦凡百皆出於民。天下未定，孽類猶存，士民勤苦，誠所貫知。然勞百姓，事不得已耳。

孫權的自我辯護，起了很壞的作用。本已嚴重的情況再度惡化。郡縣「荒殘」，民物「凋敝」。因此，太子孫登臨終上疏，勸說孫權「為政聽民，律令與時推移，誠宜與將相大臣詳擇時宜，博采眾議，寬刑輕賦，均息力役，以順民望」。[7]徵役繁多，自然侵奪民時。歷代稍知統治之術的當政者，無不主張或形式上強調「勿奪民事」。

赤烏三年（二四〇）春，孫權頒布了第三道詔令：

> 蓋君非民不立，民非穀不生。頃者以來，民多征役，歲又水旱，年穀有損，而吏或不良，侵奪民時，以致饑困。自今以來，督軍郡守，其謹察非法，當農桑時，以役事擾民者，舉正以聞。

同年冬，民飢，孫權再次下詔：「開倉廩以振貧窮。」

次年春，百官奏立皇后及四王，孫權甚知不合時宜，因令緩議：「今天下未定，民物勞瘁，且有功者或未錄，飢寒者尚未恤，猥割土壤以豐子弟，崇爵位以寵妃妾，孤甚不取。其釋此議。」是年四月，又下令「禁進獻御，減太官膳」。

這次行動，比較認真，因此收效亦較明顯，獲得了十年的相對穩定。殊屬不易，應該肯定。

晚年，孫權對寬刑輕賦、均息力役問題有了進一步認識，試圖鞏固這一成果。

歷史證明，孫權時期「役賦凡百」，而其中「徵役繁數，民困於役」造成的社會影響較之於「賦」課更為嚴重。徵役幾乎是沒有限制的，有事則徵，當人們提出異議時，孫權便用「事不得已耳」的話為自己辯解。賦稅之徵，似有定制，問題在於災疫迭臻、徵役繁多，致使「年穀有損」，而賦算照舊，以致民不堪負，所以也就有了太子孫登等人的「輕賦」之議。後期情況有所改善。

增廣田畝

農業是前資本主義社會的經濟基礎。孫權很明白，要想保有幾十萬的軍事勢力，爭霸建業，謀國圖存，沒有農業經濟的保障是不可能的。因此，他除了在一些時間裡注意適當減輕農民負擔外，還特別重視軍事的經濟保障，增廣耕地。其重要措施，一是廣屯田，二是以山民「補戶」，三是擄掠、招徠人口，四是提倡農業技術。

一、廣屯田

我在《曹操傳》一書中曾說，屯田的提出和實行，完全是時代所使然。數十年間戰亂不斷，人口銳減，大批的農業勞動力或死、或亡、或被徵為軍士，土地大面積荒蕪，軍民饑饉乏食。出路何在呢?不少地方割據勢力都想到了屯田。曹操面對殘酷的現實，又知歷史的經驗，因而約在東漢初平、興平年間把先代曾經實行過的屯田作為定國之術提了出來，並付諸實施。

曹操屯田在不長的時間裡解決了嚴重的糧食危機。許下屯田第一年即獲豐收，得穀百萬斛，繼而歷年豐收；州郡例置屯田，廣置屯田後，「五年中倉廩豐實」；建安中期，出現了「所在積穀，倉廩皆滿」的景象；建安末，又聽司馬懿之議，擴大軍屯，讓「天下不耕者蓋二十餘萬」兵士，且耕且守。「於是務農積穀，國用豐贍」（《晉書．宣帝紀》）。這些描述，固然多有誇張之辭，但不能否認，糧食問題的確是得到了一定程度的緩解。

曹操屯田的重大收穫以及一整套軍屯、民屯制度，對於當時包括孫氏兄弟的各割據軍事集團，顯然都產生了重大影響。

孫策是否已經推行屯田，歷史沒有明確記載。就其興平二年（一九五）渡江，建安五年（二〇〇）死去，五年間馬不停蹄、征戰不休的情況看，似乎難以顧及此類事情。但我們又注意到，他也接觸到了這一問題。《三國志．太史慈傳》載，揚州刺史劉繇被孫策打敗，繇將太史慈「遁於蕪湖，亡入山中，稱丹楊太守。是時，策已平定宣城以東，惟涇（安徽今縣）以西六縣未服。慈因進住涇縣，立屯府，大為山越所附」。「立屯府」，就是建立了管理屯田的機構。孫策把太史慈俘虜以後，不可能將已墾屯田荒廢，「屯府」猶存當在情理之中。另外，孫策打敗廬江太守劉勳以後，「皆徙所得人」，包括百工、鼓吹、部曲三萬餘人「東詣吳」，安置的方法，部分強者可以補兵，老弱婦幼怎麼辦？屯田當是重要出路。

孫權執政以後不久，歷史便有明確的有關屯田的記載。

《三國志．陸遜傳》說：「孫權為將軍，遜年二十一。始仕幕府，歷東西曹令史，出為海昌屯田都尉，並領縣事。縣連年亢旱，遜開倉穀以振貧民，勸督農桑，百姓蒙賴。」陸遜死於赤烏八年（二四五）二月，終年六十三歲。以此上推，陸遜二十一歲是在建安八年（二〇三）。自此他歷任東西曹令史，然後出任屯田都尉。吾師王仲犖先生在《魏晉南北朝史》一書中據此認為，「東吳屯田，開始於西元二〇三—二〇四年前後。」如果說曹操在興平、初平年間開始屯田，那麼孫權屯田比曹操屯田大約晚了十年左右。屯田都尉是主管屯田事宜的重要官員。曹操的著名的主持屯田人棗祗的官職就是屯田都尉。應該特別注意的是，既然有了縣一級的屯田官員的設置，可見孫權執政初始幾年，屯田便很快就有了一定規模。[8]

《呂蒙傳》載，魏使廬江謝奇為蘄春典農，屯皖田鄉，數為邊寇。呂蒙「伺隙襲擊」，謝奇「縮退」，其部伍「皆擕負老弱，詣蒙降」。又，曹操「遣朱光為廬江太守屯皖，大開稻田」，呂蒙對孫權說：「皖田肥美，若一收孰，彼眾必增，如是數歲，操態見矣，宜早除之。」孫權聽從呂蒙的建議，親自征皖，取得勝利，獲朱光及男女數萬口。眾多的屯田民怎麼安置？年壯者可以補兵，婦女老弱怎麼辦？原地或易地繼續屯田自然是一條重要出路。

孫權屯田與曹操屯田的最大不同在於，孫權以軍屯為主，曹操更重民屯。[9]軍屯是軍隊的戰餘生產活動，組織形式仍以軍事建制為主，生產方式和剝削方式相對來說都比較簡單。所以，他沒有像曹操那樣為屯田，特別是為許下屯田，大費周折，初行「計牛輸穀」，屯田農民按照租用官府的耕牛數目，向政府繳納租糧；後用棗祗「分田之術」，即把土田分給個人，然後根據收穫量多寡對半分成，從而大大提高了屯田民的生產積極性。

孫權的軍隊屯田，主要是解決軍隊的平時糧秣供給問題。

黃武五年（二二六），是孫權擴大屯田的關鍵一年。是時，「陸遜以所在少穀，表令諸將增廣農畝。」孫權答覆：「甚善。」這是一條非常重要的記載：第一，當時，陸遜為大都督加輔國將軍，統率吳國主力部隊剛剛打敗劉備，據守西部防線，糧食發生了困難；第二，陸遜向孫權報告，為了解決糧食問題，他命令諸將增廣農畝；第三，孫權肯定了陸遜的做法。這其中特別應該注意的是「令諸將增廣農畝」的提法。「令諸將」，表明軍隊普遍屯田；「增廣農畝」，表明是在原有的屯田基礎上擴大規模。唐人房玄齡說：「有吳之務農重谷，始於此焉。」[10]

吳國西線屯田，大都布置在長江流域，江陵、夷陵、尋陽等處都是重點。

東線屯田也頗見規模。下引記載可以證明：

《三國志・滿寵傳》載，青龍三年（吳嘉禾四年，西元二三五年）春，「權遣兵數千家佃於江北（佃，耕作）。」至八月，魏征東將軍滿寵「以為田向收熟，男女布野，其屯衛兵去城遠者數百里，可掩擊也」。於是「遣長吏督三軍循江東下，摧破諸屯，焚燒穀物而還」。

〈諸葛恪傳〉載，嘉禾六年（二三七），威北將軍諸葛恪「率眾（按：恪平山越得甲士四萬，自領萬人）佃廬江皖口（今安徽懷寧西），因輕兵襲舒，掩得其民而還」。

〈諸葛瑾傳〉注引《吳書》載，瑾次子融，被授騎都尉，「赤烏中，諸郡出部伍，新都都尉陳表、吳郡都尉顧承各率所領人會佃毗陵（今江蘇武進）」。

另外，據《三國志・樓玄傳》載，孫休時「玄為監農御史」。這說明，孫權在中央設置了專職農官，監理農事。還有一些記載，雖然講的是孫權死後、晉代初年的事，但可以幫助我們反觀孫權統治時期的屯田情況：

《晉書・王渾傳》說，王渾為晉安東將軍、都督揚州諸軍事，鎮壽春，「吳人大佃皖城，圖為邊害。」晉咸寧四年（二七八），「渾遣揚州刺史應綽督淮南諸軍攻破之，並破諸別屯，焚其積穀百八十餘萬斛、稻苗四千餘頃、船六百餘艘。」

《宋書・州郡一》記載，晉太康二年（二八一）分丹楊縣立于湖縣（今安徽當塗南），于湖縣治就設在原吳國管理民屯的「督農校尉」治所；復立江乘縣，江乘縣治所即為吳時「典農都尉」治所；立毗陵郡，毗陵郡是「吳時分吳郡無錫以西」而設「毗陵典農校尉」地方；復立湖熟縣（今江蘇江寧東南），吳時曾取消湖熟縣建制，設「典農都尉」；復立溧陽縣，吳時省溧陽縣建制，「為屯田」，晉恢復立縣。

屯田是吳國軍隊的重要經濟支柱，對於孫權統治時期的社會穩定以及江南經濟的發展起過一定作用。

當然，孫權屯田如同曹操屯田一樣，它不是先進的生產方式，作用必然是有限的。第一，軍屯剝削太重，「屯田貧兵」連個孩子都養不起；[11] 第二，民屯生產者沒有人身自由，動輒被稱作「復客」、「復民」、「復人」增於有功將領（按：復，指免除賦役。復客、復民、復人，就是免除了田賦、口賦和傜役的人）。如：呂蒙死，賜「屯田六百戶」；陳武戰死，「復客二百家」；潘璋死，賜「復客五十家」，等等。[12]

二、用山民「補戶」

平撫山越，是孫權自始至終都很關心的大問題。他對待已被鎮服的山民的辦法，除了籠其頭領，抑其反抗，力求局勢穩定外，最重要的是「強者為兵，羸者補戶」。所謂「補戶」，猶同「編戶」，就是把本來不負擔國家徵賦的人納入正式戶籍管轄之內，照例服役供賦。

據《三國志·陸遜傳》記載，陸遜首倡此說。孫權執政初期「數訪世務」於陸遜，陸遜建議：「方今英雄棋跱（割據對峙。跱，音ㄓˋ，站立），豺狼窺望，克敵寧亂，非眾不濟，而山寇舊惡，依阻深地。夫腹心未平，難以圖遠，可大部伍，取其精銳。」孫權接受了陸遜意見，以遜為帳下右部督，進討丹楊山越叛亂。陸遜取得勝利，「遂部伍東三郡，強者為兵，羸者補戶，得精卒數萬人。」

《賀齊傳》載，賀齊也採取了同樣政策。建安十八年，他鎮壓了豫章東部民亂後，「誅其首惡，……揀其精健為兵，次為縣戶。」

無疑，孫權將此一政策貫徹始終。例如，後來諸葛恪平丹楊民亂，依然是這樣做的。

三、擄掠、招徠人口

孫權奄有三州，地域遼闊，但人口稀少，勞力不足，限制了軍事力量和經濟的發展。所以，孫權兄弟都重視在戰爭中虜獲或招徠人口。

建安四年，孫策攻皖城，打敗袁術所署廬江太守劉勳，得袁術「百工及鼓吹部曲三萬餘人」，皆徙所得人「東詣吳」。[13]

五年，孫權再攻皖城，打敗新任廬江太守李術，「屠其城，梟術首，徙其部曲三萬餘人。」

十二年，孫權西征黃祖，「虜其人民而還。」

十三年，孫權復征黃祖，「虜其男女數萬口。」

十八年，孫權意外得戶十餘萬。曹操政策失誤，令民內移，「民轉相驚，自廬江、九江、蘄春、廣陵戶十餘萬，皆東渡江。」

十九年，孫權再攻皖城，「獲（魏）廬江太守朱光及參軍董和，男女數萬口。」

二十五年，魏「南陽陰、酇（兩縣在今湖北老河口市境）、筑陽（今湖北穀城東）、山都、中廬（兩縣在今湖北襄樊市境）五縣民五千家來附」。

黃龍二年，遣將衛溫、諸葛直「求夷洲」，得夷洲數千人還。[14]

嘉禾五年，孫權使陸遜、諸葛瑾攻襄陽，兵至江夏、安陸等地，「斬首獲生，凡千餘人。其所生得，皆加營護，不令兵士干擾侵侮。將（攜帶）家屬來者，使就料視。若亡其妻子者，即給衣糧，厚加慰勞，發遣令還，或有感慕相攜而歸者。鄰境懷之，江夏功曹趙濯、弋陽備將裴生及夷王梅頤等，並帥支黨來附遜。遜傾財帛，周贍經恤。」[15]

赤烏二年，遣使者羊衜、鄭胄、將軍孫怡，擊魏守將張持、高慮等於遼東，虜得男女。四年，遣衛將軍全琮「略淮南，決芍陂，燒安城邸閣，收其人民」。六年，以諸葛恪征六安，「破魏將謝順營，收其民人。」[16]

掠民、收民的紀錄如此之多、之久，說明這已是吳國長期實行的一項政策。

四、提倡農業新技術

孫氏初有江南，廣大農村，特別是山區，生產技術落後，漢末火耕水耨的局面沒有得到根本改變。終吳一代，農業生產技術有了改進，但仍然遠比北方落後。孫權曾經做出努力，提倡牛耕，提倡農業新技術。

黃武五年，孫權為鼓勵增廣田畝事，「父子親自受田」，並將新的耕作技術用於生產活動，令說：「今孤父子親自受田，車中八牛以為四耦，雖未及古人，亦欲與眾均等其勞也。」[17]歷代帝王「籍田」、參加一些儀式性的短暫勞動，都是做樣子給老百姓看的，大多勞民傷財，但也往往產生一些好的激勵人心的效果。

孫權所說「八牛以為四耦」，就是把八頭牛分作四組，二牛為一耦（組），拉二犁。牛耕技術始於東周。春秋時期，孔子有兩個弟子，一個叫冉耕，字伯牛，一個叫司馬耕，字子牛，足見北方牛耕並非罕見。兩漢時期，牛耕已很普遍，就是遠至交州九真也學會了牛耕。《後漢書・任延傳》說，東漢初年，任延為九真太守，「九真俗以射獵為業，不知牛耕，……延乃令鑄作田器，教之墾闢（按：《後漢書補注》謂：『教民以牛耕，置吏巡行』），田疇歲歲開廣，百姓允給。」無疑，孫權時期的東吳，長江流域及江南平地較多的地區牛耕當已普遍。孫權將「車中八牛以為四耦」的重要目的，不止提倡牛耕，而在耕作技術的改良。

據《三國志・鍾離牧傳》載，鍾離牧「少爰居（遷居）永興（今浙江蕭山西），躬自墾田，種稻二十餘畝」，得六十斛米。一人墾田二十畝，產量畝產三斛，如果沒有牛耕和來自北方的新的農業技術是不可能的。

史學家范文瀾說得對：吳對東南地區的開發，有顯著的成就，「長江中下游吳比東漢時經濟文化確是發展了。這首先由於東漢末年中原及江淮間大量流民逃入荊揚二州，他們帶來了各地區較高的生產技術，使江東地區原來的農業和手工業得到一些改進。」[18]

發展商業、手工業和海上交通

西晉文學家左思（約二五〇—三〇五）作《三都賦》，「豪貴之家，競相傳寫，洛陽為之紙貴。」其一《吳都賦》中描寫了吳都（今江蘇南京，一說蘇州）景致。

開市朝而並納，橫闤闠（音ㄏㄨㄢˊ ㄏㄨㄟˋ，指市垣與市門）而流溢。混品物而同廛（廛，倉庫），並都鄙（都鄙，城區與郊區）而為一。士女佇眙（佇眙，立視），商賈駢坒（坒，音ㄅㄧˋ，相連），紵衣絺服（絺，音ㄔ，紵衣，苧麻做的衣服。絺服，細葛布做的衣服），雜沓從萃（從，ㄙㄨㄥˇ，走貌），輕輿按轡以經隧（隧，走向市場的路），樓船舉颿而過肆，果布輻湊而常然，致遠流離（即琉璃）與珂珹（珂，貝之大者；珹，珹瑁）。金鎰磊砢（金二十兩為鎰。磊砢，眾多貌），珠琲闌干（琲，音ㄅㄟˋ。珠十貫為一琲，闌幹意如縱橫）。桃笙象簟（音ㄉㄧㄢˋ），韜於筒中，蕉葛升越，弱於羅紈（李善注：桃笙，桃枝簟也，吳人謂簟為笙，又折象牙以為簟也。蕉葛，葛之細者。升越，越之細者）。19

這「洛陽為之紙貴」的著作，今人讀來，很難懂。但基本意思也算昭然。著作雖然寫於晉初，但在很大程度上有所誇張地反映了已亡吳國經濟，特別是孫權統治時期的都市、交通、商業、手工業的一般繁榮情景。

無疑，這些成就首先應該記在孫權帳上，而不是記在他的後人孫皓等人的帳上。

一、通市易，鑄大錢

孫權注意國內貿易的發展，並為其創造條件。例如，赤烏八年「遣校尉陳勳將屯田及作士三萬人鑿句容（江蘇今市）中道，自小其（按：或謂當作小辛，指自句容至丹楊之運河）至雲陽（今江蘇丹楊）西城，通會市，作邸閣」。20

從左思《吳都賦》看出，孫權並沒有實行漢代「重本抑末」政策，而是有點鼓勵私人商業，所以才會出現如下情形：「富中之甿（音ㄇㄥˊ，指居住在農村的人），貨殖之選。乘時射利，財豐巨萬。競其區宇，則并疆兼巷；矜其宴居，則珠服玉饌。」

孫權也重視同敵國之間經濟交往。嘉禾四年，魏使以馬求易珠璣、翡翠、玳瑁，孫權高興地說：「此皆孤所不用，而可得馬，何苦而不聽其交易？」[21]

史載，孫權對於遠域，包括西域、天竺（古國名，含今印度、巴基斯坦等）、大秦（古代中國對羅馬帝國及近東地區的稱呼）等地商人來做買賣都表歡迎。《梁書·諸夷傳》和《南史·夷貊·海南諸國》都說：「海南諸國，大抵在交州南及西南大海洲上，相去或三五千里，遠者二三萬里，其西與西域諸國接。……後漢桓帝世，大秦、天竺皆由此道遣使貢獻（按：實為互市）。及吳孫權時，遣宣化從事朱應、中郎康泰通焉，其所經過及傳聞，則有百數十國。」《梁書·諸夷·中天竺國》載：孫權黃武五年，「有大秦賈人字秦論來到交趾，交趾太守吳邈遣送詣權，權問方土謠俗，論具以事對。時諸葛恪討丹楊，獲黝（黟）、歙短人，（秦）論見之曰：『大秦希見此人。』權以男女各十人（按：希見此人，意為少見這樣的人。孫權將這樣的人男女各十，賜於秦論），差吏會稽劉咸送論。咸於道物故，論乃徑還本國。」

《冊府元龜·外臣部》載：赤烏六年，扶南王「遣使獻樂人及方物」。海南諸國林邑（古國名，在今越南中部）、扶南（古國名，轄今柬埔寨以及老撾、越南、泰國部分地區）等出產的玳瑁、沉木香、象牙、翡翠等等也常常通過交易傳入中國。

貨幣是充當一般等價物的特殊商品。貨幣的生產、發展或衰落，客觀地反映著社會經濟狀況。

三國時期，貨幣經濟處於相對衰落。我在《曹操評傳》中講到，兩漢魏晉時期，中國貨幣發展過程中有過幾次波折，一是王莽改制，廢漢五銖錢而行大錢，又鑄契刀、錯刀，又行「寶貨五品」，名目繁多，打亂了貨幣秩序，搞亂了漢代經濟，百姓皆感不便。二是董卓「悉壞五銖錢，更鑄小錢」，搞得貨輕而物貴，「穀一斛至錢數百萬」，以致無法使用。三是曹丕「罷五銖錢，以穀布為市」。據載，曹操為相，罷董卓小錢，還用五銖。曹丕為帝，黃初二年三月，亦宣布用五銖錢。但是，當時出現了另一方面的問題，「是時不鑄錢既久，貨（幣）本不多，又更無增益，故穀賤無已。」（《晉書·食貨》）面對著穀賤錢貴的形勢，曹丕於同年十月間又宣布「罷五銖錢」。這一錯誤決策使中國貨幣經濟走上了倒退的道路。不幾年，弊端便顯露出來。《晉書·食貨》說：「魏文帝罷五銖錢，使百姓以穀帛為市。至明帝世，錢廢穀用既久，人間巧偽漸多，競濕穀以要利，作薄絹以為市，雖處以嚴刑而不能禁也。」在北方，罷錢幣，用穀帛作為等價物，帶來了嚴重的經濟問題和社會問題。

蜀漢遇到了同樣問題，為了「平諸物價」，劉備在建安十九年鑄造了「徑七分，重四銖」的「直（值）百錢」和「徑一寸一分，重八銖，文曰：五銖直百」的「直百五銖錢」。又有傳形五銖錢。清人梁章鉅《三國志旁證》引洪遵《泉志》說：「傳形五銖，今所謂蜀錢，時有勒為直百者，亦有勒為五銖者。大小稱量如一，三吳諸縣行之。」可見蜀錢已在吳境流行。

孫權沒有採用曹丕的辦法，因噎廢食，「使百姓以穀帛為市」，而是採用了劉備的辦法。不過，他鑄的錢，不是「直百」，而是更大。

嘉禾五年，「鑄大錢，一當五百。詔使吏民輸銅，計銅畀直（按照銅的重量給予同值的大錢）。設盜鑄之科。」杜佑《通典》說，孫權「鑄大錢，一當五百，文曰『大泉五百』，徑一寸三分，重十二銖」。

赤烏元年，又「鑄當千大錢」。

這種由官府專斷的低質大面值貨幣措施，實是對老百姓的一種掠奪政策。不可能久行。

赤烏九年，孫權不得不下令「禁大錢」。《江表傳》載，孫權下詔說：「謝宏往日陳鑄大錢，云以廣貨，故聽之。今聞民意不以為便，其省息之，鑄為器物，官勿復出也。私家有者，敕以輸藏，計畀其直（意為按值兌換），勿有所枉也。」[22]《晉書·食貨》評述時也說：「錢既太貴，但有空名，人間患之。權聞百姓不以為便，省息之，鑄為器物，官勿復出也。私家有者，並以輸藏，平畀其直，勿有所枉。」

可見，孫權對貨幣政策對於社會經濟和社會穩定的影響尚有一定認識。他的先鑄大錢而後又禁大錢的詔令，都是試圖從實際出發以解決實際問題。但終其生，他始終沒有找到解決問題的根本辦法。所以，聽任蜀漢貨幣在吳國流行。蜀之傳形五銖，不管是「勒為直百者」，還是「勒為五銖者」。因其「大小稱量如一」，便於使用，竟然遍及江南，「三吳諸縣行之。」

二、手工業

我沒有收集到孫權統治時期有關手工業的具體詔諭或措施，只能從諸多形象化描繪或精秀的出土物推斷孫權對於手工業的重視和鼓勵。

葛麻紡織技術高。左思《吳都賦》說，身著「紵衣絺服」的人，「雜沓從萃。」按照古人的解釋，「紵衣絺服」就是很細緻漂亮的葛、麻織品。又說：「蕉葛升越，弱於羅紈。」「蕉葛」就是葛布之細者，「升越」就是越布之細者，「弱於羅紈」就是比綾羅絲絹還柔軟。吳都市面上的葛麻織品是這樣好，邊地交州生產的葛布也這樣好。《三國志·士燮傳》記載：「燮每遣使詣權，致雜香細葛，輒以千數。」

絲織、刺繡技術有了新發展。《吳都賦》說：「國稅再熟之稻，鄉貢八蠶之綿。」這說明種桑養蠶已很普遍，而且發達。種桑養蠶是農業，亦是手工業絲織品的基礎。不少盛產桑蠶的地方，絲織品的質量大都很好，如會稽郡之諸暨、吳郡之永安專供宮廷需要。孫權死後，孫晧為了奢華的需要，竟然形成了規模化生產，後宮的織絡工竟達一千餘人。社會上奢靡成俗，中書丞華覈在上孫晧疏中講道：「今事多而役繁，民貧而俗奢，百工作無用之器，婦女為綺靡之飾，不勤麻枲，並繡文黼黻，轉相仿效，恥獨無有。兵民之家，猶復逐俗。內無儋石之儲，而出有綾綺之服。」因此，華覈提出建議，令民績麻，「但禁綺繡無益之飾。」[23]這些記載，如果從積極的意義上理解，無疑反映了吳國絲織、刺繡業已經達到了一個新的水準。

鹽鐵業得到重視。前已述及，吳地盛產鹽鐵，所以春秋吳越、漢代劉濞均以致強。孫權也很重視鹽鐵。產鹽地方，設司鹽校尉、鹽池司馬等官。產鐵的地方，則置冶令、冶丞。《三國會要・鹽鐵》引《唐六典》文證明了這一點：「江南諸郡有鐵者，或置冶令或丞，皆吳時置。」冶鐵技術既為當世，也為後世人所稱道。陳壽在《三國志・賀齊傳》中說：賀齊「尤好軍事，兵甲器械極為精好，所乘船雕刻丹鏤，青蓋絳襜（音ㄔㄢ，車子帷帳），干櫓戈矛，葩瓜文畫，弓弩矢箭，咸取上材，蒙衝鬥艦之屬，望之若山」。顯然，沒有達到一定程度的鋼鐵冶煉技術，要想造出極精的兵甲器械，並在干櫓戈矛上「葩瓜文畫」，是完全不可能的。南朝人陶弘景親見吳國兵器之精，在其《刀劍錄》中說：「吳主孫權黃武四年采武昌山銅鐵，作千口劍、萬口刀，各長三尺九寸，刀斗方，皆南鋼越炭作之。」[24]

造船業發達。吳國兵扼長江，北拒曹魏，西防蜀漢，東臨大海，水軍是其重要軍事建制，從而也使造船業達到了新的歷史水準。設立了造船基地，並設典船都尉之官督造。能造軍用五樓船，[25]還能造容納三千人的武裝運兵船。[26]《南州異物志》說，吳國的船「大者長二十餘丈，高去水三二丈，望之如閣道，載六七百人，物出萬斛」。據記載，吳國亡時，被晉接收的船隻達五千餘艘。[27]

另，燒瓷業、建築業都有可觀成就。一九五八年在南京清涼山一座甘露元年（西元二六五年。時孫權已死十三年，不是直接證據，可作參證）的吳墓中出土了一只青瓷羊，通體施釉，勻淨瑩潤，造型栩栩如生，「羊作蹲伏狀，昂首，雙目前視，兩耳貼腦後，角曲卷於耳後，嘴微張，頷下無鬚，體態豐健，兩肋有羽翼紋，四肢蜷曲，臀部緊貼短尾。」[28]《吳都賦》描述了吳都周圍建築之精之盛：「列寺七里」，「屯營櫛比」，「橫塘查下（地名），邑屋隆誇。長干（地名）延屬（接連不斷），飛甍（大房子的屋脊）舛互（交錯）。」

三、水上交通和航海技術

軍事的需要，造船業的發達，推動了內河交通、海上交通和航海技術的發展；反之，水上交通和航海技術的發展，又促進了造船技術的新提高。「水浮陸行，方舟結駟。唱棹轉轂，昧旦永日」，「汎舟航於彭蠡，渾萬艘而既同」，「弘舸連舳，巨艦（船板）接艫。飛雲、蓋海（皆大船名），制非常模。」[29]這雖然是左思的文學形容，但總不會是捕風捉影。事實證明，孫權時期確實已經有了浮海遠航的技術和能力。前面講到，黃龍二年（二三〇），他派將軍衛溫、諸葛直「將甲士萬人浮海求夷洲及亶洲」；嘉禾元年（二三二），遣將軍周賀、校尉裴潛率兵萬人到遼東；赤烏二年（二三九），又遣使者羊衜、將軍孫怡等到遼東，擊魏守將；赤烏五年（二四二），遣將軍聶友、校尉陸凱「以兵三萬討珠崖、儋耳」。《太平御覽・舟部》引吳人康泰《吳時外國傳》說：「從加那調州，乘大伯舶，張七帆，時風一月餘日，乃入秦，大秦國也。」可見，航海技術的確已經達到了相當程度。

史學家范文瀾說得有道理：「孫權是大規模航海的倡導者，幾次出航，雖然主要目的在捕捉人口，但當時已有如此宏大的艦隊，也足以令人氣壯。」[30]

提倡節儉

孫權同中國封建時代諸多有作為的開國君主一樣，知創業之艱，提倡節儉。下面的幾件事情，頗能說明問題。

嘉禾六年，將軍謝淵、謝厷等「各陳便宜，欲興利改作」。所謂「興利改作」，就是大興土木。孫權徵求陸遜的意見，陸遜建議緩辦：「乞垂聖恩，寧濟百姓，數年之間，國用少豐，然後更圖。」[31]孫權接受了陸遜的意見。

孫權居住的宮殿，是他沒有稱王稱帝前的建築物。後來，腐朽不堪，不能居住。直到他死前五年，即赤烏十年，才「改作」。《三國志・吳主傳》說，是年「二月，權適南宮。三月，改作太初宮」。為了節約建築費用，孫權下詔說：

> 建業宮乃朕從京（今江蘇鎮江）來所作將軍府寺耳，材柱率細，皆以腐朽，常恐損壞。今未復西（按：前都武昌，在西），可徙武昌宮材瓦，更繕治之。

主管部門向孫權報告：「武昌宮已二十八歲（按：孫權西元二一九年都武昌，至此二十八年），恐不堪用，宜下所在通更伐致。」孫權堅持使用舊料，說：

大禹以卑宮為美，今軍事未已，所在多賦，若更通伐，妨損農桑。徙武昌材瓦，自可用也。

據載，拆運材料、動工改作期間，諸將及州郡紛紛出力助建，「皆義作。」

孫權為王稱帝三十餘年，而直至死前一年才立皇后，除了政治因素，統治集團內部不能達成共識以及寵幸變易外，公開的冠冕堂皇的理由就是節約。赤烏五年，百官奏立皇后及四王，孫權說：「今天下未定，民物勞瘁，且有功者或未錄，飢寒者尚未恤，猥割土壤以豐子弟，崇爵位以寵妃妾，孤甚不取。其釋此議。」[32]

可惜的是，他的節儉精神，一代而終，並沒有為他的不肖子孫們所繼承。

註釋

1《三國志・魏書・張繡傳》。
2《三國志・魏書・杜恕傳》。
3《三國志・魏書・陳群傳》。
4《三國志・吳書・吳主傳》。
5 同上。
6 關於孫吳賦稅制度，長沙走馬樓出土三國吳簡提供了很重要的證明。有些簡文載有「入××鄉口算錢」若干的內容，說明漢以來的口錢、算賦制度在孫權統治時期仍在實行（當然，孫權「役賦凡百」，僅此是不夠的，還會有其他的賦斂政策）。

7《三國志・吳書・孫登傳》。

8陸遜生於西元一八三年，二〇三年為屯田都尉，時在孫權統事後的第四年。

9參閱拙作《曹操傳》「推行屯田」一章。

10《晉書・食貨》。

11《三國志・吳書・駱統傳》。

12《三國志・吳書・呂蒙傳》、〈陳武傳〉、〈潘璋傳〉。

13《三國志・吳書・孫策傳》注引《江表傳》。

14以上《三國志・吳書・吳主傳》並注。

15《三國志・吳書・陸遜傳》。

16《三國志・吳書・吳主傳》。

17同上。

18范文瀾：《中國通史簡編》第二編，人民出版社一九六四年版，頁二一一三。

19據《文選》。

20《三國志・吳書・吳主傳》。

21同上。

22《三國志・吳書・吳主傳》並注。

23《三國志・吳書・華覈傳》。

24《太平御覽》卷三四三。

25見《三國志・吳書・董襲傳》。

26《水經注・江水》引《江水記》說，昔孫權裝大舶，「載坐直之士三千人。」

27《三國志・吳書・孫晧傳》注引《晉陽秋》。

28轉自網上。物存南京博物館，參閱《中國史稿》第三冊，人民出版社一九七九年版，圖版二。

29左思：《吳都賦》。

30《中國通史簡編》第二編，人民出版社一九六四年版，頁二一四。

31《三國志・吳書・陸遜傳》。

32《三國志・吳書・吳主傳》。

第十六章　實行文化寬容政策

好學習，廣讀書

孫權少年時期，父親長年征戰，他隨母轉徙，居無定所。稍長，十四五歲便預軍事，被授軍職，隨兄征戰。因此，就其條件來說，少年的他只能從母親或近從那裡獲得一般的儒法申商和軍事方面的書本知識。但他自知用功，幾乎讀完了先秦儒家的主要經典著作。當然，我們也能清楚地看到，由於條件所限，他雖然讀過不少書，但不可能讀深讀透，更不可能得到系統的文化修養。因此，他沒有曹操、曹丕那樣的文化根底，甚至還不如「喜狗馬」、「不好讀書」但總算跟隨著名學者讀過兩年書的劉備。他沒有曹操那樣豐富的思想內涵，雖然軍事上有所建樹，但很難稱為是中國歷史上有名的、理論上有所建樹的政治思想家。但他統事以後，知不足而努力，很重學習，並且督促諸武將系統學習文化。這種肯學習、重學習的精神，常為歷史稱道。

《三國志・吳主傳》注引《吳書》記載了中大夫趙咨使魏，在魏文帝面前大讚孫權的好學精神：「吳王浮江萬艘，帶甲百萬，任賢使能，志存經略，雖有餘閒，博覽書傳歷史，藉采奇異，不效諸生尋章摘句而已。」

《三國志・呂蒙傳》注引《江表傳》記載了一則孫權勸武將呂蒙和蔣欽讀書的故事。

權謂蒙及蔣欽曰：「卿今並當塗掌事（當塗，指做官掌權的人），宜學問以自開益。」蒙曰：「在軍中常苦多務，恐不容復讀書。」權曰：「孤豈欲卿治經為博士邪？但當令涉獵見往事耳。卿言多務孰若孤，孤少時歷《詩》、《書》、《禮記》、《左傳》、《國語》，惟不讀《易》。至統事以來：省三史（按：指《史記》、《漢書》、《東觀漢記》）、諸家兵書，自以為大有所益。如卿二人，意性朗悟，學必得之，寧當不為乎？宜急讀《孫子》、《六韜》、《左傳》、《國語》及三史。孔子言『終日不食，終夜不寢以思，無益，不如學也』。光武（劉秀）當兵馬之務，手不釋卷。（曹）孟德亦自謂老而好學。卿何獨不自勉勖邪？」

據說，呂蒙聽從孫權教導，「始就學，篤志不倦，其所覽見，舊儒不勝。」因此，學問大有長進。後來魯肅代周瑜統兵，從呂蒙那裡經過，「意尚輕蒙。」飲酒間，呂蒙突然問魯肅：「君受重任，與關羽為鄰，將何計略，以備不虞？」魯肅毫無準備，一時語哽，倉促回答：「臨時施宜。」呂蒙說：「今東西雖為一家，而關羽實熊虎也，計安可不豫定？」隨即「為肅畫五策」。魯肅大為驚訝，「於是越席就之」，拊其背說：「呂子明，吾不知卿才略所及乃至於此也。」遂拜蒙母，結友而別。有的記載說得更生動，呂蒙「密為肅陳三策，肅敬受之」，肅拊蒙背說：「吾謂大弟但有武略耳，至於今者，學識英博，非復吳下阿蒙。」呂蒙自豪地說：「士別三日，即更刮目相待。」

蔣欽也從此用心讀書。孫權對他們的進步非常高興，常常對人感歎地說：「人長而進益，如呂蒙、蔣欽，蓋不可及也。富貴榮顯，更能折節好學，耽悅書傳，輕財尚義，所行可跡，並作國士，不亦休乎！」[1]

這則故事說明：第一，孫權少年時候即知讀書，好讀書；第二，孫權希望自己的將領及所有當塗掌事者，像自己一樣，積極讀書，折節好學；第三，孫權主張的讀書範圍主要是三個方面，一是儒家經典，二是史書，三是包括兵書在內的諸子之學；第四，他崇拜或欣賞善於讀書的人。

「詔立都講祭酒，以教學諸子」

孫權一生的精力，主要放在軍事和政治、民族等這些重大現實問題上。相對來說，經濟問題重視不夠，教育、文化等方面的事更屬建樹不多。歷史對於他教育和文化方面的情況記載很少。但這絕不是說孫權完全忽視教育和文化事業。

孫權時期地方上的教育制度，不得而知，只好略而不及。

孫權稱帝一年後，即黃龍二年正月，「詔立都講祭酒，以教學諸子。」[2]

這一記載，雖然簡短，但有幾個意思特別應當注意：一是表明孫權統事的前三十年，尚未很好顧及教育事業，但做了皇帝以後便把此事提上日程，下令建設中央學府（太學），並且任命了「都講」（主講）、「祭酒」（授課負責人）。二是說明孫吳繼承了漢時太學制度。漢武帝時，置太學，立五經博士；漢平帝時，置六經祭酒。孫權所立教育制度同漢一脈相承。三是說明教學內容較漢武帝之獨尊儒術和曹操之「以先王之道為教」有很大不同。所謂「以教學諸子」，就是不僅教授儒家的經典著作，而且還教授其他諸子之學。他所授博士，自然不會有漢武帝那樣多，但比較廣泛。據載，不久之後，甚至外籍佛僧支謙，也能得到「博士」的稱號。

但是，孫權在世時的教育成就，似乎也不宜估計過高。這從六年以後吳國第三任皇帝孫休下的一紙詔文中可以得到反證：

古者建國，教學為先，所以道世治性，為時養器也。自建興以來，時事多故，吏民頗以目前趨務，去本就末，不循古道。夫所尚不惇，則傷化敗俗。其案古置學官，立五經博士，核取應選，加其寵祿；科見吏之中及將吏子弟有志好者，各令就業。一歲課試，差其品第，加以位賞。使見之者樂其榮，聞之者羨其譽。以敦王化，以隆風俗。

「建興」是孫亮的年號，這說明孫休沒敢觸及老子的責任。這裡的「古者建國，教學為先，所以道世治性，為時養器也」，講的是從前，不是指孫權時代；所謂「自建興以來，時事多故，吏民頗以目前趨務，去本就末，不循古道。夫所尚不惇，則傷化敗俗」，自然也不僅僅是孫亮做皇帝以後最近五六年的事情，而是包括孫權時期。針對時弊，孫休提出了恢復教育的三項政策，一是按照古制，「置學官，立五經博士」，並且給與優厚待遇；二是科令大小文武官員的子弟「有志好者，各令就業」。業指學業，「就業」就是入學讀書；三是對學生每年進行考試，根據考試成績，「加以位賞。」可見，嚴格地說來，吳國正規的學校教育的恢復和健全，是孫權死了以後的事情。

重儒，但不斥諸子之學

一、重儒

前面講到，孫權讀書廣泛，但儒家經傳始終被放在首位。對於孫權重視儒學，器重碩儒和有儒學根底的人，我們還可從其他方面得到不少證明。

證一：孫權用人重視能力，不拘一格，但特別看重儒學造詣很深的人。中樞要津，多用儒者。

例如，長史張昭少好學，博覽群書，尤專《左氏春秋》，後著《左氏春秋傳解》及《論語注》；丞相顧雍為官之前已為吳郡名儒；丞相步騭為官前，「晝勤四體，夜誦經傳」，做了丞相後，「猶誨育門生，手不釋書，被服居處有如儒生」；長史張紘漢末曾入太學讀書，「事博士韓宗，治京氏《易》、歐陽《尚書》，又於外黃從濮陽闓受《韓詩》及《禮記》、《左氏春秋》」；尚書令嚴畯，「少耽學，善《詩》《書》、三《禮》，又好《說文》」；等等。

證二：以鴻儒博學者為太子師。太子太傅程秉，師從鄭玄，博通五經，著《周易摘》《尚書駁》《論語弼》等；太子太傅闞澤，以好學著名，「以經傳文多，難得盡用，乃斟酌諸家，刊約《禮》文及諸注說以授二宮（按：指太子孫和、魯王孫霸）」，時人虞翻譽稱闞澤：「闞子儒術德行，亦今之（董）仲舒也」，「闞生矯傑，蓋蜀之揚雄」；孫權為太子孫登選置陪讀，「銓簡秀士，以為賓友」，標準就是「侍講詩書，出從騎射」，所以很有學問的諸葛恪、張休、顧譚、陳表等四人當選。[3] 據《三國志·陸遜傳》載，陸遜輔太子孫登於武昌，有一位名叫謝景的人侍讀太子。其人喜好魏國人劉廙的「先刑後禮之論」，陸遜得知後狠狠把謝景訓斥了一頓：「禮之長於刑久矣，廙以細辯而詭先聖之教，皆非也。君今侍東宮，宜遵仁義以彰德音，若彼之談，不須講也。」

證三：地方教學內容，大都以儒學為教。無疑，這也應該是當政提倡的結果。例如，丹楊人唐固，「修身積學，稱為儒者，著《國語》《公羊》《穀梁》傳注，講授常數十人」；[4]騎都尉虞翻，著作甚多，曾與大儒孔融書信往來，「示以所著《易注》」，孔融回信稱：「聞延陵（按：春秋時吳公子季札封於延陵，故稱）之理樂，睹吾子之治《易》，乃知東南之美者，非徒會稽之竹箭也。」後來虞翻被流放交州，「雖處罪放，而講學不倦，門徒常數百人。」其間，著《論語》《國語》等訓注，「皆傳於世」，自然，教學內容亦當以儒學為主。[5]

二、不斥諸子之學

證一：從他自學和給呂蒙、蔣欽列出的讀書單不難看出，他所提倡的讀書範圍，諸子之學顯列其中。

證二：他非常重視史書的學習。所以，在為太子配備教師時特別強調了史傳的學習。《孫登傳》載，孫權「欲登讀《漢書》，習知近代之事，以張昭有師法，重煩勞之，乃令休（按：休是昭子）從昭受讀，還以授登」。

證三：孫權的中樞要津大臣，大多博學，不僅為當世碩儒，而且兼治諸子。如，虞翻作《老子訓注》；嚴畯作《管仲論》；太子少傅薛綜「以名儒居師傅之位」，不僅著有詩賦難論數萬言，而且「又定《五宗圖述》《二京（賦）解》，皆傳於世」；[6]鬱林太守陸績，「博學多識，星曆算數無不該覽」，在官「雖有軍事，著述不廢，作渾天圖，注《易》釋《玄》，皆傳於世」。[7]

證四：孫權很信術數之學。騎都尉領太史令吳範，「以治歷數、知風氣」聞名，「占驗明審」，引起孫權的很大興趣。據載，孫權多次訪問，欲知其中奧祕，吳範「祕惜其術」，不將關鍵的內容告知，使得孫權很不高興，以致把已經擬好的封吳範為都亭侯的詔書又收了回來，「削除其名。」吳範死後，孫權「追思之」，很希望還能找到這樣的人，下令「募三州（按：指荊、揚、交）有能舉知術數如吳範、趙達者，封千戶侯」。[8] 河南人趙達，「治九宮一算之術，究其微旨，是以能應機立成，對問若神，至計飛蝗，射隱伏，無不中效。」趙達其人，同吳範一樣，「寶惜其術」，祕不傳人。闞澤、殷禮「皆名儒善士，親屈節就學，（趙）達祕而不告」；太史丞公孫滕是趙達的學生，「勤苦累年」，屢求其術，而終不能得。據載，孫權「行師征伐，每令（趙）達有所推步（按：推步，古天文學術語。此處當謂預測天氣情況），皆如其言」。但當問其所以然時，達則沉默不語。因此也使孫權很不高興，「由此見薄」，始終不給他封官。趙達死了以後，孫權聽說他有著作留下，「求之不得，乃錄問其女」，並掘墓開棺，終無所得，法術遂絕。[9]

禮遇道士，為道教盛行南方奠定了基礎

道教興於東漢。孫權時期，五斗米道和太平道在江南地區都有分布和發展。前述有位託名于吉（一作干吉）的道士本受孫策禮遇，只是因為有違孫策的軍令推行和有損於孫策的威嚴而被斬殺了。孫權為政，不僅結交方士、禮遇道士有過其兄，而且切實地支持道教的發展。他曾禮遇方士、道士介象、姚光、葛玄等一批人。據《歷代崇道記》記載：「吳主孫權於天臺山造桐柏觀，命葛玄居之；於富春造崇福觀，以奉親也；建業造興國觀，茅山造景陽觀，都造觀三十九所，度道士八百人。」《三國志·呂蒙傳》載，呂蒙病情加重，孫權「自臨視，命道士於星辰下為之請

命」。可見，孫權已經相當相信道教和道士了。

晉代有位儒道兼修的、著名的神仙道教代表人物葛洪（二八四—三六四）。他是江南人，祖父、父親都曾經是吳國的官僚。《晉書．葛洪傳》說，葛洪「丹楊句容人也。」葛洪《抱朴子．自敘》說：「祖父（葛系）仕吳，歷宰海鹽、臨安、山陰三縣，入為吏部侍郎、御史中丞、廬陵太守、吏部尚書、太子少傅、中書、大鴻臚、侍中、光祿勳、輔吳將軍，封吳壽縣侯。父（葛悌）仕吳五官郎、中正、建城南昌二縣令、中書郎、廷尉、平中護軍、會稽太守。」他的從祖父葛玄是江南著名道士，很受孫權重視。《抱朴子．內篇．金丹篇》講到神仙道教的傳承時說：「昔左元放（慈）於天柱山中精思，而神人授以金丹仙經。會漢末亂，不遑合作，而避地來渡江東，志欲投名山以修斯道。余（自稱）從祖仙公（葛玄）又從元放受之，凡受《太清丹經》三卷及《九鼎丹經》一卷、《金液丹經》一卷。余師鄭君者（鄭隱），則余從祖仙公之弟子也，又於從祖受之，而家貧無用買藥。余親事之，灑掃積久，乃於馬跡山中立壇盟受之，並諸口訣訣之不書者。」這一記載說明，神仙道教的傳承，吳國是重要一環，而尤與孫權的文化寬容政策有著很大關係。

另外，以《搜神記》著名後世的晉人干寶，也算是吳人（按：祖籍新蔡），其祖父干統為吳國奮武將軍，父干瑩做過丹楊丞。《搜神記》這樣的著作出自吳國官吏後代人的手中，自然也不是偶然的。

今人胡孚琛《魏晉神仙道教》一書所作分析有道理，他說：「孫權信仙好道的政策，使北方和巴蜀的道教傳人陸續流入江南，左慈等著名方士也到東吳避難和組織道團，為六朝神仙道教的興起打下了基礎。特別是西晉滅亡後北人大批渡江，上層社會的一大批天師道世家移居江南，使江南成為全國道教發展的中心。」[10]

親准建立佛寺

《三國志．東夷傳》注引魚豢《魏略．西戎傳》記載，西漢哀帝元壽元年（西元前二年），博士弟子景盧受大月氏王使者伊存口授《浮屠經》。這說明西漢末年佛教開始傳入中國。南朝梁僧慧皎《高僧傳》記載，東漢明帝（西元五八—七五年在位）「夜夢金人飛空而至」，即派郎中蔡愔、博士弟子秦景等人到天竺尋求佛法。愔等請回攝摩騰、竺法蘭二僧，「明帝甚加賞接，於城西門外立精舍以處之。」這是漢地正式有佛教和尚的開始。攝摩騰譯出了第一部漢文佛典《四十二章經》。他們居住的地方後稱白馬寺，是中國的第一座佛教寺院。蔡愔在西域獲得不少佛經，翻譯了《十地斷結》、《四十二章》等五部。但由於戰亂，四部失傳，「不傳江左」。只有《四十二章經》存，《高僧傳．竺法蘭》說：「漢地見存諸經，唯此為始也。」這些記載說明，此前佛經沒有傳到江南。漢桓帝時，安息（波斯）僧人安世高到中國，譯經甚多。「（安世）高遊化中國，宣經事畢，值靈帝之末，關雒擾亂，乃振錫（按：錫，指錫杖，僧人出行稱振錫）江南。」安世高到過廬山、廣州，吳末還到過揚州，但孫權未曾見過此人。漢末桓靈獻時期，胡僧遊化中原，傳譯佛經，一時為盛，但少到江南者。所以，《高僧傳．康僧會》稱：「孫權稱制江左，而佛教未行。」

建安年間，僧人支謙由北方避亂至吳。支謙，月氏人，「博覽經籍，莫不精究，世間伎藝，多所綜習，遍學異書，通六國語。……孫權聞其才慧，召見悅之，拜為博士，使輔導東宮，與韋曜諸人共盡匡益。」《高僧傳．支謙》載：

謙以大教雖行，而經多梵文，未盡翻譯，己妙善方言，乃收集眾本，譯為漢語。從吳黃武元年至建興中，所出《維摩》《大般泥洹》《法句》《瑞應本起》等四十九經，屈得聖義，辭意文雅。又依《無量壽》《中本起》製《菩提連句梵唄》三契，並注《了本生死經》等，皆行於世。

繼而，康居僧人康僧會到吳。《高僧傳》稱：「時吳地初染大法，風化未全，僧會欲使道振江左，興立圖寺，乃杖錫東遊。」赤烏十年，亦即孫權晚年，康僧會到達建業，「營立茅茨（指茅草屋），設像行道」，引起轟動。

> 時吳國以初見沙門，覩形未及其道，疑為矯異。有司奏曰：「有胡人入境，自稱沙門，容服非恒，事應檢察。」

孫權以寬容的態度對待，對主管部門說：「昔漢明帝夢神，號稱為佛，彼之所事，豈非其遺風耶？」當即召見，問有什麼靈驗。康僧會玩弄了一個遠取「舍利」的把戲，得到孫權的信任，大歎服，即為建塔。自此，吳有佛寺，因而命名為建初寺，名其地為佛陀里，「由是江左大法遂興。」[11]孫權死後，僧會在建初寺又翻譯了許多佛經，影響很大。

後來，東晉南朝時期，江南佛教大發展，遍地建佛寺。唐人詩句有云：「南朝四百八十寺，多少樓臺煙雨中。」如此狀況，從一定意義上說，不可不謂孫權實肇其端。

註釋

1 以上《三國志・吳書・呂蒙傳》並注。
2《三國志・吳書・吳主傳》。
3 以上分見《三國志・吳書》各本傳。
4《三國志・吳書・闞澤傳》。
5《三國志・吳書・虞翻傳》。
6《三國志・吳書・薛綜傳》。
7《三國志・吳書・陸績傳》。
8《三國志・吳書・吳範傳》。
9《三國志・吳書・趙達傳》。
10 胡孚琛：《魏晉神仙道教》，人民出版社一九八九年版，頁四五。
11（梁）慧皎：《高僧傳》。

第十七章　誠待將，善用賢能

三國時代人才輩出。曹操、劉備、孫權都很重視人才的羅致和任用。清人趙翼在《廿二史箚記》中就三國之主的用人特點概括說：「人才莫盛於三國，亦惟三國之主，各能用人，故得眾力相扶，以成鼎足之勢。而其用人，亦各有不同者，大概曹操以權術相馭，劉備以性情相契，孫氏兄弟以意氣相投，後世尚可推見其心跡也。」我曾說過，這個評價有道理，但不完全正確。

孫權的用人之道，遠在劉備之上。他的兄長孫策就曾因為「善於用人」而著稱於時，史謂：「策為人，美姿顏，好笑語，性闊達聽受，善於用人，是以士民見者，莫不盡心，樂為致死。」正因孫策善於羅致人才，所以樂為其用的人很多，不幾年，便為孫權留下了文如張昭、張紘，武如周瑜、程普等一批頗有謀略的領導人物。

孫權重學習，誠待將，善用賢能，又遠在其兄之上。孫策生前即已覺察到這一點，所以他在彌留之際囑以後事時特意講到了年僅十九歲的弟弟的這一突出優點，說：「舉江東之眾，決機於兩陳之間，與天下爭衡，卿不如我；舉賢任能，各盡其心，以保江東，我不如卿。」[1]

善御將，會用人

孫權很懂用人，很會用人，尤善御將。此點遠過劉備、諸葛亮，而不亞於曹操。他雖然沒有像曹操那樣發過諸如《求賢令》《取士勿廢偏短令》《舉賢勿拘品行令》一類頗富思想內涵的告令，也沒有被著史者像讚揚劉備那樣稱之為「弘毅寬厚，知人待士」，但他「任才尚計」之智，也得到了歷史的承認。

孫權懂得用人的重要性，他說過：「思平世難，救濟黎庶，上答神祇，下慰民望。是以眷眷，勤求俊傑，將與戮力，共定海內。」[2]他還說過：「天下無粹白之狐，而有粹白之裘，眾之所積也。夫能以駁致純，不惟積乎？故能用眾力，則無敵於天下矣；能用眾智，則無畏於聖人矣。」[3]誠然，權之所論。「勤求俊傑，將與戮力，共定海內」、「用眾力」、「用眾智」云云，同曹操「吾任天下之智力，以道御之，無所不可」[4]的思想完全一致。

孫權用人的重義氣的程度，遠過劉備。他在鼓勵諸大將進諫的詔文中說：「今日諸君與孤從事，雖君臣義存，猶謂骨肉不復是過。榮福喜戚，相與共之。忠不匿情，智無遺計，事統是非，諸君豈得從容而已哉？同船濟水，將誰與易（意謂誰也改變不了的）？」[5]此種言語，聞者能不感動！

孫權善於用人，前面講到的許多事例，已甚昭然，勿需多贅。綜觀其要，至少可以概括以下幾點：第一，敬待孫策舊部，如對張昭、周瑜、程普、呂範等，「委心而服事焉」；第二，「招延俊秀，聘求名士」，如魯肅、諸葛瑾等一大批文官武將，「並見賓待」，先後甘為所用；第三，拔將於「行陣」，如呂蒙，成為一代名將；第四，不疑歸從，如甘寧投吳，待之「同於舊臣」；

第五，不拘年資，重用能人，如以陸遜為督，大敗關羽和劉備；第六，用將不疑，任人尚計，少有掣肘之舉，如先後以周瑜、陸遜、呂範等為都督指揮重大戰爭和諸將在外均可自任其事、臨時施宜，勿需事事請示，等等。

據載，魏文帝曹丕曾問吳國使臣「吳王何等主」？使者突出講了孫權的知人善任的特質，回答說：「納魯肅於凡品，是其聰也；拔呂蒙於行陳，是其明也；獲于禁而不害，是其仁也；取荊州而兵不血刃，是其智也；據三州虎視於天下，是其雄也；屈身於陛下，是其略也。」[6]將軍駱統稱讚孫權：「天生明德，神啟聖心，招髦秀於四方，置俊乂於宮朝。多士既受普篤之恩。」[7]

《三國志．吳主傳》注引晉人傅玄的話說，孫權繼承父兄的事業以後，「有張子布（昭字子布）以為腹心，有陸議（遜）、諸葛瑾、步騭以為股肱，有呂範、朱然以為爪牙，分任授職，乘間伺隙，兵不妄動，故戰少敗而江南安。」這也是從用人的角度，評論孫權的事功。可見，時人和後人，都很欣賞孫權重視人才、善於用人的一面。

一、優賞功勳

孫權年輕統事，權力日臻鞏固，直至彌留，未稍動搖。論者常謂，孫氏政權所以比較穩定，並且後於蜀、魏而亡，是靠世家大族，特別顧、陸兩姓，或謂顧、陸、朱、張四姓的支持建立起來的。自然有一定道理。但這只是相對的，問題的回答還可以而且應該倒過來講，即孫權成功地利用、控制了他們，有獎賞，有懲罰，雙方形成了相互依存、相互利用的關係。因此，更準確地講，孫權政權的鞏固，同他自始至終特別注意「任才尚計」，善於御將，適時優賞、擢升、提拔名臣謀將及其後人有很大關係。前述「臨兵設督，不置長久性軍帥」以及「地方上實行軍事統制政策」，屬於「制」的一面，使他獲得了重大成功。以下所述，屬於「優賞」的一面，是御將用人的另一手，他同樣獲得了成功。

孫權待下，不吝封賞。文武臣僚，尤其是武將們，大都升遷很快。因此，將領們願為其戰，樂為所用，甘為其死。從而，加強和鞏固了他的統治地位。

有功即賞，突出表現在兩個方面，一是每戰必賞，二是逢典同升。事實很多，難以具錄，例說如下：

顧雍，做縣長「有治跡」，即拔為郡丞，代理太守事；討「賊」有功，吏民歸服，即升為左司馬；權為吳王，累遷雍為大理奉常、領尚書令，封鄉侯；權為帝，進封雍為縣侯，拜相十九年。諸葛瑾，初為長史，從討關羽有功，封縣侯，授綏南將軍，領南郡太守；夷陵戰前，奉命「以大義責劉備」，戰後擢為左將軍，假節，督公安；權稱帝，授瑾大將軍、左都護，領豫州牧。

步騭，初為東曹掾，出領鄱陽太守，遽拔為交州刺史，持節，征南中郎將，「南土」賓服，由是加授平戎將軍，封縣侯；後平零陵、桂陵諸郡「蠻夷」有功，升右將軍、左護軍；權稱帝，授驃騎將軍；都督西陵，「鄰敵敬其威信」，上書言事常被採納，命為丞相。

呂蒙，初為平北都尉，征黃祖有功，升橫野中郎將；赤壁之戰有功，拜偏將軍；征皖，「權嘉其功，即拜廬江太守」；取三郡、征合肥、拒曹操於濡須均建功勳，授左護軍、虎威將軍；擒關羽、定荊州，功勳卓著，授南郡太守，封縣侯，賜錢一億、黃金五百斤。孫權在公安召開慶祝奪得荊州的勝利大會，呂蒙因病不能參加，孫權對其開玩笑說：「禽羽之功，子明（蒙字）謀也，今大功已捷，慶賞未行，豈邑邑（按：通悒悒，鬱悶貌）邪？」於是，特例「增給步騎鼓吹，敕選虎威將軍官屬，並南郡、廬江二郡威儀」。儀式完了以後，「拜畢還營，兵馬導從，前後鼓吹，光耀於路。」8

陸遜，初因平亂有功，授定威校尉，得呂蒙薦舉，即拜偏將軍、右部督；擒殺關羽有功，拜撫遠將軍，封亭侯；攻蜀平夷，「前後斬獲招納，凡數萬計」，即授右護軍、鎮西將軍，進封縣侯，繼而受命為大都督，假節，督五萬人，大破劉備於夷陵，加封輔國將軍，領荊州牧；權稱帝，封遜為上大將軍，右都護；後代顧雍為相。

朱治，初為扶義將軍，「征討夷越，佐定東南」有功，迅即封侯，特授「金印紫綬」安國將軍。9

朱桓，以蕩寇校尉領兵平定丹楊、鄱陽山越成功，即升裨將軍，封亭侯。

賀齊，平撫山越屢建功勳，因而頻頻升職，由代領都尉先後升授平東校尉、威武中郎將、偏將軍、奮武將軍、安東將軍、封縣侯，最後，官至後將軍，假節，領徐州牧。

全琮，初以奮威校尉起步，討山越，「因開募召，得精兵萬餘人」，被升為偏將軍；進獻討伐關羽之計，封亭侯；從抗魏軍獲得可喜戰果，進封綏南將軍，縣侯；權稱帝，封衛將軍，左護軍，徐州牧，最後官至右大司馬，左軍師。

呂岱，初因平亂有功，授昭信中郎將；後以撫定交州，授交州刺史、安南將軍、假節、封鄉侯，進封縣侯、鎮南將軍；年已八十，依然「躬親王事」，孫權拜他為上大將軍，另以其子為副軍校尉，助理軍務。

大的戰事之後，孫權一般都大行封賞。

赤壁戰後，眾將升官。蕩寇中郎將程普升裨將軍，不久又遷蕩寇將軍；征虜中郎將呂範，授裨將軍，遷平南將軍；丹楊都尉黃蓋，升武鋒中郎將，不久又因平定蠻夷立功，加偏將軍；中郎將韓當被授偏將軍；將軍甘寧拜西陵太守，從攻皖城有功，升折衝將軍；將軍周泰拜平虜將軍，督濡須，繼拜奮威將軍，封縣侯；承烈都尉凌統升為校尉，不久又以從破皖有功，拜蕩寇中郎將，從攻合肥有功，授偏將軍；中郎將徐盛升建武將軍，封都亭侯。

擒殺關羽及夷陵戰後，眾將再次升官。朱然，以偏將軍從討關羽立功，升為昭武將軍，封鄉侯，繼而又因破襲劉備有功，升征北將軍，封縣侯；呂範授建威將軍，封縣侯，不久又因拒戰曹休有功，升前將軍，假節；朱桓因抗曹仁有功，升奮武將軍，改封縣侯；韓當升威烈將軍，封都亭侯，不久改授昭武將軍，加都督之號；徐盛遷安東將軍，封縣侯；偏將軍潘璋升振威將軍，又拜平北將軍，封縣侯，後來成為右將軍；建忠中郎將駱統，授偏將軍，不久因拒破曹仁別將成功，封亭侯。

孫權稱帝，文武官員普遍升遷。前已述及大略，此不再贅。

二、彰示誠待

不疑諸葛瑾。孫權擒殺關羽以後，以諸葛瑾為南郡太守，駐守劉備入川前的老巢公安，西防劉備。前面講到，當劉備發兵東伐的時候，孫權曾讓諸葛瑾寫信給劉備「求和」。對此，不少人抱有懷疑。有人對孫權說，諸葛瑾不可靠，他除了傳達你的意思外，很可能暗通蜀漢，另派親人「與備相聞」。孫權毫不懷疑。因為十幾年前他同諸葛瑾的一次談話，以及建安二十年諸葛瑾使蜀與弟「退無私面」，都給他留下了深刻印象，因說：「孤與子瑜有死生不易之誓，子瑜之不負孤，猶孤之不負子瑜也。」但是，「謗言流聞」仍然流傳於外。陸遜上表孫權，擔保諸葛瑾絕不會暗通蜀漢，請求闢謠。於是孫權給陸遜回文，將自己的態度明確宣示於眾並告諸葛瑾：

子瑜與孤從事積年，恩如骨肉，深相明究，其為人非道不行，非義不言。玄德昔遣孔明至吳，孤嘗語子瑜曰：「卿與孔明同產，且弟隨兄，於義為順，何以不留孔明？孔明若留從卿者，孤當以書解玄德，意自隨人耳。」子瑜答孤言：「弟亮以失身於人，委質定分，義無二心。弟之不留，猶瑾之不往也。」其言足貫神明。今豈當有此乎？孤前得妄語文疏，即封示子瑜，並手筆與子瑜，即得其報，論天下君臣大節一定之分。孤與子瑜，可謂神交，非外言所間也。知卿意至，輒封來表，以示子瑜。[10]

賜甘寧米酒。〈甘寧傳〉記載：「曹公出濡須，寧為前部督，受敕出斫敵前營。權特賜米酒眾殽，寧乃料賜手下百餘人食。食畢，寧先以銀碗酌酒，自飲兩碗，乃酌與其都督。都督伏，不肯時持。寧引白削（按：削有二義，一為簡札，一為削書刀。盧弼《三國志集解》說『二義皆可通，以後義為近是』）置膝上，呵謂之曰：『卿見知於至尊（指孫權），孰與甘寧？甘寧尚不惜死，卿何以獨惜死乎？』都督見寧色厲，即起拜持酒，通酌兵各一銀碗。至二更時，銜枚出斫敵。」一碗米酒，頓使眾將士勇於出戰而「不惜死」。

為凌統拭淚。孫權征合肥失利，蕩寇中郎將凌統「左右盡死，身亦被創」，橋敗路絕，「被甲潛行」，回到孫權所在之地，「痛親近無反者，悲不自勝。」孫權親自用衣袖為凌統擦淚，不僅用語言安慰，而且將其留在自己船上，命人為其治傷。

授周泰御蓋。歷史記錄了一個非常有趣的故事：濡須第二戰時，孫權以周泰為督，朱然、徐盛等都被編在周泰部下。朱然、徐盛等「以泰寒門」而不服。為此，孫權特意巡視到濡須塢，「因會諸將，大為酣樂。權自行酒到泰前，命泰解衣，權手自指其創痕，問以所起。泰輒記昔戰鬥處以對，畢，使復服，歡宴極夜。」孫權拉著周泰的胳膊，「流涕交連」，說：「幼平（周泰字），卿為孤兄弟戰如熊虎，不惜軀命，被創數十，膚如刻畫，孤亦何心不待卿以骨肉之恩，委卿以兵馬之重乎！卿吳之功臣，孤當與卿同榮辱，等休戚。幼平意快為之，勿以寒門自退也。」然後，以隆重的儀式送周泰出帳，「使泰以兵馬導從出，鳴鼓角作鼓吹」。第二天，又「遣使者授以御蓋」。孫權此舉，大震宿將，於是「盛等乃伏」。[11]

賜賀齊軿車駿馬。建安十六年，「吳郡餘杭民郎稚合宗起賊，復數千人，（賀）齊出討之，即復破稚。」得勝後，孫權召賀齊到他駐地。「及當還郡」，孫權出城餞行，「作樂舞象。賜齊軿車（軿，音ㄆㄧㄥˊ；軿車，一種有屏蔽的車子）駿馬，罷坐住駕，使齊就車。齊辭不敢，權使左右扶齊上車，令導吏卒兵騎，如在郡儀。」據說，孫權送出「百餘步乃旋」，並且注目望之，高興地說：「人當努力，非積行累勤，此不可得。」[12]

賜呂岱錢米。史載，呂岱「清身奉公，所在可述。初在交州，歷年不餉家，妻子飢乏」。孫權聽說以後，為之歎息，責備近臣說：「呂岱出身萬里，為國勤事，家門內困，而孤不早知。股肱耳目，其責安在？」於是「加賜錢米布絹，歲有常限（每年有固定的數量）」。[13]

愛才不責胡綜酒。胡綜很有才氣，史稱「凡自權統事，諸文誥策命，鄰國書符，略皆綜之所造」。然而，其人「性嗜酒，酒後歡呼極意，或推引杯觴，搏擊左右」。孫權「愛其才，弗之責也」。[14]

另外，孫權為了優賞功臣，還有一些「法外施恩」的事。這些不講原則的事，體現了「朕即法律」的社會準則，雖然受到了古代歷史家的讚許，但在今天看來，是絕對不可提倡的。

惜潘璋功而不問其罪。潘璋「為人粗猛，禁令肅然，好立功業，所領兵馬不過數千，而其所在常如萬人」。沒有戰事的時候，他不僅致力屯田，而且還創立軍市，史稱「征伐止頓，便立軍市，他軍所無，皆仰取足」。但其為人貪婪，「性奢泰，末年彌甚，服物僭擬」，甚至殺人取物，「吏兵富者，或殺取其財物，數不奉法。」他的不法行為，監司常有「舉報」，但孫權「惜其功而輒原不問」。[15]

不罪朱桓殺人。史載，孫權用全琮為督，又令偏將軍胡綜宣傳詔命，參與軍事。全琮「以軍出無獲，議欲部分諸將，有所掩襲」。朱桓與全琮軍階相當，「素氣高，恥見部伍，乃往見琮，問行意，感激發怒，與琮校計。」全琮自解說，「上（指孫權）自令胡綜為督」，胡綜也是這個意見。朱桓「愈恚恨，還乃使人呼綜」。胡綜「至軍門，桓出迎之」。部下怕朱桓不冷靜，有一人旁出，讓胡綜回去。「桓出，不見綜，知左右所為，因斫殺之。桓佐軍進諫，刺殺佐軍，遂託狂發，詣建業治病。」朱桓連殺數人，「權惜其功能，故不罪。」[16]

三、美譽亡故，恩及後人

中國封建時代，以及世界一切君主制國家，大都非常重視勳臣死後的追謚和對其子孫後代的恩賞。這是統治者鞏固統治的需要，重點不在追悼死者，而在獎賞有功，鞭撻不臣，激勵生者，提倡忠君報國的精神，從而達到穩定等級社會的秩序。

曹操曾說：「褒忠寵賢，未必當身，念功惟績，恩隆後嗣。」孫權一樣，對於已故名臣戰將，尤其注意彰顯功勞，不究舊過，恩及後人。恩及後人的方法重在五項：封官、襲（承襲）爵、襲兵授兵、賜田、賜復客（按：復客，亦稱復人、復民，謂將屯田民或免除了國家賦稅徭役的人戶若干贈給功臣或他們的後人，供其役使，成為蔭戶或私有部曲）。

張昭死，孫權「素服臨弔，諡曰文侯」，以光門第。長子張承已自封侯；少子張休，曾與諸葛恪、顧譚等為太子登四友，這時從中庶子轉為右弼都尉，拜羽林都督，升揚武將軍，襲張昭妻侯爵。

顧雍病危，孫權令醫視之，「拜其少子濟為騎都尉。」顧雍感動得大哭，說：「吾必不起，故上欲及吾目見濟拜也。」及亡，孫權「素服臨弔，諡曰肅侯」。子孫都被重用，長子顧邵先雍而亡，在世時，孫權將兄長孫策的女兒嫁給他，剛做官，「起家」即為豫章太守。孫子顧譚，「弱冠與諸葛恪等為太子四友，從中庶子轉輔正都尉」；雍卒數月後，譚即被授為太常，代雍平尚書事。孫子顧承，累官昭義中郎將、侍中、奮威將軍、京下督。[17]

諸葛瑾死，長子恪已自封侯，孫權便即讓其另一個兒子融襲爵，攝兵，率領瑾舊部，駐公安，「部曲吏士親附之。」[18]

步騭死，兒子協繼承爵位，襲兵，「統騭所領，加撫軍將軍。」[19]

周瑜死，孫權「素服舉哀，感動左右」。瑜有兩男一女。死後，孫權將周瑜的女兒配給太子孫登為妃，將自己的女兒嫁給周瑜的長子周循為妻，並授騎都尉。循早卒。瑜次子周胤，被授興業都尉，「妻以宗女」，授兵，封侯。後來，周胤「至縱情欲」，犯罪，「以罪徙廬陵郡」，諸葛瑾、步騭、朱然、全琮紛紛上書求情。孫權初不答應，說：「腹心舊勳，與孤協事，公瑾有之，誠所不忘。昔胤年少，初無功勞，橫受精兵，爵以侯將，蓋念公瑾以及於胤也。而胤恃此，酗淫自恣，前後告喻，曾無悛改。孤於公瑾，義猶二君，樂胤成就，豈有已哉？迫胤罪惡，未宜便還，且欲苦之，使自知耳。」後來瑾、騭、朱然、全琮又連懇求，孫權再次「念公瑾以及於胤」，免其餘罪，「還兵復爵。」[20]

魯肅死，孫權「為舉哀，又臨其葬」。他始終不忘魯肅鼓勵自己「建號帝王以圖天下」的建議。當他登上祭壇、身受稱帝的榮耀時，高興地對大臣們說：「昔魯子敬嘗道此，可謂明於事勢矣。」他認為，當年初見魯肅，「與宴語，便及大略帝王之業，此一快也」；赤壁之戰前，張昭、秦松「俱言宜遣使修檄迎之（操），子敬即駁言不可，勸孤急呼公瑾，付任以眾，逆而擊之，此二快也」。他甚至說，魯肅「決計策，意出張（儀）、蘇（秦）遠矣。」不過，對於所謂「借荊州」事，孫權有點耿耿於懷，他說：「後雖勸吾借玄德地，是其一短」。但是，孫權認為，此事「不足以損其二長」。他對陸遜說，「周公不求備於一人，故孤忘其短而貴其長，常以比方鄧禹（按：禹，東漢光武帝功臣）也。」魯肅死時，兒子魯淑尚未出生，長大以後被命為濡須督。[21]

呂蒙病危時，孫權在公安，將蒙「迎置內殿，所以治護者萬方，募封內有能愈蒙疾者，賜千金。時有針加，權為之慘慼，欲數見其顏色，又恐勞動，常穿壁瞻之，見小能下食則喜，顧左右言笑，不然則咄唶（音ㄐㄧㄝˋ，咄唶，意謂歎息），夜不能寐」。病情略有好轉，「為下赦令，群臣畢賀。」病情加重，「自臨視，命道士於星辰下為之請命」。最後，呂蒙死在孫權的內殿裡，「權哀痛甚」，傷及身體。據載，呂蒙死前，將「所得金寶諸賜盡付府藏」，命令主事者在其「命絕之日皆上還，喪事務約」。孫權得知此事，「益以悲感。」蒙死，孫權讓其子呂霸襲爵，並置守墳者（復民）三百家，賜給免稅田五十頃。[22]

蔣欽從討關羽勝利後，在回師的路上病故，孫權「素服舉哀，以蕪湖民二百戶、田二百頃，給欽妻子。子壹封宣城侯」。[23]

董襲在濡須戰死，孫權「改服臨殯」。[24]

陳武從擊合肥戰死，孫權「哀之，自臨其葬」，封其長子為都亭侯，襲兵，給解煩督稱號，復客二百家，次子襲爵都亭侯，給無難右都督稱號。[25]

凌統死，孫權「聞之，拊床起坐，哀不能自止，數日減膳，言及流涕，使張承為作銘誄」。當時，凌統的兩個兒子只有幾歲，孫權內養於宮，愛待與諸子同，賓客進見，呼示之曰：「此吾虎子也。」等孩子長到八九歲的時候，令人教之讀書、乘馬，及長，二子先後封侯，襲父故兵。[26]

呂範死，孫權「素服舉哀」，遣使者追贈大司馬印綬，「及還都建業，權過範墓呼曰：『子衡！』言及流涕，祀以太牢。」範子由副軍校尉升安軍中郎將。[27]

另，程普、朱治、黃蓋、韓當、周泰、徐盛等名將也在孫權稱帝前病死了。史稱，孫權稱帝後，追論他們的功勞，封程普子為亭侯；朱治子繼承縣侯爵位，由校尉升為偏將軍，另一兒子賜娶孫策女為妻，授校尉；黃蓋子為關內侯；韓當子襲都亭侯、襲兵；周泰子授騎都尉，襲爵，領兵；徐盛子，襲爵，領兵。

朱然死，孫權「素服舉哀，為之感慟」，其子襲侯爵，襲兵，拜平魏將軍。[28]

潘璋，生前多立功勳，「然性奢泰，末年彌甚，服物僭擬（古代官員穿戴用物均有等級規定。僭擬，就是超過制度的規定）。吏兵富者，或殺取其財物，數不奉法，監司舉奏」，孫權「惜其功」而不予追問。死時，其子因行為不端已被流放會稽。孫權迎璋妻居建業，「賜田宅，復客五十家。」[29]

朱桓死，家無餘財，孫權「賜鹽五千斛以周喪事」。

全琮、呂岱死，他們的兒子均得嗣爵，襲業，領兵。

《三國志・吳書》中有許多這樣關於繼承領兵以及「復客」的記載，著名歷史家唐長孺說，這是孫權建立的「比較特殊的制度」。[30]

孫權實行世爵和世襲領兵的制度是一把雙刃劍，當執政者甚有權威的時候，有利於封建君主地位的鞏固，有利於內征外伐；當執政者權威式微或行之日久，容易形成尾大不掉，削弱中央集權。無疑，孫權在世的時候，基本上是處在第一種情形下；而其死後情況便變了，正如魏將鄧艾所說：「孫權已沒，大臣未附，吳名宗大族，皆有部曲，阻兵仗勢，足以建命（按：指成為一方諸侯）。」[31]

求諫、納諫與拒諫

《三國志》作者陳壽為了刻畫孫權這個人物的品性和人格特點，特意記下了許多有關納諫、拒諫的故事。綜觀全豹，自然可以得出這樣的結論：孫權懂得納諫的重要，所以能說出「能用眾智，則無畏於聖人」的話；但是，他算不上是一個最善納諫的人物。固執己見，有時甚至有點強詞奪理。這反映出了他的自信，反映了他的有效的處事能力，也反映了他的果於自斷的人生性格和古之帝王事業有成之後大都不善聽從不同意見的一般規律。

一、求諫與納諫

軍國大事，孫權常常召集大臣討論，雖然有時拒絕了正確意見，做出了錯誤決定，但更多的事例說明他也是重視不同意見的（自然，聽取不同意見並不完全就是求諫和納諫。這是兩回事）。

歷史表明，孫權求諫、納諫一般都收到了好的效果。例如，征合肥的時候，他竟然想率輕騎突敵，張紘及時進諫：「此乃偏將之任，非主將之宜也。」孫權避免了一次危險。既而，他又想出軍，張紘再諫，孫權「遂止不行」，避免了一次不具備條件的戰鬥。

孫權明確表示主動求諫，主要是在呂壹改革引起很大社會震動之後。史載，呂壹改革失敗，「奸罪發露伏誅」，孫權「引咎責躬」，並以中書郎袁禮為使「告謝諸大將」，主動「因問時事所當損益」。但大家心有餘悸，不敢直言。因此，孫權下詔，一方面為自己辯解，一方面希望諸大臣「盡言直諫」。詔文較長，反映了孫權事後的思考及其身上的諸多光明點，全錄如下：

> 袁禮還，云與子瑜（諸葛瑾）、子山（步騭）、義封（朱然）、定公（呂岱）相見，並以時事當有所先後，各自以不掌民事，不肯便有所陳，悉推之伯言（陸遜）、承明（潘濬）。伯言、承明見禮，泣涕懇惻，辭旨辛苦，至乃懷執危怖，有不自安之心。聞此悵然，深自刻怪。何者？夫惟聖人能無過行，明者能自見耳。人之舉措，何能悉中，獨當己有以傷拒眾意，忽不自覺，故諸君有嫌難耳。不爾，何緣乃至於此乎？自孤興軍五十年，所役賦凡百皆出於民。天下未定，孽類猶存，士民勤苦，誠所貫知。然勞百姓，事不得已耳。與諸君從事，自少至長，髮有二色（頭髮有了黑白二色），以謂表裡足以明露，公私分計，足用相保。盡言直諫，所望諸君，拾遺補闕，孤亦望之。昔衛武公年過志壯，勤求輔弼，每獨歎責。且布衣韋帶，相與交結，分成好合，尚污垢不異。今日諸君與孤從事，雖君臣義存，猶謂骨肉不復是過。榮福喜戚，相與共之。忠不匿情，智無遺計，事統是非，諸君豈得從容而已哉？同船濟水，將誰與易？齊桓諸侯之霸者耳，有善管子未嘗不歎，有過未嘗不諫，諫而不得，終諫

不止。今孤自省無桓公之德，而諸君諫諍未出於口，仍執嫌難。以此言之，孤於齊桓良優，未知諸君於管子何如耳？久不相見，因事當笑。共定大業，整齊天下，當復有誰？凡百事要所當損益，樂聞異計，匡所不逮。

無疑，詔書重點不在「誚讓」（責備）諸將，而在自我解誚，緩和君臣之間的緊張關係，從而平和地結束風波。「人之舉措，何能悉中」，只有「傷拒眾意，忽不自覺」，才會發生大問題。「盡言直諫，所望諸君，拾遺補闕，孤亦望之」、「諸君與孤從事，雖君臣義存，猶謂骨肉不復是過。榮福喜戚，相與共之」以及「齊桓諸侯之霸者耳，有善管子未嘗不歎，有過未嘗不諫，諫而不得，終諫不止。……未知諸君於管子何如耳」云云，都是極好的求諫之文。

在處理呂壹問題上，「有司窮治，奏以大辟，或以為宜加焚裂，用彰元惡。」孫權無意使用火焚車裂這樣的酷刑，主動徵求中書令闞澤的意見，闞澤認為：「盛明之世，不宜復有此刑。」孫權聽從闞澤的意見，沒有恢復古代的火焚車裂之刑。[32]

史載，孫權「嘗咨問得失」於張昭和顧雍。張昭認為「法令太稠，刑罰微重，宜有所蠲損」。又問顧雍，顧雍發表了相同意見。孫權因此曾經一度布置「議獄輕刑」。[33]

有一段時間，「江邊諸將，各欲立功自效」，紛紛上奏陳說自己已經具備「掩襲」魏國邊境的有利條件。為此，孫權去訪問顧雍，顧雍認為，「兵法戒於小利」，指出：「此等所陳，欲邀功名而為其身，非為國也，陛下宜禁制。苟不足以曜威損敵，所不宜聽也。」孫權認為顧雍的意見很對，便沒有批准江邊諸將意欲啟釁邊境而不利總體戰略的貿然行動。[34]

孫權不喜歡直諫，諸葛瑾「揣知其故」，進諫時常常採用循序漸進、平和的辦法，「與權談說諫喻，未嘗切愕（從不急切直言），微見風彩，粗陳指歸，如有未合，則舍而及他，徐復託事造端，以物類相求，於是權意往往而釋。」據載，校尉殷模，罪至不測，「群下多為之言，權怒益甚，與相反覆，惟瑾默然」。孫權問：「子瑜何獨不言？」瑾站起來說：「瑾與殷模等遭本州傾覆，生類殄盡。棄墳墓，攜老弱，披草萊，歸聖化，在流隸之中，蒙生成之福，不能躬相督厲，陳答萬一，至令模孤負恩惠，自陷罪戾。臣謝過不暇，誠不敢有言。」孫權「聞之愴然」，當即表示：「特為君赦之。」35

二、拒諫

歷史記載了孫權的一些拒諫或雖求而不納的事。

孫權兄弟都喜歡狩獵。《三國志．張昭傳》說，孫權「每田獵，常乘馬射虎，虎嘗突前攀持馬鞍」。張昭力諫，孫權當面承認「年少慮事不遠」，但事後依然如故。〈潘濬傳〉注引《江表傳》載，孫權經常「射雉」，太常潘濬諫說：「天下未定，萬機務多，射雉非急，弦絕括破（括，箭之末端），皆能為害，乞特為臣姑息置之。」後來，潘濬發現「雉翼故在」，親手將其撕壞，才迫使孫權從此「不復射雉」。

孫權喜歡飲酒，張昭屢諫，鬧得君臣關係很緊張。虞翻諫酒，險些被殺。這些既拒諫又納諫，體現出了孫權的二重性格。據載，孫權被封吳王，在慶祝宴會上，起來為大家敬酒，走到虞翻面前，翻用「伏地陽醉」的辦法諫酒，既而孫權走過去，翻從地上爬起來，權見狀，「於是大怒，手劍欲擊之，」「侍坐者莫不惶遽」。大司農劉基抱權而諫：「大王以三爵之後（手）殺善士，雖翻有罪，天下孰知之？且大王以能容賢畜眾，故海內望風，今一朝棄之，可乎？」孫權說，曹操能殺孔融，我為什麼不能殺虞翻！劉基說：「孟德輕害士人，天下非之。大王躬行德義，欲與堯、舜比隆，何得自喻於彼乎？」孫權喜歡戴高帽，氣解，虞翻「由是得免」，並且敕告左右，「自今酒後言殺，皆不得殺。」36

孫權處大事，凡已決斷，少容他人置喙。〈吳主傳〉記載，孫權信任校事呂壹，呂壹「性苛慘，用法深刻」，太子登數諫，權不聽，「大臣由是莫敢言。」

孫權果於自斷，盛怒之下，常謂「敢有諫者，死」。例如，鄱陽太守魏滕「有罪」，孫權「責怒甚嚴」，下令「敢有諫者，死」。據載，騎都尉領太史令吳範，冒死進諫，「言未卒，權大怒，欲便投以戟」，吳範「叩頭流血，言與涕並」。最後，孫權總算赦免了魏滕。37

有時，由於拒諫，造成了本可避免的錯誤。如建安十三年孫權征合肥，戰術不當，久攻不下。長史張紘指出應該「開其一面，以疑眾心」，孫權不納。此次戰役，無功而返。38

孫權用兵，常常不顧安危，親臨前陣，眾將諫而不聽，數次遭遇危險。直至末年，不改其習。如赤烏十年，權已六十六歲，為了誘魏將諸葛誕來降，親臨前線設伏，潛軍待敵。此等事引起了太子孫和的憂慮。史載，孫和「以權暴露外次，又戰者凶事，常憂勞憯怛，不復會同飲食，數上諫，戒令持重，務在全勝。權還，然後敢安」。39

孫權北聯公孫淵，引起群臣反對，「舉朝大臣，自丞相（顧）雍已下皆諫，以為淵未可信」，40 爭執不下，以致「案刀而怒」。我行我素，終致大失，徒送使者和萬餘將士的性命。

陸遜、顧雍、太子孫登等屢諫「法令繁滋，刑辟重切」、「法網過密、執法酷烈」，都遭到了孫權的斷然或宛然拒絕。呂壹典校諸官府及州郡文書，作威作福，「舉罪糾奸，纖介必聞，重以深案醜誣，毀短大臣，排陷無辜」，顧雍等「皆見舉白」，都受到了孫權的「譴讓」。最終造成了本應可以避免的嚴重後果。

孫權既立太子，又寵魯王，群臣紛紛進諫，一律不納，最終釀成二宮之變（後詳），分裂了統治集團，顛覆了立國根基，「群司坐諫誅放者十數」，動搖了幾十年建立起來的穩定局面。

註釋

1 《三國志・吳書・孫策傳》。

2 《三國志・吳書・吳主傳》。

3 《三國志・吳書・吳主傳》注引《江表傳》。

4 《三國志・魏書・武帝紀》。

5 《三國志・吳書・吳主傳》。

6 《三國志・吳書・吳主傳》。

7 《三國志・吳書・張溫傳》。

8 《三國志・吳書・呂蒙傳》並注。按：《晉書・食貨志》指出：「呂蒙定荊州，孫權賜錢一億，錢既太貴，但有空名。」可見所賜乃「當百」或「當千」大錢。

9 《三國志・吳書・朱治傳》。

10 《三國志・吳書・諸葛瑾傳》注引《江表傳》。

11 《三國志・吳書・周泰傳》並注《江表傳》。

12 《三國志・吳書・賀齊傳》。

13 《三國志・吳書・呂岱傳》。

14 《三國志・吳書・胡綜傳》。

15 《三國志・吳書・潘璋傳》。

16 《三國志・吳書・朱桓傳》。

17 《三國志・吳書・顧雍傳》。

18 《三國志・吳書・諸葛瑾傳》注引《吳書》。

19 《三國志・吳書・步騭傳》。

20 《三國志・吳書・周瑜傳》。

21 《三國志・吳書・魯肅傳》、〈呂蒙傳〉。

22 《三國志・吳書・呂蒙傳》。

23《三國志・吳書・蔣欽傳》。
24《三國志・吳書・董襲傳》。
25《三國志・吳書・陳武傳》。
26《三國志・吳書・淩統傳》。
27《三國志・吳書・呂範傳》。
28《三國志・吳書・朱然傳》。
29《三國志・吳書・潘璋傳》。
30唐長孺：《魏晉南北朝史論叢》，三聯書店一九五五年版。
31《三國志・魏書・鄧艾傳》。
32《三國志・吳書・闞澤傳》。
33《三國志・吳書・顧雍傳》。
34《三國志・吳書・顧雍傳》注引《江表傳》。
35《三國志・吳書・諸葛瑾傳》。
36《三國志・吳書・虞翻傳》。
37《三國志・吳書・吳範傳》。
38《三國志・吳書・張紘傳》注引《吳書》。
39《三國志・吳書・孫和傳》注引《吳書》。
40《三國志・吳書・吳主傳》。

第十八章　暮年諸失及其最後的歲月

晉人孫盛說，孫權「年老志衰，讒臣在側，廢嫡立庶，以妾為妻，可謂多涼德矣（涼德，薄德）」。[1] 陳壽說，孫權「性多嫌忌，果於殺戮，暨臻末年，彌以滋甚。至於讒說殄行，胤嗣廢斃，豈所謂貽厥孫謀以燕翼子者哉？其後葉陵遲，遂致覆國，未必不由此也。」[2] 這些評論，雖不盡善，但也頗有一定道理。

廢立失度

赤烏四年（二四一），太子孫登死了。五年正月，孫權立三子孫和為太子（按：次子孫慮已死）；八月，封四子孫霸為魯王。隨後，發生了重大的影響吳國政局的「二宮之變」。

一、並寵太子與魯王

孫和，字子孝，「少以母王（氏）有寵見愛，年十四，（孫權）為置宮衛，使中書令闞澤教以書藝。」據說，孫和「好學下士，甚見稱述」。立為太子時，年已十九。孫權命令精於學問的中書令闞澤為太傅，學有專精而且做過合浦、交阯太守的薛綜為少傅，另外還將當時的學問家蔡穎、張純、封俌、嚴維等派到太子身邊，「皆從容侍從。」《三國志·孫和傳》注引韋曜《吳書》說，孫和「少岐嶷有智意，故權尤愛幸，常在左右，衣服禮秩雕玩珍異之賜，諸子莫得比焉。好文學，善騎射，承師涉學，精識聰敏，尊敬師傅，愛好人物。（蔡）穎等每朝見進賀，和常降意，歡以待之。講校經義，綜察是非，及訪諮朝臣，考績行能，以知優劣，各有條貫。」他還對博弈之害，很有一套看法，經常對人講，士人應當「講修術學，校習射御，以周世務，而但交遊博弈以妨事業，非進取之謂」。看來，是一個很不錯的人選。

孫霸，字子威。史稱：「和為太子，霸為魯王，寵愛崇特，與和無殊。」尚書僕射是儀（人名，姓是）當時兼領魯王傅，甚感不妥，上疏勸諫：「臣竊以為魯王天挺懿德，兼資文武，當今之宜，宜鎮四方，為國藩輔。宣揚德美，廣耀威靈，乃國家之良規，海內所瞻望。且二宮宜有降殺，以正上下之序，明教化之本。」書三四上，孫權不聽。[3]

孫權給予魯王與太子完全一樣的待遇，說明他態度曖昧，傳位給誰尚未拿定主意，犯了封建時代帝王立嗣的大忌，很快引起了社會震動。朝臣分成兩派。〈孫和傳〉注引殷基《通語》描述了這一嚴重情況：

> 權既立和為太子，而封霸為魯王，初拜猶同宮室，禮秩未分。群公之議，以為太子、國王上下有序，禮秩宜異，於是分宮別僚，而隙端開矣。自侍御賓客造為二端，仇黨疑貳，滋延大臣。丞相陸遜、大將軍諸葛恪、太常顧譚、驃騎將軍朱據、會稽太守滕胤、大都督施績、尚書丁密等奉禮而行，宗事太子；驃騎將軍步騭、鎮南將軍呂岱、大司馬全琮、左將軍呂據、中書令孫弘等附魯王。中外官僚將軍大臣舉國中分。

另外，還有一位全公主（一作長公主）從中作梗。據載，全公主（按：名魯班，步夫人生）與孫和的母親王夫人不和。有一次，孫權得病，孫和到祖廟中為父祈禱。孫和的妃子的叔父、揚武將軍張休居住在宗廟附近，因而邀請孫和到家裡坐坐，全公主使人跟蹤「覘視」，乘機向孫權進讒，說「太子不在廟中，專就妃家計議」，又造謠說「王夫人見上寢疾，有喜色」。孫權聽了全公主的讒言，不禁大怒，致使「（王）夫人憂死，而和寵稍損，懼於廢黜」。[4]

魯王霸覬覦滋甚，兄弟爭權的形勢日漸明顯。

丞相陸遜上疏說：「太子正統，宜有磐石之固，魯王藩臣，當使寵秩有差，彼此得所，上下獲安。謹叩頭流血以聞。」書三四上，以致要求「詣都」，當面向孫權「口論適（嫡）庶之分，以匡得失」。孫權不僅不聽，而且嚴處了他的親屬，「外生顧譚、顧承、姚信，並以親附太子，枉見流徙。」太子太傅吾粲也因多次同陸遜通信，「下獄死。」孫權「累遣中使責讓遜」，致使有功勳臣「憤恚致卒」。[5]

太子太傅吾粲，「抗言執正，明嫡庶之分」，並且「欲使魯王霸出駐夏口，遣楊竺不得令在都邑」。又經常給駐守武昌的陸遜透露「消息」，二人「連表諫爭」。因此，「為霸、竺等所譖害，下獄誅。」[6]

太常、平尚書事顧譚上疏說：「臣聞有國有家者，必明嫡庶之端，異尊卑之禮，使高下有差，階級逾邈（此謂階級差別很大。逾邈，遙遠），如此則骨肉之恩生，覬覦之望絕。……今臣所陳，非有所偏，誠欲以安太子而便魯王也。」[7] 顧譚被遠徙交州。

吾粲下獄死、顧譚徙交州以後，孫權「沉吟者歷年」，考慮了一段時間，決心「改嗣」，遂將太子「幽閉」起來。朝廷上下頓時大亂。史載，驃騎將軍朱據、尚書僕射屈晃率領諸將吏「泥頭自縛，連日詣闕」請求解除對孫和的幽禁。孫權登上白爵觀俯瞰請願的人，見狀「甚惡之」，敕責朱據、屈晃等不顧後果，帶頭鬧事。

朱據、屈晃等幫了倒忙，反而加強了孫權的「改嗣」決心。由於反對聲浪太高，孫權沒有立四子孫霸，而是「廢和立亮」。孫亮是孫權的七子，年齡最小，只有八九歲。因此，無難督陳正、五營督陳象上書，引用了「晉獻公殺申生，立奚齊，晉國擾亂」的故事。朱據、屈晃也「固諫不止」。[8] 由此，孫權更加震怒，遂於赤烏十三年（二五〇）八月做決定：

（一）族誅陳正、陳象；（二）把朱據、屈晃拉入殿內，各杖打一百；（三）將「駙馬」朱據的官職從驃騎將軍一下子降為新都郡丞（按：隨後賜死）；（四）屈晃「斥歸田里」；（五）諫者坐罪，因此「群司坐諫誅放者十數」；（六）廢太子和為庶人，徙於故鄣（按：故鄣，在今浙江安吉西北）。

魯王孫霸也沒有得到好下場。他「結朋黨以害其兄」，所為太過，孫權「心亦惡之」，[9] 又恐其為害少主，因此在流放孫和的同時，便將孫霸「賜死」，誅其支黨全寄（全琮子）、吳安、孫奇、楊竺等。

孫權在二子爭寵的時候，也曾感到不安，對侍中孫峻說：「子弟不睦，臣下分部，將有袁氏之敗，為天下笑。」南朝宋人裴松之認為，孫權連袁紹、劉表都不如：「袁紹、劉表謂（袁）尚、（劉）琮為賢，本有傳後之意，異於孫權既以立和而復寵霸，坐生亂階，自構家禍，方之袁、劉，昏悖甚矣。」[10]

二、立幼子為儲

赤烏十三年末，孫權立第七子，而且只有八九歲的孫亮為太子，也是重大失誤。本來孫和被廢後，還有五子孫奮、六子孫休。這也是釀成孫權身後吳國政局不穩的重要原因之一。

孫亮，字子明。史載：「權春秋高，而亮最少，故尤留意。姊全公主嘗譖太子和子母，心不自安。因倚權意，欲豫自結，數稱述全尚女，勸為亮納。赤烏十三年，和廢，權遂立亮為太子，以全氏為妃。」一個幼童，不僅立為「儲君」，而且娶了妃子。其母潘氏，也於次年立為皇后。揣度之，孫權立亮時，並沒有想到自己的死期很快就到了。及至「寢疾」，乃徵諸葛恪「以大將軍領太子太傅，中書令孫弘領少傅」；臨終，「召恪、弘及太常滕胤、將軍呂據、侍中孫峻，屬以後事。」歷史的經驗說明，新主年幼，諸臣同時受詔輔政，一個權臣專權或爭權的時代便開始了。

三、授輔政權力太重

幼主登基，難斷大事，或皇太后干權，或權臣輔政。孫權以諸葛恪為主要輔政，不可謂所託非人。此前，恪已是國之重臣，大將軍，假節，住武昌，領荊州事。據韋曜《吳書》說：「權寢疾，議所付託。時朝臣咸皆注意於恪，而孫峻表恪器任輔政，可付大事。權嫌恪剛很（愎）自用，峻以當今朝臣皆莫及，遂因保之，乃徵恪。」恪等受詔床下，「諸事一以相委。」恪歔欷流涕說：「臣等皆受厚恩，當以死奉詔，願陛下安精神，損思慮，無以外事為念。」無疑，諸葛恪雖有許多毛病，權力欲很大，但盡忠國事是沒有任何問題的。問題出在授權太重了，權下詔：「有司諸事一統於恪，惟殺生大事然後以聞。為治第館，設陪衛。群官百司拜揖之儀，各有品敘。」[11]這樣授權，既助長了恪的剛愎自用之性，又引起了野心家不滿，自然難免成為一大亂源。

不久，孫權死，孫弘「素與恪不平，懼為恪所治，祕權死問，欲矯詔除恪」。時孫峻（孫堅弟孫靜的曾孫）羽翼未豐，知孫弘非恪對手，將權死訊告恪，「恪請弘咨事，於坐中誅之，乃發喪制服。」

史載，諸葛恪初始尚好，「罷視聽（罷除監視人員），息校官（止息密探），原逋責（免除欠債），除關稅，事崇恩澤，眾莫不悅。恪每出入，百姓延頸思見其狀。」軍事上也取得了勝利。然而，不久「違眾出軍，大發州郡二十萬眾，百姓騷動」，失掉人心。繼而，軍事失利，「眾庶失望，而怨讟興矣。」野心家孫峻，「因民之多怨，眾之所嫌」，誣巇諸葛恪想造反，「與亮謀，置酒請恪」，殺恪。[12]

孫峻做了丞相大將軍，督中外諸軍事，控制了大權。孫峻病死，從弟孫綝「為侍中武衛將軍，領中外諸軍事，代知朝政」。孫綝執政後，殺了另兩位輔政大臣滕胤和呂據，並誅胤三族，廢掉孫亮，迎立孫休。

孫休繼位後，甚恐為孫綝所害。有一次，孫綝給孫休送禮，休不受，綝竟揚言：「帝非我不立，今上禮見拒，是與凡臣無異，當復改圖耳。」孫休為了自保，竭盡周旋，最終設計將他殺了，並且「恥與峻、綝同族，特除其屬籍」。[13]

孫權「廢立」失度，自構家禍，削弱了國力，為後世吳國的政治動亂伏下了禍根，為敵國來侵提供了機會。就在孫權立少子孫亮為太子之後不久，魏征南將軍王昶便向魏國皇帝上言（按：實為向司馬懿建議）：「孫權流放良臣，適庶分爭，可乘釁擊吳。」因此，司馬懿即派三路兵襲吳，「遣新城太守南陽州泰襲巫、秭歸；荊州刺史王基向夷陵；昶向江陵。」吳軍大敗，大將施績兵敗夜遁，將軍鍾離茂、許旻等陣前被斬。[14]

信異兆，崇鬼神

孫權同一切封建帝王一樣，自認為是真命天子，因此很信上天所示「異兆」。從黃龍元年做皇帝那天起，因「夏口、武昌並言黃龍、鳳凰見」而改元「黃龍」，到太元二年死，中經二十一年，《孫權傳》中竟然記錄了十餘次的異兆。上有所好，下自效之。略為：

黃龍三年（二三一）夏，「有野蠶成繭，大如卵」；「由拳（今浙江嘉興）野稻自生，改為禾興縣。」

同年十月，「會稽南始平（今浙江天台）言嘉禾生。」因此，大赦，改明年為嘉禾元年。

赤烏元年（二三八）八月，「武昌言麒麟見。有司奏言麒麟者太平之應，宜改年號。」此前，赤烏集於殿前，孫權下詔說：「間者赤烏集於殿前，朕所親見。若神靈以為嘉祥者，改年宜以赤烏為元。」群臣立即捧場，說：「昔武王伐紂，有赤烏之祥，君臣觀之，遂有天下，聖人書策載述最詳者，以為近事既嘉，親見又明也。」於是改元為赤烏。

五年二月，「海鹽縣言黃龍見。」

六年正月，「新都言白虎見。」

是年，魏司馬懿準備襲擊諸葛恪，孫權本想發兵策應，「望氣者以為不利」，遂止。於是令諸葛恪軍徙屯柴桑。

七年秋，「宛陵言嘉禾生。」

九年四月，「武昌言甘露降。」

十一年二月，地震，孫權認為是上天示警，因即下詔求諫：「朕以寡德，過奉先祀，涖事不聰，獲譴靈祇，夙夜祇戒，若不終日。群僚其各厲精，思朕過失，勿有所諱。」

同年四月，「雲陽言黃龍見。」

同年五月，「鄱陽言白虎仁。」《瑞應圖》說：「白虎仁者，王者不暴虐，則仁虎不害也。」孫權認為，此瑞應在自己身上，頗有自得之意，因而下詔說：「古者聖王積行累善，修身行道，以有天下。故符瑞應之，所以表德也。朕以不明，何以臻茲？書云『雖休勿休』，公卿百司，其勉修所職，以匡不逮。」

十二年四月，「有兩烏銜鵲墮東館。」孫權命丞相朱據，「燎鵲以祭。」

同年六月，「寶鼎出臨平湖。」

同年八月，「白鳩見於章安。」

十三年，「五月，日至，熒惑入南斗。秋七月，犯魁第二星而東。八月，丹楊、句容及故鄣、寧國諸山崩，鴻水溢。」孫權因詔「原逋責，給貸種食」，廢太子，魯王霸賜死。[15]

孫權本來同他的兄長孫策一樣不甚崇拜神靈，甚至連祭拜天地的「郊祀」也不太在意。《三國志・吳主傳》注引《江表傳》說，嘉禾元年冬，群臣因為孫權沒有「郊祀」，上奏說：「頃者嘉瑞屢臻，遠國慕義，天意人事，前後備集，宜修郊祀，以承天意。」孫權回答：「郊祀當於土中，今非其所，於何施此？」群臣重奏：「普天之下，莫非王土；王者以天下為家。昔周文武郊於鄴、鎬，非必土中。」孫權說：「武王伐紂，即阼於鎬京，而郊其所也。文王未為天子，立郊於鄷，見何經典？」群臣復書說：「伏見《漢書．郊祀志》，匡衡奏徙甘泉河東，郊於長安，言文王郊於鄷。」孫權認為：「經傳無明文，匡衡俗儒意說，非典籍正義，不可用也。」《晉書．五行上》說，孫權稱帝，「竟不於建業創七廟。」

晚年，孫權原來的觀念大有變化。《三國志．虞翻傳》載，孫權曾與張昭討論神仙的事情，遭到虞翻的反對。虞翻指責張昭（按：實際也是指向孫權），說：「彼皆死人，而語神仙，世豈有仙人邪！」虞翻其人，「性疏直，數有酒失。」孫權「積怒非一」，至此竟以反對神仙存在的事，流放了名臣虞翻。歷史明確記載了孫權從事郊祀的活動：太元元年十一月，「權祭南郊還，寢疾。」

他迷信神靈，甚至崇拜「神人」。

赤烏十三年，有「神人授書，告以改年、立后」。孫權即於次年改元為太元元年，立后。

太元元年（二五一）五月，孫權派遣中書郎李崇帶著「輔國將軍羅陽王印綬」奉迎臨海羅陽縣的一位「神」。據說，自稱為神的王表「周旋民間，語言飲食，與人無異，然不見其形。又有一婢，名紡績」。王表隨李崇出，一路之上，「所歷山川，輒遣婢與其神相聞。」七月，崇與表到達京城，孫權「於蒼龍門外為立第舍，數使近臣齎酒食往。表說水旱小事，往往有驗」。於是，次年改元為神鳳。然而，孫權染疾在身，不久皇后潘氏也死了，「諸將吏數詣王表請福」，王表知自己的騙局漸漸暴露，便畏罪逃走了。

最後歲月

貶殺親生兒子，誅流名臣愛將，國基不穩，邊場兵敗失利，嚴重地打擊了孫權。他的精神垮了，憂傷成疾，不久便中風臥床不起了。因此，他不得不急急穩定局勢，安排後事。在最後的不到九個月中，他決定並付諸實施了如下大事：

一、立皇后

孫權為王稱帝五十餘年，一直到辭世前一年才正式立后。孫權有七位夫人：

（一）謝夫人，會稽山陰人，孫權母「為權聘以為妃」，初有寵，後來失志，早卒。

（二）徐夫人，吳郡富春人，孫權姑姑的孫女。孫權「為討虜將軍在吳（今江蘇蘇州），聘以為妃，使母養子登」。後來，孫權移都，離開蘇州，「以夫人妒忌，廢處吳。」十餘年後，權為吳王及即尊號，登為太子，登及群臣「請立夫人為后」，因為孫權「意在步氏，卒不許」。後來，病死在吳。

（三）步夫人，臨淮淮陰人，「以美麗得幸於權，寵冠後庭。」」生二女，長女名魯班，字大虎，先嫁周瑜的兒子周循，後嫁全琮；小女名魯育，字小虎，先嫁朱據，後嫁劉纂。史稱，步夫人「性不妒忌，多所推進，故久見愛待」。孫權想立步夫人為后，但大臣們不同意，「議在徐氏。」孫權「依違者十餘年」，始終沒有給她正式名號。但是，「宮內皆稱皇后，親屬上疏稱中宮。」死了以後，「追正名號，乃贈印綬」，並頒長篇「策命」，稱其為「內教修整，禮義不愆。寬容慈惠，有淑懿之德。民臣縣望，遠近歸心」。

（四）袁夫人，袁術之女，《三國志．妃嬪傳》注引《吳錄》說，夫人「有節行而無子」，孫權「以諸姬子與養之，輒不育」，步夫人死，孫權欲立為后，「夫人自以無子，固辭不受。」

（五）王夫人，琅邪人，「以選入宮」，生子孫和，「寵次步氏。」步氏死後，孫和立為太子，「權將立夫人為后，而全公主素憎夫人，稍稍譖毀」。據說，「及權寢疾，言有喜色」，因此「權深責怒」，夫人「以憂死」。後來，孫和的兒子孫晧立為帝，「追尊夫人曰大懿皇后。」

（六）王夫人，南陽人，「以選入宮」，生子孫休。史載，「及和為太子，和母貴重，諸姬有寵者，皆出居外」，夫人出居公安，死在公安。孫休即位，「遣使追尊曰敬懷皇后。」

（七）潘夫人，會稽句章人，是惟一生前被孫權正式立為皇后的人。史載，「父為吏，坐法死」，夫人與姊淪為奴，俱輸織室，孫權「見而異之，召充後宮」。生子孫亮。孫權死前，太元元年立她為皇后。潘皇后「性險妒容媚，自始至卒，譖害袁夫人等甚眾」。孫權病重期間，潘皇后派人向中書令孫弘問「呂后專制故事」。可見，既有野心，待人又狠。下人恨之入骨，「侍疾疲勞，因以羸疾，諸宮人伺其昏臥，共縊殺之，託言中惡。」

另，不見史傳的妃妾，不知幾多。比如故太子孫登的生母，由於出身「庶賤」，連自己撫養兒子的權利都被剝奪了，自然也就不被錄於史了。五子齊王孫奮的母親，只知被稱「仲姬」，不見其他任何介紹。

由上可見，孫權對於立皇后事，長期猶豫不決。以致後期還拿不定主意，赤烏五年，「百官奏立皇后及四王」，孫權以「天下未定」為由，罷議，下詔說：「今天下未定，民物勞瘁，且有功者或未錄，飢寒者尚未恤，猥割土壤以豐子弟，崇爵位以寵妃妾，孤甚不取。其釋此議。」直到末年，「神人授書，告以改年、立后」，才決心辦這件事。結果，選人非佳，釀成後宮之變，不少人為之送命。[16]

二、封諸子為王

孫權的兒子，見諸史傳者有七個。

長子孫登，字子高，是個得到歷史肯定的很不錯的「儲君」。魏黃初二年，孫權為吳王，立登為王太子。黃龍元年，權稱尊號，立為皇太子。後來，孫權由武昌遷都建業，「徵上大將軍陸遜輔登鎮武昌，領宮府留事。」

歷史留下了不少孫登愛民的故事。他出行的時候，「當由徑道，常遠避良田，不踐苗稼，至所頓息，又擇空閒之地，其不欲煩民如此。」有一次，他乘馬外出，有一彈丸從身邊飛過，恰好附近有一人「操彈佩丸」，大家都認為就是此人所為，操彈佩丸者「辭對不服，從者欲捶之」，孫登不准，讓人把彈丸要過來，兩丸相比，不一樣，於是把人放了。

後來，弟弟孫慮亡故，孫登晝夜兼行，回到孫權身邊，見權悲泣，以天下大事之重進行安慰，「權納其言，為之加膳。」嗣後，一直留在孫權身邊。嘉禾三年，孫權出征新城，登留守，「總知留事。」曾參與制定科令，「甚得止奸之要。」

赤烏四年，孫登做了二十一年太子，病死了，年僅三十三歲。臨終，上疏懇切，言中時弊。史載，他死後，孫權讀到兒子的遺書，「益以摧慼，言則隕涕。」死後謚曰宣太子。

次子孫慮，字子智，「少敏惠有才藝，權器愛之。黃武七年，封建昌侯。」後來，丞相顧雍等奏請進其爵為王，孫權未許。丞相雍等又議，「宜為鎮軍大將軍，授任偏方，以光大業。」權乃許之。據說：「及至臨事，遵奉法度，敬納師友，過於眾望。」很不幸，嘉禾元年，孫慮年僅二十歲便死了。

三子孫和，四子孫霸，繼孫登之後，和為太子，霸封魯王，二人並寵，爭奪權力，是謂「二宮之變」，赤烏十三年孫和被廢，孫霸賜死。已如前述，詳情不另。

孫權在最後一年多的時間裡，抓緊再立「儲君」，同時把封建時代封諸子為王這件「顯別嫡庶，封建子弟，所以尊重祖宗，為國藩表」的大事付諸實施。彌留期間，太元二年正月，封故太子孫和「為南陽王，居長沙」，或謂「遣之長沙」；五子孫奮「為齊王，居武昌」；六子孫休「為琅邪王，居虎林（今安徽貴池西）」。孫亮、孫休後來都做了皇帝。

孫奮，字子揚，在父皇孫權死後不久，「坐殺吏罪，廢為庶人。」史載，孫權死後，太傅諸葛恪「不欲諸王處江濱兵馬之地，徙奮於豫章（治今江西南昌）」。孫奮「怒，不從命，又數越法度」。因此，諸葛恪給他寫了一封長信，其中有謂「福來有由，禍來有漸，漸生不憂，將不可悔」以及「良藥苦口，惟疾者能甘之。忠言逆耳，惟達者能受之，今者恪等慺慺欲為大王除危殆於萌芽，廣福慶之基原，是以不自知言至，願蒙三思」等頗具威脅的語言，孫奮害怕了，「遂移南昌。」據孫奮本傳和注引《江表傳》說，孫奮「遊獵彌甚，官屬不堪命。及恪誅，奮下住蕪湖，欲至建業觀變。傅相謝慈等諫奮，奮殺之。坐廢為庶人，徙章安縣」。六年後，太平三年（二五八），孫亮封他為章安侯。建衡二年（二七〇），「民間或謂皓死，訛言奮與上虞侯奉當有立者。奮母仲姬墓在豫章，豫章太守張俊疑其或然，掃除墳塋。皓聞之，車裂俊，夷三族，誅奮及其五子，國除。」17

三、改元、大赦、減傜賦

孫權最後幾個月，除了立后、封諸子為王等「家事」以外，國之大事，主要做了三件：

（一）連連改元。西元二五一年五月，改赤烏為太元；次年二月，又改太元為神鳳。

（二）連連大赦。太元元年五月，「立皇后潘氏，大赦」；八月，「大風，江海湧溢，平地深八尺，吳高陵松柏斯拔，郡城南門飛落。冬十一月，大赦」；次年二月，立三個兒子為王，又大赦。

（三）太元元年十二月，下達最後一道惠民政策，詔：「省傜役，減徵賦，除民所患苦。」[18]

孫權認為，這幾件事都是他生前應該做的。

頻頻改元，是應天命、謀福祉、趨吉利，實際也是缺乏自信的心理表現。這件事，對他的子孫影響很大，兒子孫亮在位六年，三次改元；孫子孫皓在位十六年，八次改元。

連連大赦，是他對於數十年來峻刑苛法、用刑過嚴的修正，試圖挽回執法不當的影響，穩定社會，自塑仁君形象。因此，可做有限度的肯定。但是，如果作為一項大的政策評價，還是諸葛亮、劉備說得有道理，「治世以大德，不以小惠」，「歲歲赦宥，何益於治。」[19]

省傜役，減徵賦，是他對於以往實行的重傜苛賦政策的最後檢討，不失為英明之舉。

孫皓失國

神鳳元年（西元二五二年，魏嘉平四年，蜀延熙十五年。按：神鳳建元僅兩個月，二月前屬太元二年，四月後為建興元年）四月，孫權病死了。

陳壽《三國志》說：「夏四月，權薨，時年七十一，諡曰大皇帝。秋七月，葬蔣陵（在今江蘇南京鍾山）。」陳壽稱孫權死為「薨」，而沒有像記錄劉備死那樣用「殂」字：「先主殂於永安宮」；更沒有像記錄曹操死那樣用「崩」字：「（魏）王崩於洛陽。」這是不公平的。按照《禮記・曲禮下》所說：「天子死曰崩，諸侯曰薨。」《書・舜典》所說：「帝乃殂落，百姓如喪考妣。」顯然，是將孫權等而下之，視作一方諸侯，而不是偏居一方的一代天子。

陳壽說，孫權「胤嗣廢斃，……其後葉陵遲，遂致覆國，未必不由此也」。這只能說是有一點道理，但不全對。正如南朝宋人裴松之所說：「孫權橫廢無罪之子，雖為兆亂，然國之傾覆，自由暴（孫）皓。若權不廢（孫）和，皓為世嫡，終至滅亡，有何異哉？此則喪國由於昏虐，不在於廢黜也。設使（孫）亮保國祚，（孫）休不早死，則皓不得立。皓不得立，則吳不亡矣。」[20]這些都是後來話。

其實，吳國滅國原因是多方面的，不僅有內部的，也有外部的。蜀漢既亡，司馬代曹，晉朝初肇，勢力強勁。而孫權死後的吳國則如鄧艾對司馬師分析的那樣：「孫權已沒，大臣未附，吳名宗大族皆有部曲，阻兵仗勢，足以違命。諸葛恪新秉國政，而內無其主，不念撫恤上下以立根基，競於外事，虐用其民，悉國之眾，頓於堅城，死者萬數。」[21]

當然，吳國衰亡，與孫權的子孫不肖、嗣主無能也有極大關係。孫亮年幼，難以為政，諸葛恪掌權，雖想作為，但虐民用眾，不得人心，野心家孫峻、孫綝乘機構變，殺恪廢亮；孫休為帝，除孫綝，自為政，然而「不能拔進良才，改弦易張」，又惜年歲不永，三十而卒；孫皓一代昏君、暴君，「既得志，粗暴驕盈，多忌諱，好酒色，大小失望」，「剝人面，鑿人眼」（按：皓降晉後，其侍中李仁辯稱「無此事」），自不量力，屢起邊釁，雖有上大將軍施績、丞相陸凱、大司馬陸抗等先後輔佐，但難挽危局於既倒。

天璽元年（晉咸寧二年，西元二七六年），晉征南大將軍羊祜給司馬炎上疏「請伐吳」。天紀二年（晉咸寧四年，西元二七八年），羊祜病故，杜預為鎮南大將軍，都督荊州諸軍事。次年十一月，晉兵大舉伐吳，「鎮軍將軍、琅邪王司馬伷（按：司馬懿子）出塗中，安東將軍王渾出江西，建威將軍王戎出武昌，平南將軍胡奮出夏口，鎮南大將軍杜預出江陵，龍驤將軍王浚、巴東監軍唐彬下巴蜀，東西凡二十萬。」諸路大軍，所向皆克。天紀四年（晉太康元年，西元二八〇年）三月壬申，孫皓「面縛、輿櫬，詣軍門降」。

至此，孫堅、孫策父子開基立業，孫權掌國五十餘年的一方政權，在他的不肖子孫的經營下滅亡了。

孫權同曹操、劉備一樣，在中國歷史上都有一定貢獻，為政、用兵、治國、用人都留下了值得重視的經驗教訓和許多發人思考的問題。他們的為人，都透視著政治權術家的兩面性特點，既有智慧的昇華，尚義崇誠，也有權術的施展，爾虞我詐，具有典型意義。他們的事功和諸多政治思想以及軍事上的失敗和成功，過去是，將來也必定是重要的永久的歷史研究課題和文藝創作源泉。

註釋

1 《三國志・吳書・吳主傳》注。
2 《三國志・吳書・吳主傳》評。
3 《三國志・吳書・孫霸傳》、《資治通鑑》卷七四。
4 《三國志・吳書・孫和傳》。
5 《三國志・吳書・陸遜傳》。
6 《三國志・吳書・吾粲傳》。
7 《三國志・吳書・顧譚傳》。
8 《三國志・吳書・孫和傳》。
9 《資治通鑑》卷七五，魏邵陵厲公嘉平二年。
10 《三國志・吳書・孫和傳》裴注。
11 《三國志・吳書・諸葛恪傳》注引《吳書》。
12 《三國志・吳書・諸葛恪傳》。
13 《三國志・吳書・孫綝傳》。
14 《三國志・魏書・王昶傳》、《資治通鑑》卷七五，魏邵陵厲公嘉平二年。
15 以上見《三國志・吳書・吳主傳》並注。
16 以上參見《三國志・吳書・妃嬪傳》、〈吳主傳〉。
17 以上參見《三國志・吳書・孫奮傳》、〈吳主傳〉。
18 以上《三國志・吳書・吳主傳》。
19 《資治通鑑》卷七五，魏邵陵厲公正始七年。
20 《三國志・吳書・吳主傳》並注。
21 《資治通鑑》卷七六，魏邵陵厲公嘉平五年。

後記

《曹操傳》、《劉備傳》出版，一些重要的、廣大讀者感興趣而涉及鼎足三方關係的內容，如赤壁之戰、荊州之爭、夷陵之戰，以及相互的政治和外交鬥爭等許多內容都講過了，所以，本來不打算再寫《孫權傳》了。然而，諸多老朋友和讀者不斷給予鼓勵，認為應該對孫權的許多特有的事功做出述評，不能三缺一。自己也覺得，孫權是個很有作為的軍事戰略家，政治、經濟和文化政策上，以及用人等方面都有一些積極的東西值得總結，即使一些消極的東西也可作為教訓借鑒。三缺一，不便把握這個人才輩出、風雲多變的特殊年代，更不方便讀者對孫權的為人及其應有的歷史地位有一個全面的正確的理解。於是又有了這本書。

三方鼎立的關係，講述了兩方，涉及另一方的有關內容自然也就講到了。因此，本書同另兩本書的一些章節有一些重複。比如，赤壁之戰，曹、劉、孫三傳都得講；夷陵之戰，劉、孫兩傳都得講。角度不同，但基本內容差不多。這種重複是不能避免的，理由有二：第一，讀者讀了一本，未必一定去讀另兩本；第二，三本書雖有聯繫，但它們是獨立的，諸多重要內容是傳主各自事功的重要組成部分，如果缺了，作為個人傳記就不完整了。

二〇〇六年九月

附錄　三國大事年表

三國紀年	西元	大事紀	世界大事紀要
東漢桓帝永壽元年	一五五	曹操出生。孫堅出生。	在此前後，貴霜王朝胡毗色伽王即位。
延熹二年	一五九	外戚梁冀自殺，宦官單超等被封縣侯，宦官專權愈演愈烈。	
延熹四年	一六一	劉備出生。	羅馬皇帝馬可・奧勒留・安東尼・奧古斯都即位。日耳曼人入侵激化。
延熹九年	一六六	第一次黨錮事件。	在此前後，卑彌呼即位。
永康元年	一六七	桓帝駕崩，靈帝即位。	
東漢靈帝建寧元年	一六八	外戚竇武、太傅陳蕃驅除宦官失敗被殺。	

熹平元年	一七二	魯肅出生。	
四年	一七五	立五經石碑於太學（《熹平石經》）。 孫策、周瑜出生。	
五年	一七六	第二次黨錮事件。	
光和二年	一七九	司徒劉郃誅討宦官失敗。 龐統、司馬懿出生。	高句麗故國川王即位。
三年	一八〇	何氏立為皇后，其兄何進晉升侍中。	暴君康茂德即位羅馬皇帝，政治陷入混亂。
四年	一八一	朱儁平定交阯之亂。 諸葛亮出生。	
五年	一八二	孫權出生。	
六年	一八三	陸遜出生。	
中平元年	一八四	二月，黃巾起義。 劉備關羽張飛，桃園結義。 朝廷派軍討伐，張角病死，黃巾大致平定。	

四年	一八七	曹操任東郡太守。曹丕出生。	
六年	一八九	四月，靈帝駕崩，少帝即位。 八月，宦官張讓等殺外戚何進，袁紹清除宦官。 九月，董卓廢少帝劉辯為弘農王，立九歲的陳留王劉協為帝，是為獻帝。 十二月，曹操號召各鎮諸侯共起討伐董卓。	
東漢獻帝 初平元年	一九〇	一月，各路諸侯起兵反董卓。董卓令李儒毒死弘農王（少帝），卒年十五歲。 二月，董卓焚洛陽，遷都長安，洛陽古都殘破。 公孫度自立為遼東侯。	
二年	一九一	孫堅打敗董卓軍，攻入洛陽，尋回傳國玉璽。 袁紹奪州牧韓馥的冀州，自領州牧。	
三年	一九二	四月，王允設連環計，呂布殺死董卓。 六月，李傕、郭汜圍長安，殺王允，敗呂布。 曹操擊敗青州黃巾軍，收編為「青州兵」實力得以壯大。 孫堅攻擊劉表，戰死，兒子孫策投靠袁術。	羅馬皇帝康茂德被殺。
四年	一九三	曹操於匡亭打敗袁術，袁術南逃至壽春。 公孫瓚斬幽州牧劉虞，統領全州。	

		曹操東征徐州，大敗陶謙。	
興平元年	一九四	益州牧劉焉逝世，兒子劉璋繼位。 曹操東征陶謙，呂布襲取兗州，曹操回師兗州。 陶謙病亡，劉備領徐州牧。	
二年	一九五	十月，曹操領兗州牧。 孫策攻打江東大敗劉繇。 李傕、郭汜爭奪獻帝。	
建安元年	一九六	七月，獻帝在楊奉等人護送下，回長安。 呂布占徐州，劉備投曹操。 曹操始興屯田，將獻帝劫持到許。	在此前後，貴霜王朝韋蘇提婆王即位。
二年	一九七	袁術在壽春稱帝。 曹操討伐張繡，失敗。 袁紹占領冀、幽、青、并四州。	高句麗山上王即位。
三年	一九八	九月，呂布攻打劉備，破小沛。 十二月，曹操擒殺呂布。 周瑜同小喬成親。	
四年	一九九	十一月，張繡投降曹操。	

		董承與王子服等密謀除曹操。 孫策襲取廬江，敗劉勳。 劉備討伐袁術，袁術病死。	
五年	二〇〇	曹操誅殺董承一夥。 孫策遇刺身亡，孫權繼位。 陳琳撰寫《討曹檄文》，官渡之戰開始。 十月，曹操偷襲烏巢。	在此前後，區連即位林邑王。
六年	二〇一	曹操敗袁紹於倉亭。 劉備投奔劉表。	范蔓自稱扶南大王。
七年	二〇二	五月，袁紹病死。 姜維出生。	
八年	二〇三	孫權討伐黃祖。	
九年	二〇四	曹操平定冀州。 遼東公孫度死，子公孫康繼位。	
十年	二〇五	曹操平定青州。	
十一年	二〇六	曹操平定并州。	

十二年	二〇七	八月，曹操大破烏桓，消滅袁氏殘餘勢力，統一了北方。 劉備三顧茅廬請出諸葛亮。 曹操從南匈奴贖回蔡文姬。	
十三年	二〇八	六月，曹操封為漢丞相。 七月，曹操南征劉表。 八月，劉表病死；曹操殺孔融。 九月，劉琮投降曹操。 十月，赤壁之戰，曹操被孫劉聯軍打敗。	
十四年	二〇九	十月，劉備與孫權之妹成親。	高句麗遷都丸都。
十五年	二一〇	曹操建成銅雀台。 周瑜亡，魯肅繼任。	
十六年	二一一	曹操攻破馬超。 劉備入川。	
十七年	二一二	五月，曹操誅殺馬騰，滅三族。 十月，曹操南下進攻濡須口。 劉備駐紮葭萌關。 孫權移治秣陵，改名建業。	

十八年	二一三	五月，漢獻帝封曹操為魏公，加九錫。 九月，馬超投身漢中張魯。	
十九年	二一四	五月，孫權攻破皖城。 七月，孫權進攻合肥，被張遼擊敗。 十月，伏后與國丈伏完密謀除曹操，事洩，曹操誅殺眾人。 劉璋投降劉備，劉備自領益州牧。	
二十年	二一五	一月，曹操女曹節被封為皇后。 三月，曹操征張魯。 十一月，張魯降曹操。 逍遙津之戰，曹操在濡須打敗孫權。	
二十一年	二一六	曹操被封魏王。	
二十二年	二一七	一月，曹操在濡須口再次討伐孫權，未果而退。 三月，魯肅死，呂蒙繼任。	
二十三年	二一八	曹彰大破烏桓軍，鮮卑部落投降，北方平定。	
二十四年	二一九	一月，平定侯音之亂。劉備在定軍山斬殺魏將夏侯淵。 七月，劉備自稱漢中王。	

		八月，關羽進攻樊城，水淹七軍。 十一月，呂蒙突襲荊州。 十二月，關羽失荊州，被孫權殺害。	
魏黃初元年	二二〇	一月，曹操病亡，曹丕繼位魏王和丞相。 七月，孟達向魏投降。 十月，曹丕稱帝，建魏國。漢朝亡。	
魏黃初二年 蜀章武元年	二二一	四月，劉備稱帝。 張飛遇害，劉備伐吳。 孫權稱吳王。	
三年 二年 吳黃武元年	二二二	閏六月，彝陵之戰，陸遜大敗劉備，備逃入白帝城。	
四年 建興元年 二年	二二三	四月，劉備死於白帝城，劉禪繼帝位。 八月，曹丕五路伐蜀。 蜀吳重修和好。 蜀臣雍闓叛亂降吳。	
六年 三年 四年	二二五	諸葛亮南征。諸葛亮七擒七縱孟獲，平定蜀國南方。 鍾會出生。	在此前後，扶南王范蔓死，侄范旃繼位。

七年 四年 五年	二二六	曹丕病亡，曹叡繼位。 十二月，曹叡封司馬懿為驃騎大將軍。 孫權圍攻江夏，兵敗。	薩珊王朝波斯國建立。波斯滅安息。
太和元年 五年 六年	二二七	諸葛亮上書《出師表》，出兵北伐。	
二年 六年 七年	二二八	一月，司馬懿斬孟達。諸葛亮第一次北伐。 姜維降蜀。 馬謖失街亭。 八月，周魴詐降誘曹魏攻吳，陸遜大敗曹休。 十二月，諸葛亮第二次北伐。遼東公孫康死，公孫淵繼位。	
三年 七年 黃龍元年	二二九	春，諸葛亮第三次北伐。 四月，孫權稱帝（吳大帝）。 九月，孫權遷都建業。	波斯破羅馬。
四年 八年 二年	二三〇	吳派衛溫、諸葛直航海到夷洲。 諸葛亮第四次北伐。	

五年	九年	三年	二三一	諸葛亮第五次北伐。 曹真病亡。	
六年	十年	嘉禾元年	二三二	曹植死。	
青龍元年	十一年	二年	二三三	陳壽出生。	
二年	十二年	三年	二三四	三月，山陽公（漢獻帝）死。 四月，諸葛亮六出祁山。 五月，吳大舉攻魏合肥。 六月，魏明帝親征，吳軍撤退。 八月，諸葛亮病逝於五丈原。	
三年	十三年	四年	二三五	一月，曹叡封司馬懿為太傅。 四月，蜀蔣琬為大將軍、費禕為尚書令。	羅馬軍人皇帝時代開始。

四年 十四年 五年	二三六	吳張昭死。	
景初元年 十五年 六年	二三七	魏將毌丘儉討伐公孫淵失敗。 公孫淵自立為燕王。 魏明帝殺毛皇后。	高句麗派使節訪魏。
二年 延熙元年 赤烏元年	二三八	司馬懿平遼東，殺公孫淵。 魏明帝病危。 日本邪馬台女王卑彌呼派使者到魏，魏封卑彌呼為「親魏倭王」。	高句麗派兵增援討伐遼東。
三年 二年 二年	二三九	一月，曹叡亡，曹芳繼位。 曹爽掌實權，推司馬懿為太傅。	
正始元年 三年 三年	二四〇	蜀將張嶷平定蠻族之亂。	在此前後，扶南王范旃被殺，范尋繼位。薩珊王朝波斯國沙普爾一世即位。

二年 四年 四年	二四一	魏國在淮河興修水利。 孫權兵分四路伐魏失敗。 蜀將蔣琬沿漢水出兵。	
三年 五年 五年	二四二	孫權派軍攻打海南島。	
五年 七年 七年	二四四	吳陸遜為丞相。 曹爽派兵攻打蜀漢不利，傷亡慘重。	
六年 八年 八年	二四五	吳太子孫和與魯王孫霸爭權，陸遜因受牽連，憂憤而死。 蜀宦官黃皓開始干政。	
七年 九年 九年	二四六	魏將毌丘儉兩度攻破高句麗。 蜀將姜維升衛將軍。 蔣琬死。	
八年 十年 十年	二四七	蜀姜維出隴右攻魏，接應附蜀的羌、胡部落。	倭國內亂，卑彌呼求助帶方郡。

嘉平元年 十二年 十二年	二四九	一月，司馬懿誅殺曹爽一夥。 夏侯霸降蜀。 姜維伐魏，被郭淮擊退。	至遲此年卑彌呼死，壹与繼位女王。 羅馬大肆鎮壓基督徒。
二年 十三年 十三年	二五〇	孫權廢太子孫和為庶人，賜魯王孫霸死，立孫亮為太子。 姜維攻魏西平失敗。	印度佛教學者龍樹死。
三年 十四年 太元元年	二五一	魏國太尉王凌陰謀叛變，被司馬懿平定。 八月，司馬懿亡，司馬師繼位。	
四年 十五年 建興元年	二五二	孫權亡，孫亮繼位。 司馬昭攻吳，失敗。	
五年 十六年 二年	二五三	諸葛恪進攻魏國，無功而返。 姜維攻魏狄道失敗。 吳孫峻誅殺諸葛恪。	
正元元年 十七年 五鳳元年	二五四	九月，司馬師廢曹芳，自封為齊王。 十月，立曹髦為帝。 吳孫英謀殺孫峻未果。	

二年 十八年 二年	二五五	魏將毌丘儉、文欽叛亂，被司馬師平定，文欽亡命吳。 司馬師亡，司馬昭為大將軍。 孫峻攻打壽春，被諸葛誕擊退。 姜維攻魏狄道，先勝後敗。	
甘露元年 十九年 太平元年	二五六	司馬昭討伐諸葛誕。 姜維伐魏被鄧艾擊敗。 吳孫峻死，弟孫綝專政。孫綝殺死滕胤等人。	
二年 二十年 二年	二五七	魏諸葛誕與孫吳聯合起兵反魏。 吳孫壹亡命魏。 姜維出駱谷攻魏失敗。	
三年 景耀元年 永安元年	二五八	魏軍攻破壽春，斬諸葛誕。 孫綝廢吳帝孫亮為會稽王，立琅邪王孫休為帝。 孫休與丁奉設計殺死孫綝。	
景元元年 三年 三年	二六〇	曹髦發動政變失敗被殺。 司馬昭立常道鄉公曹奐繼位，是為魏元帝。	羅馬皇帝瓦勒良被波斯俘虜。

三年 五年 五年	二六二	蜀後主寵信宦官黃皓，姜維率軍於沓中屯田避禍。	
四年 炎興元年 六年	二六三	司馬昭派鍾會、鄧艾兩路大舉伐蜀。 鄧艾攻入成都，後主劉禪投降，蜀國滅亡。	
咸熙元年 元興元年	二六四	鍾會和姜維密謀叛亂，失敗被殺。 魏帝曹奐任司馬昭為晉王。 吳景帝孫休逝世，孫皓繼位，是為末帝。	
晉泰始元年 甘露元年	二六五	晉王司馬昭逝世，其子司馬炎繼位。 司馬炎廢曹奐自立，國號晉，是為晉武帝，魏亡。	
七年 建衡三年	二七一	吳孫皓出兵攻晉，因士兵怨恨而止。 劉禪死。	
八年 鳳凰元年	二七二	司馬炎派楊肇、羊祜等率軍支援戰略要地西陵。 陸抗大敗楊肇，殺步闡。	
十年 三年	二七四	吳大司馬陸抗死。	

咸寧五年 天紀三年	二七九	西晉出動六路兵馬攻打吳國。	
太康元年 天紀四年	二八〇	西晉消滅吳國，吳帝孫皓投降，吳亡。三國時代結束。	高句麗破肅慎。

孫權傳 / 張作耀 著. -- 初版. -- 新北市：臺灣
商務，2018. 10
面；公分 --（歷史. 中國史）
ISBN 978-957-05-3158-9（精裝）
1.（三國）孫權 2. 傳記
782.826　　107013625

歷史 中國史

孫權傳

作　　者—張作耀
發 行 人—王春申
總 編 輯—李進文
編輯指導—林明昌
主　　編—王育涵
責任編輯—徐平
校　　對—鄭秋燕
封面設計—吳郁婷

營業經理—陳英哲
行銷企劃—葉宜如
出版發行—臺灣商務印書館股份有限公司
23141 新北市新店區民權路 108-3 號 5 樓（同門市地址）
電話：(02)8667-3712　傳真：(02)8667-3709
讀者服務專線：0800056196
郵撥：0000165-1
E-mail：ecptw@cptw.com.tw
網路書店網址：www.cptw.com.tw
Facebook：facebook.com.tw/ecptw

本書由人民出版社授權臺灣商務印書館出版發行，
僅限中國大陸以外地區銷售。

局版北市業字第 993 號
初版一刷：2018 年 10 月
印刷廠：沈氏藝術印刷股份有限公司
定價：新台幣 680 元
法律顧問：何一芃律師事務所

廣 告 回 信
板 橋 郵 局 登 記 證
板橋廣字第1011號

免 貼 郵 票

23141
新北市新店區民權路**108-3**號**5**樓

臺灣商務印書館股份有限公司　收

請對摺寄回，謝謝！

傳統現代　並翼而翔

Flying with the wings of tradtion and modernity.

讀者回函卡

感謝您對本館的支持，為加強對您的服務，請填妥此卡，免付郵資寄回，可隨時收到本館最新出版訊息，及享受各種優惠。

■ 姓名：＿＿＿＿＿＿＿＿＿＿＿ 性別：□ 男 □ 女

■ 出生日期：＿＿＿＿年＿＿＿＿月＿＿＿＿日

■ 職業：□學生 □公務（含軍警）□家管 □服務 □金融 □製造 □資訊 □大眾傳播 □自由業 □農漁牧 □退休 □其他

■ 學歷：□高中以下（含高中）□大專 □研究所（含以上）

■ 地址：＿＿＿＿＿＿＿＿＿＿＿＿＿＿＿＿＿＿＿＿＿＿

＿＿＿＿＿＿＿＿＿＿＿＿＿＿＿＿＿＿＿＿＿＿

■ 電話：(H) ＿＿＿＿＿＿＿＿＿＿ (O) ＿＿＿＿＿＿＿＿

■ E-mail：＿＿＿＿＿＿＿＿＿＿＿＿＿＿＿＿＿＿＿＿

■ 購買書名：＿＿＿＿＿＿＿＿＿＿＿＿＿＿＿＿＿＿

■ 您從何處得知本書？

□網路 □DM廣告 □報紙廣告 □報紙專欄 □傳單
□書店 □親友介紹 □電視廣播 □雜誌廣告 □其他

■ 您喜歡閱讀哪一類別的書籍？

□哲學・宗教 □藝術・心靈 □人文・科普 □商業・投資
□社會・文化 □親子・學習 □生活・休閒 □醫學・養生
□文學・小說 □歷史・傳記

■ 您對本書的意見？（A/滿意 B/尚可 C/須改進）

內容＿＿＿＿＿＿編輯＿＿＿＿＿校對＿＿＿＿＿翻譯＿＿＿＿＿
封面設計＿＿＿＿＿價格＿＿＿＿＿其他＿＿＿＿＿＿＿＿＿＿

■ 您的建議：＿＿＿＿＿＿＿＿＿＿＿＿＿＿＿＿＿＿＿＿

＿＿＿＿＿＿＿＿＿＿＿＿＿＿＿＿＿＿＿＿＿＿＿＿＿＿

※ 歡迎您隨時至本館網路書店發表書評及留下任何意見

臺灣商務印書館 The Commercial Press, Ltd.

23141新北市新店區民權路108-3號5樓 電話：(02)8667-3712
讀者服務專線：0800-056196 傳真：(02)8667-3709
郵撥：0000165-1號 E-mail：ecptw@cptw.com.tw
網路書店網址：www.cptw.com.tw
臉書：facebook.com.tw/ecptw

建業城平面示意圖（三國東吳時期）

東吳黃龍元年（二二九），孫權稱帝，並於同年秋，還都建業。赤烏十年（二四七），孫權在群臣的建議下進行改建，改建後的皇宮周圍有五百丈，南面開有五個宮門，其中正門叫做公車門，東、西、北三面各開一門，分別叫做青龍門、白虎門和玄武門。在太初宮的東面和北面，是東吳的皇家花園和皇宮衛隊的營地，名叫「苑城」。苑城的北部有一座苑倉，又稱倉城，裡面儲藏著大量糧食和其他物資。